böhlau

Italien in der Moderne

herausgegeben von

Gabriele B. Clemens
Christof Dipper
Oliver Janz
Sven Reichardt
Wolfgang Schieder
Petra Terhoeven

Band 27

Gabriele B. Clemens

Geschichte des Risorgimento

Italiens Weg in die Moderne (1770–1870)

Böhlau Verlag Wien Köln

Bibliografische Information der Deutschen Nationalbibliothek:
Die Deutsche Nationalbibliothek verzeichnet diese Publikation in
Deutschen Nationalbibliografie; detaillierte bibliografische Daten
sind im Internet über https://dnb.de abrufbar.

Deutsche Nationalbibliothek verzeichnet diese Publikation in der Deutschen Nationalbibliografie; detaillierte bibliografische Daten
sind im Internet über https://dnb.de abrufbar.

© 2021 Böhlau, Lindenstraße 14, D-50674 Köln, ein Imprint der Brill-Gruppe
(Koninklijke Brill NV, Leiden, Niederlande; Brill USA Inc., Boston MA, USA; Brill Asia Pte Ltd, Singapore; Brill Deutschland GmbH, Paderborn, Deutschland; Brill Österreich GmbH, Wien, Österreich) Koninklijke Brill NV umfasst die Imprints Brill, Brill Nijhoff, Brill Hotei, Brill Schöningh, Brill Fink, Brill mentis, Vandenhoeck & Ruprecht, Böhlau, Verlag Antike und V&R unipress.

Umschlagabbildung: Das Treffen am Teano zwischen Guiseppe Garibaldi und Vittorio Emanuele (Lithografie nach dem Gemälde von Carlo Ademollo; (c) akg-images / Fototeca Gilardi)

Umschlaggestaltung: Michael Haderer, Wien
Satz: Bettina Waringer, Wien
Druck und Bindung: Findir, Český Těšín
Printed in the EU

Vandenhoeck & Ruprecht Verlage | www.vandenhoeck-ruprecht-verlage.com

ISBN: 978-3-412-52094-6

Inhalt

Vorwort 7

1. Das Ancien Régime 11

2. Italien unter französischer Herrschaft 1789–1814 20
   2.1 Jakobinische Politisierung (1789–1796) 21
   2.2 Die Zeit der Schwesterrepubliken – das Trienno (1797–1799) 23
   2.3 Das napoleonische Italien 33
   2.4 Säkularisation und Immobilienspekulation 39
   2.5 Die Alten Meister als Prestigeobjekte 42
   2.6 Napoleonische Amalgampolitik: Elitäre Geselligkeit und
        die italienischen Höfe 44
   2.7 Infrastruktur und Bildungswesen 47
   2.8 Das Militärwesen 49
   2.9 Kirchenpolitik und Volksreligiosität 52
   2.10 Die Krise der Jahre 1811–1814 53

3. Der Wiener Kongress, Restaurationen und Revolutionen 57
   3.1 Die neue, alte Staatenordnung 57
   3.2 National- und verfassungspolitische Ideen nach 1815 63
   3.3 Die südeuropäischen Revolutionen von 1820, 1821 und 1830 73
   3.4 Italiener im Exil 82

4. Die Wirtschaft 91
   4.1 König Landwirtschaft 91
   4.2 Manufakturen und industrielle Anfänge 97
   4.3 Europäische Unternehmernetzwerke 106
   4.4 Mobilität und Migration 111

5. Gesellschaft und Kultur 117
   5.1 Die sozialen Probleme 117
   5.2 Die kleine Mittelschicht und die dominanten Eliten 121
   5.3 Salons und Gesellschaften 126
   5.4 Oper, Bildende Künste und Literatur 131
   5.5 Schulen, Universitäten und Akademien 146
   5.6 Religion, Konfessionen und gelebte Frömmigkeit 151

6. Die Revolutionen von 1847–1849 159
   6.1 Die konstitutionellen Revolutionen 1847/48. 160
   6.2 Der erste Unabhängigkeitskrieg und die Revolutionen von 1849 169

7. Der Weg zum Nationalstaat 179
   7.1 Die reaktionären Staaten und das liberale
       Königreich Sardinien-Piemont 179
   7.2 Der zweite Unabhängigkeitskrieg und die Proklamation
       des Königreichs Italien (1860/61) 192
   7.3 Der dritte Unabhängigkeitskrieg und die Eroberung
       Venetiens und Roms (1866 und 1870) 209

8. Durchstaatlichung und Widerstand 217
   8.1 Zentralismus versus Föderalismus 217
   8.2 Die politische Klasse: Gewinner und Verlierer. 219
   8.3 Il grande brigantaggio: Bürgerkrieg oder Bandenkriminalität? 221

Schlussbetrachtungen 234

Regententabellen der italienischen Staatenwelt 1770–1870 237

Auswahlbibliographie 240

Abbildungsverzeichnis 251

Kartenverzeichnis 251

Register 252

Vorwort

Das vorliegende Buch bietet einen aktuellen Überblick zur italienischen Geschichte des Risorgimento (1770–1870), der sowohl die klassischen Themen der italienischen Politikgeschichte und sozioökonomische Aspekte als auch die Ergebnisse der italienischen Kulturgeschichte der letzten zwanzig Jahre berücksichtigt. Mit Risorgimento bezeichnet die Geschichtsschreibung jene Epoche, in der die italienische Nationalstaatsgründung vorbereitet und besiegelt wurde. Namensgeberin war eine liberale Zeitung in Turin, die von führenden Politikern im Umfeld der 1848er Revolution herausgegeben wurde. *Risorgere* ist zu übersetzen mit „wiederaufstehen" oder „wiedererblühen". Doch dieser Titel führt ein wenig in die Irre, denn es konnte kein Nationalstaat wiedererstehen, der vorher nie bestanden hatte. Der Weg Italiens hin zum modernen Nationalstaat war äußerst komplex und hing letztendlich vor allem von Verschiebungen im europäischen Mächtesystem und inneritalienischen Reformprozessen ab. Viele der dazu vorliegenden Bücher beginnen die Geschichte des Risorgimento mit dem Einmarsch der französischen Truppen im Jahr 1796. Hier wurde ein anderer chronologischer Zuschnitt gewählt. Das erste Kapitel ist dem ausgehenden Ancien Régime gewidmet, denn wenn eine Darstellung mit der napoleonischen Zeit beginnt, blendet sie die Italien stark prägende Reformära der letzten Jahrzehnte des 18. Jahrhunderts aus. Den Schlusspunkt bildet der Untergang des Kirchenstaates mit der Eroberung Roms im Jahr 1870, womit – abgesehen vom Trentino und Triest – Italien seine heute noch bestehenden Grenzen erhalten hat.

Der Stand der italienischen Forschung zur Geschichte des Risorgimento ist, verglichen mit dem Interesse, das die deutsche Historiographie der Sattelzeit (1750-1850) und den sich daran anschließenden Jahrzehnten bis zur Nationalstaatsgründung schenkt, erheblich besser. Geprägt wurde sie in den letzten rund zwanzig Jahren besonders von kultur- und diskursgeschichtlichen Arbeiten. Dabei griffen die Autorinnen und Autoren die Thesen von Benedict Anderson, Ernest Gellner und Eric J. Hobsbawm auf, die den Prozess der Nationalstaatsbildung als Erfindung von intellektuellen Eliten beschreiben. Einen Meilenstein setzte in diesem Zusammenhang zweifellos der italienische Historiker Alberto M. Banti. Kein Buch hat in den letzten Jahren die Historiker in Italien und die Italien-Historiker weltweit zu derart heftigen Diskussionen über die Themen Nation und Nationalgefühl im 19. Jahrhundert angeregt wie sein Titel *La nazione del Risorgimento* aus dem Jahr 2000. Ob man will oder nicht: Alle nachfolgenden Untersuchungen müssen sich an ihm abarbeiten und mit ihm auseinandersetzen. Mit großer Skepsis rezipiert von denjenigen, die mit strukturgeschichtlichen und eher klassischen politischen Ansätzen arbeiten, mit Enthusiasmus hingegen begrüßt von Forschern, die selbst mit iconological, linguistic, spatial und anderen *turns* experimentieren. Banti setzt sich zur Aufgabe, Sinn und Bedeutung des damaligen national-patriotischen Wortgebrauchs zu entschlüsseln und konstruiert mit von ihm ermittelten Leitbildern und Themen einen „Kanon". Dieser wird entwickelt aus Beispielen bekannter und gut rezipierter Literatur sowie aus Geschichtswerken, politischen Schriften der wichtigsten italienischen Intellektuellen, der Historienmalerei und der romantischen Oper.

Bei aller Brillanz einzelner Studien werden nie Fragen nach der Wirkmächtigkeit beziehungsweise Rezeption des „Kanons" gestellt. Sie wird einfach voraussetzungslos behauptet. Aber reichen wirklich Lieder, Gedichte, romantische Geschichten, Bilder und Opern aus, um Menschen zu motivieren, für einen Nationalstaat zu kämpfen? Wie viele haben überhaupt freiwillig gekämpft und auf welcher Seite? Und wollten die Eliten alle den Nationalstaat, so wie er entstanden ist? Die Masse der Italiener hatte ohnehin existenziellere Sorgen und war kaum motiviert, Haus und Hof zu verlassen, um für eine abstrakte Idee zu kämpfen. Welche Rolle spielten ökonomische und machtpolitische Motive? Wer waren die Gewinner, wer die Verlierer in diesem komplizierten Prozess? Es herrschte unter den politischen Akteuren keineswegs Einigkeit darüber, wie der neue Staat zu gestalten sei und wie weit er sich denn überhaupt geographisch erstrecken sollte.

In der vorliegenden Überblicksdarstellung wird auch einer Gruppe prominent Rechnung getragen, die in älteren Studien noch vernachlässigt wurde: jener tausenden Italiener, die meist unfreiwillig Jahrzehnte ihres Lebens im politischen Exil verbrachten. Diese Exilsituation und die Rückkoppelung ihrer europäischen Diskurse in die Heimat sind in Ansätzen gut erforscht, wobei bisher vor allem transfergeschichtliche Prozesse in Europa und Amerika herausgearbeitet wurden. Zurückgekehrt nach Italien sollten die meist aus den adligen und bürgerlichen Eliten stammenden Exilanten in der zweiten Hälfte des 19. Jahrhunderts das liberale Königreich Sardinien-Piemont und das junge italienische Königreich in Schlüsselpositionen entscheidend mitgestalten. Dabei prägten die transnationalen politischen, militärischen und kulturellen Erfahrungen, die sie teilweise jahrzehntelang in den europäischen Nachbarländern gemacht hatten, ihr politisches Handeln nach 1848/49. Aber nicht nur für dieses Phänomen, auch für andere Aspekte der politischen, wirtschaftlichen und kulturellen Geschichte werden transnationale, vor allem europäische Transferprozesse im Folgenden Beachtung finden, weil sich auch die Protagonisten souverän im europäischen Rahmen bewegten.

Darüber hinaus vernachlässigen alle aktuellen Bücher zur Geschichte Italiens im langen 19. Jahrhundert weitgehend ökonomische Fragestellungen. Dabei ist die Entwicklung Italiens hin zu einem modernen europäischen Nationalstaat ohne wirtschaftliche und gesellschaftliche Aspekte nur eingeschränkt nachvollziehbar. Zum einen waren die wichtigsten Politiker zugleich sehr erfolgreiche adlige Großagrarier, genannt sei hier nur Graf Camillo Benso di Cavour, der erste Ministerpräsident des neuen Nationalstaats, zum anderen war gerade eine sehr erfolgreiche Landwirtschaft Motor für die industrielle Entwicklung. Das Engagement des Adels wird hierbei bislang zu gering gewichtet, dabei spielte er in Italien noch bis weit in das 19. Jahrhundert eine zentrale Rolle nicht nur als wirtschaftlicher Akteur. Darüber hinaus bewirkte die Industrialisierung im Norden Europas Transformationen der Handelsströme und neue Entwicklungen in der Landwirtschaft des Mezzogiorno, des italienischen Südens. Ohnehin hatten die stark unterschiedlichen agrarischen Strukturen große Auswirkungen auf Vermögensschichtung und Bildung. Die drückende Armut großer Teile der ländlichen Bevölkerung war ein zentrales Problem sowohl für die Einzelstaaten als auch für den jungen Nationalstaat. Sie führte zu beachtlichen nationalen, internationalen und globalen Migrationsprozessen. Und natürlich muss die Frage gestellt werden, wie sich diese (Bildungs-)Armut wiederum auf politische Partizipationsprozesse auswirkte. Das von Giuseppe Mazzini immer wieder beschworene Volk interessierte sich nämlich herzlich wenig für seine politischen Ideen. Darüber hinaus löst die Frage nach den sozialen und institutionellen Gründen für die Rückständigkeit des italienischen Südens immer wieder heftige Diskussionen aus. Historische Faktoren spielen auch in aktuellen Debatten eine eminente Rolle. Zu betonen gilt hingegen aber auch, dass das Wirtschaftswunder nach dem Zweiten Weltkrieg auf langfristigen Wachstumsprozessen beruht, die im frühen 19. Jahrhundert wurzeln. Schließlich fokussieren jüngere Arbeiten Transferprozesse des europäischen Unternehmertums in Italien. Auch diese Forschungen werden im vorliegenden Buch berücksichtigt.

Diese Geschichte Italiens auf dem Weg in die Moderne wäre ohne die materielle und ideelle Unterstützung der folgenden Institutionen und Personen kaum zu realisieren gewesen. Die Deutsche Forschungsgemeinschaft unterstützte meinen Antrag auf Freistellung von der Lehre großzügig und trug so maßgeblich zum Entstehen des vorliegenden Buches bei. Zu großem Dank verpflichtet bin ich Christof Dipper, Malte König und Jens Späth. Sie haben als kluge Korrekturleser nicht nur Flüchtigkeitsfehler korrigiert, sondern mit ihren kritischen Kommentaren und kenntnisreichen Anmerkungen einseitige Interpretationen meinerseits vermieden. Amerigo Caruso, Silvia Cavicchioli und Marco Meriggi standen mir jederzeit mit ihrem immensen Wissen über die Geschichte des Risorgimento mit Rat und Tat zur Seite, auch ihnen gilt mein ganz besonderer Dank. Meinem Lehrstuhlteam, allen voran Doris Kurz und Immanuel Geleszus, Junes Arib und Silvain Laschek danke ich für die Erstellung der Register sowie die nicht immer einfache Beschaffung der Bildrechte in Museen und Galerien. Alexander Reverchon erstellte dankenswerterweise die ansprechenden Karten. Schließlich gilt mein Dank Kirsti Doepner vom Böhlau Verlag. Am Rande des Historikertages in Münster hat sie mich nachdrücklich zu diesem Buch ermuntert, das ich schon länger schreiben wollte. Vor allem hat sie nicht die Geduld verloren, da nicht zuletzt wegen der wenig förderlichen Arbeitsbedingungen in der Coronakrise der Abgabetermin des Manuskripts mehrmals verschoben wurde.

Gabriele B. Clemens   Saarbrücken, im April 2021

1. Das Ancien Régime

Das Risorgimento, die Zeit der Nationalstaatswerdung, hatte von jeher eine besondere Bedeutung in der Geschichtsschreibung Italiens. Doch wann beginnt es und wann ist diese Epoche abgeschlossen? Periodisierungen helfen, Geschichte zu verstehen und zu interpretieren: Sie sind zugleich aber immer umstritten und Gegenstand mehr oder weniger gewinnbringender Diskussionen. Es gibt gute Gründe, bei der Betrachtung des Risorgimento mit der Französischen Revolution 1789 anzusetzen, da diese auch die italienischen Staaten in ihren Grundfesten erschütterte und sie aufgrund von Kriegshandlungen sukzessive von der Landkarte verschwinden ließ oder von Grund auf neu gestaltete. Es spricht aber auch viel dafür, mit dem Ancien Régime zu beginnen, da nur vor dem Hintergrund des Wissens um den Zustand der italienischen Staaten vor 1789 die Veränderungen in Folge der Revolution begriffen werden können. Deshalb setzt dieses Buch rund zwanzig Jahre vorher um 1770 an.

In der Frühen Neuzeit gab es keinen italienischen Flächenstaat. Seit dem Untergang des Römischen Reiches war das Territorium in zahlreiche Herrschaften aufgeteilt. Im Norden bildete sich im Mittelalter ein „Wald" von rund 100 prosperierenden Stadtrepubliken, die jedoch in der Frühen Neuzeit den zu mächtigen Staaten gewordenen Nachbarn jenseits der Alpen keinen Widerstand entgegensetzen konnten und nacheinander von französischen und spanischen Truppen erobert wurden. Schließlich setzten sich in Norditalien die österreichischen Habsburger durch. Allein die ehemals mächtigen Seerepubliken Genua und Venedig konnten sich noch widersetzen und behaupteten ihre Herrschaft über die Stadt und das Umland. Ihre Rolle als Global Player hatten sie im ausgehenden Ancien Régime aber schon lange verloren. Zur Republik Venedig gehörten nur noch Korfu, die ionischen Inseln und Dalmatien. Genua beherrschte weiterhin die ligurische Küste. 1768 sah es sich gezwungen, die Insel Korsika an Frankreich zu verkaufen, da es nicht gelang, die korsische Autonomiebewegung effektiv zu bekämpfen. In Mittelitalien herrschten seit mehr als tausend Jahren die Päpste, im Süden nacheinander Araber, Normannen, Staufer, Franzosen, Spanier und Bourbonen. Nur im Nordwesten vermochten die Savoyer ihre Unabhängigkeit zu bewahren sowie ihr Territorium sukzessive zu vergrößern.

Bis zur Mitte des 18. Jahrhunderts war Italien während des spanischen (1701–1714) und österreichischen Erbfolgekriegs (1740–1748) erneut Objekt von Kriegszügen und der europäischen Diplomatie. Erst mit dem Frieden von Aachen 1748 fanden die häufigen Herrschaftswechsel ein Ende. Es wurde eine territoriale Ordnung geschaffen, die für Stabilität sorgte, den Raum für Reformen bot und nach der französischen Epoche auf dem Wiener Kongress im Großen und Ganzen erneut bestätigt wurde. Der dominante österreichische Einfluss in der Sattelzeit (1750–1850) spiegelte sich nicht nur im Besitz des lombardischen Herzogtums wider, das wie Mantua direkt von Wien aus regiert wurde. Das ebenfalls von den Österreichern beherrschte Herzogtum Toskana war zwar formal unabhängig, doch auch hier war der Einfluss Wiens unübersehbar. Über weite Regionen Mittelitaliens, von Bologna bis nach Gaeta, erstreckte sich der Kirchenstaat, jedoch hatte die Papstherrschaft nach der Renaissance und der Prachtentfaltung im Barock ihren Zenit überschritten. Im Süden schloss sich das Königreich Neapel-Sizilien an, das die größte Insel Italiens als „Nebenland" mit einem eigenen Vizekönig regierte. Seit 1734 saß eine Nebenlinie der spanischen Bourbonen auf dem Thron, die über familiäre Netzwerke mit Madrid und Wien verbunden war. Maria Karolina (1752–1814), eine der Töchter Maria Theresias (1717–1780), verheiratet mit Ferdinand I. (1751–1825) aus der Linie der spanischen Bourbonen, war eine durchsetzungswillige Königin, die sehr enge Kontakte nach Wien unterhielt. Sie versuchte gemäß den Leitlinien ihres Bruders Kaiser Joseph II. (1741–1790) den Süden zu modernisieren. Auch das Herzogtum Parma und Piacenza war auf dem Aachener Frieden an die spanischen Bourbonen vergeben worden. Maria Amalia (1756–1804), eine weitere Tochter der österreichischen Kaiserin, wurde mit dem Herzog von Parma verheiratet. Es handelte sich dabei um Ferdinand (1751–1802), den Enkel der spanischen Königin Elisabeth (1692–1766), die wiederum aus dem Haus Farnese stammte, das vor dem Aussterben der männlichen Linie in dem kleinen Herzogtum geherrscht hatte. In direkter Nachbarschaft befand sich das Herzogtum Modena unter der Dynastie der Este. Es bildete eine Art Pufferstaat zwischen dem Kirchenstaat, dem Herzogtum Toskana und der Lombardei sowie der Republik Venedig.

Die zweitgrößte Insel, Sardinien, ehemals spanischer und österreichischer Besitz, gehörte seit 1720 zum Königreich Sardinien-Piemont. Verglichen wird dieses Königreich gerne mit Preußen aufgrund seiner militärischen Tradition, seiner fortschrittlichen Verwaltung und seinem allmählichen Aufstieg von einem kleinen Herzogtum in Savoyen zur wichtigen Ordnungsmacht in Norditalien. Doch hinkt dieser Vergleich, denn anders als Preußen war es jederzeit bedroht von Frankreich und Österreich. In der Hauptstadt Turin residierte die Dynastie der Savoyer als einzige italienische Herrscherfamilie. Alle Italiener von den Savoyern im äußersten Norden bis zu den Bewohnern auf Lampedusa im Süden wurden absolutistisch regiert, wobei Kirche und Adel außerordentlich mächtige Stände blieben. In den letzten Jahrzehnten vor den Auseinandersetzungen mit dem revolutionären Frankreich setzten jedoch in der Mehrzahl der italienischen Staaten tiefgreifende Reformversuche ein und das intellektuelle Klima erfuhr entscheidende Impulse von italienischen Aufklärern.

Die Reformbemühungen wurden nach dem Frieden von Aachen 1748 intensiviert. Der Dichter Giosuè Carducci (1835–1907) bezeichnet dieses Jahr symbolisch als Beginn des spirituellen Risorgimento, ein Jahrhundert vor der Revolution von 1848. Doch diese nationalistische Interpretation greift zu weit zurück. Zwar lassen sich in das Vorfeld der Französischen Revolution durchaus Forderungen einzelner Patrioten und Literaten datieren, die eine Nation fordern, aber sowohl die politischen als auch

1. Das Ancien Régime

die intellektuellen Eliten agierten noch weitgehend isoliert und auf regionaler Ebene. Darum sollen in diesem Buch die unterschiedlichen einzelstaatlichen Entwicklungen bis zur nationalstaatlichen Einigung berücksichtigt werden, um so gleichzeitige Entwicklungen, aber auch verzögernde Elemente auf dem Weg Italiens in die Moderne zu skizzieren.

In der Forschung besteht weitgehende Einigkeit darüber, dass die Geschichte Italiens im ausgehenden 18. Jahrhundert gekennzeichnet war von staatlichen Reformen, an denen sich die europaweit berühmten italienischen Aufklärer aktiv beteiligten, anders als die gleichzeitig publizierenden französischen Aufklärungsphilosophen, die immer eine Staatsferne charakterisierte. In allen italienischen Regionen kam es zu einer Reihe von antifeudalen Maßnahmen, zu Reformen in Justizwesen, Verwaltung und Finanzen, zu Säkularisierungsmaßnahmen (unter Ausnahme des Kirchenstaates) sowie zu humanitären Reformen und mehr Toleranz. Folter und Todesstrafen wurden partiell abgeschafft. Die staatstheoretische Grundlage dieser Maßnahmen bildeten die Naturrechtsdiskussionen mit ihrer Idee vom Herrschaftsvertrag, der allen Untertanen Rechte zusprach. Die großen britischen und französischen Aufklärer Locke, Montesquieu, Voltaire und Rousseau wurden rezipiert, die Enzyklopädie von Diderot und d'Alembert in Livorno gedruckt mit einer Widmung für den Großherzog der Toskana. Und doch verlief eine charakteristische Trennlinie zwischen den Staaten, die systematisch die besten Köpfe der Aufklärung an den Reformen beteiligten (Lombardei, Toskana, Neapel-Sizilien, Parma-Piacenza und Modena) und denjenigen, die lediglich auf verwaltungstechnische Reformen setzten (Piemont, der Kirchenstaat, die Seerepubliken Venedig und Genua).

Unumstritten ist, ob die habsburgische Lombardei aufgrund der Reformen Maria Theresias und ihres Sohnes Joseph II. das fortschrittlichste Land auf dem Apennin war. Die bedeutenden administrativen Reformen im Bereich der Besteuerung und der Aufbau des berühmten Katasters erfolgten noch unter Maria Theresia, grundlegende Maßnahmen der Säkularisierung wie die Abschaffung der kirchlichen Zensur und der Inquisition unter der gemeinsamen Herrschaft von Mutter und Sohn. Er verfolgte ab 1780 mit der Auflösung der Zünfte und antifeudalen Maßnahmen den Reformweg konsequent weiter, wobei dieses Vorgehen das reiche lombardische Patriziat gegen den Kaiser aufbrachte. Wesentliche Impulse gingen in Mailand von dem Ökonomen Pietro Verri (1728–1797) aus, der in zahlreichen Verwaltungsämtern tätig war. In seinen Schriften konzentrierte er sich auf den Fortschritt im Handel. Von den Physiokraten beeinflusst, versuchte er auf seine Weise, die Handelsfreiheit mit der Entwicklung der Landwirtschaft zu versöhnen. Gemeinsam mit seinem Bruder, dem Dichter Alessandro Verri, gab er die kurzlebige, aber äußerst prominente Zeitschrift *Il Caffè* (1764–1766) heraus. Voltaire bezeichnete die Gruppe, der auch der Jurist Cesare Beccaria (1738–1794) angehörte, als *École de Milan*, als Schule von Mailand. Beccaria wurde als radikaler Strafrechtsreformer weit über Italien hinaus rezipiert. Sein auf der Naturrechtsphilosophie basierendes Hauptwerk *Dei delitti e delle penne* (Von den Verbrechen und

Strafen) aus dem Jahr 1764 wurde in 22 Sprachen übersetzt. Der Staat dürfe nur verhältnismäßig strafen, um die Ordnung aufrechtzuerhalten, Gesetze seien konsequent anzuwenden. Die Todesstrafe und Folter lehnte Beccaria ab und im darauffolgenden Jahr wurde Letztere abgeschafft. Als weiteren durchsetzungsfähigen Beamten sei auf Pompeo Neri verwiesen, der den Kataster in der Lombardei realisierte. Er hatte zuvor die Landvermessung im Herzogtum Toskana auf den Weg gebracht. Überhaupt fällt auf, dass in beiden habsburgischen Herzogtümern qualifizierte Beamte aufgrund ihres Expertenwissens agierten. Die Reform des toskanischen Strafrechts war wiederum das Werk des Mailänders Beccaria.

Der Bruder des Kaisers, Leopold I. (1747–1792), und sein Neffe, Ferdinand III. (1769–1824), reformierten als Teil des Familienkartells das Herzogtum Toskana ohnehin nach denselben Grundsätzen. Auch hier wurde die Verwaltung zentralisiert, Zünfte, kirchliche Gerichtsbarkeit und die Inquisition abgeschafft. Hinzu kamen eine Bodenreform zugunsten kleinerer und mittlerer Grundbesitzer, die Entwässerung von Sumpfgebieten in der Maremma, die Abschaffung der Salzsteuer sowie der lokalen Wegegelder. Wie in der Lombardei opponierte das großgrundbesitzende Patriziat, weil die Schaffung eines modernen Beamtentums und die von diesem initiierten Reformen seinen Einfluss bedrohten. Die Abschaffung der Fideikommisse und des Freihandels vermochte es jedoch nicht zu verhindern: Erstere hatten bisher aufgrund eines privilegierten Erbrechts die Besitzerzersplitterung verhindert und die zweite Maßnahme beeinträchtigte die sicheren Gewinne auf dem Agrarmarkt. Dennoch dominierte der Adel nicht nur die Ämter in den zentralen Ministerien sowie den Provinz- und Kommunalverwaltungen, denen Leopold I. weitreichende Verwaltungsrechte eingeräumt hatte. Die aristokratischen Eliten nutzten auch konsequent Ämtermonopole in Verwaltung, Militär und Diplomatie sowie ein dichtes Netzwerk von Patronage am Hof, um sich zu bereichern.

Die Schwester Leopolds I. und Josephs II., Maria Karolina, beinflusste in den Jahren vor der Revolution ihren wenig an den Regierungsgeschäften interessierten Gatten dahingehend, ebenfalls gemeinsam mit den führenden Aufklärern Neapels das Königreich zu modernisieren. Nach 1770 setzte die Politik der Abschaffung von feudalen Privilegien und Reformen gegen die mächtigen *Baroni* ein. In der Basilikata erfolgte mit der Aufteilung der Domänen eine Bodenreform. Ferner wurde die Macht der Kirche mit der Beschlagnahmung von Klostergütern und der Ausweisung der Jesuiten reduziert. Ein 1782 eingerichteter oberster Finanzrat sollte die finanzielle und steuerliche Rationalisierung fortsetzen. Die Tarife der Binnenzölle wurden gesenkt. Für die Reorganisation der Armee und den Neuaufbau der Flotte konnte Lord John Francis Edward Acton (1736–1811) aus der Toskana gewonnen werden. Der einflussreichste Aufklärer am Hof war zweifelsohne der aus neapolitanischem Adel stammende Gaetano Filangieri (1757–1788), der als Vertreter des paternalistischen Gesetzesstaats schon mit Anfang zwanzig ein fünfbändiges Oeuvre *Scienza della legislazione* publizierte. Der erste Band seiner „Wissenschaft von der Gesetzgebung" erschien 1780, der letzte posthum 1791. Europäische Zeitgenossen betrachteten das Werk als grundlegende

Philosophie der Verfassung. Auch Filangieri geißelte das Feudalrecht und plädierte für ein auf Vernunft basierendes Rechtssystem. Dieses Werk fand internationale Anerkennung und begründete den Ruhm Filangieris. Nicht nur Johann Wolfgang Goethe suchte auf seiner Italienreise 1787 den Kontakt zum führenden Kopf Neapels, auch Benjamin Franklin, der Filangieris Schriften während seiner Zeit als amerikanischer Botschafter in Frankreich gelesen hatte, stand mit ihm in Briefkontakt. Er schickte dem Rechtsphilosophen seinen Entwurf der amerikanischen Verfassung mit der Bitte um einen Kommentar. Die über 70 Editionen und Übersetzungen von Filangieris Standardwerk im 18. und 19. Jahrhundert trugen entscheidend dazu bei, die italienischen Diskussionen über das Ende des Ancien Régime in den Kontext der europäischen Aufklärung zu integrieren.

Mit Benjamin Franklin verband ein weiterer bemerkenswerter Reformer Süditaliens, Domenico Caracciolo dei Duchi di San Teodoro (1715–1789), ein paralleles Karrieremuster: Beide kamen als Diplomaten mit aufklärerischem Gedankengut in Kontakt, das sie ihr Leben lang prägen sollte. Caracciolos Stationen als Diplomat führten ihn nach Turin, London und Paris, wo er Jacques Necker (1725–1802) und Jean Baptiste d'Alembert (1717–1783) kennenlernte. 1781 wurde Caracciolo zunächst als Vizekönig in Palermo eingesetzt (1780–1786), wo er sich mit Elan für aufklärerische Reformen einsetzte. Im Zentrum seiner Maßnahmen standen eine gerechtere Steuerverteilung und der Aufbau eines Katasters, was der mächtige Feudaladel zu hintertreiben wusste. Immerhin wurden die Privilegien des Adels eingeschränkt. Daraufhin berief die Königin Caracciolo nach Neapel, wo unter seiner Regie der Reformprozess intensiviert werden sollte.

Während die Königin von Neapel ganz gezielt Intellektuelle aus den Akademien und Zirkeln der Freimaurerlogen an den Hof zog und ihnen hohe Verwaltungsämter anvertraute, mussten Aufklärer im Kirchenstaat und im Königreich Sardinien-Piemont mit Verfolgung rechnen. Dennoch setzte auch in diesen beiden Staaten ein Reform- und Modernisierungsprozess ein. Im Kirchenstaat kämpfte Papst Pius VI. (1717–1799) gegen neue Ideen auf religiösem oder philosophischem Gebiet, während unter seinem Vorgänger Clemens XIV. (1705–1774) auf internationalen Druck der intransigente Jesuitenorden abgeschafft worden war (1773). Sein Nachfolger konzentrierte sich auf wirtschaftliche Maßnahmen, die durchaus mit denen in den Nachbarstaaten vergleichbar waren. Die Landwirtschaft sollte mit einer merkantilistischen Politik gefördert werden und auch im Kirchenstaat wurde ein Kataster eingeführt.

Als Musterland straffer moderner Verwaltung galt das Königreich Sardinien-Piemont. Hier hatten die Reformen schon zu Beginn des 18. Jahrhunderts unter Karl Emanuel III. (1701–1773) eingesetzt. Was Ludwig XV. und Ludwig XVI. im benachbarten Frankreich vergeblich versuchten, gelang den Königen in Turin: den Feudalismus entschiedener zu bekämpfen. Die fiskalischen Privilegien von Adel und Kirche wurden einerseits effizient eingeschränkt, andererseits war das Bündnis zwischen Thron und Altar und Thron und Aristokratie in keinem weltlichen Staat Italiens so eng wie in Piemont. Zwar büßte der piemontesische Adel einen Teil seiner Feudalrechte im 18. Jahrhundert ein, wuchs aber, weiterhin privilegiert durch militärische und administrative Karrierechancen, zu einem staatstragenden Beamtenadel heran. Die überwiegend erst in der Frühen Neuzeit geadelten Familien fokussierten sich loyal auf das Haus Savoyen. Symbolisches Abbild des Aufstiegs der Savoyer war der Ausbau der Residenz in Turin nach dem Vorbild der französischen Prachtarchitektur.

Neuere Studien beschränken sich aber keineswegs darauf, die prominentesten Aufklärer und ihre Werke hervorzuheben. Analysiert werden Kommunikation, Zirkulation von Ideen, akademische Geselligkeit bis hin zur öffentlichen Meinung, außerdem die Geschichte der Editionen und Verbreitung von Büchern, die Geschichte der Bibliotheken sowie der Lektüre. Um das politische und gesellschaftliche Klima jener Jahrzehnte vor der Revolution besser zu erfassen, gilt es, diese Ausnahmeintellektuellen in ihren Rahmenbedingungen zu schildern. Sie waren Teil einer europaweit transnational agierenden Öffentlichkeit, die sich trotz Zensur und Versammlungsverboten ausbildete.

Vor allem die Akademien und Freimaurerlogen nutzten die Eliten, um über aktuelle Themen zu diskutieren. Es entstanden europaweit Netzwerke von Gelehrten und eine dichtere Kommunikation und die Buchproduktion stieg exponentiell. Kommt der Akademiebewegung in diesem Prozess überall eine große Bedeutung zu, so ist sie in Italien allein schon aufgrund ihrer ungleich größeren Zahl und ihren älteren Traditionen etwas ganz Besonderes. Allein für Neapel lässt sich vom 15. bis zum 20. Jahrhundert eine Gesamtzahl von 197 Akademien ausmachen; in Rom sind im entsprechenden Zeitraum 185 Akademien nachzuweisen. In anderen italienischen Metropolen verhielt es sich ähnlich. Vor 1800 lässt sich die Existenz von annähernd 2000 Akademien oder gelehrten Gesellschaften in rund 350 größeren Gemeinden und Städten belegen. Die meisten entstanden im Umfeld von Regierungssitzen oder ehemaligen Hauptstädten: Bologna, Florenz, Ferrara, Mailand, Neapel, Padua, Palermo, Rom, Siena, Venedig oder Verona. Viele Akademien hatten vergleichbare Ursprünge: Zunächst bildeten sich humanistische private Zirkel, oft entstanden aus Freundschaften, in denen eine kleine Gruppe Erfahrungen austauschte, diskutierte, Kontakte zu in- und ausländischen Gleichgesinnten suchte und zudem die Geselligkeit pflegte. Teils handelte es sich dabei um sehr kurzlebige Initiativen, teils entstanden aus diesen privaten Gelehrtenzirkeln aber bedeutende Akademien wie diejenigen Neapels, Mantuas oder Paduas. Kennzeichnend für die frühe Phase sind skurrile Namen wie die *Accademia degli Audaci*, *Accademia dei Cupi*, *dei Delicati*, *dei Depressi* (Akademie der Tollkühnen, der Finsteren, der Heiklen, der Bedrückten) usw. Wenige Akademien, die sich in dieser Zeit konstituierten, hatten längeren Bestand, wie etwa die berühmte römische *Accademia dei Lincei* (Akademie der Luchse).

Im 18. Jahrhundert wurden zunehmend wissenschaftlich ausgerichtete Akademien gegründet und eine Institutionalisierung setzte ein mit Satzungen, Ämtern und regelmäßigen Versammlungen. In diese Zeitspanne fiel die Gründung der königlichen Akademien in Neapel (1778) und Turin (1783). Sie zählten zum Typus der staatlichen Gründungen, der ebenfalls europaweit Verbreitung fand. Als Vorbilder dienten die

Royal Society in London (1660), die *Académie royale des sciences* in Paris (1665) oder die Akademien in Berlin (1701), Sankt Petersburg (1724) sowie Stockholm (1739). Diese landesfürstlichen Prestigeobjekte unterschieden sich, was ihre finanzielle Ausstattung und den Ruf der Akademiker anbelangte, beträchtlich von den älteren kleinen meist privaten Ursprungs. Sie achteten streng auf Wissenschaftlichkeit. Weiterhin kam es im 18. Jahrhundert zu einer förmlichen Gründungswelle von Agrarakademien, die sich dem Fortschritt in der Landwirtschaft verschrieben hatten. Es galt, eine rasch wachsende Bevölkerung vor Erntekrisen und Hungerkatastrophen zu bewahren. 1753 gingen die *Accademia dei Georgofili* in Florenz und die im selben Jahr stattfindende Gründung in Palermo voran, 40 weitere Agrargesellschaften sollten ihnen folgen. Aber nicht nur eine Spezialisierung für Fragen der Agrarwirtschaft lässt sich nachweisen, sondern auch eine für archäologische Forschungen. In Neapel rief der König 1755 die *Reale Accademia Ercolanese* ins Leben, um die zahlreichen Ausgrabungsfunde von Herculaneum auszuwerten und einer europäischen elitären Öffentlichkeit zu präsentieren. Die von den Akademiemitgliedern publizierten Prachtbände mit den Ausgrabungsergebnissen verschenkte er über Diplomaten an europäische Fürsten. Die wichtigsten italienischen Akademien standen über Korrespondentennetzwerke und Ehrenmitgliedschaften in Verbindung mit den großen Akademien in London, Sankt Petersburg, Stockholm und Paris. Bei der Pariser *Académie royale des sciences* stellten die Italiener die meisten ausländischen Korrespondenten. Die Publikationen der italienischen Wissenschaftler erfuhren so schneller und effizienter Verbreitung.

Zielten die Akademien nicht direkt auf Gemeinnützigkeit ab, so verfolgten sie doch naturwissenschaftliche und kulturelle Interessen wie die französischen *Sociétés savantes* (Gelehrtengesellschaften). Gemeinsam war ihnen im 18. Jahrhundert der Glaube an die Aufklärung und den Fortschritt, den sie mit den Mitgliedern der zahlreichen Freimaurerlogen teilten. Sie sind zu den frühesten standesübergreifenden Gesellschaften zu zählen. Die ersten Großlogengründungen dieser international vernetzten Bewegung fanden in der ersten Hälfte des 18. Jahrhunderts in Großbritannien, Frankreich, Italien und Deutschland statt. In ihnen versammelten sich Adlige und Bürger, allen voran Diplomaten, Offiziere, Kaufleute, Intellektuelle und vereinzelt hochrangige Kleriker. Nach ihren mystischen Sitzungen, deren Ritual von den mittelalterlichen Bauhütten und der Tradition des Templerordens abgeleitet wurde, trafen sich die Logenbrüder zur Diskussion. Im Vordergrund des weitgehend antiständisch-egalitär geprägten Zusammenseins stand das Ideal einer humanitären Ethik, wobei Wahrheits- und Nächstenliebe, Toleranz und Selbstkritik zur vollkommenen Bildung des Einzelnen führen sollten. Zu einer Welle sehr früher Logengründungen kam es in Neapel, Florenz und Venedig in der ersten Jahrhunderthälfte, worauf die Kirche mit Exkommunikationen und Verurteilungen reagierte. Freimaurer wurden verhaftet und gefoltert. Im milderen Klima des letzten Jahrhundertdrittels setzte eine zweite Gründungswelle ein und es entstanden neue Logen unter anderem in Livorno, Turin, Genua, Mailand, Neapel und sogar in Rom. Eine entscheidende Rolle spielten bei den (Gründungs-) Aktivitäten europaerfahrene Diplomaten, Kaufleute und Militärs sowie die zahllosen Adligen, die während ihrer Grand Tour Italien bereisten. Es gehörte für den europäischen Adel zum guten Ton und zur Ausbildung, eine Kavalierstour zu unternehmen, die sie zunächst nach Paris und dann nach Italien führte. Einerseits lernten sie so die Welt der Höfe kennen, andererseits ging es um kulturelle Erziehung. Gerade in Italien genossen die vermögenden Eliten reichlich Anschauungsmaterial, um ihre ästhetische Erziehung und Kunstkennerschaft voranzutreiben. Abends fanden sie Aufnahme in die elitäre städtische Geselligkeit der Logen und Salons.

Natürlich standen die Logen unter scharfer Beobachtung der Polizei. Wenn sich Eliten in größerer Zahl regelmäßig trafen und über Toleranz, Gleichheit, Geist und Humanität diskutierten, reagierten die Herrschenden alarmiert. Nicht zuletzt wurden die Logen auch genutzt, um politische Seilschaften zu bilden. Die 1768 in Turin etablierte Loge war der Treffpunkt der Offiziere. Der Erbprinz, Viktor Amadeus III. (1726–1796), war dort Mitglied, und der Thronfolger instrumentalisierte die Loge *Mystérieuse* als eine Art Parallelhof, um gegen seinen alten Vater (Karl Emanuel III., 1701–1773) und dessen mächtigen Minister Giambattista Lorenzo Bogino Stimmung zu machen. Diese wie andere Logen entwickelten sich zum ersten Treffpunkt der aristokratischen Gesellschaft, wo die versammelten „Brüder" Prestige erwerben und Netzwerke jenseits der starken Familienstrukturen aufbauen konnten.

Europaweit wurde über das Schicksal der Freimaurerei in Neapel diskutiert, wo die junge Königin Maria Karolina ihr Engagement für die Loge einsetzte, um sich vom übermächtigen Einfluss ihres Schwiegervaters Carlo von Spanien und seinem verlängerten Arm, dem Minister Marchese Bernardo Tanucci zu befreien. Ihr Vater, Franz Stephan, ein entschiedener Anhänger der Freimaurerei, war der erste Regent, der einer Loge angehörte und die Erziehung seiner Söhne einem Logenmeister anvertraute. Im süditalienischen Königreich war die Freimaurerei hingegen verboten. 1773 unterstützte die Königin den kaiserlichen Botschafter Josef Wilczek und neapolitanische Adlige dabei, eine große nationale Loge mit dem sprechenden Namen *lo Zelo* (der Eifer) zu gründen. Zu den Mitgliedern zählte unter anderem Gaetano Filangieri. Als zwei Jahre nach der Gründung bekannt wurde, dass sich junge Kadetten aus dem königlichen Regiment der Loge angeschlossen hatten, beeinflussten der spanische König und Tanucci Ferdinand IV. massiv dahingehend, die Freimaurerei abermals zu verbieten. Es kam zur öffentlich inszenierten Verhaftung von Logenmitgliedern vor den Toren der Stadt auf Capodimonte und zu einem Prozess, der europaweites Echo fand. Den Logenbrüdern wurde Majestätsbeleidigung vorgeworfen, was bei einer Verurteilung zur Todesstrafe führen konnte. Das Verfahren wurde zu einem zähen Machtkampf, denn die Freimaurer waren bestens vernetzt und nutzten ihre internationalen Kontakte, um öffentlich Druck aufzubauen. Schließlich wurde der Prozess eingestellt und die Logenbrüder kamen frei. Maria Karolina wurde als Heroin der Freimaurer gefeiert und der Überfall auf Capodimonte und seine Folgen grub sich bei den Aufklärern in das historische Gedächtnis als Sieg der Vernunft gegenüber Intoleranz und Willkürherrschaft ein.

1. Das Ancien Régime

Die Anhänger der Aufklärung nutzten aber nicht nur Akademien und Logen zum Gedankenaustausch. Sie trafen sich auch in den zahlreichen städtischen Salons und Cafés, wo sie bespitzelt wurden. Die Zirkulation von Ideen erfolgte über eine blühende Briefkultur und vor allem über Printmedien. Für das letzte Drittel des 18. Jahrhunderts ist ein enormer Anstieg von Druckerzeugnissen zu verzeichnen. Die Buchproduktion lag zu Beginn des Jahrhunderts bei 45.000 Bänden und stieg gegen dessen Ende auf 60.000 Werke an. In Neapel waren doppelt so viele Bücher zu kaufen wie hundert Jahre zuvor. Venedig konnte seinen traditionellen Ruf als europäische Hauptstadt des Buchdrucks noch behaupten. Während in anderen italienischen Städten häufig für den lokalen und regionalen Gebrauch produziert wurde, gingen in der Serenissima 60–80 Prozent der Produkte in den Export. Beliefert wurden von Venedig aus Spanien, der süddeutsche Raum, Wien, der Balkan, Griechenland und alle italienischen Staaten. Doch der Zenit der patrizischen Betriebe war überschritten und in den anderen italienischen Staaten war ein sprunghafter Anstieg von Druckereien zu verzeichnen. Wie in Venedig war es vornehmlich patrizisches oder adliges Kapital, das in diesen expandierenden Markt floss. Diese Eigentumsverhältnisse schützten bis zu einem gewissen Grad vor staatlicher Verfolgung. Abgesehen von Venedig dominierten französische Händler aus der Dauphiné den Buchhandel. Sie waren in den wichtigsten italienischen Städten vertreten, wobei sie über Familien- und Verwandtschaftsbeziehungen den transnationalen Handel im westlichen Mittelmeer organisierten. Importiert wurde vor allem französische Literatur.

Waren die zahllosen, eher risikoscheuen Drucker und Verleger meist Kleinunternehmer mit ein oder zwei Pressen und lange von den Aufträgen des Staats, des Adels und der Kirche abhängig, so entwickelte sich Ende des 18. Jahrhunderts ein neuer, politischerer Typ von Druckern und Verlegern, der in der französischen Zeit in höhere Positionen aufstieg. Zensur und Überwachung waren an der Tagesordnung und die katholische Kirche setzte die Werke der französischen und italienischen Aufklärung regelmäßig auf den Index. In der Toskana herrschte noch die größte Freiheit im Verlagswesen. Aber letztendlich ließ sich die Zirkulation von Büchern, erlaubten und verbotenen, nicht verhindern, allenfalls behindern oder verzögern. Die italienischen Eliten besaßen Ende des 18. Jahrhunderts hervorragend sortierte Bibliotheken, in denen die Hauptwerke der europäischen Aufklärung selbstverständlich ihren Platz einnahmen.

2. Italien unter französischer Herrschaft 1789–1814

Die Auswirkungen der großen Revolution, die Frankreich in seinen Grundfesten erschütterten, waren auch in weiten Teilen Italiens zu spüren. Die Herrschenden schauten gebannt und mit zunehmendem Entsetzen auf die politische Entwicklung im Nachbarland, vor allem als sich die Revolution seit dem Sommer 1792 immer mehr radikalisierte. Sie reagierten mit dem Abbruch der Reformpolitik und (wiederum) verstärktem obrigkeitlichem Druck. Die vormals geförderten Logen mussten schließen, die Zensur wurde verschärft, die politisch Verdächtigen wurden engmaschiger überwacht und eingesperrt. Zahlreiche Anhänger der Revolution flohen nach Frankreich. Maria Karolina in Neapel und Maria Amalia in Parma mussten ohnmächtig hinnehmen, dass ihre Schwester Marie Antoinette auf dem Schafott starb. Dieser und zahllose weitere Morde an französischen Adligen machten nicht nur sie zu erbitterten, auf Rache sinnenden Revolutionsfeindinnen. Darüber hinaus flohen bereits im Sommer 1789 die Brüder des französischen Königs, tausende Adlige, Offiziere und Priester nach dem Sturm auf die Bastille und den Plünderungen der französischen Schlösser in benachbarte Länder, unter anderem in das Königreich Sardinien-Piemont. Dort in Turin agitierten sie gegen die revolutionäre Regierung.

Die bäuerlichen Unterschichten blickten wiederum mit großen Hoffnungen nach Frankreich. Sie wünschten sich, die drückenden Belastungen von Pacht und Steuern abschütteln zu können. Zwar hatte es schon zuvor bäuerliche Erhebungen gegeben, aber durch die schlagartige Abschaffung der Feudalrechte im August 1789 in Paris erhielten ihre Forderungen neuen Auftrieb. Der revolutionäre Funke übersprang die Grenze und 1792 kam es zu antifeudalen Massenprotesten in Piemont, 1793 dann auch im weit entfernten Süditalien. Desgleichen begrüßten einzelne Intellektuelle die liberalen Errungenschaften der Revolution, doch die Mehrheit blieb vorsichtig. Die aufklärerischen Eliten begegneten als Anhänger eines Reformweges der Entwicklung im Nachbarland mit Skepsis und jenen großen revolutionären Ereignissen, die man als *Journées* bezeichnet, mit ostentativer Ablehnung: etwa dem Sturm auf die Bastille, dem Zug der Marktweiber nach Versailles oder überhaupt jeglichen Protesten der Volksmassen. Nach dem Tod des Königs befürchteten sie nicht umsonst eine weitere politische Radikalisierung.

2.1 Jakobinische Politisierung (1789–1796)

2.1 Jakobinische Politisierung (1789–1796)

Vergleichsweise klein war die Zahl der italienischen Jakobiner, jenen Anhängern einer radikalen Revolution, die für ihre Ziele auf italienischem Boden kämpften. Ihre berühmteste Gallionsfigur war zweifelsohne Filippo Buonarroti (1761–1837), ein Nachfahre von Michelangelo Buonarroti. Als Sohn einer toskanischen Patrizierfamilie, die enge Beziehungen zum Großherzog der Toskana pflegte, wurde Filippo 1773 Page am Hof. Er studierte Jura in Pisa und entwickelte sich zu einem glühenden Anhänger Jean-Jacques Rousseaus und seiner Ideen vom Gesellschaftsvertrag. Wie andere Patrizier investierte er in den aufblühenden Buchhandel und betätigte sich darüber hinaus als Journalist. Seine Verbreitung revolutionären Gedankenguts führte zu staatlicher Verfolgung, der sich

Buonarroti 1789 durch Flucht nach Korsika entzog. Hier setzte er seine publizistische Tätigkeit fort und gab den *L'amico della libertà italiana* und das *Journal patriotique de Corse* heraus. Seine radikale revolutionäre Gesinnung dürfte ihn 1792 für den Posten eines Kommissars des Distrikts Corte empfohlen haben. Diesen Kommissaren oblag die Überwachung der politischen Gesinnungen in der radikalen Phase der Revolution. Buonarroti erwarb die französische Staatsbürgerschaft und bekämpfte 1793 die Gegenrevolutionäre Korsikas. Als hervorragenden italienischen Vorkämpfer der jakobinischen Prinzipien schickte man ihn als Revolutionsagenten in seine alte Heimat. Im April 1794 wurde er zum Kommissar der Republik von Oneglia ernannt, die er bis zum 12. Mai 1795 regierte. Diese kleine ligurische Küstenstadt war im Zuge des ersten Koalitionskrieges von Frankreich erobert worden. Oneglia entwickelte sich kurzfristig zum Laboratorium der jakobinischen Reformen und wurde zum Hauptquartier der italienischen Revolutionäre, organisiert nach den Prinzipien einer Republik mit Gütergemeinschaft, unterstützt von den Bauern des Umlandes. Nach dem Ende der Terrorherrschaft wurde Buonarroti vom gemäßigten Direktorium wiederum für seine Ideen einer sozialen Revolution verfolgt. Das von ihm propagierte Konzept einer Mischung aus revolutionärem Patriotismus, utopischem Kommunismus und radikalem Republikanismus war nicht mehr erwünscht. Konnte die kleine patriotische Jakobinerbewegung in diesen Jahren nur wenig ausrichten – auch in den anderen italienischen Städten, etwa in Turin, Bologna, Neapel, Palermo und Rom, wurden alle politischen Aufstandsbewegungen gleich im Keim erstickt –, so bewirkte sie doch langfristig viel für die politischen Diskurse und Bewegungen im 19. Jahrhundert. Von diesen Patrioten, so bezeichneten sich die italienischen Jakobiner selbst, wurde zum ersten Mal die Forderung artikuliert, die Halbinsel in einen Nationalstaat zu verwandeln.

Das Experiment von Oneglia war nur während der kurzen Phase der französischen Jakobinerherrschaft möglich gewesen. Die italienischen Radikalen erhofften sich von weiteren militärischen Interventionen Frankreichs die Befreiung vom „Joch der Tyrannen". Buonarroti versuchte nach dem Ende der Republik von Oneglia mit allen Mitteln, die Direktoren in Paris zum Eingreifen in Italien zu bringen. Die nun folgenden weiteren Kriegshandlungen brachten dann tatsächlich ganz Italien sukzessive unter die französische Herrschaft, mit Ausnahme Siziliens und Sardiniens, die von den Briten geschützt wurden. Dabei importierten die Soldaten und Offiziere ebenso revolutionäres Gedankengut wie auch Publikationen. Ihre Verheißungen von „Freiheit, Gleichheit und Brüderlichkeit" sowie „Krieg den Palästen und Friede den Hütten" blieben unerfüllt, denn im Prinzip handelte es sich um machtstrategische Eroberungskriege, in deren Folge es zwar zu grundlegenden Reformen und Modernisierungsmaßnahmen kam, jedoch nicht im Sinne der Jakobiner, sondern der liberalen Notabeln.

Die italienischen Fürsten beteiligten sich mehrfach an den europäischen Koalitionen gegen das revolutionäre und napoleonische Frankreich, um sich vor einer weiteren Expansion des mächtigen Nachbarn zu schützen. Doch vergeblich, den Verlust ihrer Herrschaft konnten sie nicht aufhalten. Betroffen war zunächst Piemont, das sich

Österreich, Preußen und Großbritannien im ersten Koalitionskrieg angeschlossen hatte. Bereits 1792/93 fielen die Revolutionstruppen in das Land ein und annektierten Savoyen und Nizza, wobei sie sich auf das Prinzip der natürlichen Grenzen beriefen. 1795 war Preußen aus dieser ersten Koalition ausgeschieden, Großbritannien und Österreich waren jedoch entschlossen, den Krieg fortzuführen. Habsburg erhoffte sich eine weitere Machtausdehnung in Italien. Frankreich reagierte darauf mit dem großen Kriegsplan von Lazare Carnot, der als einer der fünf Direktoren für militärische Angelegenheiten verantwortlich war. Die französischen Armeen sollten sowohl vom Rhein über Franken und Bayern als auch durch Oberitalien nach Österreich marschieren, um es so niederzuwerfen. Das Kommando für die Italienarmee wurde im März 1796 dem erst 27-jährigen Napoleon Bonaparte übertragen. Er nutzte diese Chance, um sein außerordentliches taktisches Talent zu zeigen und seinen Ruhm als Feldherr zu etablieren. Das in diesen Feldzügen erworbene Prestige schuf die Basis für seine zukünftige eigenständige Politik, denn seine Erfolge machten ihn zu einer der tonangebenden Persönlichkeiten Frankreichs. Direktiven der Regierung ignorierte er mehrfach, indem er unbefugt diplomatische Verhandlungen führte oder Kampfhandlungen ohne entsprechende Anweisungen weitertrieb. Bereits im April musste König Viktor Amadeus III. einen Waffenstillstand akzeptieren, der Bonaparte Piemont als Aufmarschgebiet überließ und die Abtretung von Nizza und Savoyen bestätigte. Völlig überraschend wurden die Österreicher in der legendären Schlacht von Lodi am 10. Mai 1796 von den Franzosen geschlagen. Die Mailänder bejubelten Bonaparte als Befreier bei seinem Einzug in die Stadt. Die Toskana erklärte ihre Neutralität und blieb zunächst unberührt vom Krieg. Im Juni 1796 drangen die französischen Truppen weiter nach Süden in den Kirchenstaat vor, eroberten zudem die Herzogtümer Parma-Piacenza und Modena sowie die zum Kirchenstaat gehörende Emilia Romagna. Am Ende des Jahres 1796 schaffte es Bonaparte an der Spitze einer erschöpften Armee, eine drohende Niederlage in einen Sieg zu verwandeln, indem er die Nachhut der österreichischen Armee auf der Brücke von Arcole schlug. Diese Episode wurde verewigt im berühmten Gemälde von Antoine Gros, der mit dieser ikonischen Darstellung dazu beitrug, Bonapartes Ruf als genialer Stratege zu mehren. Bis zum Februar 1797 besiegte Bonaparte die Österreicher bei Mantua und Trento. Nachdem der General im selben Monat große Teile der Terra ferma, des Festlands Venedigs okkupiert hatte, erzwang er das Ende der Adelsrepublik. Der letzte Doge, Ludovico Manin, musste abdanken. Die italienische Kampagne hatte ihr militärisches Ziel erreicht: Österreich war aus der Lombardei vertrieben worden und befand sich in einer diplomatisch schwachen Position.

2.2 Die Zeit der Schwesterrepubliken – das Trienno (1797–1799)

Mit Trienno bezeichnet man in der italienischen Geschichtsschreibung die Jahre 1797–1799. Gekennzeichnet waren sie zum einen von wegweisenden liberalen Reformen im

Justizwesen und in der Verwaltung, zum anderen von Besatzungskosten, steigenden Steuern und Lebensmittelpreisen. Die militärischen Eroberungen wurden mit diplomatischen Verträgen abgesichert. Im Februar 1797 musste der Papst im Frieden von Tolentino die Emilia Romagna abtreten. Die zu zahlenden hohen Kontributionen in Höhe von 15 Millionen Francs verschärften die ohnehin bestehenden ökonomischen Probleme im Kirchenstaat. Schon vor der Annexion hatten liberale Patrizier dort im Dezember 1796 die Cispadanische Republik gegründet, zu der Reggio Emilia, Modena, Bologna und Ferrara gehörten. Mit dem Frieden von Campo Formio im Oktober 1797 sanktionierte Österreich die weiteren französischen Eroberungen in Norditalien. Es verzichtete auf die Lombardei, dafür erhielt es Venedig, Dalmatien und Istrien. Die Jakobiner reagierten enttäuscht, hatten sie doch gehofft, dass auch diese Gebiete der neuen Republik angeschlossen würden. Weiterhin stimmte Kaiser Franz II. der erzwungenen Umformung der oligarchischen Adelsrepublik Genua in die Ligurische Republik zu. In der Lombardei war zuvor die Cisalpinische Republik entstanden, in die nach dem Frieden von Campo Formio die Cispadanische Republik integriert wurde. Diese vergrößerte „Cisalpina" mit Mailand als Hauptstadt wurde als souveräner und formell unabhängiger Staat zum Zufluchtsort für Demokraten und moderate Liberale aus Süd- und Mittelitalien. Mit seinen 3,5 Millionen Einwohnern, die zuvor in sechs verschiedenen Staaten gelebt hatten, stellte dieser neue oberitalienische Staat einen erheblichen Fortschritt für die Anhänger eines Nationalstaates dar. Bonaparte kehrte nach Paris zurück, und nur zehn Tage nach dem Frieden von Campo Formio wurde ihm das Kommando der Armée d'Angleterre übertragen, um nun den stärksten Feind Frankreichs niederzuwerfen. Er konzentrierte sich dabei auf die Auseinandersetzungen mit den Briten um die Macht im Mittelmeer, da er einen direkten Angriff auf Großbritannien wegen des schlechten Zustands der französischen Flotte für wenig vielversprechend hielt. Sein Ziel war es, die Briten in Ägypten zu bekämpfen.

In Italien breitete sich derweil der Machtbereich der Franzosen immer weiter aus. Nur zwei Monate nach dem Frieden von Campo Formio kam es in Rom erneut zu Unruhen. Am 28. Dezember protestierten Patrioten vor der französischen Botschaft, dem Palazzo Corsini an der Via Lungara. Die päpstlichen Soldaten griffen ein und im Tumult wurde der französische Botschaftsrat General Duphot getötet. Dieser und weitere von den Patrioten orchestrierte Aufstandsversuche gaben den Vorwand einzugreifen. Louis-Alexandre Berthier (1753–1815), der von Bonaparte den Oberbefehl über die Truppen übernommen hatte, marschierte nach Rom und nahm die Stadt am 10. Februar 1798 ein. Am 28. Februar wurde auf dem Forum das Ende der weltlichen Herrschaft des Papstes und der Römischen Republik verkündet, inszeniert als souveräner Akt des Volkes. Die Beteiligung an diesem revolutionären Akt wird auf maximal 500–700 Personen geschätzt. Berthier schrieb selbst in seiner privaten Korrespondenz, dass er in der Stadt nur auf Fassungslosigkeit und keinerlei patriotischen Elan gestoßen sei.[1] Der Papst, Pius VI. (Giovanni Angelo Braschi), weigerte sich, auf seine weltliche Herrschaft zu verzichten, woraufhin er verhaftet und nach Frankreich verbracht wurde. Dort starb

2.2 Die Zeit der Schwesterrepubliken – das Trienno (1797–1799)

er, fast 82-jährig, am 20. August 1799. Die tausendjährige Herrschaft der Päpste über Rom und den Kirchenstaat fand so ein vorläufiges Ende. Die Wahl des neuen Papstes Pius VII. musste im habsburgischen Venedig durchgeführt werden.

In Neapel nutzte die Regierung das vermeintliche Machtvakuum nach Bonapartes Abreise für neue Kriegshandlungen. Angestachelt von Königin Maria Karolina und Lord Acton, befahl Ferdinand IV. seinen Truppen, Richtung Norden zu ziehen. Sie gelangten bis Rom, wo sie von General Championnet nicht nur energisch zurückgeworfen wurden, sondern im Gegenzug eroberte dieser auch noch Süditalien und zwang das Königspaar zur Flucht nach Sizilien. In Neapel riefen die Patrioten im Januar 1799 daraufhin die Republik aus. Zwei Monate später erfolgte die französische Invasion in der Toskana. Da der piemontesische König schon im Dezember 1798 zur Abdankung gezwungen worden war, floh auch er auf seine Insel, nämlich nach Sardinien. So beherrschen die Franzosen im Frühjahr 1799 das gesamte italienische Festland mit Ausnahme Venedigs. Enttäuscht und resigniert mussten die Jakobiner zusehen, wie Piemont einfach von Frankreich annektiert und in französische Departements aufgeteilt wurde.

Die Politik der Jahre 1796–1799 kennzeichnet ein janusköpfiger Charakter. Die französischen Generäle verhandelten als Repräsentanten der *Grande Nation* mit Jakobinern und Liberalen vor Ort gemäß den Anordnungen des Direktoriums, das wiederum parallel mit den noch amtierenden Monarchen Verträge abschloss. Zugleich agierte Bonaparte als Repräsentant der Revolution, der die Schwesterrepubliken entstehen ließ, und führte eigenmächtig seine Generäle zu immer neuen Feldzügen, um das französische Revolutionsmodell zu verbreiten. Bei allen „Schwester"-Republiken handelte es sich um Gebilde, in die einerseits massiv von Paris aus hineinregiert wurde, in denen die liberalen italienischen Eliten aber andererseits bereitwillig die ihnen gebotenen Chancen zur politischen Partizipation ergriffen, die für sie vor dem Einmarsch der französischen Truppen nicht bestanden hatten und die ihnen nach dem Wiener Kongress wieder genommen wurden. Die örtlichen Notabeln propagierten formal eigenständige Republiken. Der Zeit dieses *Triennio* (der drei Jahre von 1796–1799) wird von der italienischen Forschung nicht zufällig große Bedeutung zugemessen: Für viele Historiker setzt mit diesen Jahr der Beginn der modernen Geschichte Italiens ein. Das *Triennio* wird bewertet als epochale Phase eigenständiger politischer Projekte und relativer Unabhängigkeit. Nach rund dreihundert Jahren „Fremdherrschaft" hatten die italienischen Eliten zum ersten Mal wieder die Möglichkeit, selbst zu regieren, wenn auch in Abhängigkeit von Frankreich. Während dieser drei ephemeren und transitorischen Jahre wurden grundlegende politische und rechtliche Innovationen eingeführt, die nachhaltig Wirkung entfalteten, unabhängig von den politischen Regimen, die sich in den nächsten Jahrzehnten ablösten.

Bonaparte kooperierte mit den italienischen Liberalen und besetzte wichtige Posten aus dieser Gruppe, wohingegen er die Jakobiner nur in der Übergangsphase nach den militärischen Eroberungen benutzte, um sie nach der Machtkonsolidierung systematisch aus allen Ämtern zurückzudrängen. Während der drei Jahre ihrer Existenz boten diese Republiken, bei allen regionalen Unterschieden, gemeinsame Grundzüge. Alle, mit Ausnahme Neapels, orientierten sich am Modell der französischen Verfassung von 1795, sie führten Rechtsgleichheit, Steuerreformen und Verwaltungsmodernisierungen ein. Die Republik im Süden wurde autonom von einer Gruppe demokratischer Patrioten geschaffen, deren führender Kopf der Philosoph und Jurist Mario Pagano (1748–1799) war. Er arbeitete eine Verfassung nach dem Modell der Französischen Republik von 1793 aus.

Von diesem Einzelfall abgesehen ist festzuhalten, dass sich die Politik auf dem Apennin, wo Frankreich direkt oder indirekt herrschte, immer nach den Pariser Direktiven ausrichtete. Die italienischen Verfassungen von 1797 garantierten konsequente Gewaltenteilung und bürgerliche Freiheiten. Wie in Paris lag die Exekutive in der Hand eines fünfköpfigen Direktoriums. Über die Legislative entschieden zwei Kammern, ein Rat der Ältesten und ein Generalrat, die wiederum das Direktorium besetzten. Gewählt wurden die Deputierten auf der Basis des Zensuswahlrechts, was die Jakobiner naturgemäß enttäuschte, da dieser Modus die Bevorzugung der Notabeln implizierte. Die ersten Gesetze der neu etablierten Gremien schafften alle ständischen Privilegien ab. Alle Bewohner waren fortan rechtlich gleichgestellte Bürger. Diese moderne Staatsbürgerschaft war verbunden mit Gedanken-, Religions-, Presse- und Assoziationsfreiheit. Von grundlegender Bedeutung war die Neuorganisation des Justiz- und Verwaltungswesens: Sie umfasste die Übernahme der französischen Gerichtsordnung, öffentliche und mündliche Verfahren sowie die Gleichheit aller vor Gericht. Der Adel verlor nicht nur seine Titel und seine Wappen, sondern auch die Patrimonialgerichtsbarkeit und damit viel von seiner Macht auf dem Land. Weiterhin wurde die Verwaltung modernisiert und zentralisiert. Wie in Frankreich wurde die neue Republik in etwa gleichgroße Departements und Distrikte unterteilt, benannt jeweils nach naturräumlichen Gegebenheiten wie Flüssen, Bergen oder dem Meer. Mit dieser Namensgebung wollte man mit den traditionellen territorialen Bezeichnungen und damit verbundenen Erinnerungen brechen. Jedes Departement wurde von einem fünfköpfigen Rat regiert, Friedensrichter und Verwaltungsbeamte wurden gewählt. Obwohl die Verfassung auch die Wahl der Verwalter an der Departementsspitze vorsah, wurden diese einfach von Bonaparte eingesetzt. Ohnehin hatten die obersten Militärs vor Ort die letzte Entscheidungsgewalt während der Republiken. Als problematisch erwies sich die Übernahme des Modells der französischen Kirchenpolitik. Die Einführung von Zivilstandsregistern, der Zivilehe und der Möglichkeit einer Scheidung fanden zwar Akzeptanz und bedeuteten bereits einen massiven Einflussverlust der Kirche. Aber wie weit sollten die Trennung von Kirche und Staat und die Religionsfreiheit gehen? Darüber wurden endlose Debatten geführt. So wurde in der Ligurischen und Cisalpinischen Republik zum Beispiel beschlossen, den Katholizismus als Staatsreligion beizubehalten.

Zunächst herrschte Euphorie bei den involvierten politischen Akteuren. In offiziellen Reden priesen sie die Generosität der Mutterrepublik und feierten den Genius Bonapartes. Als Vorbild diente ihnen die Trikolore, sie wurde mit den Farben Grün,

2.2 Die Zeit der Schwesterrepubliken – das Trienno (1797–1799)

Weiß und Rot in der Cisalpinischen Republik eingeführt und später zur Flagge der nationalen Bewegung und des italienischen Nationalstaats. Weiterhin übernahm man Amtsbezeichnungen und Symbole aus Frankreich. Da sich die neuen Bezeichnungen an der von den Revolutionären glorifizierten Römischen Republik der Antike orientierten, fanden sie in Italien rasch Akzeptanz. Häufig wird die Cisalpina als jakobinische Republik bezeichnet, doch es reicht ein Blick auf die Hauptakteure in Mailand, um zu begreifen, dass dort in Wirklichkeit liberale Politiker dominierten. Wie in Paris war das Direktorium von Regierungskrisen, Personenwechseln und Kurzlebigkeit gekennzeichnet. Zwischen Juni 1797 und April 1799 lösten sich drei Direktorien nacheinander ab. Alles in allem besetzten 16 Männer diese fünf Posten. Ausnahmslos entstammten sie der adlig-bürgerlichen Elite Oberitaliens, ein Drittel den reichen Patrizierfamilien Mailands, Bergamos oder Bolognas, die übrigen zwei Drittel waren in Kaufmanns- oder Juristenkreisen sozialisiert worden. Es handelte sich auch nicht um hitzköpfige junge Politiker, sondern um reife Männer im Alter zwischen 35 und 60 Jahren. Viele von ihnen hatten Rechtswissenschaften studiert. Radikale Jakobiner sucht man in ihren Reihen vergebens. Die sogenannten jakobinischen Konstitutionen Italiens waren wie ihr französisches Vorbild aus dem Jahr 1795 gekennzeichnet von einer Kehrtwende hin zu den Notabeln und einer Abwendung vom Volk aufgrund der schockierenden Erfahrungen des Terrors Robespierres.

Aber nicht nur in der Cisalpina, schon zuvor in der Cispadanischen Republik sowie in Neapel waren es vor allem junge Aristokraten, die bereit zu sein schienen, auf ihre privilegierten Karrierechancen und feudale Rechte im Süden zu verzichten. Dafür partizipierten sie nun maßgeblich an der Macht, die ihnen geboten wurde durch die Konstitutionen und die neuen politischen Gremien, deren Deputierte über einen hohen Zensus gewählt wurden. Auf dieser konstitutionellen Basis war es in Lucca und Genua möglich, dass die Transformation einer aristokratischen in eine demokratischere Republik vom Adel angenommen wurde. Die französischen Innovationen wurden nicht als umstürzend wahrgenommen, weil die alten dominierenden Gruppen nur durchmischt wurden. Es kam eben nicht zum Untergang des Patriziats, sondern erzkonservative Politiker wurden von jüngeren Liberalen abgelöst, die aus denselben Familien stammten. Die politischen Subjekte der republikanischen Verfassungen waren die Besitzenden.

Großer Beliebtheit erfreuten sich die Schwesterrepubliken in weiten Kreisen Italiens nicht. Als problematisch erwies es sich, dass, obwohl formal staatliche Souveränität auf dem Papier stand, weiterhin hohe Steuern und Kontributionen nach Paris abzuführen waren. Hinzu kamen die ständigen Forderungen der Armee vor Ort. Die Schwesterrepubliken mussten ihren Beitrag für die Kriege leisten. Für die Italiener bedeuteten diese ständigen Kriegszüge extreme Belastungen, die Offiziere, die Truppen und ihre Pferde mussten versorgt werden und es galt, die hohen Kontributionen zu zahlen. Wie viel Geld aus den besetzten Gebieten nach Frankreich geflossen ist, bleibt schwierig zu messen, das gesamte Ausmaß ist nicht bekannt. Während der italienischen Kampagne kam es überall zu Requirierungen von Geld und Palästen. Darüber hinaus hat die französische Armee in allen eroberten Gebieten sofort gezielt Kunstraubaktionen durchgeführt. Nun war Beutekunst nichts Neues, neu aber war, dass man bei den entwendeten Objekten gezielt gemäß ästhetischen Theorien und Leitlinien der modernen Kunstwelt vorging. Den Truppen folgte rasch eine Gruppe von Kommissaren, die im Auftrag des Direktoriums Kunstgegenstände, Bücher, archäologisches Fundgut und vieles andere mehr für die große Nation sichern sollte. Es wurde nicht wahllos alles Wertvolle abtransportiert, sondern gezielt Stücke ausgewählt, um in Paris eine möglichst vollständige Sammlung geschätzter Meisterwerke zu präsentieren. Ideologisch wurde diese umfangreiche Verlagerung von Kulturgütern mit dem universellen Anspruch der Revolution gerechtfertigt; sie war Teil der offiziellen Museumspolitik. Die Beschlagnahmungen in den europäischen Nachbarländern, zunächst im heutigen Belgien, in Luxemburg und den Rheinlanden und ab 1796 in Italien, wo die Ausbeute aufgrund des exzeptionellen kulturellen Erbes aus Renaissance und Barock besonders üppig ausfiel, stützte sich auf die kühne Rechtfertigung, wonach die Werke der Kunst und Wissenschaft ein Produkt der Freiheit seien und ergo den Tyrannen entrissen werden müssten, um dann im Land der *Liberté* – also in Frankreich – eine adäquate Heimstätte zu finden. Sie sollten in Paris die nationale Erziehung fördern, indem neu gegründete Institutionen wie die *Bibliothèque nationale* und das Kunstmuseum im Louvre mit besonders wertvollen Exponaten ausgestattet und der Öffentlichkeit zugänglich gemacht wurden. Paris stilisierte man somit zur europäischen Kulturhauptstadt. Die Beutestücke aus Italien wurden in aufwendig inszenierten Triumphzügen in die Hauptstadt überführt. Zu bewundern waren im Louvre fortan Raffaels „Schule von Athen" aus der Mailänder Kunstsammlung der Ambrosiana, aus Bologna Guido Renis „Der Kindermord von Bethlehem", aus Verona der vierteilige Hauptaltar der Kirche San Zeno von Andrea Mantegna und aus den Vatikanischen Museen die Laokoon-Gruppe, um nur einige herausragende Werke zu nennen. Darüber hinaus wurden vom Markusdom in Venedig die vier Bronzepferde der Quadriga des Westportals, die seit dem 13. Jahrhundert als Teil der Fassadengestaltung die Basilika schmückten, abmontiert und nach Paris verbracht.

Im Sommer 1799 brachen die jungen Republiken unter den Angriffen von zwei Seiten zusammen. Zum einen machte sich massiver konservativer und kirchlich aufgestachelter Widerstand breit, zum anderen nutzten die europäischen Mächte die Abwesenheit Bonapartes in Ägypten zu einer Neuauflage ihrer Koalition. Die Aufstände und die antifranzösische Stimmung gegen die Besatzer, mit einer starken religiösen Komponente, waren häufig vermischt mit Elementen einer populären Ablehnung der Repräsentanten des „Atheismus". Hinzu kamen der Groll der unzufriedenen Bauern und städtische Unruhen gegen die Profiteure des neuen Regimes, die im großen Stil Ländereien kauften, die zuvor der Kirche gehört hatten und nun in den Republiken säkularisiert und versteigert worden waren. Aus dieser Gesamtlage resultierte ein weißer Terror, der mit demselben Elan Jakobiner, Patrioten und französische Soldaten

2.2 Die Zeit der Schwesterrepubliken – das Trienno (1797–1799)

denunzierte und die abgesetzten Herrscher und den in Gefangenschaft lebenden Papst bejubelte. Dessen Martyrium stand ohnehin symbolisch für alle Exzesse der neuen Zeit.

Die Gewalttaten wurden mit besonderer Schärfe in Kampanien, Kalabrien und in der inneren Toskana ausgeführt, wo sie die Form eines regelrechten Guerillakampfes annahmen. Im Mai 1799 überzog eine Armee von Pfarrern und fanatisierten Bauern aus der Umgebung von Arezzo, die sogenannte *Armata aretina*, mit dem Schlachtruf *Viva Maria* die östliche Toskana und Umbrien mit Terror. Nachdem sie Arezzo sowie Siena eingenommen hatten, drang sie im Juli in Florenz ein und verfolgte jeden unnachgiebig, der den Anschein eines frankophilen Patrioten hatte. In Piemont führten monarchische Offiziere die Bewegung *Massa cristiana*, eine vom Klerus beeinflusste Partisanengruppe, an. Zu den mit Abstand heftigsten Auseinandersetzungen kam es jedoch in Süditalien.

In Neapel war die politische Instrumentalisierung der Volksbewegung am offensichtlichsten. Der Kopf der Freischärler war der einer angesehenen kalabresischen Fürstenfamilie entstammende Fabrizio Ruffo di Baranello (1744–1827). Er hatte im Kirchenstaat Karriere gemacht. Im Gegensatz zu den meisten Männern an den Höfen von Rom und Neapel war Kardinal Ruffo kein Reaktionär, sondern ein Befürworter aufgeklärter Reformen. Er bot dem König im Exil die Wiedereroberung des Festlandes an. Im Februar 1799 zog er mit wenigen Mitstreitern los. Es handelte sich hierbei um ein konservatives, ähnlich abenteuerliches Unternehmen wie jener populärere Zug, den Garibaldi sechzig Jahre später von Palermo nach Neapel anführen sollte. Unterstützt von einem legendären Banditen namens Fra Diavolo mobilisierte Ruffo die Bauern in Kampanien und Kalabrien für seine königlich-christliche Armee. Die Zahl der Anhänger wuchs rasch, weil der Kardinal den bäuerlichen Unterschichten soziale Wohltaten versprach. Diese sogenannten Sanfedisten marschierten am 13. Juni 1799 in Neapel ein, unterstützt von Admiral Nelsons britischen Truppen, die angelandet waren. Ruffo zielte auf eine Stärkung der bourbonischen Monarchie und bot einen versöhnlichen Umgang mit den Republikanern nach dem Abzug der Franzosen an. Doch der Kardinal hatte die Rachsucht von Maria Karolina und Ferdinand unterschätzt; angefeuert von Nelson wollten sie die Patrioten vernichten. Ferdinand wartete Ruffos Sieg ab, kehrte mit seinen Höflingen nach Neapel zurück und ließ die Jakobiner und Patrioten von Sondergerichten aburteilen. Die Führer der Republik, die sich für eine moderne bürgerliche Gesellschaft engagiert hatten, wurden ermordet. Pietro Colletta (1775–1831), ein neapolitanischer Offizier, Zeitzeuge und liberaler Geschichtsschreiber, der selbst eingekerkert wurde, hat in seiner Geschichte des Königreichs Neapel rückblickend festgehalten: „Es starben die Bekanntesten des Königreichs, ungefähr 300, ohne die Toten in den Kämpfen oder in den Tumulten zu zählen; unter den Unglücklichen einige Caraffa, Riario, Colonna, Caracciolo, fünf Pignatelli und weitere zwanzig illustre Häuser. An ihrer Seite sieht man die berühmtesten Literaten und Wissenschaftler. [...] Nie hat eine Stadt oder ein Königreich so reich an Talenten verarmen müssen aufgrund so vieler Toter."[2] Nirgendwo anders hatten sich so viele junge Adlige mit so viel Verve für eine Republik engagiert. Die Gefangennahme und Verurteilung von 534 Patrioten, von denen 119 hingerichtet wurden, unter ihnen intellektuelle Aristokratinnen und Aristokraten wie Eleonora Pimentel, Luisa Sanfelice und Ettore Caraffa, prägten die Erinnerung an *Novantanove* (99) bei den Zeitgenossen nachhaltig. *Novantanove* stand für die Hoffnungen und das Scheitern des revolutionären Milieus in Neapel. Die getöteten Patrioten wurden so zu frühen Märtyrern der demokratischen und liberalen Nationalstaatsbewegung.

Die Krone interpretierte die Republik Neapels hingegen als einen verwerflichen Versuch des Adels, gegen das absolutistische Regime zu agitieren, und war der festen Überzeugung, dass er nichts anderes verdiene, als dass seine Macht gebrochen würde. Der Besitz der involvierten Familien wurde sequestriert und die nun folgende Restauration führte zu einer kompletten Rückkehr zum alten Regierungssystem. Maria Karolina verfolgte sogar vorübergehend Pläne, den Feudalbesitz einzuziehen, um den Adel zu ruinieren. Dabei übersah sie aber, dass dies die Kirche in einem erheblichen Maße getroffen hätte. Sie besaß einen erheblichen Anteil am Feudalbesitz im Süden und auf ihre Unterstützung war der König zwingend angewiesen.

Die Franzosen hatten ihren politischen Verbündeten nicht helfen können. War Neapel noch vor dem Eintreffen der Truppen der zweiten Koalition gefallen, so führten deren militärische Siege in Nord- und Mittelitalien zum Zusammenbruch der Republiken. Die zweite Koalition, besiegelt zur Jahreswende 1798/99 von Großbritannien, Österreich, Russland, dem Osmanischen Reich, Portugal, Neapel und dem Kirchenstaat, hatte bald Erfolge aufzuweisen. In Italien eroberten österreichische und russische Truppen unter General Alexander Suworow verlorenes Terrain zurück. Die Franzosen mussten sich im April 1799 aus der Lombardei zurückziehen und die Regierung der Cisalpinischen Republik floh nach Frankreich. Im Mai standen die österreichisch-russischen Truppen schließlich in Turin und die Römische Republik fand im September 1799 ihr Ende. Nur André Masséna behauptete sich in Genua. Der Rückzug der Franzosen wurde in allen Territorien von massiven Repressionen gegenüber Patrioten begleitet, doch agierten die Herrschenden im Norden weniger erbarmungslos und klüger als in Neapel. Überall wurden die Republiken abgeschafft und die Institutionen des Ancien Régime wiedereingeführt.

Zur Jahrhundertwende wurde auch das Papsttum wiederhergestellt. Im österreichischen Venedig fand vom Dezember 1799 bis zum März 1800 das Konklave statt. Es standen sich zwei Lager unversöhnlich gegenüber, die auch fortan die kirchenpolitischen Diskussionen bestimmen sollten: zum einen die gemäßigten und liberalen *Politicanti* (die Politischen). Sie standen den politischen Veränderungen in Europa offener gegenüber. Zum anderen die *Zelanti* (die Eiferer), sie hofften auf eine vollständige Restauration des Ancien Régime. Gewählt wurde Kardinal Luigi Barnaba Graf Chiaramonti (1742–1823) als Pius VII., der den Gemäßigten zuneigte. Österreichische und neapolitanische Truppen geleiteten den neuen Papst nach Rom. Gegenüber den revolutionären Errungenschaften zeigte er sich offen, sofern sie nicht gegen katholische Grundsätze

2.2 Die Zeit der Schwesterrepubliken – das Trienno (1797–1799)

verstießen. Diesen moderaten Prinzipen entsprechend wählte er seinen Staatssekretär aus: Ercole Consalvi, der gemäß den Ideen der Aufklärung zu regieren versuchte. Das brachte selbstverständlich die den Kirchenstaat dominierenden *Zelanti* gegen ihn auf. Diese Konfliktkonstellation sollte das 19. Jahrhundert bestimmen. Die Majorität der hohen Würdenträger des Kirchenstaates war zu keinerlei Kompromiss bereit, sie lehnte liberale oder gar moderate Reformen apodiktisch ab.

Aber die monarchische Restauration (1799/1800) währte nur kurze Zeit. Österreich und Russland verfolgten völlig unterschiedliche Kriegsziele und die zweite Koalition zerbrach. In Wien konzentrierte man sich auf die Machtfestigung in Italien. Derweil verloren die russischen Truppen Schlachten in der Schweiz und machten dafür die mangelnde Unterstützung seitens des Bündnispartners verantwortlich. Der Zar zog seine Truppen zurück. Währenddessen war Bonaparte aus Ägypten nach Paris zurückgeeilt und durch den schlecht organisierten Staatsstreich vom 18. Brumaire VIII (9. November 1799) an die Macht gekommen. Das unfähige Direktorium ersetzte er durch ein dreiköpfiges Gremium aus Konsuln, das er selbst als Erster Konsul anführte. Ein Friedensangebot Napoleons lehnten Großbritannien und Österreich ab. London versuchte ein europäisches Gleichgewicht und seine Vormachtstellung im Mittelmeer durchzusetzen; Wien wollte die Bestimmungen des Friedenvertrages von Campo Formio nachverhandeln, um Italiens Landkarte neu zu ordnen.

Der Erste Konsul entschied sich für neue Kriegshandlungen gegen die europäischen Mächte. Auf Phasen des Friedens folgten wiederholt Versuche, die französischen Gewinne mit neuen europäischen Koalitionen zu revidieren. Vergeblich. Zwar musste Bonaparte nach der katastrophalen Niederlage von Trafalgar den Briten das Mittelmeer überlassen, aber auf dem Kontinent war er bis 1808 nicht zu schlagen. Auf dem Höhepunkt seiner Macht erstreckte sich sein Empire von Hamburg bis nach Rom, hinzu kamen die von ihm abhängigen Modellstaaten, die sich von Warschau über Madrid bis nach Reggio Calabria ausdehnten. Für die Apenninenhalbinsel bedeuteten diese militärischen Siege immer wieder territoriale Neuordnungen. Für die Untertanen waren Herrschaftswechsel Alltag geworden.

Zunächst eroberte Bonaparte in großer Eile die Lombardei zurück. Die zweite italienische Kampagne führte ihn diesmal über den Großen St. Bernard, den er im Winter mit Eseln überquerte. Das wirkmächtige Propagandabild dieser Alpenüberquerung des Malers Jacques Louis David zeigt ihn auf einem Araber den Pass stürmend. Auf dem Felsen am unteren Bildrand wurden symbolträchtig die Namen Hannibal und Karl der Große platziert. Und tatsächlich gelang es Bonaparte, die Erfolge von 1796 zu wiederholen, überraschend schnell besiegte er die Österreicher bei Marengo in der Provinz Alessandria. Das Kommando der in Deutschland einrückenden Armee übernahm General Moreau, der die Österreicher ebenfalls vernichtend schlug. Wien sah sich zum Waffenstillstand gezwungen. Mit dem am 9. Februar 1801 im lothringischen Lunéville ausgehandelten Friedensvertrag verzichtete Österreich auf seine territorialen Ansprüche im Linksrheinischen, und die Lombardei wurde erneut zur Cisalpinischen

Republik. Im Prinzip bestätigte der Vertrag von Lunéville den von Campo Formio, aber Bonaparte ging weiter und zwang Österreich, auf die Toskana als Sekundogenitur zu verzichten, Venedig hingegen blieb ihm noch erhalten. Der Prozess der Eingliederung Italiens in das Empire wurde dann mit zwei weiteren Friedenschlüssen abgeschlossen: nach Napoleons Sieg über die Dritte Koalition (Pressburg, 26.12.1805) sowie das erneut unterlegene Österreich (Schönbrunn, 14.10.1809).

Nach dem Frieden von Pressburg 1805 ließ Napoleon Neapel abermals besetzen. Maria Karolina und Ferdinand flohen erneut ins sizilianische Exil, diesmal für zehn Jahre. Weiterhin standen die Inseln unter dem Schutz der Briten. Aufgrund der Bestimmungen des Friedensvertrages von Schönbrunn gehörte das gesamte italienische Festland ab 1809 direkt oder indirekt zum Grand Empire. In diesem Zeitraum gründete Napoleon, der sich im Dezember 1804 selbst zum Kaiser ernannt hatte, die Dynastie Bonaparte. Seine Brüder und Schwäger setzte er in den neu eroberten Gebieten als Könige ein. Louis wurde König von Holland, Jérôme von Westphalen, Joseph von Neapel und nach seiner Übernahme des spanischen Throns folgte ihm sein Schwager Joachim Murat. Recht kompliziert gestalteten sich die Herrschaftsverhältnisse in den Herzogtümern Toskana und Parma. 1801 hatte Napoleon mit Spanien und der Dynastie Bourbon-Parma ausgehandelt, dass das Herzogtum Parma nach dem Tod seines Herzogs Ferdinand an Frankreich fallen sollte. Im Gegenzug sollte das Haus Bourbon-Parma mit dem Herzogtum Toskana entschädigt werden. Mit dem Frieden von Lunéville 1801 verloren die Habsburger dieses Herzogtum, das fortan Königreich Etrurien hieß, es ging wie vereinbart an den spanischen Prinzen Ludwig Ferdinand. Der zuvor regierende Habsburger Ferdinand III. wurde mit dem säkularisierten Fürstbistum Salzburg entschädigt. Nach dem Tod des Königs von Etrurien übernahm seine Frau Maria Luisa die Regentschaft in Etrurien. 1807 verlor die Schwester des spanischen Königs ebenfalls ihr Königreich. Wie im Falle des Kirchenstaates lieferte auch hier die inkonsequente Beachtung der antibritischen Kontinentalsperre den Vorwand für den Einmarsch der französischen Truppen und die nachfolgende Annexion. Napoleon hoffte, mit der Sperrung der kontinentalen Häfen das exportorientierte Großbritannien wirtschaftlich in die Knie zwingen zu können, wenn er schon mit seiner Marine unterlegen war. Fortan gehörte die Toskana, in Departements unterteilt, zum Grand Empire. Da sich der Papst ebenso weigerte, die Kontinentalsperre konsequent einzuhalten, wurden die restlichen Gebiete des Kirchenstaats 1808 auch militärisch besetzt, annektiert und in Departements verwandelt. Die weltliche Herrschaft der Päpste wurde abermals beendet, woraufhin Pius VII. Napoleon exkommunizierte. Der Papst erlitt dasselbe Schicksal wie sein Vorgänger: Er wurde zunächst nach Savona, dann nach Frankreich gebracht und gefangen gehalten.

Da Napoleon, aus kleinadligen Verhältnissen stammend, das Stigma des Emporkömmlings anhing, vernetzte der Kaiser seine Dynastie über Eheschließungen systematisch mit dem europäischen Hochadel. Außerdem erwartete er von diesem Familienkartell maximale Solidarität und Loyalität. Seinen Bruder Jérôme verheiratete er mit

Katharina von Württemberg, seinen Stiefsohn Eugène Beauharnais mit Auguste von Bayern, Bruder Louis wiederum mit Hortense, Beauharnais' Schwester. Allein Joseph blieb in erster Ehe mit einer bürgerlichen Kaufmannstochter verheiratet. Napoleons Bruder Lucien Bonaparte, der sich weigerte, eine dynastische Ehe einzugehen, floh nach Rom ins Exil. Nach dem Ende des Kirchenstaats fiel er bei seiner Flucht nach Amerika in die Hände der Briten und geriet so in Gefangenschaft. Die Schwestern des Kaisers heirateten wiederum Offiziere oder Generäle. Caroline wurde mit Murat vermählt, Pauline mit Camillo Borghese, der einem der ältesten italienischen Adelsgeschlechter entstammte und als Generalgouverneur von Piemont eingesetzt wurde. Elisa Bonaparte und Felix Baciocchirhob Napoleon nach dem Ende der dortigen Republik zu Fürsten von Lucca. Die Heiratspolitik von Maria Theresia oder die des Hochadels überhaupt dürften für Napoleon als Handlungsmuster gedient haben.

Losgelöst von der Frage, wer herrschte, wurden die italienischen Gebiete nach den Grundsätzen der liberalen Revolution zwischen 1792 und 1814 grundlegend modernisiert und reformiert. Dabei unterschieden sich die Reformen nur minimal, abhängig davon, ob sie in den von Frankreich annektierten Gebieten durchgeführt wurden, wo die Italiener zu französischen Staatsbürgern mit gleichen Rechten und Pflichten wurden, oder in den beiden nördlichen und südlichen Königreichen. Es war das erklärte Credo Napoleons, die Untertanen seines Empires und der von ihm abhängigen Modellstaaten mit einem egalitären Rechtssystem, Gewerbefreiheit, staatsbürgerlicher Gleichheit, religiöser Freiheit, einer modernen, funktionierenden Verwaltung und der Abschaffung der Privilegien für sich und sein System einzunehmen. Und das gelang ihm insbesondere bei den involvierten Notabeln vielfach. Die nachhaltigsten Spuren hinterließ die französische Epoche in den früh annektierten Gebieten in Oberitalien; am wenigsten konnten sie in jenen Gebieten ausrichten, die nur wenige Jahre zum Empire gehörten, etwa in den Territorien des ehemaligen Kirchenstaates, der Toskana oder im Königreich Neapel. Besonders tiefgreifend wirkten die Reformen in jenen Gebieten Oberitaliens, die zunächst zur Cisalpinischen, dann zur Italienischen Republik und ab 1805 zum Italienischen Königreich gehörten.

2.3 Das napoleonische Italien

Nach der Wiederkehr der Franzosen und dem Sieg bei Marengo wurde zunächst die Cisalpinische Republik unter der Autorität eines Gesandten der französischen Regierung wieder errichtet. Bald jedoch folgten Klagen über Chaos, Korruption und Ineffizienz der neuen Verwaltung. Es bestand die Notwendigkeit, die Regierung neu zu organisieren mit einer Verfassung, die von den Repräsentanten der Aristokratie, des Klerus, der Bourgeoisie und Vertretern der freien Berufe verabschiedet werden sollte, gemäß der von Emmanuel Joseph Sieyes vertretenen Maxime, dass die Macht von oben kommt und das Vertrauen von unten. War Bonaparte in der ersten italienischen Kampagne als

Befreier aufgetreten, so inszenierte er sich nach dem Erfolg der zweiten Kampagne und dem Frieden von Lunéville als Friedensbringer, als jemand, der die Ordnung wieder herstellt – und dies gemeinsam mit den oberitalienischen Notabeln.

Seit dem Herbst 1801 hatte Napoleon 500 Notabeln der Cisalpinischen Republik zu einer Versammlung eingeladen, die zwischen Paris und Mailand stattfinden sollte. Die Wahl fiel auf Lyon, eine subversive Stadt, in welcher der Erste Konsul seine Macht demonstrieren wollte. 452 folgten der Einladung und im Februar 1802 fand der Kongress in seiner Anwesenheit statt. Der berühmte italienische Dichter Ugo Foscolo, einer der Deputierten, schrieb auf dem Weg nach Lyon eine Lobesrede für die Versammlung, in der er Bonaparte als Friedensbringer feierte.

2.3 Das napoleonische Italien

Eine Verfassung war zuvor in Paris vorbereitet worden. Die Deputierten durften auf dem Kongress nur noch darüber diskutieren, substanzielle Änderungen waren unerwünscht. Das Einzige, was ihnen blieb, war – nach langen Debatten – zuzustimmen, dass wieder ein System nach dem Modell der Direktorialverfassung eingeführt wurde. Diesmal war es die Konstitution aus dem Jahr VIII (1799). Mit den Schweizern verfuhr Bonaparte übrigens ähnlich. Da im Nachbarland seit Jahren ein Bürgerkrieg zwischen konservativen Föderalisten und liberalen Unitaristen tobte, lud er ausgewählte Notabeln aus allen Schweizer Kantonen zu Beratungen nach Malmaison bei Paris ein, wo sie eine von ihm und seinen Beratern ausgearbeitete Verfassung nach Beratung durch Abstimmung annahmen. Die in Malmaison beschlossene Mediationsakte sollte auch nach 1815 die föderalen Strukturen der Schweiz prägen.

Ein wegweisendes Resultat des Kongresses von Lyon war die Proklamation der Italienischen Republik. Diese Namensgebung war von großer Bedeutung, denn zum ersten Mal wurde ein Staat auf der Halbinsel als italienisch bezeichnet – und das hatte Signalwirkung. Napoleon weigerte sich wenige Jahre später, das von ihm auf polnischem Boden geschaffene Staatsgebilde als polnisch zu bezeichnen. Hier entstand zur Enttäuschung der Anhänger eines Nationalstaates lediglich das Großherzogtum Warschau. Sicher befand sich die Italienische Republik als Modellstaat weiterhin in Abhängigkeit von Paris mit Bonaparte als Präsidenten. Er überließ die Vizepräsidentschaft aber einem der führenden liberalen Notabeln: Francesco Melzi d'Eril, der schon in der Cisalpinischen Republik zu den maßgeblichen Politikern gehörte hatte und Entscheidendes für den Aufbau des neuen Staates leistete.

Melzi d'Eril (1753–1816) stammte aus einer der zahlreichen aristokratischen Familien Mailands. Er besuchte das angesehene Kollegium der Brera und verkehrte in seiner Jugend in den Salons mit wichtigen Aufklärern wie Pietro Verri und Cesare Beccaria. Auf Reisen durch Europa lernte Melzi vor allem den britischen Parlamentarismus schätzen und schwärmte in seinen Aufzeichnungen vom fortschrittlichen Wirtschaftssystem der Insel. Er begrüßte die liberale Phase der Französischen Revolution und empfing Bonaparte bei dessen Ankunft in Mailand, der sich immer wieder mit ihm beriet. Während der Cisalpinischen Republik engagierte sich Melzi mit Versuchen, das angespannte Finanzwesen neu zu organisieren. Nach Marengo gehörte er zu den wenigen italienischen Notabeln, die in Paris bei den Vorbereitungen des Kongresses von Lyon von Bonaparte zu Rate gezogen wurden. Seine große Stunde schlug mit der Ernennung zum Vizepräsidenten der Italienischen Republik. Er leistete in den drei Jahren ihres Bestehens einen entscheidenden Beitrag zum Aufbau staatlicher Strukturen, wozu ihm die Verfassung die entscheidenden Befugnisse einräumte.

Im Unterschied zur Cisalpinischen Republik wurde nun auf alle Überreste von Volkssouveränität verzichtet, die legislative Macht degenerierte zu einem simplen Anhang der omnipotenten Exekutive. In der neuen Republik gab es keine Wahlen mehr, die Deputierten in den Gremien wurden von oben eingesetzt. Der Präsident ernannte deren Mitglieder auf Lebenszeit aus den Reihen der Grundbesitzer, der Kaufleute und der Gebildeten. Neben einer *Consulta*, die aus acht Mitgliedern bestand, gab es eine gesetzgebende Versammlung mit 65 Mitgliedern, wovon ein Drittel alle zwei Jahre ausgetauscht wurde. Die Versammlung war aber lediglich befugt, über die ihr vorgelegten Gesetze zu debattieren. Die Macht lag eindeutig in der Hand des Präsidenten, seines Vizes, der neuen Minister und der Verwaltung. Man lebte in einer administrativen Monarchie mit einer starken Exekutive und einer zentralisierten Verwaltung. Da Bonaparte kaum vor Ort war, lag es an Francesco Melzi d'Eril, den Staat zu steuern.

In den folgenden drei Jahren gelang es dem Vizepräsidenten, zentrale Reformvorhaben auf den Weg zu bringen. Im Fokus stand zunächst die Sanierung der zerrütteten staatlichen Finanzen, die er mit dem Verkauf säkularisierten Kirchenguts realisierte. Eine weitere Herkulesaufgabe war die Schaffung eines nationalen Heeres, das erstmals auf der Wehrpflicht beruhte. Weiterhin erfolgten die Modernisierung des Schul- und grundlegende Reformen des Justizwesens nach liberalen Grundsätzen. Darüber hinaus verhandelte Melzi 1803 erfolgreich über ein Konkordat mit Pius VII., das die Verhältnisse von Staat und Kirche regelte. Als Vorbild diente das zwischen Frankreich und dem Papst abgeschlossene Konkordat aus dem Jahr 1801. Um seine Reformen vor Ort durchsetzen zu können, griff er auf einen neuen Beamtentypus zu, der in Frankreich seit 1800 als neues Herrschaftsinstrument erfunden wurde: die Präfekten. Jedem Departement stand ein von Melzi ausgewählter Präfekt vor, der seine Order von den Ministern erhielt, denen er regelmäßig über sein Verwaltungshandeln berichtete. Dem Präfekten unterstanden wiederum Vizepräfekten auf Arrondissementsebene, denen wiederum weisungsgebundene Bürgermeister vor Ort in den Kommunen. Nach Ansicht der Verwalteten lebten sie in einem System, das vor allem durch den Präfekten sichtbar wurde, nicht nur aufgrund seiner prächtigen blauen Amtsuniform mit Goldstickereien. Den Präfekten oblag es, die Gesetze umzusetzen, mit der Gendarmerie die öffentliche Ordnung zu garantieren, die unteren Verwaltungseinheiten zu kontrollieren, die Wehrpflicht durchzusetzen und die Stimmung in der Bevölkerung zu beobachten. Dieses System ließ kaum Raum für lokale Autonomie, wobei die Amtsführung natürlich auch immer von den Persönlichkeiten abhängig war, die die Ämter bekleideten.

Bonaparte gestand Melzi einen bemerkenswerten Spielraum in seiner Beamtenpolitik zu. Die Zusammensetzung der Beamtenschaft war etwas völlig Neues. Die Funktionäre wurden alle vom Staat ernannt und repräsentierten die neue staatliche Verwaltung und Jurisdiktion. Zuvor galten die ständische Gerichtsbarkeit sowie die Koexistenz von Staat und adligen Körperschaften. Mit den Reformen wurde der Adel seiner juristischen Funktionen förmlich beraubt. Würde er bereit sein, dem neuen System zu dienen? Von den Funktionären und ihrer Qualität hing schließlich in einem entscheidenden Maße der Erfolg oder das Scheitern der Reformen ab. Melzi besetzte die höheren Positionen fast ausschließlich mit jungen norditalienischen Vertretern aus liberal-konservativen und aufgeklärt adlig-bürgerlichen Kreisen. Bei der Ernennung von Präfekten und Vizepräfekten versuchte er, vor allem Adlige mit Amtserfahrung zu gewinnen. 13 von 19 Präfekturen konnte er mit Patriziern und *Nobili,* das heißt

2.3 Das napoleonische Italien

Abb. 1: Andrea Appiani, Napoleon I. Bonaparte (1769–1821) als König von Italien, ca. 1806–1808.

Adligen, besetzen. Im Staatsdienst trafen neue und alte Eliten aufeinander. Ein Motiv für den Adel, sich in der Republik in führenden Funktionen zu engagieren, wurzelte in seinem Selbstverständnis: Er glaubte sich aufgrund seines Stands und seiner Erfahrungen traditionell zum Herrschen befähigt.

Alles in allem bemühte sich Melzi um eine größtmögliche Autonomie der Italienischen Republik. Nachdem sich Napoleon selbst zum Kaiser gekrönt hatte, war in seinem Empire jedoch kein Platz mehr für Republiken. 1805 formte er die Italienische Republik in eine Monarchie um und krönte sich auch selbst in Mailand symbolträchtig mit der Eisernen Krone der Lombarden zum König von Italien. Zu seinem Stellvertreter erhob er seinen Stiefsohn Eugène Beauharnais. Trotz seiner großen Verdienste war für den selbstständigen Melzi kein Platz mehr im neuen Königreich. Er wurde auf den ehrenvollen Posten eines königlichen Siegelbewahrers am Hof abgeschoben, ein Amt mit viel Prestige, hohen Einkünften, aber ohne politischen Einfluss. Seine Reformmaßnamen hingegen blieben unangetastet und wurden fortgeführt. Nach 1805 zogen sich jedoch die Adligen auffällig häufig aus den höchsten Ämtern zurück. Stammten 1806

76 Prozent der Präfekten und Unterpräfekten aus dem Adel, so waren es 1814 nur noch 42 Prozent.

In denjenigen italienischen Gebieten, die von Frankreich annektiert und in 15 Departements unterteilt worden waren, galten ohnehin die in Paris verabschiedeten Gesetze. Auffallend ist hier ein sehr hoher Prozentsatz fremder Beamter. Während Melzi in Norditalien die Präfekten in ihrer Heimatregion einsetzte, wurden sie in den italienischen Departements wie in Frankreich häufig versetzt und kamen eben nicht in ihrer Geburtsstadt zum Einsatz. Diese Politik, ortsfremde Präfekten einzusetzen, zielte darauf ab, Interessenskollisionen, Vetternwirtschaft und Korruption zu vermeiden. In den italienischen Departements wurden vor allem französische Notabeln oder Notabeln aus anderen Regionen Italiens ernannt. Dort, wo Beamte aus anderen Regionen oder französischer Herkunft eingesetzt wurden, verstärkte dies die Wahrnehmung der Andersartigkeit des neuen Regimes und des Ausmaßes der Veränderungen.

Darüber hinaus verhielten sich in diesen Departements viele Adlige dem System ablehnend gegenüber und es bleibt zu fragen, wer sich eigentlich mit dem System identifizierte. Am ehesten noch der adlige Nachwuchs, der seine Ausbildung in Paris durchlaufen hatte. Eine der bemerkenswerten Karrieren durchlief zweifelsohne Graf Cesare Balbo di Vinadio (1789–1853). Einer adligen piemontesischen Beamtenfamilie entstammend, studierte er Rechtswissenschaften in Paris. Bereits 1807 wurde er zum Auditor beim Pariser Staatsrat ernannt. 1808 gehörte er als Generalsekretär jener Verwaltung an, die in den annektierten toskanischen Departements die liberalen Reformen durchführte. In derselben Funktion wurde er 1809 im einverleibten Kirchenstaat in der römischen *Consulta* eingesetzt. Weitere Stationen führten ihn als französischen Regierungskommissar nach Ljubljana und schließlich nach Holland als Polizeikommissar. Während der Restauration wurde er zunächst einige Jahre vom piemontesischen König kaltgestellt, später gehörte er zu den entschiedenen Vorkämpfern eines liberalen Nationalstaates. Balbo zählte zu jenen Italienern, die eine beachtliche Karriere in napoleonischen Diensten durchliefen und dabei prägende Erfahrungen machten.

Licht und Schatten brachte die Staatsumbildung auch ab 1806 ins Königreich Neapel. Josephs Regierung stand nach den Maßgaben seines kaiserlichen Bruders erst am Beginn des Reformprozesses. Er wählte für seine Ministerposten erfahrene Franzosen und Neapolitaner aus. Verfassung und Staatsaufbau ähnelten dem in Mailand, nur hießen die Präfekten hier Intendanten. Für den Süden lässt sich ein beginnender Transformationsprozess beobachten. Dort, wo die Hauptstadt mit ihren rund 400.000 Einwohnern immer alles dominiert hatte, entstand dank der vielen Sitze der neu geschaffenen Provinzen ein wirkliches städtisches Leben. Eine immense Peripherie veränderte sich hin zu einem modernen Gefüge, begründet auf einer Pluralität von Zentren, die wiederum die ländlichen Peripherien verwalteten. Das galt vor allem für Bari, Avellino oder Catanzaro. Ferner wurde das Modell der napoleonischen Polizei auf das neue Königreich übertragen. Bei einem der drängendsten Probleme, dem grassierenden Bandenunwesen, allen voran in Kalabrien, wurde jedoch wenig erreicht. Es war nicht möglich, auf eine bereits bestehende Gendarmerie zurückzugreifen, und für den Aufbau einer effizienten Polizei reichte die Herrschaftsdauer nicht aus.

Als äußerst schwierig gestaltete sich die Entfeudalisierung im Süden. Dreißig Prozent des Landes gehörten dem Adel und weitere zwanzig Prozent der Kirche, die restlichen fünfzig Prozent teilten sich staatliche Organe oder die Krone, daran gebunden waren wiederum die niedere Gerichtsbarkeit, Frondienste, Monopole bei Mühlen und Pressen, Zehnt- und Pachteinkünfte. Es gab keine selbstständigen Bauern, nur Kleinpächter und Landarbeiter, die praktisch allein die Kosten des Feudalsystems bezahlten. Josephs Reformpläne kamen in diesem heiklen Feld nicht voran, erst sein Nachfolger Joachim Murat konnte sich ab 1808 durchsetzen. Er folgte Joseph auf den Thron, als diesem die Herrschaft über Spanien übertragen wurde. Der aus dem Quercy stammende König war sensibel für die Probleme der Bauern und schaffte im Februar 1809 das Feudalregime ab. Das änderte aber wenig am Fortbestand von Großgrundbesitz und löste auch nicht die Probleme der Verarmung weiter Teile der Bevölkerung. Anders als sein Vorgänger setzte er konsequent Süditaliener als Minister, Staatsräte und Intendanten ein, was die Akzeptanz der Regierung begünstigte.

Die französischen Jahre auf dem Apennin wirkten sich natürlich nicht nur in Form von liberalen Reformen, die ohnehin nicht immer griffen, strafferer Verwaltung und steuerlichen Belastungen aus. Die Repräsentanten des Regimes versuchten auch, ihre Herrschaft durch Prestigepolitik zu verankern und eine neue Gesellschaft zu formen. Es kam in dieser Zeit zu einem enormen Grundbesitztransfer, zur beginnenden Ausformung einer Notabelngesellschaft und zu einer umfangreichen Umverteilung von Kunstgegenständen, von denen fast ausschließlich die adligen und bürgerlichen Eliten profitierten. Soziale Probleme und die drückende Armut weiter Kreise der Bevölkerung standen nicht im Fokus der Reformmaßnamen. Im Gegenteil, die 1809 eingeführte Konsumsteuer steigerte die Not der Unterschichten noch weiter. Die einfachen Menschen lernten das Empire in erster Linie als Wehrpflichtige kennen und dies führte zu beträchtlichen Verwerfungen.

2.4 Säkularisation und Immobilienspekulation

Im ausgehenden 18. und zu Beginn des 19. Jahrhunderts kam es in vielen Teilen Westeuropas infolge der Säkularisation zu einer Vermögensumschichtung in einem bis dahin unvorstellbaren Ausmaß. Joseph II. von Österreich säkularisierte 1792 in seinen Erblanden 700 Klöster. Die Revolutionäre in Paris hofften, mit enteignetem Kirchenbesitz die enorme Staatsverschuldung, die Ludwig XV. und XVI. angehäuft hatten, tilgen zu können. So wurden in Frankreich, aber auch in den von ihm besetzten und annektierten Gebieten binnen zwei Jahrzehnten eine immense Anzahl von Kirchengütern sequestriert, enteignet und veräußert. Geht man der Frage nach, wer von diesem gewaltigen Transformationsprozess profitierte, so steht ein Gewinner a priori fest: zum einen der französische Staat, der die riesigen Summen zur Deckung seiner Staatsschulden und Finanzierung der zahlreichen Kriege kassierte. Zum anderen aber bereicherten sich auch die Käufer von säkularisiertem Kirchengut erheblich.

Die revolutionären Regierungen verfolgten bei den frühen Verkäufen zu Beginn der 1790er Jahre sozialreformerische Ziele, indem sie die Klostergüter in preiswertere Einheiten zerteilten und vor Ort verkauften, wobei die Raten über einen langen Zeitraum zu zahlen waren. In den italienischen Gebieten fanden die Veräußerungen gemäß ganz anderer Maximen statt: Hier sollte möglichst schnell ein hoher Erlös erzielt werden. Wie bei allen Maßnahmen der Pariser Regierungen waren die italienischen Staaten zu unterschiedlichen Zeitpunkten von den Eingriffen betroffen: Piemont, die Lombardei und die Emilia Romagna schon vor 1800, deutlich später das Königreich Neapel und die Toskana und erst nach 1809 der Kirchenstaat. In Piemont hatte König Karl Emanuel IV. mit Erlaubnis des Papstes selbst 1794 mit den Verkäufen begonnen, um seinen völlig ruinierten Staatshaushalt zu sanieren. Die Veräußerungen gingen in französischer Zeit weiter, wobei hier wie auch in der Lombardei eine Besonderheit hinzutrat. Es konnten nur Besitzer von Schuldscheinen verstaatlichte Güter ersteigern, was dazu führte, dass der wertvolle Grund und Boden der Klöster ausschließlich auf die ohnehin Reichsten verteilt wurde. In der Cisalpinischen Republik wurden Höchstbesteuertenlisten erstellt. Die ersten vier Kategorien, unter ihnen befanden sich die Dekurionen, Patrizier, Adlige und reiche Kaufleute, die bis 1799 den Großteil der 36 Millionen Lire Kontributionen zahlen mussten, erhielten Schuldscheine, für die sie bei den Nationalgüterverkäufen mit Klostergütern entschädigt wurden. Insgesamt wurden in den Jahren der Cisalpinischen Republik auf diese Art und Weise 62 Millionen Lire eingetrieben, von denen 30 Prozent allein auf das Departement Olona mit der Hauptstadt Mailand entfielen.

In Venetien, das 1806 dem italienischen Königreich einverleibt wurde, kamen Nationalgüter im Wert von 16 Millionen Francs unter den Hammer. Auf dem ebenfalls erst 1806 von Frankreich besetzten süditalienischen Festland verfuhr die Domänendirektion wie im Norden. Die Güter wurden nicht – wie zunächst vorgesehen – gegen Barzahlung, sondern gegen Schuldscheine verauktioniert. Hier dienten die Landverkäufe gleichfalls der Tilgung der öffentlichen Schulden. Im Königreich Neapel gelangten aber nur 20 Prozent des eingezogenen Kirchenbesitzes zur Veräußerung, mit dem überwiegenden Teil wurden staatliche Verwaltungen und öffentliche Körperschaften, unter anderem Schulen, dotiert. In der 1808 annektierten Toskana setzte man ab 1810 in einem Zeitraum von nur drei Jahren beachtliche 29 Millionen Francs mit ehemaligem Klosterbesitz um.

Neben bürgerlichen Heereslieferanten und Kaufleuten waren es in Italien vor allem die vermögendsten Familien, die überwiegend dem Adel entstammten, die aufgrund staatlicher Zwangsanleihen Grund und Boden der kirchlichen Institutionen erhielten. Neu war hingegen, dass es Juden aufgrund der rechtlichen Gleichheit zum ersten Mal erlaubt war, Grundbesitz zu kaufen. Während in Frankreich und den östlich

2.4 Säkularisation und Immobilienspekulation

angrenzenden belgischen und deutschen Gebieten mehr Bürgerliche als Adlige diese sehr begehrten Grundstücke erwarben, baute auf dem Apennin der Adel seine ohnehin schon bestehende Dominanz im Landbesitz entschieden aus. In Piemont beteiligte sich jeder zweite Adlige, der im Steuerregister erfasst war, an den staatlichen Auktionen, wobei von den fast 400 adligen Käufern wiederum fast 60 Prozent dem alten Landadel angehörten und 35 Prozent dem Hof- und Militäradel. Die Beteiligung des Adels an den Nationalgüterverkäufen in der Toskana ist ähnlich imposant wie in Piemont. Allein im Arno-Departement ersteigerten 137 Adlige etwa ein Drittel aller angebotenen Güter und investierten dabei 7,6 Millionen Francs. Auch im Königreich Neapel führten die Verkäufe des enteigneten Kirchenbesitzes zu einer bemerkenswerten Konzentration in den Händen adliger Familien. Dort erwarben nur sieben Prozent der gesamten Käuferschaft 65 Prozent der veräußerten Güter. Alles in allem wurden die bestehenden Besitzverhältnisse in Italien zementiert und dem Adel gelang es, seine Position als mit Abstand größter Grundbesitzer bis weit in das 19. Jahrhundert hinein zu behaupten. Darüber hinaus beteiligten sich Adlige neben Bürgerlichen geschickt an Heereslieferungen und Finanzgeschäften, die ein enormes Spekulationspotenzial boten. Bürgerliche, die mit derartigen Geschäften reich wurden und zur Großgrundbesitzerschicht aufstiegen, ersuchten wiederum die Nobilitierung. Napoleon erhoffte sich, mit dieser die Reichen stark begünstigenden Politik eine adlig-bürgerliche Elite an sich binden zu können. Wie diese Maßnahmen von den Bauern bewertet wurden, die kaum Chancen hatten, Grundbesitz zu erwerben, interessierte ihn nicht. Ihm lag in erster Linie der Konsens der Notabeln am Herzen.

Diese Konzentration von Grundbesitz und Reichtum hatte auch langfristige Folgen für die politische Partizipation. Landbesitz war neben Sozialprestige, Hypothekensicherung und eher inflationsbeständiger Kapitalanlage noch ein weiteres Element zu eigen: Er entschied über die Teilhabe an politischer Mitbestimmung und Macht. Allein aus den 600 Höchstbesteuerten eines jeden Departements rekrutierte Napoleon seine politische Elite in Gremien wie Generalrat, Distrikt- und Departementsräten in den annektierten Gebieten, wobei der weitaus größte Teil des Steueraufkommens auf die Grundsteuer entfiel. Auch in den italienischen Königreichen wählten Napoleon oder Murat die Deputierten für ihre Gremien aus den Reihen der Reichsten. Die Stadträte wurden wiederum aus den hundert Höchstbesteuerten ihrer Gemeinden ausgewählt. Außerdem sollte auch die piemontesische und später die italienische Regierung an dem Prinzip, dass Grundbesitz über politische Partizipation entschied, in ihren Bestimmungen für die Parlamente festhalten. Das Zulassungskriterium beruhte auf einem sehr hohen Zensus, der wiederum über die Höhe der Steuerzahlungen berechnet wurde. Zusammenfassend bleibt festzuhalten, dass Immobilienbesitz sowohl im napoleonischen Empire als auch im jungen italienischen Nationalstaat die Grundlage der gesellschaftlichen, ökonomischen und politischen Ordnung bildete.

2.5 Die Alten Meister als Prestigeobjekte

Es würde ein falsches Bild entstehen, wenn der Adel allein als großer Profiteur der französischen Epoche präsentiert würde. Gerade was seinen seit Jahrhunderten aufgebauten Kunstbesitz anbelangte, kam es zu herben Verlusten. Der von Historikern häufig vernachlässigte Kunstmarkt geriet aufgrund der revolutionären Umwälzungen in schwere Turbulenzen. Der Besitz von kostbaren Kunstgegenständen verwies auf mehr als Liebhaberei oder geschmackvolle Ausstattung von Wohnräumen. Investitionen in Kunst waren in den hier vorzustellenden Dimensionen immer auch Teil von Prestige- und Machtpolitik. Die italienischen Adelsfamilien mussten nach den Eroberungen durch Frankreich und der sofortigen Abschaffung des Feudalsystems Steuern und Kontributionen zahlen: Für Letztere bekamen sie zwar Schuldscheine, aber die geforderten Summen mussten erst einmal aufgebracht werden. Wer über großen Grundbesitz verfügte, hatte auch entsprechend hohe Steuern zu zahlen. In diesen Krisenjahren verkauften nun zahlreiche adlige Familien in erheblichem Ausmaß Kunst, um Liquiditätsengpässe zu überwinden. Dabei stellten Kunstverkäufe keineswegs ein Novum dar. Der italienische Kunstmarkt florierte im 18. Jahrhundert schon lange vor dem Einmarsch der Revolutionstruppen. Doch in den französischen Jahren setzte ein substanzieller Verlust für italienische Kunstsammlungen ein, der sich im Laufe des Jahrhunderts fortsetzen sollte. Das galt nicht nur für die Stücke, die einfach für den Louvre requiriert wurden. Sie wurden 1815 nach dem Wiener Kongress größtenteils restituiert. Es galt ebenso für die privaten Verkäufe, die ihre Gültigkeit während der Restauration behielten. Am Beispiel des römischen Adels sei dieser Prozess erläutert. Nach dem Frieden von Tolentino 1798 finanzierte der Papst die zu zahlenden enormen Kriegsschulden partiell mit obligatorischen Schuldverschreibungen des römischen Adels. Der wiederum sah sich gezwungen, Kunst zu verkaufen, die über britische Kunsthändler, Künstler und Botschafter hauptsächlich auf den Londoner Auktionsmarkt gelangten. Nach 1800 wurden dort – allein aus dem Besitz römischer Familien – über 300 sogenannte Alte Meister versteigert. Darunter Bilder von Carracci, Garofalo, Giorgione, Guercino, Raffael und Reni, die heute in den bekanntesten Nationalmuseen weltweit hängen. Mantegnas „Christi Geburt", Tizians „Venus und Adonis" oder Raffaels „Heilige Katherina" sind in der Londoner Nationalgalerie zu bewundern, sie entstammten alle römischen Sammlungen.

Gleichzeitig wurden von den neuen Machthabern in einem rasanten Tempo neue Kollektionen zusammengetragen, einerseits von der Familie Bonaparte, andererseits von hohen Würdenträgern des neuen Herrschaftssystems in Italien. Eine beachtliche Sammlung baute etwa der Stiefsohn des Kaisers in wenigen Jahren auf. Als Vizekönig Italiens hatte Eugène Beauharnais die meisten Bilder in seiner Residenzstadt Mailand erworben. Seine Mutter Josephine ließ wiederum ihren Wohnsitz Malmaison mit auserlesenen alten Meistern ausstaffieren. Mit Abstand die wertvollste Sammlung der Familie Napoleon schuf aber zweifelsohne der Onkel Napoleons, Kardinal Josef Fesch.

2.5 Die Alten Meister als Prestigeobjekte

Abb. 2: Tizian, Venus und Adonis, um 1554.

1796 legte er sein Priesteramt ab und wurde während der italienischen Feldzüge Armeelieferant. Mit dieser Art von Geschäften konnte man enorme Gewinne erzielen. Fesch ließ sich teilweise mit Kunst für seine Dienste entlohnen und kaufte Alte Meister von säkularisierten Klöstern. Nachdem er 1802 zum Erzbischof von Lyon ernannt worden war, ließ er dort und in Paris Galerien einrichten. Alles in allem wurde allein sein Besitz an Gemälden auf 16.000 Werke geschätzt.

Neben der kaiserlichen Familie nutzten unter Napoleon rasch aufgestiegene Politiker und Diplomaten, vor allem liberale Frankophile der Italienischen Republik bzw. des späteren Königreichs Italien, ihre Chancen auf dem Kunstmarkt. Angeführt seien hier aufgrund des unbefriedigenden Forschungsstandes lediglich die Sammler und Mäzene Giovanni Battista Costabili Containi, Ferdinando Marescalchi, Francesco Melzi d'Eril und Giovanni Battista Sommariva, die alle ebenfalls binnen Kürze beachtliche Sammlungen aufbauten. Costabili Containi gehörte um 1800 zu den entschiedenen Anhängern der Französischen Revolution und des napoleonischen Systems, das ihm eine glänzende Karriere ermöglichte. Er war Generalverwalter des Besitzes der Krone im Königreich Italien, wurde mit Ehrentiteln überhäuft und 1809 zum Conte des Empires erhoben. Während seiner Zeit am napoleonischen Hof in Mailand verband ihn eine Freundschaft mit dem Vizekönig Eugen. Am Ende seines Lebens war seine Kollektion auf über 600 Bilder angewachsen.

Auch Giovanni Sommariva gelang in der französischen Zeit zunächst eine beachtliche Karriere als Stadtrat in Mailand, als Sekretär und schließlich als einer der fünf Direktoren der Cisalpinischen Republik. Gehörte er nach 1800 in der zweiten Phase dieser Republik zu den engeren Vertrauten des Ersten Konsuls, so verlor er mit der Gründung der Italienischen Republik an Einfluss gegenüber seinem Rivalen Melzi d'Eril und zog sich nach Paris zurück, wo er bereits 1800 ein Palais gekauft hatte. Dort agierte er weiter im großen Stil als Mäzen zeitgenössischer Künstler und Sammler. In seiner Heimat stattete er nicht nur sein Palais in Mailand, sondern auch seinen Landsitz Montmorency und die Villa di Tramezzo (heute Villa Carlotta) am Comer See prächtig aus, immer in Konkurrenz zu Melzi d'Eril, dessen Villa in direkter Nachbarschaft am See lag. Für seinen politischen Konkurrenten war es selbstverständlich, seinen politischen Status durch außergewöhnliches Mäzenatentum hervorzuheben. In Mailand kaufte Melzi d'Eril den standesgemäßen Palast der Familie Cavalchino, wo er einen Teil seiner Sammlung präsentierte. Ein weiteres Prestigeobjekt stellte seine Villa am Comer See dar. Für die Ausstattung engagierte er die berühmtesten Künstler seiner Zeit, unter ihnen den Bildhauer Antonio Canova, der auch für den Vizekönig arbeitete. Erwähnt sei schließlich noch Ferdinando Marescalchi. Auch dieser Patrizier aus Bologna machte in napoleonischer Zeit eine steile Karriere. Ab 1802 hielt er sich in Paris als Außenminister zunächst der Italienischen Republik, dann des Königreichs Italien auf. Er nutzte seinen Aufenthalt in Paris, um seine Sammlung von 400 italienischen Alten Meistern aufzubauen. Marescalchi verfolgte den Plan, seine Bilder in Bologna dauerhaft zu präsentieren. Jedoch erging es seiner wertvollen Sammlung nicht anders als denen von Sommariva und Costabili. Bald nach seinem Tod machten die Erben sie wieder zu Geld. Gewiss mag in dem einen oder anderen Fall Sammelleidenschaft im Spiel gewesen sein. Kunstbesitz in diesen Dimensionen eignete sich aber vorzugsweise als demonstrativer Luxusbesitz und zur Mehrung des Prestiges. Zudem schufen Kunstsammlungen und Mäzenatentum neue Arenen, in denen sich alte und neue Eliten auf Augenhöhe treffen konnten.

2.6 Napoleonische Amalgampolitik: Elitäre Geselligkeit und die italienischen Höfe

Wichtige Impulse erfuhr in der französischen Zeit auch das politische, kulturelle und gesellschaftliche Vereinswesen. Während der kurzen republikanischen Phase war es möglich, Jakobinerklubs zu bilden, wo erstmals freie politische Diskussionen geführt

2.6 Napoleonische Amalgampolitik

werden konnten. Nach der Machtübergabe an Napoleon schaffte dieser derartige Sozietäten wieder ab, freie Debatten waren fortan unerwünscht. Gefördert und erlaubt wurden allerdings elitäre Gesellschaften, von denen er sich die Herausbildung einer neuen staatstragenden Elite versprach. Neue Impulse erfuhren dabei die im ausgehenden Ancien Régime verbotenen Freimaurergesellschaften. 1805 wurde in Paris die Loge des Grand Orient gegründet mit Joseph Bonaparte als Großmeister. Weitere Familienmitglieder übernahmen hohe Ämter. Eugène Beauharnais folgte diesem Beispiel im Mailand, wo er die Mutterloge etablierte mit 28 Filialen im Land. In ihnen trafen sich vor allem Offiziere und Beamte gemeinsam mit den intellektuellen und grundbesitzenden Eliten. Murat nutzte seine Logenpolitik in Neapel, um sich von Napoleon abzugrenzen, der nicht nur seinem Schwager ständig Vorschriften für seine Regierungspolitik machte. Er löste seine Loge Grand Orient von Paris ab. Immerhin gelang es ihm, 112 Logen im Königreich Neapel als Treffpunkt für seine Notabeln zu gründen. In den annektierten Departements etablierte sich auch mindestens in jeder Stadt mit einer Präfektur eine Loge, in der Toskana allein vier. Überdies wurde in Rom die Freimaurerei wieder zugelassen. Ein kalabresischer Kaufmann, Giuseppe Tartaro, gründete die laizistische, regierungstreue *Vertu Trionphante*, die im Juni 1808 ihr Patent vom Grand Orient Frankreichs erhielt. Die Aktivitäten der Freimaurer wurden, obwohl sich hier die staatstragenden Funktionäre versammelten, von der Polizei engmaschig überwacht. Neben den Freimaurerlogen war es den Aristokraten erlaubt, sich in exklusiven Klubs zu treffen wie zum Beispiel dem *Casino Nobile* in Mailand. Während der Restauration wurde die Freimaurerei wieder verboten, was eine der Ursachen der Entfremdung zu Wien werden sollte.

Willkommen und staatlich gelenkt war darüber hinaus das kulturelle Engagement. In jedem Hauptort eines Departements des Empires sollte eine *Société des recherches utiles* entstehen. Sie unterstanden dem Pariser Innenministerium. Diese „gelehrten" Gesellschaften zielten auf die praktische Förderung von Gewerbe und Landwirtschaft, etwa durch die Einführung neuer Fabrikationsmethoden oder durch die Melioration der Bodenerträge im Sinne des französischen Physiokratismus sowie auf Steigerung der Allgemeinbildung. Zur „Beförderung des Gemeinwohls", zur „Nützlichkeit" im Sinne eines ehrenamtlichen Handelns zum Wohle der Mitbürger gehörten neben der Kameralistik auch die Statistik im Sinne von Landesbeschreibungen und die historische Forschung, soweit sie die engere Landesgeschichte betraf. Die Mitglieder waren handverlesen. Der Präfekt stand der Gesellschaft aus Funktionären und örtlichen Intellektuellen vor. Auch bei weiteren kulturfördernden Sozietäten waren die Beziehungen zum Staat sehr eng. In der literarischen Akademie Mailands oder in der 1812 gegründeten *Société scientifique et littéraire* trafen die neuen Männer an der Macht und der Adel des Ancien Régime zusammen, wobei Letzterer ebenfalls den Stadtrat dominierte. Mailand erlebte unter Napoleon eine inspirierende Theater- und Opernszene mit gefeierten Komponisten. So entstanden dichte lokale Netzwerke der Notabeln, die sich regelmäßig in den politischen Gremien, Handelskammern, den kulturellen Assoziationen und abends in der Oper begegneten.

Den absoluten Höhepunkt der elitären Geselligkeit bildete der Zugang zum Hof. Den neu geschaffenen italienischen Höfen kam eine zentrale Rolle bei der Herrschaftspräsentation zu. Während alte Hauptstädte wie Florenz, Rom und Parma in den annektierten Departements zu Präfekturen degradiert wurden, entfalteten Beauharnais in Mailand und Joseph wie Murat in Neapel mit ihren Frauen eine prachtvolle Hofhaltung. In Turin sollte diese Aufgabe Pauline Bonaparte mit ihrem Mann Camillo Borghese, dem Generalgouverneur, als „Ersatzkönigin und Ersatzkönig" übernehmen, doch die kapriziöse Schwester des Kaisers hielt sich nur selten in der Hauptstadt auf. Die Höfe in Mailand und Neapel wurden nach dem Pariser Modell strukturiert, wie die in Kassel und Amsterdam, wobei Napoleon wiederum den Zeremonienmeister Ludwigs XVI. mit dieser Aufgabe betraut hatte. Der zeremonielle Prunk mit seinem beträchtlichen Symbolwert schien unverzichtbar. Die kulturellen Codes höfischer Inszenierungen wurden bewusst eingesetzt. Es galt, einen Hofstaat zu unterhalten, der sich zum einen nicht von denen der anderen europäischen Fürsten unterschied, und der zum anderen den Beamten und dem Volk die Prinzipien des Königtums verdeutlichte. Hofetikette, Reiserituale, Geburtstags- und Tauffeiern für das Königshaus sollten die Italiener zu loyalen Anhängern der Dynastien machen.

In Mailand wurde ein Hof geformt, der einer Hauptstadt würdig war. Eugen Beauharnais umgab sich mit der alten Aristokratie und dem neu geschaffenen Verdienstadel. Als höchste Würdenträger und Kammerherren wurden Persönlichkeiten aus dem Patriziat Mailands und der Provinz ausgewählt. Die Damen des Palastes stammten unter anderem aus den Familien Confalonieri, Belgiojoso, Porro Lamberteghi und Trivulzio. Eingebunden in die Hofgesellschaft wurden ferner die militärischen und klerikalen Hierarchien als Stützen für den Thron. An den Höfen galt es, Luxus verbunden mit künstlerischem Geschmack zu inszenieren. Protegiert wurde als Hofdichter Vincenzo Monti, den die Italiener als *Dante redivivo,* als wiedererstandenen Dante, feierten. Die Residenz in Mailand und der Sommersitz in Monza wurden von den angesehensten Künstlern und Architekten neu gestaltet und ausgeschmückt, unter ihnen der Hofarchitekt Luigi Canonica oder Antonio Canova, einer der besten Bildhauer seiner Zeit. Am Hof empfing das Herrscherpaar erlesene Repräsentanten aus Politik, Wissenschaft und Kunst. Nach dem Vorbild des Louvre richtete der neoklassizistische Maler Andrea Appiani in der Akademiesammlung der Brera ein öffentliches Museum ein, für das der König 800 Gemälde aus ganz Italien anschaffen ließ. Nach dem Untergang des Königreichs verblieben sie in der Brera. Auch Joseph und Murat nutzten in Neapel die Hofgesellschaft, um die von Napoleon gewünschte neue staatstragende Elite aus alter Aristokratie und neuen Funktionsträgern zusammenzuschweißen. Die Aristokratie kehrte nach einem gewissen Zögern an den Hof zurück, angezogen von lukrativen Posten und glanzvollen Festen, die der knausrige Ferdinand IV. ihnen nicht geboten hatte.

2.7 Infrastruktur und Bildungswesen

Wesentliche Impulse erfolgten in der napoleonischen Zeit im Bereich von Infrastruktur und Bildungswesen. Zwischen Paris und Mailand entstand eine Telegraphenverbindung, die auf Sichtweise mittels Flügeltelegraphie funktionierte. Große Straßenbau- und Kanalprojekte wurden aus strategischen und ökonomischen Motiven vorangetrieben. Bonaparte ließ den Simplon zu einer befestigten Passstraße ausbauen, über die fortan Postkutschen fahren konnten. Auf diese Weise wurde das Rhonetal über das Schweizer Wallis mit dem Lago Maggiore verbunden. Von dort konnten Passagiere und Waren über den seit dem Mittelalter bestehenden Kanal (*Naviglio Grande*), der erheblich modernisiert wurde, nach Mailand gelangen. Gleichzeitig wurde der Po als West-Ost-Route schiffbar gemacht und der Bau eines Kanals vom Po nach Mailand durchgeführt (Kanal von Pavia). In Neapel ließen Joseph Bonaparte und Murat die Valle della Sanità, eine Verbindungsstraße mit aufwendigen Brückenkonstruktionen, nach Capodimonte anlegen und die Via Foria verbreitern. Zudem wurde im Zentrum Turins eine monumentale Brücke über den Po errichtet. Verantwortlich für die ehrgeizigen Projekte waren an eigens dafür eingerichteten Schulen ausgebildete Ingenieure. Durchgeführt wurden außerdem groß angelegte archäologische Kampagnen wie die Ausgrabungen in Portici bei Neapel sowie im Forum Romanum oder im Kolosseum.

In den Städten erfolgten Verschönerungsmaßnahmen wie die Einrichtung eines botanischen Gartens in Neapel. Murats Plan, die heutige Piazza del Plebiscito in ein Forum Murat umzuwandeln, der eine dem römischen Pantheon vergleichbare Rotunde mit halbkreisförmigen Kolonaden vorsah, wurde erst von Ferdinand I. realisiert. So erging es auch dem von Luigi Cagnola entworfenen Projekt des *Arc du Triomphe de Simplon* in Mailand. Das neoklassizistische Mailänder Denkmal sollte der Kapitale mehr Strahlkraft verleihen und dem Herrscherkult dienen. Die gleichzeitig mit dem *Arc de Triomphe* in Paris begonnene Ausführung wurde erst unter österreichischer Herrschaft vollendet. Der Architekt des Pariser Triumphbogens, Charles Perciers, orientierte sich übrigens wiederum am römischen Titusbogen. Auch in Rom verfolgte man architektonische und urbanistische Projekte in großer Zahl, zur Ausführung kamen etwa Valadiers Verschönerungsmaßnahmen an der Piazza del Popolo. Bei der Verlegung der Friedhöfe außerhalb der Stadtmauern siegten auf der Halbinsel Rationalität und hygienische Kriterien über religiöse Traditionen. Zuvor hatte man die Toten nahe den zahllosen Kirchen innerhalb der Städte beerdigt. Eine wesentliche Verbesserung stellte ferner die Installation von öffentlichen Straßenbeleuchtungen dar. Außerdem konnte man sich in den Städten aufgrund der Anbringung von durchgehenden Hausnummern fortan besser orientieren. Viele der großzügig projektierten Maßnahmen der napoleonischen Zeit blieben allerdings unvollendet oder in der Planungsphase stecken. Auch im Schulwesen blieben die Ergebnisse während der französischen Zeit ambivalent. Die Aufgabe, die Situation in den Volksschulen zu verbessern, wurde auf die Kommunen abgewälzt. Im Königreich Italien mussten sie die Elementarschulen stellen, der Unterricht war kostenfrei, aber nicht verpflichtend. Ihre Zahl wuchs von circa 2000 im Jahr 1807 auf circa 4000 vier Jahre später. Die Qualität des Unterrichts war gemessen an heutigen Maßstäben dürftig. Immerhin konnten in Mailand 70 Prozent der Bräutigame ihre Heiratsurkunden unterschreiben und 48 Prozent der zukünftigen Ehefrauen. In Süditalien ist Anfang des 19. Jahrhunderts von einer Analphabetenquote von 80 Prozent auszugehen.

Im Bereich der höheren Bildung gab es für Jungen Gymnasien und Lyzeen, die deutlich besser ausgestattet waren. In den annektierten Departements wurde das Gesetz für die öffentliche Erziehung angewandt und in den größeren Städten existierte mindestens eine höhere Bildungsanstalt. Mädchen waren immer noch auf Privatunterricht und Klosterschulen angewiesen. Insgesamt erwies es sich als schwierig, die staatlichen Schulen von kirchlichem Einfluss zu entflechten, hatte der Unterricht doch vorher in den Händen von Geistlichen gelegen. Die Adligen bevorzugten obendrein exklusive Institutionen alten Typs in Mailand oder Pensionate in Monza oder Nerviano, die nicht geschlossen wurden.

Bereits bestehende Universitäten wurden reformiert, sie sollten die staatliche Funktionselite ausbilden. Neben Turin, Parma, Pavia, Pisa, Siena und Perugia nahm Rom einen Spitzenplatz in der Universitätslandschaft ein. Da Rom als sogenannte zweite Stadt des Kaiserreichs galt, erhielt die Universität dort mit 42 Professuren eine besonders reiche Ausstattung. Verbunden war das mit der Intention, dass der kulturelle Einfluss ein genereller sei und dass der Unterricht „triumphieren" würde über den Widerstand und die äußerst gegensätzlichen Doktrinen der Kirche. Die internationalen kirchlichen Kollegien wurden schlicht als politisch eingestuft und aufgehoben. Theologische Fakultäten wurden nur in Turin, Pisa und Rom installiert. Zudem wurde in Pisa die noch heute bestehende *Scuola normale superiore* nach dem Modell der Pariser *École normale supérieure* eingerichtet, mit dem klaren Auftrag, in dieser Kaderschmiede für staatstreue Intellektuelle die besten Staatsdiener der Zukunft zu formen. Die Besetzung der Lehrstühle an den Universitäten bereitete keine Schwierigkeiten, viele während der Aufklärungszeit geprägte Gelehrte bewarben sich auf die angebotenen Stellen. Alles in allem muss jedoch festgehalten werden: In den strategisch wichtigen Bereichen Bildungswesen und Armenfürsorge verzeichneten die nach französischem Vorbild geschaffenen Institutionen nur langsam Erfolge. Das galt vor allem für die staatliche Wohlfahrt. Sie war zuvor von den zahllosen Orden betrieben worden. Nach deren Aufhebung wurden von staatlicher Seite nur unzureichende Maßnahmen getroffen, um das Elend der Ärmsten zu lindern.

2.8 Das Militärwesen

Einschneidender als die bisher genannten Aspekte wirkte sich die allgemeine Wehrpflicht aus. Sie war für die Italiener ein absolutes Novum und erfasste weite Kreise der Bevölkerung. Noch im 18. Jahrhundert führten die absolutistischen Herrscher sogenannte „Kabinettskriege". Die Heere bestanden aus Söldnertruppen und die Beteiligung oder gar die Mobilisierung der Bevölkerung war völlig unerwünscht. Allein das Königreich Piemont-Sardinien baute in der Frühen Neuzeit ein gut funktionierendes Militär auf, band die adligen Offiziere eng an das Haus Savoyen und blickte stolz auf seine militärischen Traditionen und die Siege, die zu einem steten Zuwachs des Staatsgebiets geführt hatten. Dem Militär verdankten die Savoyer den Aufstieg von einem Duodezfürstentum zur Mittelmacht und schließlich zum Königtum. In den anderen italienischen Staaten hatte ein eigenständiges Heer hingegen keine bedeutende Rolle gespielt.

Alle Gebiete Italiens, die seit 1796 sukzessive von Frankreich annektiert wurden, unterstanden der Pariser Militärgesetzgebung. In der Republik und dem Königreich Italien sowie im Königreich Neapel wurde das Heer nach dem französischen Modell mit nur geringen Abweichungen aufgebaut. Die allgemeine Wehrpflicht war in Frankreich unter dem Druck militärischer Niederlagen 1793 zum ersten Mal eingeführt worden. Da die kriegerischen Auseinandersetzungen nicht aufhörten, blieb diese bestehen beziehungsweise änderte sich nur noch in einzelnen Bestimmungen, etwa was das Alter der Wehrpflichtigen und die Dienstdauer anbelangte. Grundsätzlich galt, dass jeder Mann im Alter von 20 bis 25 Jahren wehrpflichtig war, wenn er unverheiratet und tauglich war. Kleriker waren ausgenommen. Außerdem bestand die Möglichkeit, einen Ersatzmann zu stellen. Aber dies konnten sich nur die Vermögenden erlauben, da ein Ersatzmann zwischen 1800 und 2000 Francs kostete, was wiederum dem Jahresgehalt eines Richters entsprach. Mit der Fortdauer der Kriege wurden die Ersatzmänner immer teurer, sodass zehn Jahre später 4000 Francs zu zahlen waren. Die Dienstdauer umfasste ursprünglich fünf Jahre, wurde aber in Kriegsjahren zumeist erheblich überschritten. Die Aushebungen der Rekruten waren gewissen Konjunkturen unterworfen, die meisten wurden während der letzten Jahre des Empires gezogen.

In der Cisalpinischen Republik war der Aufbau eines Freiwilligenheeres nicht von Erfolg gekrönt. Spektakulär, aber letztendlich erfolglos waren die polnischen Freiwilligenlegionen, die seit 1796 mit der Zustimmung Napoleon Bonapartes unter General Jan Hendryk Dąbrowski in der Lombardei aufgestellt wurden. Die spätere Nationalhymne der Polen entstand in diesem Umfeld. Gegen vage Versprechungen Napoleons nahmen diese Legionäre, die eine Gesamtstärke von etwa 30.000 Mann erreichten, an verschiedenen Feldzügen teil und erbrachten ein hohes Blutopfer. Sie hofften, dass Napoleon dem von Russland, Österreich und Preußen geteilten Polen helfen werde, wieder ein Königreich zu werden. Die italienischen Soldaten dieses ersten Freiwilligenheeres hatten sich eher aus finanziellen Gründen und weniger aus idealistischem Kampfeswillen für die Cisalpinische Republik anwerben lassen.

In der Italienischen Republik und dem Italienischen Königreich organisierte der Kriegsminister das Militär strikt nach dem französischen System. 18.000 Mann sollten eingezogen werden, verteilt auf die Departements gemäß dem Bevölkerungsanteil. Vor Ort stellten der Bürgermeister und ein Auswahlkomitee Listen der Wehrpflichtigen von unverheirateten jungen Männern nach Jahrgängen auf, aus denen die Rekruten ausgelost wurden. Witwer mit Kindern, Familien mit nur einem Sohn und jene, von denen bereits ein Sohn diente, sollten ausgenommen werden. Auch hier war es möglich, einen Ersatzmann zu stellen, was sich aber aufgrund der hohen Kosten wiederum nur die Notabeln leisten konnten. Von Anfang an gab es große Probleme mit Refraktären, also jungen Männern, die sich dem Dienst durch Flucht entzogen, die etwa in die Schweiz oder in die Berge flohen oder von ihren Familien versteckt wurden. Der Staat hatte zunächst große Mühe sich durchzusetzen, da Verwaltung und Gendarmerie noch im Aufbau waren. Ihm fehlten daher die Mittel, die Gestellungsbefehle auszuführen, weil die Gendarmerie nicht gegen die Renitenz ankam. Mit der Konsolidierung und der Dauer der Herrschaft wurden die Aushebungen effizienter, aber mit den Jahren merkten die Wehrpflichtigen auch, dass es einfacher war, sich zunächst einziehen zu lassen und dann zu verschwinden. Desertionen nahmen epidemische Ausmaße an und stellten den König, die Minister und die Beamten vor ein großes Problem. Ein 1808 eingeführter härterer Strafkatalog half da auch wenig, die meisten Urteile wurden in *contumacia* (Abwesenheit des Delinquenten) gefällt. Der Staat erwies sich als unfähig und die Untertanen zeigten mangelnden Patriotismus. Darüber hinaus schlossen sich viele Deserteure den Räuberbanden an und wurden so zu einem manifesten Problem der öffentlichen Ordnung. Die Polizeiberichte dokumentierten die erheblichen Fälle von Desertion und, damit verbunden, dem Bandenunwesen. Im Jahr 1809, einem Jahr mit besonders starken Aushebungen und gleichzeitig steigenden Lebensmittelpreisen aufgrund einer neuen Konsumsteuer, nahmen die gewaltsamen Auseinandersetzungen zwischen Staat und Banden in den Marken und der Romagna extreme Formen an. Rund 2000 junge Männer starben bei bewaffneten Kämpfen oder am Galgen.

Napoleons Bedarf an immer mehr Soldaten führte dazu, dass in den letzten Krisenjahren seines Regimes nun auch jene einberufen wurden, die eigentlich ausgenommen werden sollten, nämlich die einzigen Söhne, junge Männer, deren Brüder bereits dienten, und Verheiratete. Die Familien lebten in Sorge und Unsicherheit und bei der Bevölkerung herrschte der Eindruck, dass die Rekrutierungen ohnehin die Ärmeren in Stadt und Land besonders hart treffen würden. Da half es auch wenig, wenn als vertrauensbildende Maßnahme die Auslosungen aus den Jahrgangslisten öffentlich erfolgten. Viele zogen, wenn man ihrer habhaft werden konnte, das Gefängnis und öffentliche Arbeiten dem Militärdienst vor. Der Blutzoll in der italienischen Armee war hoch. Ab 1797 wurden insgesamt 165.000 Konskribierte und 44.000 Freiwillige eingezogen, neben Italienern und Polen auch 8000 Männer aus Istrien und Dalmatien. Der Verlust wird beziffert auf rund 125.000 Tote und Verletzte. Bei allem Leid darf man positive emotionale Erfahrungen nicht unterschätzen, die die jungen Männer

2.8 Das Militärwesen

durchlebten. Die italienischen Truppen wurden zwar bei den Kampfhandlungen ins französische Heer eingegliedert, aber sie kämpften unter ihrer eigenen grün-weiß-roten Flagge. Ob und inwieweit sich hier eine patriotisch-nationale Identifikation bei einfachen Mannschaftsgraden entwickelte, muss unbeantwortet bleiben, für die italienischen Offiziere ist aber davon auszugehen.

Für das Königreich Neapel kommt man zu vergleichbaren Befunden. Doch war hier die Zeit für den Aufbau einer schlagkräftigen Armee noch knapper bemessen. Ab 1806/7 übertrugen auch Joseph und sein Nachfolger Murat die französischen Strukturen grosso modo auf ihr Königreich. Im Süden waren die Probleme mit den Refraktären und Deserteuren dieselben, nur nahmen sie noch größere Ausmaße an. Auch in den ehemaligen Gebieten des Kirchenstaates entzogen sich die Wehrpflichtigen in großen Scharen dem Dienst. In Viterbo und Velletri versteckte sich ein Drittel der Wehrpflichtigen. Wie im Norden zogen sich renitente Deserteure in die Berge zurück und schlossen sich den bereits bestehenden Brigantenbanden an. Öffentliche Hinrichtungen von verurteilten, sehr jungen Refraktären in Rom auf der Piazza del Popolo, vor der Bocca della Verità und vor Santa Maria in Trastevere, dem notorischen Problemviertel der Stadt, dürften entschieden dazu beigetragen haben, den Hass gegen die napoleonische Herrschaft anzufachen. Zweifel an diesen Maßnahmen hegte nicht nur der Präfekt Camille de Tournon.

Bonapartes Macht basierte zu einem großen Teil auf seinen sensationellen militärischen Erfolgen, die er nicht nur den Truppen, sondern auch den Offizieren verdankte. Die französische Armee bot ihnen glänzende Aufstiegschancen. Im Königreich Italien schuf er 1805 Elitetruppen: die Ehrengarde und die Veliti. Während sich die Ehrengarde aus Söhnen der Höchstbesteuerten zusammensetzte, rekrutierten sich die Veliti aus wohlhabenden Familien des Mittelstandes. Beide waren mit prächtigen Uniformen ausgestattet, die ihnen großes Prestige verliehen. In ihren Reihen kämpften zahlreiche junge Italiener fasziniert vom napoleonischen Mythos, motiviert von Abenteuerlust und Karriereaussichten. Aber auch jenseits dieser Elitetruppen bestanden hervorragende Aufstiegsmöglichkeiten und die Nationalisierung der militärischen Führungskräfte, ausgebildet an eigenen Militärschulen in Modena und Pavia, schritt voran. Gegen Ende des Königreichs waren zwölf von 17 Divisionsgenerälen, 18 von 40 Brigadegenerälen und 41 von 73 Obersten Italiener. Nach dem Sturz Napoleons wurde das italienische Heer von den Österreichern einfach aufgelöst. Das bedeutete einen Affront und eine Demütigung sondergleichen für die hochdekorierten Generäle Napoleons. Es ist kein Zufall, dass sich bei den Revolten und Revolutionen der Jahre 1820–21 so viele adlige Offiziere beteiligten.

2.9 Kirchenpolitik und Volksreligiosität

Napoleons Kirchenpolitik führte zu einer seiner quälendsten Niederlagen, hoffte er doch vergeblich, mit den für Frankreich (1801) und das Königreich Italien (1803) abgeschlossenen Konkordaten zu einem Ausgleich mit dem Papsttum gekommen zu sein. Ab 1806/07 verschlechterten sich die Beziehungen zwischen dem Kirchenstaat und dem Kaiser jedoch erneut. Der in den annektierten Departements und im Königreich Italien eingeführte Code Napoleon erlaubte die Scheidung, was einen absoluten Affront für gläubige Katholiken und die Amtskirche darstellte. Hinzu kam, dass ab 1806 in Venetien weitere Klöster aufgehoben wurden, ohne diese Maßnahme, wie im Konkordat vorgeschrieben, mit der Kurie abzusprechen. Das Italienische Konkordat wurde ferner umstandslos auf das Herzogtum Lucca übertragen. Weiterhin führte man den kaiserlichen Katechismus ohne Absprache im italienischen Königreich ein. Der Papst protestierte mehrfach gegen diese Maßnahmen und griff schließlich zu jener Waffe, die ihm das Konkordat bot. Er verweigerte seine Zustimmung zur Amtseinsetzung von neun Bischöfen im Königreich Italien. Letztendlich aber führte Napoleons Kontinentalsperre zur endgültigen Eskalation. Da sich der Papst weigerte, seine Häfen für britische Waren zu schließen, befahl der Kaiser die Eroberung des restlichen Kirchenstaates. Die Marken wurden besetzt und mit dem Königreich Italien verbunden, sodass das italienische Konkordat nun auch hier Anwendung fand. Die übrigen Gebiete des Kirchenstaates verwandelte Napoleon rigoros in zwei Departements, die direkt dem Empire angeschlossen wurden. Der Papst geriet in Gefangenschaft und exkommunizierte im Gegenzug den Kaiser. In den Jahren 1810/11 war im Königreich Italien die Hälfte aller Bischofssitze nicht besetzt, gleichzeitig war die Anzahl der Pfarreien aufgrund von Strukturmaßnahmen stark reduziert und fast alle Kongregationen, mit Ausnahme jener, die sich der Krankenpflege widmeten, waren aufgehoben worden. Hinzu kam das Problem der den Staatseid verweigernden Priester, die aus dem Amt entfernt wurden, was ihre Gemeindemitglieder zu wütenden Solidaritätsbekundungen motivierte.

Die religiöse Frage blieb eines der Hauptmotive für den Dissens mit den tiefgläubigen katholischen Untertanen, der sich besonders stark im ehemaligen Kirchenstaat, prinzipiell aber in allen italienischen Regionen artikulierte. Die Römer verhielten sich während der napoleonischen Zeit eher passiv und apathisch, doch beunruhigten sie die Modernisierungsprozesse, die mit jahrhundertealten Denkweisen und Handlungsweisen brachen. Zudem hatten die Angriffe auf die Amtskirche handfeste ökonomische Folgen. Die Ausweisung von Pius VII. und von zahlreichen Kardinälen, die Flucht von Aristokraten und Künstlern schmälerten die traditionellen Arbeits- und Fürsorgemöglichkeiten der von ihnen abhängigen Bedienstetenschar erheblich. Ferner kam es zu Konflikten aufgrund von praktizierter Frömmigkeit. Da der laizistische Staat versuchte, Formen der Volksreligiosität einzuschränken, nahm diese an Intensität noch zu. Marienkult und Wunderglaube trieben bemerkenswerte Blüten. Dem abwesenden Papst wurden mirakulöse Heilungen zugeschrieben. Von ihm kursierten abertausende

Bilder in Rom, die bei den nicht alphabetisierten Unterschichten für eine antinapoleonische Stimmung sorgten. Besonderer Beliebtheit erfreute sich die Darstellung, in der Maria dem Papst die Exkommunizierung Napoleons diktiert. Während vier Jahren kämpfte Napoleon in Rom gegen einen Abwesenden, ein Phantom, das noch weniger zu besiegen war als sein britischer militärischer Widersacher Wellington, weil es ungreifbar, immateriell, moralisch war: ein Heiliger. Des Weiteren wurden Naturkatastrophen wie Erdbeben und Überschwemmungen, die sich in den Jahren 1811 und 1812 häuften, aufgrund überlieferter apokalyptisch-millenaristischer Mentalitäten als Zeichen Gottes und als Strafe für Napoleon wahrgenommen.

2.10 Die Krise der Jahre 1811–1814

Wie geschildert, litten die Volksmassen aufgrund der indirekten Steuern, der Konskription und der wirtschaftlichen Krisenjahre, verbunden mit Preissteigerungen in den letzten Jahren des Regimes. 1814 standen fast 100.000 italienische Männer in den Armeen. Die französische Herrschaft blieb den Menschen mehrheitlich fremd, weil sie in die Moderne katapultiert und mit vielen revolutionären Reformen und neuen Anforderungen konfrontiert waren. Der neue Staat versuchte, bis in den letzten Dorfwinkel zu regieren, und genau dieser Prozess führte vielfach zur Ablehnung. Hinzu kamen die negativen Auswirkungen der Kontinentalsperre und die Folgen der napoleonischen Wirtschaftspolitik, die sein Empire deutlich bevorzugten auf Kosten jener Königreiche, in denen seine Verwandten regierten. Seit 1808 bestand ein Handelsvertrag zwischen Frankreich und dem Königreich Italien, der die Zölle um die Hälfte senkte: einerseits für Exporte von Rohstoffen und Agrarprodukten in Richtung Frankreich, andererseits für die Importe von französischen Manufakturwaren nach Italien. Dieser Vertrag stellte gewiss kein Förderprogramm für die oberitalienische Protoindustrie dar. Geradezu verheerend wirkte sich aber die Kontinentalsperre für die großen italienischen Häfen aus. Die Handelsaktivitäten in Venedig brachen ein. Für Genua und Livorno bedeutete sie den Niedergang ihres Warenaustausches mit der Levante und Spanien. Steuerten 1795 noch 1048 Schiffe Livorno an, so waren es im Jahr 1800 lediglich 713, sieben 1811 und eins im Jahr 1812. Diese Zahlen belegen zum einen die ohnehin negativen Auswirkungen von Kriegen auf die Wirtschaft, zum anderen die gravierenden Folgen der Kontinentalsperre. In Neapel, dessen Hafen extrem unter dieser Sperre litt, tolerierte Murat den ohnehin überall blühenden Schmuggel mit britischen Waren und schützte lokale Manufakturen mit seiner Zollpolitik gegen die französischen Produkte.

Zum Zusammenbruch des napoleonischen Italiens führten aber nicht die immer wieder vereinzelt aufflammenden Unruhen, die Unzufriedenheit der Bevölkerung und der Widerwillen gegen die Zumutungen der Moderne, sondern abermals Kriegshandlungen in weiten Teilen Europas. In Spanien gelang es den napoleonischen Truppen zum Beispiel nicht, die Guerillakämpfe einzudämmen. Der entscheidende Fehler des

Kaisers aber war es, militärisch gegen Russland vorzugehen. Zar Alexander I. hielt sich ebenfalls nicht an die bestehenden Verträge der Kontinentalsperre und ließ über die Ostsee weiterhin Getreide und Holz in großen Mengen nach Großbritannien liefern. Napoleon erklärte dem Zaren daraufhin den Krieg und marschierte mit seiner Grande Armée, die rund 700.000 meist junge und schlecht ausgerüstete Soldaten aufbot, im Sommer 1812 nach Russland. Der Zar zog sich einfach in die unendlichen Weiten des Landesinneren zurück, ließ alle Lebensmittelzufuhren abschneiden und Moskau in Brand stecken, als es von den Franzosen erobert wurde. Aufgrund der extremen Witterungsbedingungen und der Versorgungsengpässe musste sich Napoleon schließlich aus Russland zurückziehen. Geschätzt 600.000 Soldaten aus ganz Europa verloren bei diesem Feldzug ihr Leben. Es bildete sich die letzte erfolgreiche Koalition aus Russland, Preußen, Österreich, Großbritannien und zuletzt auch den kleineren deutschen Staaten, um verlorenes Terrain wiederzugewinnen und Napoleon endgültig zu besiegen.

Der Zerfall des französischen Italiens begann mit dem abermaligen Einmarsch der Koalitionstruppen. Im September 1813 drangen die Österreicher in Venetien ein. Für Eugène Beauharnais und Murat stellte sich die Frage, ob sie in der Lage waren, ihre Königreiche zu retten, welche Koalitionen sie eingehen sollten oder wann es geboten war zu kapitulieren. Eugen hoffte, als sich 1812/13 die Niederlage Napoleons abzeichnete, von den Alliierten als König anerkannt zu werden. Doch Talleyrand bot ihm lediglich ein Großherzogtum Genua an. Unterstützt von Melzi und anderen hohen Beamten und Militärs trat er auf Seiten des Kaisers gegen die Österreicher an, musste aber im April 1814 einen Waffenstillstand unterzeichnen.

In Mailand kam es in diesem Machtvakuum zu Tumulten und zu Versuchen der Aristokratie, die Regierung zu stellen. Am 20. April erhob sich, angestachelt von Patriziern, eine wütende Menge gegen den Senat und hohe Beamte. Bei diesen Aufständen gegen die napoleonische Herrschaft in der Endphase handelt es sich um ein europäisches Phänomen, ausgelöst durch den erdrückenden Militärdienst und die große Steuerlast. Lynchmorde waren die absolute Ausnahme. Doch in Mailand ermordete eine aufgestachelte Menge den verhassten Finanzminister Francesco Prina, einen Adligen aus Modena, und plünderte seinen Palast. Der Senat wurde aus seinem Sitz vertrieben und adlige Mailänder bildeten eine provisorische Regierung. Sie hatten schon in der österreichischen Zeit Verwaltungserfahrung gesammelt oder im napoleonischen System. Wenige Tage später kooptierte die Regierung für jedes lombardische Departement einen Vertreter und wieder fiel die Wahl ausschließlich auf Adlige, die partiell auch unter Napoleon gedient hatten. In dieser Krise kooperierten (ehemalige) Anhänger und offene Gegner Napoleons, um gemeinsam für eine autonome Lombardei zu kämpfen.

Es kam sofort zu einer „Reinigung" des Verwaltungsapparats, die vor allem bürgerliche und jakobinische Minister und Präfekten traf. Einigkeit über die politische Zukunft der Lombardei herrschte in dieser Situation keineswegs, abgesehen von dem Wunsch nach Unabhängigkeit. Fünf politische Lager standen sich gegenüber. Da agierten zunächst Verteidiger des napoleonischen Systems, unter denen sich Melzi

2.10 Die Krise der Jahre 1811–1814

d'Eril mit ausgearbeiteten Plänen für die Zukunft hervortat. Eine zweite Gruppierung engagierte sich für ein ganz Italien vereinigendes Königreich unter der Führung Murats. Hinter diesem Plan standen vor allem Freimaurer und Carbonari. Eine dritte Richtung votierte für ein unabhängiges italienisches Königreich, aber ohne einen französischen Monarchen. Das Patriziat diskutierte über zwei andere politische Lösungen, die aber jeweils die eigene Position sehr stark hervorgehoben hätten. Hier standen sich ältere Patrizier und meist jüngere Liberal-Konservative gegenüber. Erstere hassten das napoleonische System regelrecht und hingen dem alten Ständestaat an. Letztere favorisierten den britischen Liberalismus und vage Nationalstaatsideen. Tonangebend in dieser Gruppierung waren die jungen Grafen Federico Confalonieri und Luigi Porro Lamberteghi, die sich in den nächsten Jahren zu Schlüsselfiguren der liberalen Oppositionsbewegung entwickeln sollten.

Die provisorische Regierung schickte Ende April 1814 drei Gesandte nach Paris zu den Außenministern der Siegermächte, um dort für die autonome und legitime Macht der Lombardei zu verhandeln. Genährt wurden diese Träume von einer Restitution in ihren alten Rechtsstatus vorübergehend vom britischen Sonderbeauftragten Lord Bentinck in Mailand, der die Unterstützung seines Landes für die provisorische Regierung in Aussicht stellte. In erster Linie zielte seine Politik aber darauf ab, dass es ruhig blieb in Mailand. Er hatte dort ohnehin nur eine beobachtende Funktion. Es kursierten wilde Gerüchte und Pläne für die politische Zukunft der Lombardei, etwa ein autonomes Königreich Lombardei zu schaffen unter Einbeziehung von Teilen Piemonts und Genuas. Federico Confalonieri, einer der drei Gesandten, schrieb am 18. Mai aus Paris an Carlo Verri, den Präsidenten der Regentschaft, über ein Gespräch mit Außenminister Castlereagh, dass er dort als Ziele eine unabhängige Existenz von anderen Staaten, eine Konstitution oder eine nationale Repräsentanz ventiliert habe. Als der Graf acht Tage später zu Kaiser Franz I. vorgelassen wurde, formulierte er wesentlich bescheidenere Wünsche. Nun sprach er von einer unabhängigen Verwaltung, einer lombardischen Krone und einer nationalen Repräsentanz. Die Delegation in Paris scheiterte auf ganzer Linie, niemand unterstützte ihre Forderungen. Auf dem Wiener Kongress sollten die Ambitionen von Patriziern aus der Lombardei, aus Venedig, Lucca und Genua, autonome Republiken auszuhandeln, erneut enttäuscht werden.

Nicht minder schlug Murats Versuch fehl, das Königreich Neapel zu behalten oder gar ein geeintes Italienisches Königreich aus der Konkursmasse zu schaffen. Er erfreute sich als relativ selbstständig handelnder König und aufgrund seines empathischen Auftretens einiger Beliebtheit bei den Italienern. Zunächst wandte er sich von Napoleon ab und eroberte mit seinen Truppen Mittelitalien, also Terrain des Empires. Österreich erkannte ihn mit dem österreichisch-neapolitanischen Abkommen im Januar 1814 als Bündnispartner an, in dem sich Murat verpflichtete, die alliierten Mächte mit 30.000 Mann zu unterstützen und keinen Separatfrieden mit Frankreich zu schließen. Dagegen standen die Ansprüche der spanischen Bourbonen, die auf ihren dynastischen Rechten bestanden. Sie warteten in ihrem Exil in Palermo darauf, wieder als Könige in Neapel eingesetzt zu werden. Kaiser Franz sagte jedoch zu, Ferdinands Ansprüche auf das Festland zurückzuweisen. Anscheinend gelang es Murat auf diese Weise, seinen Thron zu sichern. Metternich spielte einfach auf Zeit. Nach der Rückkehr Napoleons aus seiner Verbannung von Elba nach Frankreich und während der berühmten „Hundert 100 Tage" entschied sich Murat für die falsche Option. Er stellte sich an die Seite seines Schwagers in der Hoffnung, durch eine neue militärische Intervention ganz Italien erobern zu können. Im März 1815 eilte er zu seinen immer noch in Mittelitalien stehenden Truppen. Während die Verhandlungen in Wien fortgeführt wurden, schlossen sich ihm Tausende Freiwillige in diesem psychologisch wichtigen, kurzen Krieg an. Der populäre Murat erließ einen Aufruf, dass sich alle Italiener von den Alpen bis nach Sizilien erheben sollten, um die Österreicher zu vertreiben und einen italienischen Nationalstaat zu gründen. Unterstützt wurde er von Anhängern der Carboneria, jener im Geheimen agierenden Gesellschaften, die als entschiedene Anhänger für einen unabhängigen Nationalstaat eintraten. Murat nahm Modena ein, scheiterte aber vor Ferrara, musste sich nach Ancona zurückziehen und die entscheidende Niederlage in den Marken bei Tolentino gegen die Österreicher hinnehmen. Es fehlten ihm Soldaten, Munition und Geld. Mitte Mai marschierten österreichische Truppen in Neapel ein. Murat floh zunächst nach Marseille, dann weiter nach Korsika und unternahm im Oktober 1815 einen letzten vergeblichen Versuch, Neapel mit einer kleinen Anhängerschar wiederzuerobern. Er wurde in Pizzo (Kalabrien) festgenommen. Ferdinand I. ließ ihn kurzerhand standrechtlich erschießen.

Über das zukünftige Schicksal der Italiener wurde auf dem Wiener Kongress verhandelt. Entschieden haben die Großmächte, allen voran Österreich und sein einflussreicher Kanzler Metternich. Durchgesetzt wurden die traditionellen Ansprüche jener Dynastien, die vor 1789 auf dem Apennin geherrscht hatten. Außerdem sollte Österreich zur Hegemonialmacht auf dem Apennin gemacht werden. Wie würden die neuen/alten Fürsten regieren? Würden Sie versuchen, zu den Prinzipien des Ancien Régime zurückzukehren oder würden sie das italienische Erbe annehmen? Hatten die Regierten mehrheitlich wirklich ein Interesse daran, in die Zustände des Ancien Régime zurückkatapultiert zu werden?

Anmerkungen

1 Albert Dufourcq, Le régime jacobin en Italie. Études sur la République romaine, Paris 1900, S. 100.
2 Pietro Colletta, Storia del Reame di Napoli dal 1734 sino al 1824, 2 Bde., Capolago 1834, Bd. 2, S. 123.

3. Der Wiener Kongress, Restaurationen und Revolutionen

Nach mehr als zwanzig Jahren Krieg und mehreren Millionen Toten ordneten die Großmächte die europäische Staatenwelt nach den militärischen Niederlagen Napoleons und seiner Absetzung als Kaiser neu. Ende Mai 1814 wurde infolge des zunächst unterzeichneten Pariser Friedensvertrages beschlossen, eine internationale Konferenz in Wien einzuberufen, um dort über die territoriale und staatsrechtliche Reorganisation Europas zu verhandeln. Die alliierten Siegermächte Russland, Preußen, Österreich und Großbritannien bestimmten im Wesentlichen das Geschehen und die Ergebnisse des Kongresses. Talleyrand vermochte es geschickt, als Vertreter der aus dem englischen Exil zurückgekehrten französischen Bourbonen das geschlagene Frankreich wieder auf die diplomatische Bühne zurückzubringen. Sein Prinzip der monarchisch-dynastischen Legitimität beeinflusste die Konferenzen grundsätzlich. Seit September 1814 wurde in Wien verhandelt und die Macht- und Territorialansprüche prallten schnell aufeinander. Zum Konsens sahen sich die Großmächte erst nach der Rückkehr Napoleons während der 100 Tage gezwungen. Die Verhandlungen wurden beschleunigt und am 9. Juni 1815 erfolgte die Unterzeichnung der Kongressakte. Mit ihr gelang es, eine europäische Ordnung und ein Gleichgewicht zu schaffen, die eine lange Friedenszeit garantierten. Es sollte keine Hegemonialmacht mehr Europa dominieren, wie es zuvor das napoleonische Empire getan hatte.

3.1 Die neue, alte Staatenordnung

So hart die Auseinandersetzungen um Grenzziehungen und Gebietsansprüche auch waren, innenpolitisch herrschte große Einigkeit. Alle europäischen Staaten hofften fortan dauerhaft eventuelle revolutionäre Bestrebungen im Keim ersticken. Der Fortbestand bzw. die Rückkehr zur konstitutionellen oder absoluten Monarchie stand außer Frage, dabei wurde die monarchische Legitimität der historisch angestammten Dynastien zum Gegenprinzip von Volkssouveränität und Revolution erhoben. Die Monarchien sollten wieder auf dem vorrevolutionären Gottesgnadentum beruhen und zukünftig auch auf fürstlicher Solidarität. Zur Aufrechterhaltung des Friedens wurde vereinbart, dass im Falle von revolutionären Erhebungen militärische Interventionen von benachbarten Staaten möglich seien. Österreich sollte in Italien von diesem Recht in den nächsten Jahrzehnten regelmäßigen Gebrauch machen. Während sich die Verhandlungen über die territoriale Gestalt der Länder des Deutschen Bundes aufgrund der divergierenden geostrategischen Ansprüche Preußens, Österreichs und Russlands als komplex und zäh

erwiesen, kam es in Italien allenfalls bezüglich der kleineren Herzogtümer im Norden zu konkurrierenden Ansprüchen.

Metternichs geopolitische Pläne waren ausschlaggebend für die Neugestaltung Italiens. Im November 1814 wies er den Vorschlag des spanischen Gesandten Gómez de Labrador zurück, eine eigene Expertenrunde einzuberufen, um über die Neuordnung Italiens zu diskutieren, wie sie für die deutschen Staaten installiert worden war. Italienische Vertreter der verschiedensten politischen Interessengruppen waren jedoch bereits angereist, um für ihre Positionen zu werben. So etwa Eugène de Beauharnais, der zwar kein Territorium erhielt, aber eine hohe Entschädigung. Völlig leer gingen hingegen die Fürsprecher der Wiederherstellung von souveränen Adelsrepubliken aus. Die Stadt Genua hatte Antonio Brignole-Sale (1786–1863) mit einem entsprechenden

3.1 Die neue, alte Staatenordnung

Antrag entsandt. Der ehemalige Präfekt Napoleons und Patrizier, der einer der angesehensten Familien der *Superba* entstammte, war vom städtischen Senat mit ansehnlichen finanziellen Mitteln ausgestattet worden, um die Gunst der Diplomaten zu gewinnen. Seine Mission scheiterte jedoch auf ganzer Linie: Genua wurde Piemont zugeteilt. Akzeptanz fand diese Entscheidung, einem der konservativsten Staaten der Halbinsel zugeschlagen zu werden, bei den Genuesen lange nicht. Ebenfalls vergeblich entsandte die Stadt Lucca Ascanio Mansi, um ihre Unabhängigkeit wieder zu erlangen.

Dasselbe Schicksal widerfuhr den lombardischen und venezianischen Delegationen. Der lombardische Adel hegte immer noch Hoffnungen, wenn schon keine Unabhängigkeit zu erreichen war, auf dem Wiener Kongress wenigstens als politischer Akteur mitverhandeln zu dürfen. Über zwei Modelle wurde weiterhin diskutiert: die Beibehaltung der zentralistischen Institutionen Napoleons oder die Rückkehr zu den alten oligarchisch-regionalen und lokalen, vom Adel dominierten Institutionen. Jede größere lombardische Kommune schickte einen eigenen Vertreter des alten konservativen Adels nach Wien. Keine Stadt wollte von der Metropole Mailand dominiert werden oder sich von ihr auf dem Kongress vertreten lassen. Diese ultrakonservativen Delegierten wünschten sich eine Restauration der ständischen Verfassung wie zu Zeiten Maria Theresias. Einfluss ausüben konnten sie unter den gegebenen Umständen im Konzert der Großmächte letztendlich kaum.

In Wirklichkeit hatten die großen Mächte auf dem Wiener Kongress bereits über das Schicksal der Lombardei und Venetiens entschieden. Sie wurden der Habsburgermonarchie zugeschlagen. Die ungelösten Probleme betrafen allein die Modalitäten, wie man die Gebiete in das überlieferte System der Erbprovinzen der Habsburgermonarchie integrieren könne. In den Provinzen fernab der Verhandlungen der großen Diplomatie erhoffte man sich vergeblich mehr Souveränität. Weder in der Lombardei noch in Venetien war den machtgewohnten Patriziern eine völlige Abhängigkeit willkommen, sie hatten vielmehr erwartet, bei den Verhandlungen auf dem Kongress eigene Vorstellungen artikulieren zu können – wenn auch protegiert von einer Großmacht. Immerhin gelang es dem Lombarden Giacomo Mellerio und dem Venezianer Graf Alfonso Porcia, Mitbestimmungsgremien für die getrennt und direkt von Wien verwalteten Provinzen in Mailand und Venedig auszuhandeln. Viel war dies angesichts zuvor verfochtener Pläne nicht.

Völlig unumstritten war die Restitution des Kirchenstaates. Pius VII. war bereits im Januar 1814 nach Rom zurückgekehrt. In Wien vertrat Marchese Ercole Consalvi (1757–1824) seine Interessen. Mit der Wiener Schlussakte gingen die Legationen Bologna, Romagna und Ferrara an den Kirchenstaat zurück. In Ferrara musste den Österreichern das Garnisonsrecht eingeräumt werden. Das Königreich Sardinien-Piemont wurde durch Gewinn bzw. Rückgabe von Gebieten gestärkt, damit es seine Aufgabe als starker Pufferstaat zwischen Österreich und Frankreich erfüllen konnte. Außer der strategisch und ökonomisch wertvollen Stadt Genua kamen die ligurische Küste sowie erneut Nizza und Savoyen hinzu. Komplexer gestalteten sich die Verhandlungen über das Königreich Neapel, bis sich Murat während der 100 Tage abermals auf die Seite Napoleons stellte. Aufgrund großen Drucks der spanischen Bourbonen erhielt der aus dieser Dynastie stammende und seit zehn Jahren in Palermo im Exil lebende Ferdinand IV. das süditalienische Festland zurück. Er wurde aufgrund der Wiener Kongressakte mit einer neuen Ordnungszahl zu Ferdinand I., König beider Sizilien, denn nun wurde die bisherige Personalunion Ferdinands von Neapel und Siziliens zur Realunion des Königreichs mit neuem Namen. In einem zusätzlichen Abkommen mit Kaiser Franz I. verpflichtete er sich, die Innenpolitik am Vorbild Österreichs zu orientieren. Damit war der Erlass einer späteren Verfassung ausgeschlossen. Dieser Zusatzvertrag war im Prinzip überflüssig. Ferdinand hatte als König von Sizilien nur unter großem Druck seitens Großbritanniens der Verfassung von 1812 in Palermo zugestimmt, die er nun wieder kassieren konnte. Sehr deutlich macht dieser Vertrag aber, welch großen Einfluss Österreich sogar in den formal unabhängigen italienischen Staaten auszuüben gedachte. Ohnehin waren seine politischen Leitlinien omnipräsent in jenen Ländern, wo Mitglieder des Familienkartells regierten.

Das Großherzogtum Toskana wurde wieder zur habsburgischen Sekundogenitur. Ferdinand III. (1769–1824), der Sohn Kaiser Leopolds, kehrte auf seinen Thron in Florenz zurück. Die fünf Mächte beschlossen diese Restitution Anfang Juni 1815 ohne jegliche Diskussion. Ein regelrechter Kuhhandel setzte dann um die kleineren Herzogtümer ein, da sowohl das Haus Habsburg als auch die Bourbonen abgesetzte Ex-Fürstinnen zu versorgen hatten. Vor allem das Problem der angemessenen Ausstattung der beiden Maria Luisen, der ehemaligen Königin von Etrurien aus der Linie Bourbon sowie der ehemaligen französischen Kaiserin aus Wien, führte zu langwierigen Aushandlungsprozessen. Österreich setzte sich schließlich durch. Maria Luise übernahm als Herzogin Parma-Piacenza und Guastalla. Für ihren vierjährigen Sohn Napoleon, den ehemaligen König von Rom, musste sie auf alle Erbansprüche verzichten. Großbritannien und in ganz besonderem Maße Frankreich wollten unbedingt verhindern, dass eine auf Napoleon zurückgehende herrschaftsberechtigte Dynastie bestehen blieb. Maria Luisa aus dem Haus Bourbon musste für sich und ihren Sohn Karl das Herzogtum Lucca akzeptieren. Beide Herzogtümer fielen aufgrund von in Wien beschlossenen Erbrechtsregelungen vor 1848 an die Toskana bzw. an das Herzogtum Modena. Letzteres ging wieder an das Haus Österreich-Este, womit Wien über eine zweite Sekundogenitur in Italien verfügte. Des Weiteren wurden durch die Wiener Kongressakte mit der Republik San Marino und dem Herzogtum Massa und Carrara zwei souveräne Kleinstaaten bestätigt. Nicht durchsetzen konnte sich Metternich mit seinem Projekt einer *Lega Italica*, die parallel zum Deutschen Bund konstruiert werden sollte. Diese Lega hätte einen rein defensiven Charakter gehabt, das Gleichgewicht garantiert und ein loses Föderativsystem mit polizeilicher Überwachungsfunktion gebildet. Der Kirchenstaat und Piemont lehnten diesen Vorschlag brüsk ab. Sie verbaten sich jegliche Einschränkung ihrer Souveränität. Seine Hauptziele hatte Metternich jedoch erreicht: die Wiedererschaffung der italienischen Staatenwelt des Ancien Régime ohne Verfassungen.

3.1 Die neue, alte Staatenordnung

Österreich erlangte so die Führung und unterdrückte in der Zukunft mit harter Hand jede revolutionäre Erhebung und Unabhängigkeitsbewegung auf der Apenninenhalbinsel.

Wie regierten die neuen und alten Herrscher nach der napoleonischen Zeit? Wie gingen sie mit dem liberalen Erbe um und war eine Rückkehr zum Ancien Régime möglich? Wie vor 1789 muss zwischen den einzelnen Staaten differenziert werden, denn die Spannbreite des politischen Handelns war trotz allen Konservativismus beträchtlich. Mit Abstand am liberalsten waren die Zustände in der Toskana. Ferdinand III. und seine Minister Vittorio Fossombroni und Neri Corsini führten die aufgeklärt geprägte leopoldinische Gesetzgebung und den Freihandel wieder ein, sie öffneten die Häfen. Livornos Handelsvolumen stieg daraufhin wieder sprunghaft an und das relativ liberale Klima zog viele aus Italien und Europa nach Florenz. Ein derartiger Kompromiss zwischen Restauration und Reformen war für den Kirchenstaat, das Königreich beider Sizilien und Sardinien-Piemont undenkbar.

Im Kirchenstaat wurden die französische Verwaltung und das Gerichtswesen abgeschafft, nun galt wieder das kanonische Recht. Die führenden Beamten rekrutierte man aus den Reihen der hohen Geistlichkeit adliger Herkunft, womit für aufstrebende Talente aus dem Bürgertum jegliche Aufstiegschance verbaut war. Es gab keine politische Partizipation und die Freimaurerlogen wurden wieder verboten. Alle Reformversuche von Papst Pius VII. und Staatssekretär Marchese Ercole Consalvi, einem Anhänger der Aufklärung, scheiterten am Widerstand des erzkonservativen Adels, den *zelanti*, die nach dem Tod Pius' VII. einen der ihren auf den Papstthron hoben: Leo XII., der für eine strikt repressive Regierung stand.

In Neapel versuchte der König zunächst, den nachdrücklichen Ratschlägen Metternichs folgend, den Weg des Ausgleichs zu gehen. Unter dem ersten Minister Luigi de' Medici blieben viele Reformen der französischen Zeit in Kraft. Aus Murats Beamten und neuen Fähigen aus den Reihen der Anhänger der Bourbonen sollte ein funktionierender, moderner Verwaltungsapparat entstehen. Den ultrakonservativen Aristokraten ging diese Amalgampolitik mit dem Ziel einer administrativen Monarchie deutlich zu weit. Sie forderten eine Rückkehr zum Ancien Régime. Der reaktionäre Polizeiminister Canosa ging sogleich mit einer harten Unterdrückungspolitik gegen alle „Jakobiner" und Liberalen vor und wurde auf Druck Österreichs schließlich seines Amtes enthoben. Das mit dem Papst ausgehandelte Konkordat von 1818 bedeutete einen weiteren Schritt in Richtung Ancien Régime, es begründete ein neues Bündnis zwischen Thron und Altar.

Mit Abstand am weitesten trieb der König in Turin die Restauration voran. Am 20. Mai 1814 kehrte der piemontesische König Viktor Emanuel I. mit seiner Entourage nach 16 Jahren aus dem Exil auf Sardinien in seine Hauptstadt zurück. Der liberale Marchese Massimo d'Azeglio befand sich bei diesem triumphalen Einzug als Augenzeuge an der Piazza Castello und notierte konsterniert in sein Tagebuch: „Sie waren alle im antiquierten Stil gekleidet, trugen gepudertes Haar mit Schweineschwänzen und die Dreispitzhüte des 18. Jahrhunderts nach der Mode Friedrichs II."[1]

Doch nicht nur mit seiner Kleidung demonstrierte der König im Frühjahr 1814, wessen Geistes Kind er war. Der Hofkalender von 1795 wurde wieder in Kraft gesetzt und damit auch der alte Hofstaat restauriert. Die königliche Konstitution des Jahres 1770 wurde wieder eingeführt, die rechtliche Gleichheit aller Bürger abgeschafft, eine rigide gesellschaftliche Distinktion erneuert, Feudalrechte und Fideikommisse wieder eingeführt. Alle wichtigen Stellen waren dem Adel vorbehalten. 1817 wurden die Reihen der Beamten und Offiziere unnachsichtig gesäubert. Ferner diskutierten Viktor Emanuel I. und seine Berater ernsthaft über das absurde Vorhaben, die während der napoleonischen Zeit erbaute Brücke über den Po in Turin im Zuge der Restaurationspolitik wieder abzureißen.[2] Der erzkonservative Joseph de Maistre bestimmte als Minister die Kulturpolitik, die Schulen wurden wieder von Geistlichen geleitet. Abgesehen vom Kirchenstaat und vom Herzogtum Modena war der Versuch, nach der Französischen Revolution zum Ancien Régime zurückzukehren, nirgendwo in Europa so ausgeprägt wie im Königreich Sardinien-Piemont. Liberale Schriftsteller wie Ludovico de Breme und Silvio Pellico migrierten nach Mailand, wo sie an der Zeitschrift *Conciliatore* mitwirkten. Nur in der annektierten ehemaligen Republik Genua blieben im Bereich der Justiz und des Militärs napoleonische Gesetze in Kraft, um die Unzufriedenheit der traditionell antipiemontesischen Bevölkerung einzuhegen.

In der Lombardei wurde der Adel auch wieder privilegiert, aber trotzdem führte die österreichische Politik gegenüber dem Patriziat zu einem neuen Aufstandsversuch, obwohl Wien den Patriziern nach 1815 Mitspracherechte in den sogenannten Zentral- und Provinzialkongregationen, das heißt lokalen Landtagen, konzedierte. Aufgrund des überaus hohen Zensus gewannen sie dort auch die Plätze, die mit Bürgerlichen hätten besetzt werden können. Wegen mangelnder Entscheidungsbefugnis fanden diese Institutionen jedoch wenig Anerkennung. In den ländlichen Kommunen stieg der Einfluss des Patriziats hingegen wieder. Aber all jene, die während des napoleonischen Königreichs hohe lukrative Posten im Senat oder am Hof angenommen hatten und vom Kaiser für ihr Engagement mit Auszeichnungen und Adelstiteln geehrt worden waren, blieben nachhaltig frustriert. Nach der Rückkehr der Habsburger fanden oder suchten sie weder in der Verwaltung und, was wohl schwerer gewogen haben dürfte, noch am neuen Hof ihren Platz. Das rationale französische Verwaltungssystem wurde zum großen Ärger der Patrizier beibehalten. An Posten in diesem rigiden Laufbahnsystem hatten sie kein Interesse, weil sie keinen privilegierten Zugang mehr hatten und sich an Laufbahnregeln halten mussten.

Noch einschneidender und emotional langfristig wirksamer nahm das Patriziat die Exklusion vom Hof des neuen Königreichs wahr. Natürlich war auch in Italien nach 1815 die gesellschaftliche Position nicht allein durch Besitzkriterien bestimmt und die Zugehörigkeit zum Hof hätte – wie in napoleonischer Zeit – ein exklusives Prestigesymbol sein können. Die starre österreichisch-böhmische Etikette sprach sogar einer beträchtlichen Zahl von altehrwürdigen Patrizierfamilien die Hoffähigkeit völlig ab.

Eine Kommission, die den Rang des lombardischen Adels prüfen sollte, rechnete einfach alle Familien aus dem traditionsreichen Patriziat nur der *nobiltà* zu, da es keine vergleichbare Adelsgruppe in den Erbländern gab. Damit wurde das Merkmal Patrizier nicht mehr anerkannt. Als der Vizekönig und Erzherzog Ranieri 1819 in seiner Residenz eintraf und sich konkret die Frage stellte, wer denn zur Hofgesellschaft zugelassen werden sollte, eskalierten die Auseinandersetzungen um Ehre und Rang völlig. Nach den Regeln des Wiener Hofes wurde eine Liste von hoffähigen Familien erstellt. Danach schrieb der Hofmeister Graf de St. Julien all jenen, die als adlig galten, aber nicht auf der Liste standen, einen Brief und forderte sie auf, einen Adelsnachweis zu erbringen. Da das Patriziat selbstverständlich von seiner Hoffähigkeit ausging, dachte es nicht daran, seine Stammbäume zu überprüfen. Die Damen erschienen in prächtigen Roben beim öffentlichen Empfang in Monza und wurden abgewiesen.

Der Skandal war perfekt. Viele der Ausgeschlossenen gehörten zu den altehrwürdigsten Patrizierfamilien. Zwei grundsätzlich verschiedene Konzepte von Adligkeit standen sich hier unversöhnlich gegenüber. In den katholischen Ländern des Heiligen Römischen Reiches Deutscher Nation waren auch für den Niederadel vier oder mehr adlige Vorfahren erforderlich, um den begehrten Zugang zu Kirchenpfründen und Versorgungsanstalten und eben auch zum Hof zu erhalten. Deshalb verfolgte man in den Erblanden eine ganz andere Heiratspolitik als in der Lombardei, wo bislang eine prinzipielle Öffnung gegenüber aufsteigenden bürgerlichen Familien den Wohlstand garantiert hatte. Gemäß den starren österreichischen Regeln führten solche Ehen aber zur Nichtzulassung am Hof. So wurden in Monza gerade die Frauen vom Hof ausgeschlossen, die ihm vor 1815 den gewünschten gesellschaftlichen Glanz verliehen hatten. Ihre Männer solidarisierten sich und erschienen auch nicht mehr, sie gehörten zu den illustren und mit Abstand reichsten Familien. Für den Mailänder Adel war diese gesellschaftliche Degradierung alles andere als marginal. Die von Metternich gewünschte Etablierung eines Hofes, um so ein Mittel der Versöhnung zu schaffen, war gründlich gescheitert. In Italien erwarb sich Österreich den Ruf einer Regierung, die den Adel vernichtete. Fortan traf sich der lombardische Adel in seinen Palazzi in exklusiven Zirkeln und schnitt den Hof. Netzwerkbildung und politische Diskurse fanden nun in anderen, nicht-staatlichen Institutionen statt: in Akademien, Gesellschaften und Salons. Letztere entwickelten sich jede auf ihre Weise zu einer Art Contra-Hof.

3.2 National- und verfassungspolitische Ideen nach 1815

1815 war weder in Deutschland noch in Italien die Zahl der Verfechter eines Nationalstaates groß noch waren sie einflussreich. Doch die konservativen administrativen Monarchien stießen zumindest in intellektuellen, demokratischen und liberalen Kreisen auf entschiedene Ablehnung. Vielfach gilt in der Forschung Frankreich als Mutterland der Revolution, dabei wird übersehen, dass in Italien vor und nach dem Wiener

Kongress ein vergleichbar revolutionäres Potenzial existierte. Schon 1799, 1820/21, 1831 und 1848/49 kam es zu politisch-konstitutionellen Krisen und Revolutionen. Bei allem Wunsch nach Veränderung bestand bei den Akteuren jedoch keineswegs Einigkeit über die zukünftig einzuschlagende Politik. Die verschiedenen konkurrierenden Optionen der Regimegegner seien im Folgenden vorgestellt: erstens die Vertreter eines demokratischen Nationalstaates, zweitens die Anhänger autonomer Adelsrepubliken, drittens die Befürworter eines föderalen, vom Papst angeführten Italien (die sogenannten Neoguelfen) und schließlich viertens die Verfechter eines italienischen Nationalstaates in Form einer gemäßigt liberalen Monarchie, regiert vom Haus Savoyen. Diese vier Vorstellungen, aber auch die der fünftens immer noch dominierenden Erzkonservativen, sollten die politischen Diskussionen und Handlungen vom Wiener Kongress bis zur Nationalstaatsgründung im Jahr 1861 und darüber hinaus bestimmen. An diese Präsentation der fünf Gruppierungen schließen sich Ausführungen zur kulturgeschichtlich geprägten Nationalismusforschung an, die die italienische Geschichtsschreibung in den letzten rund zwanzig Jahren dominiert und bereichert haben.

Am linken politischen Rand agierten die Jakobiner und Vertreter der Carboneria mit ihrem europaweit berühmten politischen Schriftsteller Giuseppe Mazzini. Diese Verfechter einer italienischen Republik wurden schon in napoleonischer Zeit unnachgiebig verfolgt und hatten sich in Geheimgesellschaften, besonders die sogenannten Carboneria zurückgezogen. Über die Anfänge und die Namensgebung – Carboneria ist mit Köhlerei zu übersetzen – dieser Bewegung gibt es kein gesichertes Wissen. Vielleicht spielten ihre Anhänger mit diesem Namen auf den Wald als Ort geheimer Versammlungen an. Die politischen Ziele sind hingegen klar umrissen: Kampf gegen den Despotismus und für die Menschenrechte. Bei den geheimen Treffen versammelten sich Bürger und adlige Offiziere, vor allem jene, die in den napoleonischen Kriegen an der Seite Murats gekämpft hatten. Auch Mitglieder der Familie Napoleons beteiligten sich an dieser Bewegung, unter anderem der spätere Napoleon III. Verbreitung fand die Carboneria in ganz Italien, vor allem aber im Mezzogiorno und in den Herzogtümern Mittelitaliens. Ihre Mitglieder waren die Hauptverantwortlichen für die italienischen Revolutionen 1820 und 1821.

Ihr wichtigster Vertreter und Vordenker war zweifelsohne Giuseppe Mazzini (1805–1872). Der Berufsrevolutionär machte zentrale politische Erfahrungen in den Kreisen der Carboneria. Geprägt wurde er aber zunächst von seinem Vater. Dieser kam aus dem bürgerlichen Milieu, war Arzt und Pathologieprofessor an der Universität Genua. Als entschiedener Anhänger der Ligurischen Republik mischte er sich mit einem jakobinischen Blatt politisch ein. Mazzini beschrieb selbst, dass er in seiner Kindheit, obwohl schon in der napoleonischen Zeit Genuas aufgewachsen, sehr beeinflusst wurde von den Erinnerungen seines Vaters an die kurzlebige Republik. Auf der anderen Seite stand seine sehr fromme Mutter, die ihrem Sohn religiöse Werte vermittelte, einen strikten Sinn für Moral sowie eine Ethik, nach der man sich für eine große Sache opfern müsse. Seine Unzufriedenheit mit der restaurativen Politik und sein Misstrauen gegenüber

3.2 National- und verfassungspolitische Ideen nach 1815   65

Abb. 3: Alfonso Chierici, Die klandestine Fahne, Porträt von Giuseppe Mazzini, 1862.

der Kirche bewegten ihn schon als Gymnasiast, sich an der ersten Protestwelle gegen das Regime der Restaurationszeit im Jahr 1820 und stärker noch 1821 zu beteiligen. Nach dem Jurastudium gründete er mit seinen politischen Freunden Handelszeitschriften, um so versteckt seine politischen Anschauungen zu verbreiten. Doch weder dem *Indicatore genovese* noch dem *Indicatore livornese*, der im benachbarten liberaleren Großherzogtum Toskana erschien, war aufgrund der strengen Zensur eine lange Lebensdauer beschieden. In dieser Zeit schloss er sich der Carboneria in Genua an. Als 1830 in Frankreich die Julirevolution ausbrach, war er enttäuscht von der Inkonsequenz und der mangelnden revolutionären Tatkraft seiner Mitstreiter aus den Reihen der Geheimgesellschaft. Mazzini wurde nach einer Provokation gegenüber der Polizei verhaftet und auf die Festung von Savona verbracht. Seine Freilassung erkaufte er mit dem Gang ins Exil.

Mazzini erkannte, dass allein politische Geheimgesellschaften und Publikationen nicht zum Ziel führten, und gründete vor dem Hintergrund dieser Erfahrungen die Gruppe *Giovine Italia* (Junges Italien) in Marseille, die auch öffentlich für einen italienischen Nationalstaat als Republik kämpfte. Mazzini propagierte, dass diese Ziele nur durch Erziehung und Aufstand zu erreichen seien, wobei für die Erziehung unablässiges Predigen oder die Mission durch „Apostel" erforderlich seien. Die Bewegung sollte ein Kreuzzug werden, der das Volk lehrt, dass der Krieg unvermeidlich sei – ein verzweifelter und entschlossener Krieg, der keinen anderen Frieden kenne als Sieg oder Tod. Abweichend von anderen zeitgenössischen revolutionären Theorien charakterisierten Mazzinis Ideen immer eine starke religiöse Komponente. Dieses Konzept kann man auf die knappe Formel bringen: *Dio e Popolo* – Gott und Volk. Glauben allein, Glauben an Gott und an das Volk könne einer Bewegung und einer Nation die Kraft zu großen Taten verleihen. In seinen Schriften der frühen dreißiger Jahre finden sich alle seine Grundideen, bis zu den Redewendungen, die in eintöniger Wiederholung noch in seinen allerletzten Artikeln wiederkehren: Es war das italienische Volk und die Schaffung einer italienischen Nation, auf die Mazzini seinen Glauben und seinen Plan zur Erneuerung des Menschengeschlechtes gründete. In seinem langjährigen Londoner Exil wurde er zum Propheten der italienischen Missionsidee.

Von der Historiographie gern übersehen werden die Verfechter autonomer Adelsrepubliken, die auf dem Wiener Kongress mit ihren Projekten gescheitert waren. Die Stadt mit ihrer Vergangenheit bildete für die Mehrzahl der italienischen Eliten Nord- und Mittelitaliens ein wesentliches Element ihrer Identität und ihres politischen Selbstverständnisses. Über die mittelalterliche Kommune und ihren Modellcharakter für zeitgenössische Verfassungsfragen erschienen im 19. Jahrhundert zahllose Publikationen. Am Beginn dieser Deutungstradition stand die bahnbrechende, in viele Sprachen übersetzte sechzehnbändige *Histoire des républiques italiennes au moyen-âge* des Genfer Ökonomen und Historikers Jean Charles Simonde de Sismondi aus den Jahren 1807–1818, der mit diesem Werk die ideologischen Leitmotive für die Anhänger autonomer Adelsrepubliken formen sollte. Die Entstehung der italienischen Stadtrepubliken setzte Sismondi in Beziehung zur politischen Unabhängigkeit und Einheit Italiens. Gemäß seiner *Histoire* hatte die liberale politische Verfassung als entscheidende Errungenschaft der mittelalterlichen Stadtrepubliken zu einer kulturellen und ökonomischen Überlegenheit dieser Stadtstaaten gegenüber allen anderen Gesellschaftsformationen im mittelalterlichen Europa geführt. Die demokratische Lebensform sah Sismondi am längsten und reinsten in der Florentiner Verfassung verwirklicht. Dabei konzentrierte sich seine Vorstellung vom florentinischen Verfassungsleben auf eine Gruppe politisch erfahrener Staatsmänner, die unabhängig vom vorgeschriebenen Ämterwechsel die Stadtpolitik steuerten und so als eine Art politischer Klasse fungierten. Diese historischen Vorstellungen prägten Sismondis Idee von der Notwendigkeit einer politischen Aristokratie auch für das 19. Jahrhundert. Nicht minder einflussreich waren die 1858 erscheinenden Zeitungsaufsätze *La città considerata come principio ideale delle istorie italiane* (Die Stadt als Idealprinzip der italienischen Geschichte) des Mailänders Carlo Cattaneo. Gemäß Cattaneo konnte Freiheit, Unabhängigkeit und politische Verantwortlichkeit nur im städtischen Umfeld des Einzelnen wachsen. Als politische Ideale schwebten ihm dabei die Schweiz und die Vereinigten Staaten von Amerika vor. Die Geschichte Italiens schrieb er als die Geschichte der hundert Städte, die sich im fortdauernden Wettstreit entwickelt hätten, was zu einem maximalen Maß an Liberalität, Vitalität, materiellem und kulturellem Reichtum, zu Fortschritt und Effizienz geführt habe. Nach Cattaneo bildeten die Kommunen die Nation und boten innerhalb der Nation ein Asyl der Freiheit. Die Aufgabe der kommenden nationalen Gesetzgebung müsse es sein, die munizipalen Rechte über ganz Italien zu verbreiten.

Patrizier griffen diese Argumentationsketten nur zu gerne auf, um auf ihre besondere Befähigung zur Politik im 19. Jahrhundert zu pochen. Prominente Vertreter wie der Marchese Gino Capponi in Florenz verwiesen dabei auf jahrhundertelange Erfahrungen und Meriten, die das Patriziat bereits erworben habe. Der alte Adel war aufgrund seiner Traditionen, Tugenden, Ehrbegriffe und Lebensstile nach Capponi und anderen Vertretern des moderaten Liberalismus prädestiniert für seine Hauptrolle in der toskanischen Politik. Nicht nur in Genua und Mailand wurde über ähnliche Denkmodelle diskutiert. Von besonderer Bedeutung war für die lombardischen Patrizier das „Erbe" der *Lega lombarda*. Dieser heroische, um die Autonomie kämpfende oberitalienische Städtebund galt als eine der wenigen erfolgreichen Manifestationen italienischen Einigungswillens in der Geschichte, der Friedrich I. (Barbarossa) nach dessen Niederlage bei Legnano im Frieden von Konstanz 1183 wesentliche Zugeständnisse abgerungen hatte. Für die Identität der Lombarden, die eine Führungsrolle bei dieser historisch denkwürdigen Leistung übernommen hatten, bildete die *Lega* einen ganz wichtigen Referenzpunkt. Sie wird bis zum heutigen Tag politisch vereinnahmt und instrumentalisiert. Die Eingliederung in einen unitarischen, nivellierenden Nationalstaat unter der Führung Savoyens bildete für die traditions- und machtbewussten Patrizier Nord- und Mittelitaliens keine attraktive politische Option.

Für die Ideen Mazzinis konnte sich zunächst auch Vincenzo Gioberti (1801–1852), der zentrale Ideengeber einer neoguelfisch geprägten Nationalstaatsgründung begeistern. Der aus einer bürgerlichen Familie in Turin stammende Theologiestudent war ein neugieriger und enzyklopädischer Geist. Er kannte sich hervorragend aus in italienischer Musik, Philosophie und Literatur. Gioberti glaubte, dass die Italiener aufgrund ihres außerordentlichen künstlerischen Erbes unter ihren Möglichkeiten lebten und entwickelte eine Konzeption der Nation, die auf einer Überlegenheit Italiens im kulturellen Feld basierte. Nach dem Studium lehrte er an der Universität Turin, wo er wahrscheinlich Kontakt zu Anhängern der Carboneria hatte und sich als Sympathisant der *Giovine Italia* kompromittierte. Er teilte das Schicksal vieler Oppositioneller und wurde verhaftet, woraufhin er sich zunächst ins französische, dann ins belgische Exil begab. Bald überwarf er sich mit Mazzini und dessen revolutionären Praktiken, denen er aufgrund der bestehenden Machtverhältnisse jeden Realitätssinn absprach.

Der Theologe entwickelte die Idee eines föderalen italienischen Nationalstaates unter dem Ehrenvorsitz des Papstes. Er griff in seiner Argumentation in der populärsten programmatischen Schrift *Il primato morale e civile degli Italiani* (1843) ebenfalls auf die mittelalterliche Geschichte zurück. Im Investiturstreit seien es der Papst und seine Mitstreiter, die Guelfen (Welfen), gewesen, die Italien vor den Machtansprüchen der staufischen Kaiser und ihren Parteigängern, den Ghibellinen (Waiblinger; denn im Italienischen heißen die Staufer „Schwaben"), geschützt hätten. Allein die katholische Kirche garantierte für Gioberti als universale Institution Ordnung und Gleichgewicht. Zugleich forderte er entschiedene liberale Reformen und Modernisierungsmaßnahmen der Kirche ein. Der Theologe ging davon aus, dass ein Nationalstaat nur als Bundesstaat und mit dem Papsttum und nicht gegen es gegründet werden könne. Warf Gioberti Mazzini mangelnden Realitätssinn bezüglich seiner revolutionären Ambitionen vor, so ist bezüglich seiner Ideen zu fragen, wie sich ein idealisiertes liberal-katholisches Bild mit den erzkonservativen Zuständen im Kirchenstaat vereinbaren ließ. Der zu Beginn seines Pontifikats offener scheinende Papst Pius IX. (1846–1878) setzte *Il primato morale e civile degli Italiani* später auf den Index der verbotenen Bücher.

Als letztendlich am einflussreichsten erwiesen sich jene politisch liberal-konservativen Eliten, die in der italienischen Geschichtsschreibung als *Moderati* bezeichnet werden. Diese Gemäßigten agierten gemeinsam mit einer Reihe von Persönlichkeiten, die sich mehrheitlich im relativ liberalen Florenz oder im Exil aufhielten. Aus dieser Gruppe ragte Cesare Balbo Conte di Vinadio heraus. In napoleonischer Zeit hatte er grundlegende politische und administrative Erfahrungen gemacht. Nach der gescheiterten Revolution von 1821 begab er sich ebenfalls für mehrere Jahre ins Pariser Exil und arbeitete fortan als Historiker und Schriftsteller. Die Auseinandersetzung mit Giobertis Werk führte 1844 zu seiner Publikation *Delle speranze d'Italia* (Von den Hoffnungen Italiens). Wie Gioberti favorisierte auch Balbo in seinem weitverbreiteten Buch eine föderalistische Struktur Italiens. Er kritisierte Gioberti jedoch, weil dieser dem Papst eine viel zu große Rolle zuschreibe und wegen seiner übertriebenen und gefährlichen Feindschaft gegenüber Frankreich. Darüber hinaus relativierte er Giobertis hohen kulturellen Anspruch; auch andere Nationen hätten hervorragende kulturelle Leistungen hervorgebracht. Balbo ging es um die Schaffung eines starken monarchischen Staates, wohingegen er eine spontane Nationsbildung aufgrund kultureller Werte für unwahrscheinlich hielt. Man habe auch dem Einmarsch der Franzosen in den 1790er Jahren nichts entgegenzusetzen gehabt. Nur ein dynastischer Staat würde da reüssieren, wo die kulturellen Kräfte gescheitert seien. Und dieser Staat konnte für Balbo nur das Königreich Sardinien-Piemont sein. Größte Bedeutung maß er der österreichischen Hegemonialpolitik in Italien zu, sie stellte für ihn das zentrale Problem dar. Zu lösen sei es nur, wenn die europäischen Mächte einer Machtausdehnung Wiens im Orient auf Kosten des Osmanischen Reichs zustimmten, damit dieses Lombardo-Venetien abtrat. Einen zentralistischen italienischen Gesamtstaat sah auch diese Konzeption

3.2 National- und verfassungspolitische Ideen nach 1815

nicht vor. Fraglich war ferner, inwieweit die Dynastie der Savoyer bereit war, sich an die Spitze einer liberalen konstitutionellen Monarchie zu stellen.

Weniger beachtet wurde in den letzten Jahrzehnten, wie stark die Erzkonservativen nach dem Wiener Kongress in die politischen Diskussionen und Debatten eingriffen und dieses Feld keineswegs den Regimegegnern überließen. Sie schufen eine Ideenwelt gegen liberale Reformwünsche und Nationalstaatsbewegungen und beteiligten sich energisch am europaweiten Kampf um die politische Deutungshoheit zu Begriffen wie Nation, Religion und Patriotismus. Eine ihre wirkmächtigsten Gallionsfiguren war zweifelsohne Joseph de Maistre, von seinen Anhängern als *sommo filosofo del secolo* (größter Philosoph des Jahrhunderts) gepriesen. Der aus einer frankophonen Adelsfamilie in Savoyen stammende Jurist sympathisierte in seiner Jugend mit der Aufklärung und Freimaurerei, radikalisierte sich aber zunehmend aufgrund seiner Revolutionserfahrungen. Als Diplomat blieb der Royalist dem König im Exil verbunden. Seine Schriften – „Betrachtungen über Frankreich" (1797), „Vom Papst" (1819) und „Abendstunden" – erfuhren 59 Auflagen und wurden zwischen 1800–1870 in sieben europäischen Ländern publiziert. Nach 1814 zählten seine Publikationen lange zu den meistgelesenen Büchern. Als Chefideologe und Minister bestimmte der erzkonservative Joseph de Maistre 1816–1821 die piemontesische Kulturpolitik und eine umfassende konservative Reorganisation. Zudem rechtfertigte das „Orakel" der Konterrevolution mit seinen Schriften die beispiellose Repressionspolitik. De Maistre und weitere Erzkonservative überhöhten zum einen die Bedeutung der Verbindung von Thron und Altar, zum anderen die eminente Rolle, die dem Monarchen bzw. der Dynastie zukam. Mit dem gezielten Einsatz religiöser Politik reagierten sie auf die Herausforderungen der Moderne. Christliche Pathosformeln, empathische Metaphern und Visualisierungen sollten zu einer antirevolutionären Demobilisierung der breiteren Öffentlichkeit beitragen. Immer wieder griffen die Konservativen auf paternalistische und religiös-kirchliche Paradigmen zurück, um Dienstethos und monarchischen Patriotismus zu idealisieren: „Mit Gott für König und Vaterland."

Nicht nur de Maistre, sondern auch der Schweizer Jurist Karl Ludwig von Haller überbot sich in der „Verteufelung" der Revolution. Seine sechsbändige „Restauration der Staatswissenschaft", in der er sein Programm zur konservativen Stabilisierung entfaltete, fand ebenfalls europaweit Verbreitung. Er trug damit erheblich zu den politischen Diskursen in konservativen Netzwerken bei. Liberale Reformen und das Streben nach einem Nationalstaat setzte er einfach mit revolutionären Prinzipien gleich. Royalisten seien die einzig legitimen Verfechter patriotischer Traditionen. Großer Wertschätzung in reaktionären Kreisen erfreuten sich weiterhin Edward Burkes *Reflections on the French Revolution,* ein Standardtext für Revolutionsgegner, sowie die antirevolutionären und antiliberalen Schriften des französischen Priesters Félicité de Lamennais, allen voran die *Paroles d'un croyant* (Worte eines Gläubigen).

Darüber hinaus wurden in konservativen Kreisen Formen des monarchischen Herrscherkults instrumentalisiert sowie die Bedeutung der Armee als sinnstiftender Einheit betont. Ferner forderten sie Ehre, Loyalität und Treue, die die wichtigsten Fixsterne für den Kanon des konservativen Patriotismus bildeten. Als Kommunikationsmittel wurden neben öffentlichen Reden die Historiographie, Korrespondenzen und Lokalpolitik, ferner der Denkmalkult und die Historienmalerei eingesetzt, um die eigene Position in den öffentlichen Arenen zu untermauern. Revolutionsparanoia, Religion und monarchischer Herrscherkult standen im Fokus jener königstreuen Verfechter von erzkonservativen Staatsformen, die zahllose Ministerämter bekleideten und in den Hofgesellschaften dominierten.

Konzentrierte sich die ältere Forschung auf die großen Männer, die Geschichte machen, seien es Könige, Minister oder Feldherren, oder auf politische Theoretiker, so wurden in den letzten zwanzig Jahren breitere öffentliche Diskursfelder und Formen der Politik jenseits der Kabinettstische analysiert. Dabei hat kein Buch in Italien zu derart heftigen Diskussionen über die Themen Nation und Nationalgefühl im 19. Jahrhundert geführt wie das 2000 von Alberto M. Banti publizierte Werk *La nazione del Risorgimento*. Mit großer Skepsis rezipiert von denjenigen, die mit strukturgeschichtlichen und klassischen politischen Ansätzen arbeiten, mit Enthusiasmus hingegen begrüßt von jenen, die selbst mit den verschiedenen linguistic, spacial und anderen *turns* experimentieren. Es ist nun gewiss nicht die erste italienische Studie, die die Thesen von Benedict Anderson weiterentwickelte und der Frage nachging, wie man den Prozess der Nationalstaatsbildung jenseits der Entwicklung von Parlamentarisierung und Demokratie beschreiben könne. Doch im Zuge dieses kulturalistischen Ansatzes hat sich die italienische Geschichtswissenschaft mit einer bemerkenswerten Intensität Phänomenen der Konstruktion nationaler Identität zugewandt. Fokussiert wird dabei die „Erfindung" der Nation als Werk intellektueller Eliten. Ältere Studien setzten mit dem Jahr 1861 ein. Nachdem die Einheit militärisch und verfassungsrechtlich vollzogen war, mussten partikularistische und regionale Interessen in den neuen Staat eingebunden werden, wobei in Italien zentralistische Strategien bevorzugt wurden. Neben der staatlichen Einigung galt es auch, einen „inneren" Nationsbildungsprozess in Gang zu setzen; denn über Jahrhunderte hatten regionale und kommunale Traditionen und Identitäten das Zusammenleben der Menschen geprägt. Diese Problematik versinnbildlicht die berühmte, Massimo D'Azeglio zugeschriebene Sentenz: „Fatta l'Italia bisogna fare gli Italiani" (Nachdem wir Italien geschaffen haben, müssen wir die Italiener erschaffen). Dabei stellt die Schaffung einer nationalen Identität einen äußerst komplexen Vorgang dar. Er bedarf der Vermittlung und beständigen Vergewisserung durch nationale Leitbilder, Zielvorstellungen, Ideale und Mythen. Versucht wurde etwa die Vermittlung nationaler Werte in Schule und Militär. Durch Lieder, Gedenktafeln, Denkmäler, Bilder sowie Straßennamen lassen und ließen sich Geschichtsbilder und Mythen verbreiten. Die Forschung konzentrierte sich in besonderem Maße auf die vielfältigen Formen der Staatssymbolik, wobei die Denkmalkultur, politische Feste und politische Architektur sowie die Ikonographie im Mittelpunkt des Interesses standen. Eine wichtige Möglichkeit der Herstellung nationaler Identitäten bestand zudem darin, die Geschichtsschreibung zu instrumentalisieren. So dominierte nicht nur in zahlreichen wissenschaftlichen Standardwerken, sondern auch in Schulbüchern die Darstellung der glanzvollen Führungsrolle Piemonts beim Einigungsprozess Italiens.

Banti setzte neue Impulse. Zum einen beginnen seine Ausführungen nicht 1861, sondern mit der Epoche der Französischen Revolution, die aufgrund des Exports revolutionären Gedankenguts, von Kriegen und territorialen Neuordnungen die ganze italienische Halbinsel erschütterte. Er treibt die Diskursanalyse in Reinform auf die Spitze. Dabei interessieren ihn folgende Themenkomplexe: Was waren die Nation und das Vaterland für die Männer und Frauen des Risorgimento? Was bedeuteten diese Worte für diejenigen, die sich in der ersten Hälfte des 19. Jahrhunderts dafür entschieden zu handeln? Gefährlich zu handeln, die Exil riskierten, das Gefängnis, das Leben. Er machte es sich zur Aufgabe, Sinn und Bedeutung des damaligen national-patriotischen Wortgebrauchs zu entschlüsseln. Die von ihm ermittelten Leitbilder und Themen bezeichnet er als „Kanon", wobei er dieses Wort aber nur in Anführungszeichen benutzt und einräumt, diesen „Kanon" selbst konstruiert zu haben. Dieser „Kanon" besteht aus bekannter und gut rezipierter Literatur, aus Geschichtswerken und politischen Schriften der wichtigsten italienischen Intellektuellen, wobei er auch deren private Korrespondenz und Memoiren heranzieht. Das Material, aus dem er schöpft, liegt in kaum überschaubarer Fülle vor.

Der Autor analysiert den tiefgreifenden semantischen Wandel des Wortes Nation seit der Französischen Revolution und den damit einhergehenden politischen Erfahrungen. Nach Italien gelangte das revolutionäre Gedankengut in verstärktem Maß mit den Revolutionstruppen, die wiederum Zeitungen, Bücher, Manifeste oder Drucke mitbrachten, die ab 1796 zunehmende Verbreitung fanden. In einem gewissen Maß mischten sich hier neue und alte Bedeutungen in politischen Rhetorik. Da waren zum einen die Schlagwörter Souveränität und Legitimität, die schon seit Jahrzehnten diskutiert worden waren, genauso wie die Parolen Staat, Bürger, Freiheit, Vaterland und Volk. Hinzu kamen aber mindestens zwei neue Schlagwörter, die zuvor ausgeschlossen waren: Die Akteure begriffen die Nation nun als eine wesentliche, tiefverwurzelte Gemeinschaft und das Verhältnis zur Nation wurde als Liebe und Treue zum Vaterland oder als Verrat an ihm beschrieben beziehungsweise beschworen. Hinzu traten die Nationalisierung der Ehre und eine religiöse Aufladung des Vaterlandes, welche die zwingende Notwendigkeit einer inneren Einheit fordern. Keine Beachtung findet die Tatsache, dass nicht nur Demokraten und Liberale diese semantischen Felder für sich in Anspruch nahmen, sondern auch die Konservativen.

Bantis Studie, die vor allem Diskurse über Märtyrer, Ehre, Reinheit, Mut, Opfer und Familienbande in den Blick nimmt, machte Schule. Zahllose Arbeiten übernahmen diese und ähnliche Interpretationsmuster. So fokussiert Lucy Riall in ihrer Studie zu Garibaldi, einem der wichtigsten revolutionären Akteure, dessen „Erfindung" als Helden durch die Massenmedien. Kombiniert wurden derartige Fragestellungen mit aktuellen Tendenzen der Emotionsforschung, etwa von Carlotta Sorba, einer ausgewiesenen

Expertin der Musik- und Operngeschichte. Bei aller Brillanz einzelner Studien werden jedoch kaum Fragen nach der Wirkmächtigkeit beziehungsweise nach der zeitgenössischen Rezeption des konstruierten „Kanons" gestellt. Verlassen Historiker die Diskursebene und gehen der Rezeption von Kunstwerken konkret nach, kommen sie zu ernüchternden Ergebnissen. So konnte zum Beispiel Axel Körner nachweisen, dass das vom Chor gesungene *Va pensiero* in Giuseppe Verdis Oper „Nabucco", auch als Gefangenenchor bekannt, erst nach der Nationalstaatsgründung zur Freiheitshymne avancierte und Verdi zum nationalen „Barden" stilisiert wurde. Bei der Uraufführung in der Mailänder Scala im Jahr 1842 reagierte das Publikum keineswegs mit Ovationen und Agitationen für den Nationalstaat, wie oft kolportiert. Das hätte die anwesende Polizei sofort zu verhindern gewusst. Auch die Historienbilder und Porträts von Francesco Hayez, dem berühmtesten Maler der italienischen Romantik, konnten erst nach 1861 ihre Wirkung entfalten, da sie zuvor in privaten Adelspalais hingen. Darüber hinaus porträtierte Hayez nicht nur die oppositionellen Patrizier Mailands, sondern gleichzeitig den österreichischen General Radetzky und Kaiser Ferdinand I, für den er im Übrigen in Mailand im Saal der Cariatidi einen prächtigen Freskenzyklus ausführte – zu dessen großer Zufriedenheit. Thematisiert wurde hier auf Wunsch des Kaisers das Motiv des Herrscherlobs. Von Alberto Banti und vielen anderen werden sowohl die Werke von Verdi als auch die von Hayez als wichtige Medien für einen Kampf um einen demokratisch-liberalen Nationalstaat vor der staatlichen Einigung ungeprüft vereinnahmt. Aber reichen Lieder, Gedichte, romantische Geschichten, Bilder und Opern aus, um Menschen zu motivieren, für einen Nationalstaat zu kämpfen? Wie viele haben überhaupt freiwillig gekämpft? Und wollten die Eliten alle den Nationalstaat, wie er entstanden ist und dann von der staatstragenden Historiographie teleologisch als alternativlos gefeiert wurde? Die Masse der Italiener hatte existenzielle Sorgen und war kaum zu motivieren, Haus und Hof zu verlassen, um für eine abstrakte Idee zu kämpfen. Welche Rolle spielten ökonomische und machtpolitische Motive? Wer waren die Gewinner, wer die Verlierer in diesem komplizierten Prozess?

Darüber hinaus übergehen die Autoren diskursanalytischer Arbeiten gerne die Frage, was denn überhaupt unter einer Nation oder einem Nationalstaat verstanden wurde. Sollte er wirklich den ganzen italienischen Stiefel umfassen oder träumten die Menschen auf Sizilien, in der Toskana, im Piemont, in der Lombardei oder in Venetien nicht von viel kleineren Nationalstaaten? Im 19. Jahrhundert oszillierten noch die Begriffe Nation oder Patria zwischen sehr enger städtischer und regionaler Konnotation und der Nationsidee beziehungsweise dem geeinten Nationalstaat. Bestand also nicht unbedingt Einigkeit über das letztendlich zu erreichende politische Ziel, so war das revolutionäre Potenzial seitens der Eliten auf jeden Fall groß genug, um schon 1820 wieder gegen die Monarchen zu rebellieren.

3.3 Die südeuropäischen Revolutionen von 1820, 1821 und 1830

In den Jahren 1820/21 brachen gleich fünf Revolutionen in Südeuropa aus; eine sechste wurde in Mailand im Keim erstickt. In Spanien, im Königreich beider Sizilien, in Portugal, im Königreich Sardinien-Piemont und in Griechenland kämpften Offiziere, Adlige, Vertreter der Intelligenz und Söhne des reichen Bürgertums für einen Verfassungsstaat. Auch wenn diese Revolutionen mit Ausnahme Griechenlands vor den Thronen Halt machten, war das Versagen von Metternichs Präventionspolitik offenkundig. Alles begann im Januar 1820 in Spanien, wo Offiziere eine Revolution auslösten, mit der sie die Wiedereinführung der Cortes-Verfassung und damit eine konstitutionelle Monarchie erzwingen wollten. Diese liberale Verfassung war 1812 vom spanischen Parlament in Cádiz ausgearbeitet worden, also im südlichsten Teil Spaniens, der nicht von den französischen Truppen besetzt worden war. Die Verfassung von Cádiz war eine eklektische Mischung aus französischen, britischen und amerikanischen Vorbildern, die aber auch spanische Traditionen berücksichtigte. Die Souveränität lag bei der Nation. Die Legislative stand dem König und den Cortes gemeinsam zu und die Regierung musste sich gegenüber dem Parlament verantworten. Dieses tagte in einer einzigen Kammer. Der katholische Glaube wurde als einzige wahre Religion anerkannt.

Die Ereignisse in Madrid hatten Signalwirkung und in den nächsten Monaten wurden von Offizieren und Adligen Revolutionen im Königreich beider Sizilien, in Portugal und in Sardinien-Piemont ausgelöst. Seit März agitierten auf dem süditalienischen Festland Carbonari und Freimaurer für eine Verfassung nach dem spanischen Modell. Am 1. Juli desertierten die Offiziere Michele Morelli und Giuseppe Salvati mit 130 Mann und 20 Offizieren aus dem Kavallerieregiment in Nola, im Osten von Neapel. Beide entstammten ländlichen Adelsfamilien und hatten unter Murat steile Militärkarrieren gemacht. Morelli gehörte in napoleonischer Zeit dem Garderegiment der berittenen Veliti an. Die Erhebung gewann in Avellino und Salerno an Einfluss, unterstützt von Aktionen der Carbonari, die zu den entschiedensten Verfechtern der liberalen Bewegung gehörten. Am 3. Juli 1820 wurde die spanische Konstitution in Avellino offiziell von den Offizieren feierlich verkündet. In den darauffolgenden Tagen erwuchs aus dieser Aktion eine wirkliche Erhebung, die sich im Inneren des Königreichs ausbreitete und auf päpstliches Terrain in Benevent und Pontecorvo ausgriff. Schon am 5. Juli hissten die Carbonari die rot-blau-schwarze Flagge an den öffentlichen Gebäuden Benevents und zwangen den päpstlichen Vertreter zur Flucht. Mit dem Eintreffen und der Kommandoübernahme des charismatischen Generals Guglielmo Pepe, einem weiteren ehemaligen adligen Ordonanzoffizier von Murat, bekam die Revolution der Carbonari eine neue, bedrohliche Dimension für die Bourbonen. Den König drängten seine Berater, die Verfassung zu akzeptieren und eine neue Regierung zu bilden, bevor er die Regentschaft seinem ältesten Sohn Francesco übergab. Vier Tage nach dem enthusiastisch gefeierten Einzug der Truppen von Pepe in Neapel am 9. Juli leistete der König den erzwungenen Schwur auf die neue Verfassung. Erstmals wurden allgemeine Wahlen veranstaltet und das Parlament versammelte sich am 1. Oktober 1820 in der Heilig-Geist-Kirche in der Toledostraße. Männliche Zuschauer waren schichtenunabhängig zugelassen, Frauen wurden hingegen ausgeschlossen. Die neue Pressefreiheit führte zu lebhaften öffentlichen Diskussionen. Die Publizisten beschränkten sich nicht auf Verfassungs- und Reformdebatten, sie versuchten vielmehr mittels ihrer Veröffentlichungen ganz allgemein Einfluss zu nehmen. Anders als in den 1790ern gelang es diesmal den moderat-konstitutionellen Eliten, die Unterschichten durch traditionelle Vermittlungspraktiken von Kirche und Hof (unter anderem durch politische Katechismen, gemeinschaftliches Tedeum und eindrucksvolle Zeremonien) in eine Art säkularer Verfassungsreligion einzubinden.

Die revolutionären Erfolge von Neapel fanden sofort ihr lebhaftes Echo auf Sizilien. Seit Dezember 1816 waren die Inselbewohner mit dem Königreich Neapel als Königreich beider Sizilien widerwillig vereint. Die Sizilianer sahen ihre eigene Verfassung von 1812 außer Kraft gesetzt und hatten auf die eigene Fahne verzichten müssen, beides stolze Institutionen und Zeichen ihrer Unabhängigkeit. Mit der Vereinigung der beiden Reiche wurden die napoleonischen Reformen auf Sizilien übertragen. Dies führte zur Aufhebung alter rechtlicher und wirtschaftlicher Privilegien, zudem verlor Palermo im Zuge der vereinheitlichten Verwaltung seine Funktion als Hauptstadt und sah sich mit den anderen Provinzstädten auf ein Niveau gestellt.

Im Sommer 1820 profitierte eine separatistische Strömung von der Erhebung der Carbonari und Anhängern Murats auf dem Festland. Sie nutzte das Machtvakuum und forderte die Unabhängigkeit und die Wiedereinführung der alten Verfassung von 1812. An der Ausbildung einer diskursiven Öffentlichkeit bestand auf der Insel wenig Interesse. Die alten Eliten lehnten die Verfassung von Cádiz ab, weil sie ohne ihr Einverständnis in Neapel angenommen worden war. Zudem wurden Stimmen laut, warum nicht die eigene, die Bentinck-Verfassung von 1812 berücksichtigt worden sei. Im Unterschied zur neapolitanischen Revolution, wo sich breitere Massen ruhig verhielten, hatte die Erhebung in Palermo sofort den Charakter einer Volkserhebung wie im Ancien Régime. Neben den Separationsbestrebungen des traditionellen Adels explodierte in Palermo eine elementare Revolution der städtischen Unterschichten. Sie stürmten, aufgewiegelt vom alten Adel, die Gefängnisse, zerstörten die königlichen Wappen und plünderten den königlichen Palast. Das war nicht zuletzt eine Reaktion auf Jahre wirtschaftlichen Abstiegs nach dem Abzug der Briten. Im August hatte sich die Unabhängigkeitsbewegung über die ganze Insel verbreitet und es entwickelte sich ein regelrechter Bürgerkrieg zwischen jenen, die für die Unabhängigkeit waren, wie in Palermo, und jenen, die sich dagegen stellten, wie in Messina und Catania. Ruhe kehrte erst wieder ein, als General Florestano Pepe, ein Bruder Guglielmos und ebenfalls Murattianer, mit neapolitanischen Truppen im September auf Sizilien landete. Nach der Bombardierung von Palermo am 5. Oktober 1820 kapitulierten die Aufständischen. Exponierte Vertreter der neapolitanischen Revolution wurden so selbst zum Instrument der Repression, um den Zusammenhalt des Staates zu sichern und sich gegen reaktionäre Bestrebungen des sizilianischen Volkes zu stellen. Die sizilianische „Episode" trug gewiss dazu bei, die Schlagkraft der Revolution auf dem Kontinent zu schwächen und die Hauptstadt Neapel auf der Insel noch verhasster zu machen.

Letztendlich scheiterte die Revolution im Königreich beider Sizilien nicht an inneren Zerwürfnissen. Wieder war es Österreich, das das politische Experiment an Vesuv und Ätna mit Waffengewalt beendete. Gleich nach dem Ausbruch der Revolutionen nahmen die unter Druck geratenen Monarchen Kontakt mit den europäischen Großmächten auf. Seit dem Wiener Kongress trafen sich diese auf vier aufeinanderfolgenden Kongressen zunächst in Aachen (1818), dann auf österreichischem Boden in Troppau (1820), Laibach (1821) und Verona (1822). Das Ziel dieser Kongressdiplomatie bestand, nachdem die letzten noch ungeklärten Fragen des Wiener Kongresses verhandelt worden waren, vor allem darin, zukünftig Revolutionen zu verhindern. Innenpolitische Krisen in einzelnen Staaten wurden als internationale Angelegenheiten behandelt, da nach Meinung der Großmächte die Gefahr des revolutionären Flächenbrandes bestand. Die südeuropäischen Revolutionen zu Beginn der 1820er Jahre bestätigten die bestehenden Befürchtungen nur zu eindrucksvoll. Auf den Kongressen wurde deshalb das Interventionsprinzip festgeschrieben. Ferdinand I. begab sich, kaum dass er die Verfassung in Neapel unterschrieben hatte, eilends zum Kongress nach Troppau und bat um militärische Unterstützung. Österreich, Russland, Preußen und Frankreich beschlossen die Anwendung des Interventionsprinzips gegen das revolutionäre Neapel, wogegen sich nur Großbritannien stellte. Ferdinand I. hatte dort seit der brutalen Niederschlagung der Republik 1799 keine gute Presse. Während der Beratungen von Troppau luden der Kaiser, Metternich und der Zar den König beider Sizilien nach Laibach (Ljubljana) ein, wo für den Januar 1821 der nächste Kongress geplant war, um über das Schicksal der Aufständischen zu beschließen. Die Heilige Allianz weigerte sich, die konstitutionellen Regierungen anzuerkennen, und mit dem Einverständnis Ferdinands drangen die österreichischen Truppen in den Kirchenstaat und in das Königreich beider Sizilien ein, wo sie Anfang März die Soldaten General Pepes schlugen. Alle Maßnahmen der konstitutionellen Regierung wurden wieder zurückgenommen. Es folgten erneut Repressionen. Noch gewaltsamer als bei der Niederschlagung der Revolution auf dem Festland ging man in Sizilien im Januar 1822 vor. Die Führer der Revolution wurden, meist in Abwesenheit, entweder zum Tod verurteilt oder verbannt. Zwischen 1821 und 1826 standen mehr als 1500 Personen vor Gericht. Hunderte wurden zu Festungshaft verurteilt, zahllose Angeklagte nach Österreich deportiert und 700 gezwungen, das Königreich zu verlassen. Vollstreckt wurden diesmal jedoch nur zwei Todesurteile. Die öffentliche Hinrichtung jener beiden Offiziere, die die Revolution in Nola ausgelöst hatten, Michele Morelli und Giuseppe Salvati, erfolgte unter großer Anteilnahme am 12. September 1822 in der Hauptstadt.

Wie in Neapel standen auch im Königreich Sardinien-Piemont am Anfang studentische Unruhen, gefolgt von einer Verschwörung von hohen Offizieren und Mitgliedern der Carboneria aus adligen und bürgerlichen Kreisen. Sie forderten zunächst die Einführung einer Verfassung nach dem Vorbild der französischen Charte von 1814. Von den Carbonari unter Druck gesetzt, setzten sie sich schließlich wie im Königreich beider Sizilien für die liberalere spanische Verfassung ein. Sie hatten sich mit dem Thronfolger Karl Albert verständigt, der seine Sympathien für das liberale Milieu nicht verleugnete. Er war der einzige Prinz aus dem Haus Savoyen, der dem König nicht ins Exil nach Sardinien gefolgt war. Einen Teil seiner Jugend hatte Karl Albert im napoleonischen Frankreich verbracht und verkehrte nach 1815 in liberalen Zirkeln und in denen der Carboneria. Er stellte in Aussicht, die Aufständischen zu unterstützen. Am 10. März 1821 erhob sich die Garnison in Alessandria und hisste die grün-weiß-rote Flagge. Die Anführer forderten vom König die Übernahme der Verfassung von Cádiz. Viktor Emanuel I. weigerte sich jedoch trotz der Fürsprache seines Neffen Karl Albert. Die Revolution breitete sich aus und die Aufständischen eroberten die Städte Asti, Casale und Ivrea, während in Turin Soldaten und Studenten gemeinsam für die Verfassung kämpften. Am 12. März schickte der König Karl Albert eine Depesche, er solle mit den Aufständischen verhandeln. Gleichzeitig trat er zugunsten seines jüngeren Bruder Karl Felix ab, der verreist war, und ernannte seinen Neffen Karl Albert zum Regenten.

Am nächsten Tag proklamierte dieser die spanische Konstitution für das gesamte Königreich und versuchte, die Ausschreitungen der Carbonari einzudämmen. Karl Felix missbilligte die getroffenen Maßnahmen jedoch und lehnte die Verfassung ab. Nach einigem Zögern fügte sich der Kronprinz dem König, kündigte seinen Verzicht auf die Regentschaft am 23. März an und wandte sich von der liberalen Revolution ab, bevor er Piemont in Richtung Toskana verlassen musste. Letztendlich unterwarf er sich den reaktionären Maßnahmen seines Vaters, um den Anspruch auf den Thron nicht zu verlieren. Die liberalen Eliten warfen ihm natürlich Verrat vor. Die Truppen der Verfechter der Konstitution, nun von Karl Felix zu Rebellen erklärt, wurden am 8. April 1821 von den königlichen Truppen in allen aufständischen Städten besiegt: in Turin, Alessandria und Casale. Die letzten Kämpfe fanden bei Novara statt. Hier siegten die regulären piemontesischen Truppen unterstützt vom Militär der unvermeidlichen Österreicher.

Nur wenige Wochen nach ihrem Beginn endete die konstitutionelle Revolution in einem repressiven Klima, das mit dem in Neapel vergleichbar war. Zwischen Mai und August wurden die Güter der Anhänger der Verfassungsbewegung beschlagnahmt. Das königliche Gericht führte Prozesse gegen 180 Personen, darunter 82 Offiziere. Zum Tode wurden 71 adlige Aufständische verurteilt, 69 in Abwesenheit. In Piemont wurden jedoch nur zwei Todesurteile vollstreckt gegen die bürgerlichen Rittmeister Giacomo Garelli und Battista Laneri, die Protagonisten des Aufstandes in Alessandria. Im Oktober hielt Karl Felix seinen Einzug in Turin dank der militärischen Unterstützung der *Tedeschi* (die Deutschen), die landläufige Bezeichnung für die Österreicher. Mit einer Proklamation wandte sich der König am 13. Oktober an die Öffentlichkeit: „so werden die glücklichen Zeiten wiederkehren, in welchen die trügerischen und verkehrten

Theorien unserer Tage verachtet, Religion, gute Sitten, väterliche Zuwendung des Königs und gehorsame Ergebenheit der Untertanen als einzige Grundlage des Völkerglücks betrachtet werden."³ Die Universitäten in Turin und Genua wurden fortan unter noch strengere Aufsicht als zuvor gestellt. Nach der Niederschlagung der Erhebung bestand bei der Opposition ein tiefes Misstrauen gegenüber der Dynastie der Savoyer.

Die Mehrheit der liberalen Eliten ließ man bewusst fliehen, handelte es sich doch bei diesen Aufständischen um Vertreter jener Häuser, die seit Jahrhunderten die staatstragenden Stützen der Dynastie in Militär und Verwaltung stellten. Unter ihnen befanden sich Vertreter der ältesten und reichsten Familien, wie Prinz Emanuele dal Pozzo della Cisterna, die ihren Stammbaum bis in das 13. Jahrhundert zurückführen konnten. Sein Vater hatte während der napoleonischen Zeit hohe Ämter in der Selbstverwaltung angenommen und dafür gesorgt, dass sein Sohn am Hof der Prinzessin Borghese als Kammerherr diente. Als Emanuele von einer Reise aus Frankreich Anfang März 1821 nach Turin zurückkehrte, fand die Polizei neben verbotenen Büchern und Drucken auch kompromittierende Briefe bei der Durchsuchung seiner Kutsche, die eindrucksvoll belegten, dass der Prinz und weitere liberale Adlige sowohl in Frankreich als auch in den benachbarten italienischen Staaten mit den prominentesten Größen des europäischen Liberalismus bestens vernetzt waren. Deshalb forderten die Österreicher Einsicht in die Untersuchungsakten, um Informationen über den Conte Confalonieri und weitere Akteure des geplanten Aufstandes in Mailand zu erhalten. Belastet wurden durch das aufgefundene Material unter anderem der aus einer Diplomatenfamilie stammende Marchese Demetrio Turinetti di Priero sowie der napoleonische Offizier Baron Ettore Perrone di San Martino. Beide gehörten der in der Forschung als „Generation Napoleon" bezeichneten jüngeren Alterskohorte an und wurden ebenfalls in Abwesenheit zum Tode verurteilt. Trotz Sequesters, der staatlichen Beschlagnahmung seines Vermögens, gelang es Prinz Emanuele dal Pozzo, einen Teil seines Vermögens zu sichern und in Paris bis 1848 im vermeintlichen Inkognito zu leben. In Wirklichkeit kannte die französische Polizei seine Identität, nahm ihn aber nicht fest; seine Auslieferung wurde offenbar nicht nachdrücklich von Turin gefordert. Als er 1848 zurückkehrte, wurde der Hochadlige von Karl Albert sogleich zum Senator erhoben und seine Frau, Louise de Mérode, zur Hofdame ernannt. Seine Tochter heiratete schließlich einen Prinzen aus dem Haus Savoyen. Auch bei der Mehrzahl der anderen Exilanten handelte es sich keineswegs nur um bürgerliche Radikale, sondern um konservativ-liberale Akteure, die sich lediglich für eine Verfassung nach dem französischen Modell der Charte von 1814 oder jener von Cádiz einsetzten.

Schafften es die Österreicher, während der Restauration mit ihren Truppen die Revolutionen und Revolten in Neapel und Turin niederzuschlagen, so ließen sie es vor ihrer eigenen Haustür erst gar nicht so weit kommen. In Mailand schlug die Polizei zu, bevor sich die liberalen Oppositionellen zur Aktion durchringen konnten. Sie standen ohnehin schon länger unter Beobachtung, vor allem der Kreis um die Grafen Federico Confalonieri und Luigi Porro Lambertenghi, die seit September 1818 die Zeitschrift *Il*

Conciliatore (Der Versöhner) finanzierten. „Versöhnt" werden sollten in diesem literarischen und wirtschaftsliberalen Publikationsorgan neoklassische mit romantische Kunstauffassungen, wobei erstere als ältere Richtung mit österreichischen Positionen gleichgesetzt wurde, die Romantik hingegen für Frankreich und liberale Werte stand. Im *Conciliatore* publizierten die bekanntesten Schriftsteller und Dichter Oberitaliens, unter anderem Silvio Pellico, Giovanni Berchet und der Marchese Ludovico di Breme. Über ein Korrespondentennetzwerk wurden Liberale in anderen lombardischen Städten mit einbezogen. Alles in allem kamen die 240 Abonnenten mehrheitlich aus dem Kreis des Patriziats. Im Oktober 1819 gaben die unter ständigem Zensurdruck und politischer Repression stehenden Verantwortlichen ihr Zeitungsprojekt auf. Den Ausbruch der Verfassungsrevolutionen in Spanien, Süditalien, Portugal und Turin verfolgten auch sie mit Spannung und Hoffnungen. Im Rückblick interpretierten sie die napoleonische Zeit neu. Sie gingen davon aus, dass man die Veränderungen der letzten 20 Jahre nicht mehr rückgängig machen konnte, besonders was die liberalen Reformen und die Erfahrungen einer größeren nationalen Einheit anbelangte. Die von Wien angestrebte Entpolitisierung erwies sich als unmöglich, die Lehren der französischen Zeit wirkten nach. Nun galt die Parole: Unter Napoleon sei man Schüler gewesen, unter den Österreichern sei man Sklave. Doch anders als in Turin, Neapel oder auf Sizilien konnte hier ein Aufstand schon im Keim erstickt werden. Die Spitzel hatten hervorragende Arbeit geleistet und die Protagonisten der Aufstandspläne wurden verhaftet. Zudem fehlte in Mailand die Unterstützung seitens des Militärs. Die habsburgische Justiz ging mit großer Härte gegen die rebellischen gesellschaftlichen Eliten vor. Während unter anderem Porro Lambertenghi und dem Marchese Giuseppe Arconati die Flucht gelang, wurden Conte Federico Confalonieri, Giorgio Pallavicino sowie Conte Francesco Arese gemeinsam mit weiteren Dutzenden Patriziern zum Tod verurteilt. Schließlich verwandelte der Kaiser die Todesurteile in jahrzehntelange Festungshaft auf dem Spielberg in Mähren. Das waren äußerst harte Urteile für eine vage geplante Verschwörung, die in der Realität nie stattgefunden hatte. Die Prozesse fanden ein großes Echo in der europäischen Öffentlichkeit und später in der Geschichtsschreibung, nicht zuletzt wegen der zahlreichen Memoiren der Beteiligten, die sich häufig zwischen real Erlebtem und literarischer Fiktion bewegten. Allen voran Silvio Pellicos *Le mie prigioni* (Meine Gefängnisse), in denen er seine Kerker- und Festungshaft in Venedig und auf dem Spielberg beschrieb, wurde zu einem Bestseller. Dieses Buch und die Memoiren anderer Protagonisten schufen Bilder von Märtyrern für die Freiheit im Kampf gegen Österreich. Abgestraft, verurteilt, unter einer „Fremdherrschaft" leidend, so sahen sich die liberalen Patrizier spätestens seit 1821. – Natürlich gab es auch Anhänger der österreichischen Herrschaft, gerne als *austriacanti* verunglimpft. – Die liberalen Patrizier nutzten aber nicht nur Memoiren, um sich als politische Märtyrer und Revolutionäre zu inszenieren. Sie beauftragten auch den angesehensten und teuersten Mailänder Akademiemaler ihrer Zeit, Francesco Hayez, um die gewünschten Bilder zu schaffen. Am eindrücklichsten zeigt sich das Selbstverständnis in einem ungewöhnlichen Porträt des

3.3 Die südeuropäischen Revolutionen von 1820, 1821 und 1830   79

Abb. 4: Francesco Hayez, Die Sizilianische Vesper, 1846.

Conte Francesco Arese, das ihn als Häftling auf dem Spielberg zeigt. 1827 begnadigt, bestellte er bei Hayez ein Porträt, das ihn als Märtyrer im Kerker darstellt. In seinen Memoiren bemerkte Hayez zu diesem Porträt, dass dieses Bild natürlich nicht öffentlich ausgestellt wurde wie viele andere seiner Bilder.

Zu den berühmtesten Bildern von Hayez zählen die Darstellungen der *Vespri siciliani*, ein Thema, das der Maler zwischen 1822 und 1844 dreimal großformatig ausführte. Diesem Motiv liegt eine historische Episode aus der fernen Vergangenheit zugrunde, die in der ersten Hälfte des 19. Jahrhunderts aufgrund von literarischen und historiographischen Bearbeitungen zunehmend zum Befreiungsmythos avancierte. Als Sizilianische Vesper bezeichnet man die am 30. März 1282, am Ostermontag zum Zeitpunkt der Vesper zunächst in Palermo ausgebrochene Erhebung gegen die französische Herrschaft unter Karl I., die sich schnell über die ganze Insel ausbreitete und letztlich zur Vertreibung des Hauses Anjou aus Sizilien führte. Die Auftraggeberin war 1822 die Marchesa Visconti d'Aragona. Ihr Mann, der Marchese Alessandro Visconti d'Aragona, war im Vorjahr wegen seiner Beteiligung am Aufstand gegen die Österreicher ebenfalls zu Kerkerhaft verurteilt worden. Eine zweite Version führte Hayez abermals für den Conte Arese aus. Thematisiert wird in den verschiedenen Versionen der Kampf um Freiheit und Ehre. Hayez aktualisierte das Geschehen geschickt, indem er für die Figuren Porträts von liberalen Adligen benutzte. Bei allen drei Versionen ist der

Hintergrund mit Szenen des Tumults und der Revolte ausgefüllt, welche die Reaktion auf diesen Übergriff sind. Im Zentrum des Geschehens steht kurzum die ehrenvolle Revolte gegen die fremde Herrschaft. Der Mailänder Adel bestellte bei Hayez Kompositionen, die man mit entsprechender Bildung als patriotischen Widerstand gegen fremde Herren interpretieren konnte. Dieses ersehnte Vaterland entsprach jedoch keineswegs dem Nationalstaat, wie er 1861 entstehen sollte. Die liberalen Patrizier wollten eine unabhängige Lombardei, eventuell auch ein norditalienisches Königreich, und vor allem eine politische Aufwertung der eigenen Kaste. Sowohl in der Lombardei als auch in der Toskana zielte der Adel in erster Linie darauf ab, die eigene Position als Honoratioren im europäischen Frühliberalismus zu zementieren.

Nach den repressiven Maßnahmen herrschte in den italienischen Staaten nach 1821 eine vermeintlich politische Friedhofsruhe, tausende von politischen Verdächtigen saßen als Exilanten in den europäischen Nachbarländern, in Nordafrika, in Amerika oder in italienischen Kerkern. Und dennoch wirkten die revolutionären Bewegungen und liberalen Vorstellungen fort. 1830 war es wieder einmal das Echo von europäischen Revolutionen und Insurrektionen, die dazu führten, dass es in Italien zu Demonstrationen von Liberalen und Patrioten kam. Nach den berühmten *Trois Glorieuses*, als in Frankreich Ende Juli innerhalb von drei Tagen in einer weitgehend unblutigen Revolution die Herrschaft der reaktionären Bourbonen beendet wurde und der liberalere Louis Philippe aus dem Haus Orleans auf den Thron gelangte, kam es in Ferrara zu Manifestationen von Studenten. Sie feierten öffentlich den politischen Umsturz in Paris.

Louis Philippe, der sogenannte Bürgerkönig, gewährte sofort grundlegende politische Rechte und seine Monarchie war, anders als das Königreich der Bourbonen, nicht auf dem Wiener Kongress entstanden. Das neue System in Frankreich schien fähig zu sein, die 1815 geschaffene Ordnung ins Wanken zu bringen. Erste konkrete Folgen des Machtwechsels waren die Stärkung der konstitutionellen Monarchie und ein Austausch in den Regierungsämtern. Die ultrakonservative Aristokratie wurde verdrängt von liberalen Adligen und der Bourgeoisie. Die Pariser Ereignisse hatten dort die größten Auswirkungen, wo sich die politisch aktiven Eliten nicht mit der restaurativen Wende nach dem Wiener Kongress abgefunden hatten: in Belgien, in Polen, im Deutschen Bund und auf der italienischen Halbinsel. Dort kam es wieder zu patriotischen Konspirationen und revolutionären Projekten, die eindeutig von Frankreich aus beeinflusst wurden. Hier lebten zahlreiche italienische Exilanten und Louis Philippe hatte persönlich die Unterstützung der Patrioten in Modena zugesichert, falls die Österreicher eingreifen würden. In Paris agitierte etwa der Jakobiner Filippo Buonarroti abermals für eine republikanische Revolution auf der Halbinsel.

Völlig ruhig blieb es diesmal in Mailand, Turin und Neapel, was zum einen mit der wirkungsvollen politischen Repression erklärt werden kann, zum anderen aber in zwei Thronwechseln begründet liegen dürfte. In Neapel hofften die Liberalen auf einen politischen Richtungswechsel, weil Ferdinand II. 1830 die Regierung angetreten hatte. In Turin herrschte Unsicherheit, wie sich Karl Albert, der im Frühjahr 1831 den Thron

3.3 Die südeuropäischen Revolutionen von 1820, 1821 und 1830

bestieg, verhalten würde. Die heftigsten Auseinandersetzungen ereigneten sich diesmal in den kleineren Herzogtümern und im Kirchenstaat. In Modena war der vermögende Kaufmann Ciro Menotti, der mit seinem Bruder Celeste über sehr gute Kontakte zur politischen Emigration in Frankreich verfügte, Ende 1830 mit einem Manifest hervorgetreten, das ein zugleich moderates wie nationales Programm vertrat. Es trug den Titel: „Ideen zur Organisation des Einvernehmens aller Städte Italiens für seine Unabhängigkeit, Einheit und Freiheit". Herzog Franz IV. schien ihn zunächst zu unterstützen, weil er sich eine Machtausdehnung erhoffte, dann ging er am 3. Februar 1831 jedoch gegen eine konspirative Versammlung im Hause Menottis vor. Der Protagonist der Bewegung wurde noch im Mai 1831 hingerichtet und die liberale Bewegung hatte einen weiteren Märtyrer. Garibaldi sollte seinen ersten Sohn nach ihm benennen.

In Rom scheiterte bereits im Dezember 1830 eine Konspiration der Carbonari, getragen von Medizinern, Studenten und Handwerkern, die von Bonapartisten unter Louis Napoleon, dem späteren Napoleon III., angestachelt wurde. Wenig später brachen Erhebungen in Bologna, in Imola und in Reggio-Emilia aus. Zu Ausschreitungen kam es ferner in Forlì. Die Statthalter des Papstes verließen ihre Posten. Am 8. Februar 1831 proklamierte eine provisorische Regierung in Bologna das Ende der weltlichen Macht des Papstes, angeführt vom Anwalt Giovanni Vincini. Fünf der acht Mitglieder der neuen Regierung hatten als Beamte unter Napoleon gedient. Wieder wehte die napoleonische Trikolore von den Dächern. Andere Städte folgten diesem Beispiel. So wurden provisorische Regierungen in Modena und Reggio eingerichtet. Alle agierten völlig isoliert, und die politischen Akteure waren abermals Adlige und sehr reiche Bürger. Die ländliche Bevölkerung, die in den theoretischen Schriften der Liberalen ohnehin keine Rolle spielte, verhielt sich völlig passiv.

Abgesehen von der Toskana wurde ganz Mittel- und Norditalien von der Aufstandsbewegung erfasst: Umbrien und die Marken sowie Parma, das die Herzogin Maria-Louise von Habsburg am 15. Februar verlassen musste. Die Truppen des Kirchenstaates scheiterten eher an der eigenen Schwäche als an der Stärke des Gegners, wobei die Revolutionäre wiederum ihre eigene Schwäche völlig unterschätzt hatten. Die Aufständischen setzten vergeblich große Hoffnungen auf Louis Philippe, der sich weigerte, sie zu unterstützen und bereits 1831 eine konservative Wende vollzog. Er einigte sich mit Österreich. Wie zehn Jahre zuvor gelang es auch diesmal, mittels ausländischer Intervention wieder Ruhe und Ordnung herzustellen. Der Papst und die Souveräne der kleineren Herzogtümer riefen die Österreicher zur Hilfe, welche die Aufstände rasch niederschlugen. Am 4. März 1831 marschierten sie in das Herzogtum Modena ein und nur vierzehn Tage später in den Kirchenstaat. Ende März kapitulierte Ancona und die Herrschaft in den Marken wurde wieder vom Kirchenstaat übernommen. Ein weiteres Mal setzten Repressionsmaßnahmen in Bologna, Rom und Modena ein. Nach dem Abzug der Österreicher kam es im Kirchenstaat 1832 zu erneuten Angriffen auf die Truppen des Kirchenstaates. Wieder griffen die Österreicher erfolgreich ein und nun schickte auch noch Louis Philippe, in Rivalität zu Wien, Truppen in den Kirchenstaat, um den Papst zu unterstützen. Fortan war Österreich nicht mehr die einzige europäische Großmacht mit starker Truppenpräsenz in Mittelitalien.

Im Kirchenstaat mahnten Paris und Wien den 1830 neu gewählten Papst Gregor XVI. vergeblich zur Mäßigung gegenüber dem politischen Gegner. Wiederum mussten oder konnten viele fliehen. Auch das Drängen der europäischen Diplomaten in Rom durch ein gemeinsames Memorandum, doch endlich Reformen im Sinne Consalvis zu realisieren, um die unhaltbaren Zustände im Kirchenstaat zu mildern, führte nur zu unbedeutenderen Verwaltungsreformen. Fortan agierte die Kurie mit einem noch autoritäreren Defensivkurs. Der Papst reagierte auf die Ereignisse mit einer ersten großen Enzyklika *Mirari Vos* (Ihr wundert euch). Darin verdammte er den Rationalismus, die religiöse Gleichgültigkeit, Gewissens- und Meinungsfreiheit und jegliche Auflehnung gegen die legitimen Regierungen. Es war die erste einer Reihe von ultrakonservativen, intransigenten Enzykliken, die fortan die Diskussionen vergifteten und die Gräben zwischen katholischer Hierarchie und liberaleren Kräften vertieften.

Die Revolutionen von 1831 hatten langfristige Auswirkungen auf die italienische und internationale öffentliche Meinung. Ihr Scheitern wurde einerseits mit dem Versagen und der Schwäche der Carbonari-Bewegung in Verbindung gebracht, andererseits wurden die neuen Erhebungen als wichtiger Schritt hin zu einem liberalen Nationalstaat interpretiert. Diesmal wurden deutlicher liberale politische und nationale Forderungen und ein patriotischer Kampf gegen die Österreicher propagiert. Revolutionäre Parolen in Bologna sprachen sich für die „Vereinigten Provinzen Italiens" aus. Zugleich wurde der Kirchenstaat aus europäischer Perspektive zunehmend als Hindernis für die Unabhängigkeit und nationale Einigung gesehen.

3.4 Italiener im Exil

Geschätzt 2000 Italiener lebten seit der ersten Revolutionswelle 1820/21 im Exil. Nach den gescheiterten politischen Umsturzversuchen 1830/31 kamen abermals tausende hinzu. Das politische Exil von Individuen und kleineren Gruppen war im 19. Jahrhundert ein Novum, aber es nahm nun ganz andere Ausmaße an und wurde als Phänomen wichtiger. Carlo Cattaneo brachte es in seiner biographischen Studie über den venezianischen Dichter Ugo Foscolo, einem der berühmtesten italienischen Exilanten, auf die einprägsame Sentenz: „Foscolo hat Italien eine neue Institution gegeben: das Exil."[4] Sein Protagonist verließ Mailand gleich nach der Herrschaftsübernahme durch die Österreicher. Als Anhänger der Französischen Revolution und freiwilliger Kämpfer der Cisalpinischen Armee hatte er Napoleon zunächst mit Oden als Befreier gefeiert, sich aber später enttäuscht von ihm abgewandt. Über die Schweiz ging er 1816 nach London, wo er als Dichter verehrt in den besten gesellschaftlichen Kreisen verkehrte und bis zu seinem frühen Tod einer jener zahlreichen Exilanten war, die für die Zustände in Italien politisch-emotionale Aufmerksamkeit erzeugten.

Foscolo erlebte bei weitem kein Einzelschicksal. Seit den wiederholten Revolutionsversuchen in den Gebieten des ehemaligen napoleonischen Empires, wo Demokraten und Liberale versuchten, die innenpolitischen Ergebnisse des Wiener Kongress zu revidieren, und ihrer erfolgreichen Unterdrückung durch die konservativen Kräfte, flohen aus den betroffenen Ländern jeweils hunderte und tausende Oppositionelle. Polnische, deutsche, spanische, griechische und italienische Flüchtlinge trafen an Orten aufeinander, wo sie vor Haftstrafen oder Todesurteilen sicher zu sein schienen. Charakteristisch für diese europäischen Exilanten ist, dass sie meist wohlhabend und gebildet waren. In Großbritannien, der Schweiz, Frankreich, dem Osmanischen Reich sowie in Nord- und Südamerika machten sie transnationale politische Erfahrungen, die fortan ihre politische Kultur entscheidend prägten. Der Historiker Maurizio Isabella vertritt die These, dass wichtige politische Ideen der italienischen Nationalstaatsbewegung in europäischen und amerikanischen Diskussionskontexten geboren wurden. Es entstanden politische Zirkel, die geschickt alle ihnen zur Verfügung stehenden Medien und Kommunikationstechniken nutzten, um die Öffentlichkeit global und transnational zu mobilisieren. Die beliebtesten Fluchtorte waren Paris, London, Zürich, Genf und Brüssel. Großbritannien war bis 1905, als der *Aliens Act* verabschiedet wurde, das großzügigste Aufnahmeland Europas. Keinem Fremden wurde die Einreise verweigert, und natürlich erst recht nicht den auf dem Kontinent unterdrückten Liberalen; niemand wurde wegen politischer Aktivitäten auf der Insel später wieder ausgewiesen.

Die meisten Exilanten begaben sich nach der gescheiterten Revolution und Konspirationen im Königreich beider Sizilien, der österreichischen Lombardei sowie aus dem Königreich Sardinien-Piemont zunächst nach Spanien, das von 1820–1823 aufgrund seiner liberalen Monarchie ein bevorzugtes Fluchtziel war. Agostino Bistarelli konnte für die 1820er Jahre rund 850 italienische Exilanten in Spanien nachweisen. Die norditalienischen Flüchtlinge wurden mit finanzieller und organisatorischer Hilfe des Gouverneurs von Genua und dem Mitwissen der Regierungen nach Spanien verschifft. Es handelte sich dabei überwiegend um Militärs, annähernd 60 Prozent, sowie um junge Studenten und Vertreter der freien Berufe. Mehrheitlich nach 1789 geboren, hatten auffallend viele zuvor in der Provinz gelebt. Während bürgerliche Exilanten nach Spanien gingen, um dort für den Verfassungsstaat 1823 gegen die Interventionstruppen Ludwigs XVIII. zu kämpfen, die das Trienno beendeten, wählten adlige Piemontesen und Lombarden entweder Frankreich oder Großbritannien als Wahlheimat. Vor allem Letzteres zog sie wegen der Regierungsform und der politischen Stabilität an. Nach der restaurativen Wende in Spanien flohen dann Italiener gemeinsam mit spanischen Gesinnungsgenossen weiter nach Frankreich. Wurde dem politischen Exil dort vor allem für die Zeit nach 1830 viel Aufmerksamkeit geschenkt, nicht zuletzt, weil es in der liberalen Julimonarchie seit 1832 ein Recht auf politisches Exil gab, so wurde häufig übersehen, dass sich auch schon unter den Bourbonen hunderte Italiener im Nachbarland aufhielten. Da sie von der Polizei engmaschig überwacht wurden, sind wir vergleichsweise gut über sie informiert. Mehrere hundert Exilanten aus Süd- und

Norditalien standen unter Beobachtung des französischen Innenministeriums. In Paris wurden sie meist nicht geduldet, galt die Metropole doch als Ort der politischen Subversion. So mussten etwa der Conte di Morozzo und der Marquis de Prié ihren Wohnsitz in Bourges nehmen, wo sie der Präfekt eifrig bespitzeln ließ. Über ihren Tagesablauf berichteten die Polizeiberichte minutiös. Die wenigen, die in Paris lebten, standen unter noch strengerer militärischer und polizeilicher Kontrolle, um weiteres politisches Engagement zu verhindern. Nahmen die Exilanten Kontakt zur französischen Opposition auf, mussten sie die ihnen zugewiesenen Städte verlassen oder wurden gleich des Landes verwiesen. Aber nicht jeder Exilant agitierte auch weiter. Völlig unauffällig verhielt sich etwa Isidore Palma, einer der führenden Aufständischen aus Alessandria, dessen Mitstreiter in Piemont hingerichtet worden waren. Andere hingegen, wie Santorre di Santarosa, führten fortan das Leben eines der nicht wenigen italienischen „Berufsrevolutionäre".

Der aus piemontesischem Beamten- und Militäradel stammende Santarosa, geboren 1783, übernahm während der napoleonischen Zeit das Amt des Bürgermeisters in seinem Heimatort Savigliano und diente 1812–1814 als Unterpräfekt in La Spezia. Politisch und kulturell war er geprägt von Rousseau, Foscolo und Vittorio Alfieri. Nach 1815 ging er in den piemontesischen Heeresdienst und schloss sich einem politischen Geheimbund an. 1821 gehörte er zu dem Kern jener, die die Revolution im Königreich Sardinien-Piemont zu verantworten hatten. Nach der Flucht Karl Alberts übernahm Santarosa das Kriegsministerium in der kurzlebigen provisorischen Regierung. Der Verfolgung entzog er sich durch Flucht in die Schweiz, wo er ein sehr gut rezipiertes Memoirenwerk in französischer Sprache verfasste: *De la révolution piémontaise*. Er hatte es bewusst in Französisch verfasst, um eine breitere Wirkung zu erzielen. Sein anschließender Aufenthalt in Frankreich brachte ihm eine mehrmonatige Kerkerhaft ein. Santarosa zog weiter nach Großbritannien, wo er sich als Sprachlehrer durchschlug. Gemeinsam mit dem Aristokraten Giacinto Provana di Collegno, einem ehemaligen Offizier Napoleons und weiterem Hauptverantwortlichen für die Revolution in Piemont, eilte er den Griechen im Freiheitskampf gegen das Osmanische Reich zur Hilfe, wo er bei Kampfhandlungen starb. Sein Schicksal ist durchaus typisch für das Engagement der italienischen Exilanten; viele von ihnen mussten mehrfach das Exilland wechseln und sie kämpften mit zahllosen Publikationen und Waffen gegen die autoritären Regime ihrer Zeit.

Mag Foscolo das italienische Exil sehr früh „begründet" haben, so waren Giuseppe Mazzini und Giuseppe Garibaldi zweifelsohne die weltweit berühmtesten und einflussreichsten politischen Flüchtlinge Italiens. Nach gescheiterten Aufstandsversuchen begab sich Mazzini nach Marseille, wo er 1830 die *Giovine Italia* gründete, angeregt durch Kontakte zur Welt der Emigranten und zum demokratisch-republikanischen Ambiente Frankreichs. Auf jeden Fall war Mazzini nun zum offenen politischen Kampf bereit, mit dem klaren Ziel einer republikanischen Nationalstaatsgründung. Nach den bisher gescheiterten, vereinzelten, unkoordinierten, lokalen und regionalen Aufständen agierte er mit jungen Exilanten gemeinsam für eine nationale Erhebung. Die Zahl von Mazzinis Anhängern wuchs rasch in Ligurien, in der Toskana, in der Romagna und etwas später auch in Piemont und in der Lombardei. Mazzini und seine Anhänger bauten Netzwerke auf und versuchten, seine Ideen in Italien zu verbreiten. Mitte 1832 wurde Mazzini von der französischen, der österreichischen und der piemontesischen Regierung wegen Verschwörung angeklagt und die Polizei versuchte vergeblich, seiner habhaft zu werden. 1833 floh er in die Schweiz. Gemeinsam mit seinen politischen Freunden plante er eine militärische Expedition nach Piemont. Mit dem Einfall hoffte Mazzini, einen internationalen Konflikt auszulösen. Vertreter der europäischen Demokraten verfolgten die Pläne mit großer Sympathie. Polnische, französische und deutsche Republikaner, die sich ebenfalls im Schweizer Exil aufhielten, beteiligten sich im Februar 1834 am berühmten Savoyerzug. Etwa 200 Männer nahmen an dieser Militäraktion teil, unter ihnen befanden sich allein 140 Polen, die nach der gescheiterten Revolution vor russischer Verfolgung geflohen waren. Das Unternehmen endete in einem Desaster. Die piemontesischen Linientruppen rieben den Trupp rasch auf. Mazzini hatte die erhoffte Unterstützung im Land durch breitere Bevölkerungsgruppen deutlich überschätzt.

Er floh daraufhin abermals in die Schweiz, wo er seine Idee zur Befreiung Italiens nach dieser empfindlichen Niederlage in ein europäisches Konzept transformierte. Aus dem „Jungen Italien" wurde das „Junge Europa". Am 15. April 1834 unterzeichnete er in Bern gemeinsam mit Repräsentanten der deutschen und polnischen Exilanten einen *Atto di Fratellanza*, eine Solidaritätserklärung, einen Akt der Verbrüderung. Die deutschen und polnischen Exilanten hatten sich zuvor schon im „Jungen Deutschland" beziehungsweise im „Jungen Polen" organisiert. Nun verfolgten sie gemeinsam die Befreiung der „versklavten" Nationen von ihren „Tyrannen" und eine föderative Ordnung der europäischen Demokratie unter einer einheitlichen Leitung. Ihr Wahlspruch lautete: Freiheit, Gleichheit und Humanität. Die Gründungsmitglieder waren sieben Italiener, fünf Deutsche und fünf Polen. Alle waren nach den niedergeschlagenen Revolten und Revolutionsversuchen aus ihren Heimatländern geflohen. Aber der feierliche Gründungsakt in Bern im April 1834 blieb eine noble Geste. Politisch wirken oder gar gefährlich werden konnte diese Gruppe unter den obwaltenden Umständen nicht. Der diplomatische Druck auf die Schweiz, vor allem von Seiten Österreichs, war enorm. Nach weiteren öffentlichen Protestaktionen mussten die Gründungsmitglieder die Schweiz verlassen. Mazzini entschied sich nun für London, wo er, unterbrochen durch sein Engagement während der 1848er Revolution, als führender Kopf der ephemeren Römischen Republik bis kurz vor seinem Lebensende für einen republikanischen Nationalstaat als Journalist und Schriftsteller stritt.

Galt Mazzini als der „Kopf" der demokratischen italienischen Nationalstaatsbewegung, so übernahm Giuseppe Garibaldi die Rolle des „Schwertes". Der Kaufmannssohn, geboren 1807 im damals französischen Nizza, ergriff zunächst den Beruf des Kapitäns und ließ sich früh von den Ideen Mazzinis beeinflussen. Garibaldi schloss sich der Bewegung *Giovine Italia* an und kämpfte 1834 an Mazzinis Seite im Savoyerzug. Von einer Todesstrafe in Piemont bedroht, floh er nach Südamerika und beteiligte sich dort an verschiedenen Revolutionen und Unruhen in Brasilien und Uruguay, immer auf der Seite der Aufständischen und der Demokraten. In diese Zeit fiel auch die Entstehung der berühmten Rothemden, mit denen Garibaldi seine Truppen ausstaffierte. Diese roten Stoffe waren für ein Schlachthaus in Montevideo produziert worden, das Bankrott gemacht hatte, und nun waren sie preiswert zu erwerben. Militärisch war diese Farbwahl vielleicht nicht die optimale Lösung, aber die Hemden wurden zum Symbol für den Opferwillen und einen gewissen Fanatismus von Garibaldi und seinen Anhängern. Seinen größten militärischen Ruhm gewann er bei der beherzten Verteidigung der römischen Republik gemeinsam mit Mazzini gegen päpstliche und übermächtige französische Truppen 1849 sowie aufgrund der Eroberung Siziliens 1861 mit Freiwilligenverbänden. Sein rastloses Engagement für die Sache der demokratischen Nationalstaaten und sein Charisma machten ihn zum „Held beider Welten": Europas und Amerikas. Dazu trug entscheidend die weltweite Presseberichterstattung über den draufgängerischen Volkshelden sowie die Selbstinszenierung Garibaldis als todesmutigem Gaucho im Poncho bei.

Exilantinnen blieben Einzelfälle. Die mit Abstand bekannteste unter ihnen war gewiss *La prima donna d'Italia*: Cristina Trivulzio di Belgiojoso. Die 1808 in Mailand geborene steinreiche Patrizierin zählte zweifelsohne zu den wichtigsten weiblichen Intellektuellen, die sich während des Risorgimento für einen liberalen Nationalstaat engagierten. Ihre Familie gehörte zum Kreis jener Adligen, die während des gesamten Vormärz gegen die österreichische Obrigkeit agierten. Der Stiefvater, Alessandro Visconti d'Aragona, beteiligte sich an der frühzeitig aufgedeckten Verschwörung von 1821, wurde angeklagt und zur Kerkerhaft verurteilt. Wie viele ihrer Gesinnungsgenossen und -genossinnen verbrachte Cristina Trivulzio di Belgiojoso aufgrund der staatlichen Repression Jahre ihres Lebens im Pariser Exil. In Mailand lag eine Vorladung wegen Hochverrats gegen sie vor. Seit 1831 lebte sie in der französischen Hauptstadt, wo sie als Journalistin in der liberalen Zeitschrift *Constitutionnel* über die italienischen Zustände berichtete. Vor allem wirkte die Schriftstellerin aber als Botschafterin der italienischen Nationalbewegung und Anwältin der zahlreichen Flüchtlinge, die sie auch finanziell unterstützte, nachdem die Beschlagnahmung auf den Gütern in der Lombardei aufgehoben worden war. Ihren angesagten Salon nutzte sie zur politischen Netzwerkbildung. Hier versammelte sich die Elite der Exil-Italiener, liberale französische Politiker und Historiker, unter anderem Adolphe Thiers, François Mignet, Terenzio Mamiani und Niccolò Tommaseo, aber auch konservativ-liberale Gelegenheitsgäste wie Benso di Cavour, der gerade in Paris eine landwirtschaftliche Fachmesse besuchte. Darüber hinaus suchten europäische Künstler den beliebten Salon auf, etwa Heinrich Heine, Honoré de Balzac, Frédéric Chopin und Franz Liszt. Mit dem mit ihr befreundeten General Lafayette gründete die Prinzessin ein Hilfskomitee zur Unterstützung der zahlreichen italienischen Exilanten in Frankreich. Zu Beginn der 1840er Jahre war ihr aufgrund einer Generalamnestie die Rückkehr in die Lombardei möglich und fortan pendelte

3.4 Italiener im Exil   87

Abb. 5: Henri Lehmann, Cristina di Trivulzio di Belgiojoso, 1843.

die Autorin zwischen ihrer alten und neuen Heimat. Cristina Trivulzio di Belgiojoso zählte in Italien zu jenen Frauen aus der gesellschaftlichen Elite, die sich mit Geld und der Feder für den Nationalstaat einsetzten, wobei ihr persönliches Engagement weit über den Durchschnitt herausragte.

Es stellte jedoch eine bemerkenswerte Ausnahme dar, dass Frauen allein ins Exil gingen, mehrheitlich begleiteten sie ihre politisch belasteten männlichen Verwandten. Aufgrund überlieferter Briefwechsel sind wir vergleichsweise gut unterrichtet über das Exilleben von Costanza Arconati Visconti und ihrer Schwester Margherita. Erstere entschloss sich, ihrem Mann ins Exil zu folgen. Er gehörte zu jenen Aristokraten, die 1824 wegen der Beteiligung an der Verschwörung von 1821 in Abwesenheit in Mailand zum Tode verurteilt wurden. Arconati hatte in Brüssel ein Stadthaus geerbt und unweit der Stadt das Schloss Gaesbeck, das sich rasch zu einem Treffpunkt und Zufluchtsort für die italienischen Liberalen entwickeln sollte. Zu Gast waren hier unter anderem Giovanni Berchet und Vincenzo Gioberti. Bei einem Besuch ihrer Schwester lernte Margherita Giacinto Provana di Collegno kennen, der eines der typischen Exilantenschicksale erlebt hatte. Als junger piemontesischer Adliger war er in Napoleons Eliteschule Saint-Cyr ausgebildet worden und hatte diesem als Offizier gedient. Nach 1815 ging er in den savoyischen Militärdienst und gehörte dem liberalen Adelskreis um Prinz Karl Albert an. Sowohl Giuseppe Arconati Visconti als auch Giacinto Provana di Collegno standen in Mailand beziehungsweise in Turin dem Milieu der Geheimbünde nahe und forderten Verfassungen nach dem spanischen Modell. Nach der gescheiterten Revolution floh Provana 1821 in die bevorzugten Exilländer, zunächst in die Schweiz, dann nach Frankreich und Großbritannien. Dort schloss er sich Santorre di Santarosa, mit dem er in Turin gemeinsam den Umsturz versucht hatte, als Kriegsfreiwilliger im griechischen Freiheitskampf an. 1827 lernte er dann Margherita in Gaesbaeck kennen, die er 1836 in Bonn heiratete. Beide Schwestern waren in die politischen Diskussionen im privaten Raum eingebunden, sie unterhielten Netzwerke und engagierten sich für einen italienischen Nationalstaat, befreit vom „Joch" der Österreicher. Costanza Arconati wartete ungeduldig darauf, dass das Königreich Sardinien-Piemont endlich den militärischen Kampf gegen das Haus Habsburg aufnahm.

Schon während ihrer Jahre im Exil, erst recht aber nach der Nationalstaatsgründung, kreierten die Flüchtlinge mit Memoiren, Gedichten, Romanen und Biographien heroische und romantisch überhöhte Bilder ihres Lebens. Ihre Erfahrungen als politisch Verfolgte und Migranten bildeten einen zentralen Teil des patriotischen Diskurses. Das Exil erlaubte es ihnen, überlegene Ethik und Tugenden zu demonstrieren: Sie litten für das Vaterland fern der Familie. Foscolo wurde von Mazzini als Exilant par excellence gefeiert. Er stand für ein Exil, das geprägt war von Opfern und Armut, von der Konstanz seiner Prinzipien und der Liebe zum Vaterland. Die Wahlfreiheit, die Heimat zu verlassen, wurde zu einer hehren Pflicht dort, wo ein Despot einem die Freiheit raubte. Das Exil oder gar der Opfertod wurden zur politischen und romantischen Ehrensache. Neben Mazzini und Foscolo war es vor allem der Dichter Vittorio Alfieri, der in seinen Gedichten und Dramen das Hohelied auf die Freiheit und das Vaterland sowie die heroische Rebellion gegen Despoten sang. In seinen Werken avancierte das Abenteuer der politischen Migration zum moralischen Gebot. Gerne griffen die Autoren auf das Beispiel Dante Alighieris zurück. Für sie war er der Begründer des politischen Exils und so gleichsam ihr Ahnherr. In Frankreich und Großbritannien bevölkerten die tragischen Figuren der italienischen Exilanten die zeitgenössischen romantischen Romane. In der *Revue des Deux Mondes*, jenem liberal-konservativen Kulturblatt, wurde das Exil als eine Art nationale Tradition jenseits der Alpen beschrieben, das freiwillige oder erzwungene Exil als ein konstitutives Element der Politik.[5] Dabei wurden immer wieder romantische Emotionen und tiefes Leid beschworen. Ein weiteres Bild prägte die emotionale Überhöhung: Das Vaterland wurde metaphorisch mit der Mutter gleichgesetzt. Durch das Exil wurde die tiefe Verbindung des Einzelnen mit der Nation, also seiner natürlichen oder gar biologischen Familie unterbrochen. Doch die Diskurse wurden nicht nur emotional, sondern auch religiös aufgeladen: Der politische Exilant wurde zum Märtyrer, seine Reisen als eine Pilgerfahrt und Propagandaaktionen als politisches Apostolat beschrieben. Allen voran Giuseppe Mazzini bemühte immer wieder den Vergleich mit den Jüngern Jesu.

Diese tausenden, meist aus adligen und bürgerlichen Eliten stammenden Exilanten sollten in der zweiten Jahrhunderthälfte das liberale Königreich Sardinien-Piemont und das junge italienische Königreich in Schlüsselpositionen entscheidend mitgestalten. Dabei prägten ihre transnationalen politischen, militärischen und kulturellen Erfahrungen, die sie partiell jahrzehntelang in den europäischen Nachbarländern gemacht hatten, ihr politisches Handeln nach 1848/49. Zu beachten gilt aber auch, dass es sich bei dieser „Generation Bonaparte" in der Mehrzahl um frustrierte adlige Offiziere handelte, die nach der *Gloire* in der *Grande Armee* und den Beschränkungen durch die restaurative Politik opponierten. Die Mehrheit der Flüchtlinge waren Soldaten und keine Intellektuellen. Politisch strebte das Gros eine liberal-konservative Monarchie an. Nach den Erlebnissen 1820–1823 in Spanien fiel das „Volk" für sie als politischer Handlungsträger aus. Da die Unterschichten die Konterrevolution getragen hatten, wurde ihre Politikfähigkeit grundsätzlich in Frage gestellt. Für Giuseppe Pecchio, Senator im ehemaligen Königreich Italien, war die Rückständigkeit des Volkes in Südeuropa das Problem. Das Recht zu wählen sollte fähigen Staatsbürgern vorbehalten bleiben. Das Ziel war nun ein vom König und einer kleinen Elite geführter Staat ohne Volkssouveränität und die „Befreiung" der Nation. Der Hauptfeind saß in Wien. Die Exilerfahrungen führten also nicht nur zu utopischen, sondern auch zu distopischen Entwürfen. Natürlich gab es daneben die berühmten Demokraten, die meist am lautstärksten und effektivsten agierten wie Mazzini, Garibaldi und immer noch Buonarroti, aber sie waren eine Minderheit. Für ihre politischen Entwürfe ließen sich noch keine breiten Massen begeistern. Und demokratische Adlige wie Graf Carlo Angelo di Bianco di Saint-Jorioz blieben ohnehin die Ausnahme. Später ließen sich die meisten Demokraten in den liberalen Staat in verantwortungsvolle Positionen einbinden. Weiterhin verlor die Verfassung von Cádiz an Ausstrahlung, nun wurde das französische Zweikammersystem attraktiver und ein italienischer Nationalstaat, der den ganzen Stiefel einschließen sollte, war nicht unbedingt das ultimative Ziel. So wollte etwa General Giacomo Durando zwei Königreiche: ein nördliches unter der Krone der Savoyer und ein südliches, regiert von den Bourbonen.

Alles in allem sollte man sich davor hüten, die Exilanten als konsensfähige politische Familie darzustellen. Es gab im Exil immer wieder Animositäten und Richtungsstreitereien über die politische Zukunft Italiens. So war etwa Costanza Trotti Arconati, die Herrin von Schloss Gaesbeck, eine erbitterte Rivalin von Cristina Trivulzio di Belgiojoso in Paris, während diese sich wiederum mit Mazzini zerstritt, weil er ihr vorwarf, seine Aktionen wie den Savoyerzug nicht hinreichend finanziell zu unterstützen. Mazzini überwarf sich ohnehin mit vielen Exilanten, die seines Erachtens nicht mit genug Feuer für die heilige Sache der Nation stritten. Viele Exilanten kehrten aufgrund von Amnestien zu Beginn der 1840er Jahre wieder in ihre Heimat zurück. Diejenigen, denen eine Begnadigung verwehrt wurde, eilten im Frühjahr 1848 nach Italien, um wiederum mit Worten und Waffen für liberale oder demokratische Staaten auf der Apenninenhalbinsel zu ringen. Transnationalen Erfahrungsaustausch und Impulse suchten aber auch jene, die nicht im Exil leben mussten. Graf Camillo di Cavour, Graf Cesare Balbo, Baron Bettino Ricasoli und viele andere mehr unternahmen jahrelange Europareisen, bevorzugt nach Frankreich und Großbritannien, auf der Suche nach dem optimalen politischen System, nach industriellem Fortschritt und kulturellem Austausch.

Anmerkungen

1 Massimo D'Azeglio, I miei ricordi, Sesto San Giovanni 1915, S. 88.
2 Amerigo Caruso, Nationalstaat als Telos? Der konservative Diskurs in Preußen und Sardinien-Piemont 1840-1870, Berlin/Boston 2017, S. 158.
3 Carlo Felice di Savoia, Proclama 13 ottobre 1821, Turin 1821.
4 Carlo Cattaneo, Ugo Foscolo e l'Italia, Mailand 1861, S. 34.
5 Charles de Mazade, Une vie d'émigré italien – Giacinto de Collegno, in: Revue des Deux Mondes, XXIX (1859), S. 460.

4. Die Wirtschaft

4.1 König Landwirtschaft

Im ausgehenden 18. Jahrhundert lebten die Italiener von der Agrarwirtschaft und vom Handel mit landwirtschaftlichen Produkten, wobei die meisten Erzeugnisse der Selbstversorgung dienten. Je nach Region arbeiteten mehr als 80 Prozent der Bevölkerung in der Landwirtschaft. Dieser Anteil war jedoch in anderen europäischen Ländern, etwa in Frankreich, vergleichbar hoch. In der Mitte dieses Jahrhunderts befand sich Italien am Ende einer lange andauernden negativen Konjunktur. Zuvor hatten die italienischen Städte vom 11. bis zum 16. Jahrhundert geboomt. Sie besaßen politische und wirtschaftliche Zentralität, wozu vor allem die Handelsgeschäfte mit Gewürzen aus dem Orient, in Italien produzierten Stoffen, der Kreditmarkt und die Geschäfte mit der Levante beitrugen. Allen voran die Seerepubliken Venedig und Genua, aber auch kleinere italienische Hafenstädte kontrollierten den Handel mit dem Orient. Doch durch die Entdeckung und Aufwertung der transatlantischen Handelsrouten verloren die Städte im Mittelmeer schließlich dramatisch an Bedeutung. Die überlegene Entwicklung der portugiesischen, spanischen, französischen, holländischen und britischen Handelsbeziehungen trübte nicht nur die Geschäfte mit dem Orient ein, die holländischen und britischen Reedereien etablierten sich im 18. Jahrhundert auch auf den Mittelmeerrouten und in den Häfen der italienischen Halbinsel. In der Frühen Neuzeit bestand in den italienischen Städten wenig Neigung und Bereitschaft, in protoindustrielle Projekte zu investieren. Man suchte lieber sichere, wenn auch geringere Gewinne in der Landwirtschaft. Die feudale Rechtsprechung und die vorherrschenden patrimonialen Besitzverhältnisse sicherten die Geldanlagen grundsätzlich ab.

Anders als im Mittelalter wurden die Städte darum nicht mehr von Manufakturen und dem Bankenwesen geprägt. Die größten Metropolen Italiens waren nun alle Regierungssitze, administrative und politische Zentren und im Falle Roms auch religiöses Zentrum. Zu Beginn des 19. Jahrhunderts wohnten in Mailand 141.000 Menschen, in Venedig 135.000, in Rom 138.000 und in Palermo 141.000. In den Großstädten residierten die reichen Familien des Feudaladels und des Patriziats, die von ihren Renditen lebten und im Wesentlichen konsumierten. Darüber hinaus neigte das städtische Bürgertum eher den freien Berufen und einer Beamtentätigkeit zu, als unternehmerisch tätig zu werden. Mit Abstand die bedeutendste italienische Metropole war immer noch Neapel, mit 330.000 Einwohnern nach Paris und London die Stadt mit der drittgrößten Bevölkerung in Europa. Ohnehin war der Anteil der Menschen, die in einer Stadt mit mehr als 5000 Einwohnern lebten, in Italien der höchste im europäischen

Vergleich. Zudem hatte keine andere Region Europas um 1800 mehr als fünf Städte mit über 100.000 Einwohnern zu bieten.

Für die Sattelzeit lässt sich ein weiteres europäisches Phänomen in den italienischen Staaten beobachten: der demographische Wandel. Lebten dort in der Mitte des 18. Jahrhunderts 15,5 Millionen Menschen, so wuchs die Bevölkerung binnen hundert Jahren auf 24 Millionen an. Damit einhergehend stieg der Bedarf an Lebensmitteln um 80 Prozent. Dieses rasante Bevölkerungswachstum war einer deutlich niedrigeren Mortalitätsrate zu verdanken. Erklären lässt sich dieses Phänomen mit verbesserten hygienisch-sanitären Verhältnissen und einer besseren quantitativen und qualitativen Lebensmittelversorgung. Neue kalorienreiche Kulturpflanzen wie der Mais erlaubten für die Ärmeren Veränderungen im Lebensmittelkonsum. Aufgrund der steigenden Agrarproduktion und der Kommunikation konnten trotz des starken Bevölkerungswachstums Hungersnöte – abgesehen von kriegerischen Krisenjahren, der Hungerkrise 1772/74 sowie der säkularen Tamborakrise – vermieden werden. 1816/1817 kam es zu einer Klimakatastrophe, die auf den Ausbruch des Vulkans Tambora im Südpazifik zurückzuführen ist. Von der Forschung wird er als stärkster Vulkanausbruch der vergangenen 10.000 Jahre gewertet. Nach der gewaltigen Explosion im April 1815 gelangten riesige Mengen Asche und Aerosole in die Stratosphäre, die über die Erde verteilt wurden und die Sonneneinstrahlung behinderten. Die Folge war ein sogenannter „vulkanischer Winter", in dem die jährlichen Durchschnittstemperaturen um drei bis vier Grad sanken. Weltweit bewirkte der Vulkanausbruch eine mehrjährige Abkühlung, Ernteausfälle und Hungerjahre. Den Zeitgenossen waren diese Zusammenhänge selbstverständlich nicht bekannt. Diese Notsituation stellte die zurückgekehrten Herrscher zu Beginn der Restauration vor eine erste ernsthafte Bewährungsprobe, da existenzielle Probleme gerne der Regierung angelastet wurden – und immer noch werden.

Von wenigen Krisen abgesehen, kam es in allen italienischen Staaten seit der zweiten Hälfte des 18. Jahrhunderts und vor allem in der ersten des 19. zu Dynamiken und Transformationsprozessen in der Agrarwirtschaft, die sich langfristig auswirkten und dabei das ohnehin schon bestehende Ungleichgewicht zwischen dem Norden und dem Süden noch verstärkten. Für das 19. und auch das 20. Jahrhundert interessierte Italien die internationale Wirtschaftsgeschichte lange Zeit lediglich als Beispiel eines besonders schwierigen und unvollkommenen Weges in die moderne Industriegesellschaft. Gemäß zahlreichen Studien prägten Klientelismus und Korruption, bürokratischer Zentralismus und eine ineffiziente Staatswirtschaft das Bild des modernen Italiens. Zu den hemmenden Faktoren der wirtschaftlichen Entwicklung wurden ferner die fehlende Agrarrevolution, mangelhafte Infrastruktur und ein ausgeprägtes Nord-Süd-Gefälle gezählt. Die italienische Halbinsel besaß kaum Rohstoffe, vor allem keine Kohle, und ließ sich aufgrund ihrer geographischen Voraussetzungen nicht zu einem geschlossenen Wirtschaftsraum vereinen. Bedingt durch die schlechte Ausgangssituation kam es erst spät zum eigentlichen Take-off, nämlich erst um 1900. Freilich taten sich Wirtschaftshistoriker immer schwer damit, wenn sie erklären sollten, warum Italien nach dem Zweiten Weltkrieg trotz schwieriger Ausgangsbedingungen zu einer der wachstums- und exportstärksten Industrienationen Europas aufstieg. Deshalb wurde in den letzten beiden Jahrzehnten stärker nach den langfristigen Ursachen dieser Entwicklung gesucht und das lange Zeit vorherrschende Rückständigkeitsparadigma zunehmend in Frage gestellt. So weisen Giovanni Federico und Jon Cohen auf eine gerade für das 19. Jahrhundert schlechte wirtschaftsstatistische Quellenlage und auf Daten der *Banca d'Italia* hin, die von einem höheren gesamtwirtschaftlichen Wachstum zeugen als frühere Berechnungen. In einem etwas günstigeren Licht erscheint nicht zuletzt der Agrarsektor. Die Autoren betonen, dass sich seit dem späten 19. Jahrhundert in einigen Regionen moderne Anbaumethoden durchsetzten und die Landbesitzer keineswegs so innovationsfeindlich waren wie lange angenommen.

Die Erträge und der Gewinn in der Landwirtschaft hingen natürlich ganz entscheidend von der Bodenbeschaffenheit, dem Klima und von den Besitzverhältnissen ab. Schematisch kann man dabei drei große Systeme im Norden, in der Mitte und im Süden unterscheiden. In Piemont und in der Lombardei dominierten in der Po-Ebene die kapitalistisch bewirtschafteten großen Güter. Sie verfügten über technisch ausgereifte Bewässerungssysteme. Die meist adligen Landbesitzer beschäftigten von ihnen abhängige, sozial kontrollierte Tagelöhner. Einer ihrer prominentesten Vertreter war zweifelsohne der Conte Camillo Benso di Cavour. Nach Studienreisen in Großbritannien und Frankreich, wo ihn das Eisenbahnwesen, die moderne Infrastruktur und der technische Fortschritt begeisterten, engagierte er sich als aggressiver, risikofreudiger Manager seiner ererbten Güter. Gemeinsam mit seinem Freund, dem Bankier Émile de la Rüe, schuf Cavour eine Gesellschaft für Düngerproduktion, unterstützte Ingenieure, die mechanische Dreschmaschinen entwickelten, und spekulierte derart erfolgreich mit Getreide, dass er hinter seinem Rücken als Wucherer bezeichnet wurde. Cavour war in ständiger Suche nach guten Geschäften. 1847 schrieb der Conte an de La Rüe: „Dieses Jahr haben wir mit Guano und Reis und Mais gearbeitet. Nächstes Jahr sind wieder die Banken und Eisenbahnen an der Reihe."[1] Er überließ seine Pächter nicht sich selbst, sondern mischte sich ständig in ihre Arbeit ein. Und Cavour war kein Einzelfall. Andere Familien wie die Tornielli und Leonardi aus Novara, Beraudo di Pralormo, Ferrero della Marmora und viele andere investierten große Summen in Be- und Entwässerungssysteme und in Kanäle und experimentierten mit Anbau- und Zuchtmethoden, womit sie ihre Einnahmen beträchtlich steigerten. Alles in allem führten diese Maßnahmen dazu, dass die piemontesischen Agrargebiete nach 1850 zu den ertragreichsten Italiens gehörten.

In den Hügellandschaften Norditaliens nahm hingegen die Zahl der bürgerlichen Besitzer auf Kosten des Kirchenbesitzes zu, und zwar nicht nur durch die während der französischen Zeit durchgeführten Säkularisationsmaßnahmen. Dieser Prozess hatte schon vorher begonnen und setzte sich nach 1815 fort. Mittelitalien dagegen war sowohl in der Frühen Neuzeit als auch noch bis weit in das 20. Jahrhundert hinein vom System der *mezzadria*, dem Halbpachtsystem geprägt. In der Toskana, in Umbrien, in den Marken, der Romagna, im Veneto und im Latium auf den Hügelkämmen des Apennins lebten Pächterfamilien auf Höfen, die sie ernähren sollten. Das Gleichgewicht dieses Halbpachtsystems basierte auf dem Gegensatz – die Landbesitzer hätten es natürlich eher als Zusammenwirken bezeichnet – zwischen der Familie des Patrons und der Familie des Pächters, der *famiglia colonica*. Der Patron bestimmte über den Anbau und die zu leistenden Abgaben. Die Pächterfamilie hatte die zu leistenden Arbeiten zu organisieren. Doch die Beziehungen zwischen den Familien beschränkten sich keineswegs auf die ökonomischen Belange. Der Patron war für die Pächterfamilie darüber hinaus die Autoritätsperson in vielen anderen Lebensfragen. Als Pacht gab sie die Hälfte ihrer Produkte in Naturalien ab. Obwohl es bei dieser Aufteilung der Produkte blieb, kam es in der Sattelzeit zu einer zunehmenden Orientierung auf den Markt hin, womit der ältere Topos widerlegt ist, dass die *mezzadria* systemstabilisierend gewesen sei und sich bremsend auf die Agrarwirtschaft ausgewirkt habe. Galt vor 1800 das Prinzip, dass der Hof die Pächterfamilie ernähren sollte, so wurde aufgrund der wachsenden Marktnachfrage Druck auf die Produktivität ausgeübt und intensiver neue Techniken genutzt. Das traf zwar häufig auf den stolzen Widerstand der Pächter, die sich über einen deutlich höheren Arbeitseinsatz beklagten. Am Ende führte es aber dazu, dass auch die Pächterfamilien verstärkt für den Markt produzierten und immer weniger für den eigenen Konsum.

Im ausgehenden 18. Jahrhundert etablierte sich in Mittelitalien eine neue Wirtschaftsstruktur: die *fattoria*. Es handelte sich dabei um Gutshäuser, welche die Aktivitäten mehrerer *poderi* (Landhäuser oder Höfe) koordinierten. 1830 arbeiteten geschätzt 50.000 *poderi* in der Toskana mit Halbpacht, von denen wiederum 12.000 von etwa tausend *fattorie* verwaltet wurden, die alle im 18. Jahrhundert entstanden waren. Die Verbreitung des Systems dieser Gutshäuser ist bezeichnend für die zunehmende Marktorientierung, denn sie produzierten vor allem für die benachbarten Städte.

Im flachen Teil des Kirchenstaats, also in Latium, im Süden und auf den Inseln dominierten Latifundien mit Getreideanbau, kleinere Kulturen an den Küstenstreifen sowie freilebende Viehherden im Gebirge. Auf den Berghöhen wurden seit dem Mittelalter riesige Schafherden über die agrarisch nicht nutzbaren Gebiete getrieben. Diese Wanderweidewirtschaft (Transhumanz) gab es vor allem auf dem Apennin, im Süden sowie auf den Inseln. Auch hier nahm die Masse der bürgerlichen Besitzer in einem bisher unbekannten Maße zu, wovon die adligen Latifundien aber weitgehend unberührt blieben. Durch die Reduktion des Kirchen- und Feudalbesitzes und die Auflösung des Gemeindebesitzes erwarben mehr Bürgerliche Grund und Boden. Dies korrelierte mit dem Bevölkerungswachstum und der zunehmenden Nachfrage nach Lebensmitteln. Auch die süditalienischen Barone verwandelten sich durch die Reformmaßnahmen seit dem ausgehenden 18. Jahrhundert und der französischen Zeit von Feudalherren zu Landbesitzern. Am rückständigsten blieben die Verhältnisse auf Sardinien. 1850 bestanden 50 Prozent des agrarisch genutzten Bodens weiterhin aus Gemeineigentum und Domänen. Ganz anders auf Sizilien: Befanden sich um 1800 noch 90 Prozent der

Abb. 6: Giovanni Fattori, Die Ruhe (roter Karren), 1887.

Agrarflächen in Feudalbesitz, so kehrten sich in den nächsten 40 Jahren die Besitzstrukturen um; nun waren 90 Prozent in Privatbesitz. Dabei blieb jedoch die ökonomische Vormacht des Adels bestehen. Die Zusammensetzung der herrschenden Eliten erfuhr kaum Veränderungen. Und auch für die Masse der ärmeren bäuerlichen Bevölkerung änderte sich wenig mit der steigenden Agrarproduktion. Der zunehmende Verlust der gemeinschaftlich bewirtschafteten Flächen (der *usi civici*), der Allmende, brachte für sie nur eine Verschlechterung der Lebensverhältnisse. Die Tagelöhner schufteten für die *gabellotti*, also Großpächter, die im Zentrum der Getreideproduktion standen.

Die Situation der bäuerlichen Unterschichten verbesserte sich allerdings kaum, wenn sie nicht mehr für adlige, sondern für bürgerliche Gutsbesitzer arbeiteten. Denn diese erwiesen sich häufig, wie jene Figur des Calogero Sedara im wohl berühmtesten Roman über die gesellschaftlichen und politischen Verhältnisse Siziliens (Giuseppe Tomasi di Lampedusas *Il Gattopardo*) als gewinnsüchtiger und erbarmungsloser in den ökonomischen Beziehungen als ihre adligen Gegenspieler, in der Erzählung der Prinz von Salina. Hinzu kam, dass sich der Adel schließlich an die neue Situation und das Geschäftsgebaren anpasste. Im Zuge der anvisierten Produktionssteigerung handelte es sich um einen unausweichlichen Prozess. Vor allem das bürgerliche Unternehmertum brachte auf dem Land mit neuen Initiativen Fortschritte in der Produktion, etwa beim Anbau von Zitrusfrüchten.

Aber nicht nur auf Sizilien, sondern überall in Italien lässt sich für die Sattelzeit eine steigende Produktivität aufgrund der Eliminierungen der sozialen und wirtschaftlichen Ordnungen des Ancien Régime sowie der Steigerungen des Arbeitsfaktors und des Einsatzes neuer Techniken und neuer Kulturen beobachten. Dabei existierten große regionale Unterschiede, die nicht nur von den Besitzstrukturen, sondern auch von den klimatischen Gegebenheiten und der Bodenqualität abhingen.

Getreide, Mais und Wein wurden zwar überall angebaut, es entwickelten sich jedoch ausgesprochene Schwerpunkte in den einzelnen Regionen. Die größten Fortschritte im Reis- und Maisanbau wurden bezüglich der Produktivität und der Technik im Voralpenland erreicht. Der Mais wurde aufgrund seiner hohen Ernteerträge zum bevorzugten Nahrungsmittel der ärmeren Bevölkerungsschichten. Was für den Norden die Kartoffel war, war für Italien bald der Mais. Diese einseitige Mangelernährung führte allerdings auch zu einer neuen Krankheit, der *pellagra*, in deren Folge es zu Haut- und Durchfallerkrankungen und im Endstadium zum Angriff auf das Nervensystem kam. Die Krankheit wurde nach ihrem Leitsymptom *pellagra* (raue Haut) benannt. Reis hingegen war als Grundnahrungsmittel für die Massen noch viel zu teuer. Er entwickelte sich lediglich zu einem beliebten Lebensmittel der städtischen Ober- und Mittelschichten.

Der mit Abstand gewinnbringendste Exportschlager war die oberitalienische Rohseide. Sie galt als die beste, die auf dem internationalen Markt zu haben war. Die Seidenraupenzucht in den Maulbeerbäumen wurde den Pächtern auf Basis der *mezzadria* in den Hügellandschaften anvertraut. Maulbeerbaumkulturen standen im Piemont, in der Lombardei, im Veneto, in den Legationen des Kirchenstaates sowie in der Toskana und im Latium. Aber auch im Süden gab es bedeutende Standorte der Seidenproduktion. 1861 kamen 20 Prozent der italienischen Seide aus Kampanien, Kalabrien und Sizilien. Enorme Exportsteigerungen entfielen in der ersten Jahrhunderthälfte jedoch vor allem auf die Regionen Lombardei und Veneto. Dort wurden 1815 etwa 1,5 Millionen, 1841 3,5 Millionen und Mitte der 1850er Jahre rund 4,4 Millionen Kilogramm Seide produziert, wovon zwei Drittel in der Lombardei erwirtschaftet wurden. Hauptabnehmer war zunächst Großbritannien. Erst als die chinesisch-indische Seide die italienische Ware in Großbritannien preiswert unterbot, wichen die Kaufleute mit ihrer Rohseide nach Frankreich, hier vor allem nach Lyon, Deutschland und Russland aus. Vergeblich versuchte die Regierung in Turin, den Export von Rohseide zu verbieten. Sie erhoffte sich, größere Gewinne mit dem Endprodukt zu erzielen. Die Rohseide fand nun ihren Weg über Schmuggel in die Nachbarstaaten.

War die Rohseide das wichtigste Handelsgut des Nordens, entwickelte sich im Süden in der ersten Hälfte des 19. Jahrhunderts das Olivenöl neben Getreide zum begehrtesten Exportgut. Die Nachfrage kam vornehmlich von Briten, Franzosen und Holländern, die das Öl auch industriell verwerteten, um Stoffe geschmeidiger zu machen, wenn sie es nicht für die Seifenproduktion und als Beleuchtungsmittel nutzten. Die Exportsteigerungen für Olivenöl aus dem Mezzogiorno waren beachtlich. Wurde in den 1830er und 1840er Jahren Olivenöl für fünf Millionen Dukaten ausgeführt, so stieg die Summe auf neun Millionen Ende der 1850er Jahre. Diese Steigerung lässt sich nur mit der Expansion der Anbauflächen erklären. Führend waren hier die Olivenkulturen in Apulien, Terra di Bari und Otranto, sowie in Kalabrien. Einen beachtenswerten Aufschwung erzielte die Produktion in Apulien seit den 1840er Jahren, weil das Öl nun nicht mehr im Naturzustand exportiert wurde, sondern durch technische Verbesserungen bei der Raffinierung und Konservierung aufgewertet wurde. Die wachsende

Nachfrage konnte nicht nur durch die Ausweitung der Anbauflächen, sondern durch gezielten Einsatz von Schwefel beim Öl und auch beim Wein befriedigt werden.

Zu einer weiteren nachgefragten Ausfuhrware entwickelte sich seit dem 19. Jahrhundert neben Zitrusfrüchten und Mandeln aus dem Süden der qualitativ immer bessere Wein. Während der Marsala auf dem internationalen Markt vor der nationalstaatlichen Einigung annähernd verschwunden war, fanden hervorragende Weine aus der Toskana und dem Piemont steigenden Absatz. Und gerade in diesem Sektor waren es wiederum in erster Linie experimentier- und investitionsfreudige Adlige, die Spitzenweingüter schufen. Auf dem Castello di Grinzane kultivierte Camillo Cavour einen Barolo, der noch heute zu den besten Weinen Piemonts gehört. Sein Amtsnachfolger als italienischer Ministerpräsident, Baron Bettino Ricasoli, leistete Vergleichbares für die Steigerung des Qualitätsweins in der Toskana. Er erbte 1850 nach der gescheiterten Revolution die völlig verschuldeten väterlichen Güter. 100.000 Lire Einkommen reichten insgesamt nicht aus, um die Kreditzinsen zu zahlen. Ricasoli schloss seine Residenz in Florenz, zog aufs Land und studierte als Autodidakt Chemie und Agrarwirtschaft. In den nächsten Jahrzehnten gelang es ihm, im Arnotal mit dem toskanischen Halbpachtsystem einen hervorragenden Chianti zu produzieren. Wie Cavour griff Ricasoli energisch in die Produktionsprozesse ein, kümmerte sich um die Rebsortenauswahl und die Arbeiten im Weinberg, entließ unfähige Pächter mitsamt ihren Familien. Die traditionelle Autonomie der Pächter verschwand auch aufgrund der jährlich zu erneuernden Pachtverträge. Ricasoli perfektionierte die Produktion und die Vermarktung. Als er 1880 starb, waren seine Güter schuldenfrei und der Baron hinterließ seiner Familie ein stattliches Vermögen. Und wie im Falle Cavours stellt auch Ricasolis Engagement in der Toskana bei Weitem keine Ausnahme dar. Er ist nur ein besonders prominentes, gut erforschtes Beispiel eines neuen adligen Unternehmertyps, der die Agrarwirtschaft mit kapitalistischen Methoden betrieb. Als weitere Beispiele des alten toskanischen Adels seien nur die Familie Peruzzi, bekannt als mächtige Bankiers während der mittelalterlichen Blütezeit in Florenz, oder die Familie Cambray Digny genannt. Sowohl Luigi Guglielmo Conte di Cambray Digny als auch Ubaldino Peruzzi verbanden ihre Ämter als Bürgermeister von Florenz und Minister des jungen Nationalstaates mit einem äußerst erfolgreichen Engagement in einer modernisierten Weinproduktion. Peruzzi, im Übrigen verwandt mit Ricasoli und Enkel der letzten Vertreterin der Florentiner Medici, beschränkte sich keineswegs auf die Agrarwirtschaft, sondern spekulierte genau wie Cavour nicht nur im Eisenbahngeschäft.

4.2 Manufakturen und industrielle Anfänge

Häufig wird Italien im Vergleich zu den frühen Industriestaaten wirtschaftliche Rückständigkeit vorgeworfen. Allen voran werden Großbritannien und die deutschen Staaten als leuchtende Vorbilder für die Sattelzeit angeführt. Doch machen derartige Vergleiche überhaupt Sinn und auf welchen Parametern beruhen sie? Gab es nur den einen Weg in eine moderne Gesellschaft, der über die Schwerindustrie führte? Auch im Norden und in der Mitte Europas bildeten die Industriezonen noch lange im 19. Jahrhundert Inseln in einem agrarwirtschaftlich geprägten Meer. Die führenden deutschen und britischen Industriereviere entstanden dort, wo es große Kohlevorkommen gab: im Ruhrgebiet, in Schlesien und im Saarbecken sowie in Wales, Yorkshire und Schottland. In Italien hingegen war das schwarze Gold auf dem Apennin nur an kleineren Standorten vorhanden. Eisenerzvorkommen beschränkten sich auf Aosta und Vercelli (Piemont), die südliche Toskana, Elba und Sardinien. Eine wirtschaftliche Entwicklung, die auf der Ausbeutung riesiger Kohlereviere wie jenseits der Alpen beruhte, war schlicht unmöglich. Hinzu kam eine gewisse industrieskeptische Haltung von Vertretern der reichen Oberschichten bezüglich einer raschen und aggressiven Industrialisierung, nachdem sie auf Reisen nach Großbritannien die sozialen Folgen beobachten konnten: Pauperisierung und Proletarisierung. Selbst Cavour, der vor der Nationalstaatsgründung ökonomisch sehr dynamisch und liberal agierte, ging davon aus, dass eine Industrialisierung in Italien nur in den sogenannten „natürlichen" Sektoren wünschenswert sei, also vor allem im Nahrungsmittel- und Textilsektor. Hier sollte ein allmählicher Fortschritt einsetzen ohne Eingriffe seitens des Staates.

Vergleicht man Italien nicht mit dem Nordwesten Europas, sondern mit seinen mediterranen Nachbarstaaten, dann ist ihm sogar eine Vorreiterrolle bezüglich Manufakturen, Mechanisierung und Industrialisierung zuzusprechen. Während des Ancien Régime war die Zahl der Manufakturen noch gering, aber es gab durchaus hochgeschätzte Produktionsstätten. International bekannt war zweifelsohne eine der frühesten europäischen Porzellanmanufakturen: die der Familie Ginori in der Toskana. Erstmals war es 1710 in Meißen gelungen, Porzellan herzustellen, das zuvor aus China importiert werden musste. Gegründet wurde die erste italienische Produktionsstätte vom Marchese Gino Ginori 1737 auf seinem Landgut Doccia nordwestlich von Florenz. Anlässlich einer diplomatischen Reise nach Wien besuchte er zuvor dort die Porzellanmanufaktur Du Paquier und warb Porzellanmaler ab. In Doccia wurde luxuriöses Tafelgeschirr nicht nur für den italienischen Adel produziert, der seine Wappen einbrennen ließ. Darüber hinaus wurden Barockplastiken im florentinischen Stil, großformatige Skulpturen mit antiken und biblischen Sujets, Chinoiserien und überbordende figurale Tafelaufsätze hergestellt. Mit derartig künstlerisch hochwertigen Artikeln aus „weißem Gold" ließ sich in einer Zeit demonstrativen Luxuskonsums ein Vermögen erwirtschaften. Neben angesehenen Porzellanmalern arbeiteten in Doccia Mitglieder von Ginoris Pächterfamilien, die der Marchese nach Bedarf rekrutierte. Das so relativ kostengünstig hergestellte Porzellan war und ist nicht nur in Europa ein begehrtes Prestige- und Sammelobjekt.

Im benachbarten Kirchenstaat nahm derweil die Papierproduktion in den Marken einen bemerkenswerten Aufschwung. In Fabriano, einer kleinen Stadt unweit von Ancona, wurde schon seit dem Mittelalter Papier hergestellt, das im ausgehenden 18. Jahrhundert jedoch von besseren Erzeugnissen aus Frankreich vom Markt verdrängt wurde.

4.2 Manufakturen und industrielle Anfänge

Abb. 7: Porzellanmanufaktur Ginori, Große Beweinung Christi, um 1745/46.

1782 gründete Pietro Milani, Angestellter einer der zahlreichen kleinen Produktionsstätten Fabrianos, gemeinsam mit dem Conte Antonio Vallemani, eine Gesellschaft für Papierproduktion. Der Conte stellte seine Papierwerkstatt und Geld zur Verfügung. Milani brachte Unternehmergeist und technisches Expertenwissen in die gemeinsame Firma ein. Nach kurzer Zeit produzierten Milanis Anlagen effizienter Papier in deutlich besserer Qualität, das es mit der Konkurrenz aus dem Ausland aufnehmen konnte. Zum Erfolg haben zahlreiche Experimente und der konsequente Einsatz modernster Techniken entschieden beigetragen. Es gelang Milani als einzigem, im Kirchenstaat sogenanntes Seidenpapier herzustellen, das sich durch eine gleichförmige Transparenz und Feinheit auszeichnete. Der Unternehmer kaufte eine Werkstatt nach der anderen in Fabriano auf und schaffte allmählich den Aufstieg vom abhängigen Mitarbeiter zum Besitzer eines Firmenimperiums. 1817 vererbte er sein Lebenswerk an seine drei Söhne, die das Unternehmen im 19. Jahrhundert konsequent weiter ausbauten. Sowohl die Firma Milani als auch die der Ginori in der Toskana produzierten, wenn auch in abgewandelter Form und unter veränderten Besitzverhältnissen, Papier und Keramik bis in das 21. Jahrhundert hinein.

Im Königreich Neapel ergriff Ferdinand IV. selbst die Initiative, um die Produktion von begehrten Seidenstoffen voranzutreiben. Sein Vater, Karl III., hatte bereits 1743 eine Porzellanfabrik vor den Toren Neapels auf Capodimonte etabliert. Mit diesem Engagement befanden sich die Bourbonen auf Augenhöhe mit zahllosen Herrschern des Ancien Régime, die europaweit Manufakturen für Porzellan, Glas, Keramik, Tapisserien und Tapeten protegierten. Unweit von Caserta, Ferdinands gigantischer Sommerresidenz, wurde 1776 eine Seidenmanufaktur nach dem Modell der französischen Königsfabrik aufgebaut. Hier in San Leucio ließ er sein Jagdschloss in ein Zentrum der Seidenverarbeitung verwandeln. Die Produktion mit erstmals aus Piemont und dem Languedoc eingeführten Webstühlen war technisch fortschrittlich. Im Manufaktursystem wurde mit Maschinen zum Zwirnen und Aufspulen Seidengarn gewonnen, das von den Arbeitern in der Fabrik zu Stoffen weiterverarbeitet wurde. Ein Statut mit Pflichten und Zeitplänen reglementierte die Arbeitsabläufe des hierarchisch strukturierten Personals. Für die streng disziplinierten Arbeiterfamilien wurde eigens eine Siedlung von Reihenhäusern errichtet. Zuvor waren in Süditalien Seiden- und Wollstoffe im dezentralisierten Verlagssystem produziert worden. Die Seidenstoffe aus der Manufaktur San Leucio entsprachen höchsten Qualitätsanforderungen und fanden guten Absatz. Ob sie sich ohne die Unterstützung des Königshauses auf dem Markt hätten behaupten können, muss offen bleiben. – Es ließen sich weitere Beispiele für sehr erfolgreich arbeitende Manufakturen für die Zeit vor der Französischen Revolution anführen, etwa die Wollspinnereien in Piemont (Biella) und der Toskana (Prato).

Mit Beginn der Koalitionskriege und aufgrund der Kontinentalsperre gerieten viele der Manufakturen unter erheblichen Druck, obwohl die moderne, liberale Gesetzgebung sich prinzipiell positiv auswirkte. Doch die protektionistische napoleonische Wirtschaftspolitik, die französische Waren vor ausländischer Konkurrenz schützen sollte, wirkte sich hemmend auf die Ökonomie der Nachbarstaaten aus. Aufgrund eines vom Kaiser durchgesetzten Handelsvertrags mit dem Königreich Italien wurde die Einfuhr von Rohstoffen nach Frankreich und umgekehrt der Absatz von französischen Fertigprodukten nach Italien begünstigt. Diese Bedingungen förderten größere Investitionen in frühindustrielle Projekte in Norditalien naturgemäß nicht. Anders sah es hingegen in den annektierten italienischen Gebieten aus, die von Napoleons Schutzzollpolitik profitierten. Darüber hinaus heizte der immense Bedarf für die Ausstattung der Armeen die Nachfrage für Tuch, Schwefel, Pulver, Eisen und Waffen an. Nach dem Zusammenbruch des Empires gerieten die meisten Unternehmen, die unter dieser günstigen Konjunktur produziert hatten, jedoch in eine Krise.

4.2 Manufakturen und industrielle Anfänge

Ähnlich verhielt es sich im Königreich Neapel. Hier hatten Joseph Bonaparte und sein Nachfolger Joachim Murat als Regenten eine energische Industrieförderung im Interesse ihres Staates gegen Napoleons Willen souverän durchsetzen können. Da Murat aber jeglichen Protektionismus in Form von Schutzzöllen ablehnte, mussten die süditalienischen Betriebe mit den überlegenen ausländischen Waren konkurrieren. Zum ersten Mal floss in nennenswertem Ausmaß ausländisches Kapital ins Land und im Bereich des Manufakturwesens gewann der Süden gegenüber dem Norden an Terrain. Alles in allem gilt für die Manufakturen, abgesehen von der Eisen- und Seidenproduktion, dass die Ursprünge bezüglich der Mechanisierung der Arbeitsprozesse in die napoleonische Zeit zurückreichten.

Nach 1815 mussten sich die Unternehmer wieder in der italienischen Kleinstaaterei einfinden und mit neuen Zollsystemen auseinandersetzen. Da Exporte aber ohnehin ins Ausland und kaum in die Nachbarstaaten gingen, spielten Binnenzölle keine sonderlich große Rolle. Doch fiel es den italienischen Produzenten schwer, neue Märkte zu erobern. Nach dem Fortfall der napoleonischen Kontinentalsperre überfluteten preiswert produzierte britische Baumwollstoffe den Kontinent. Auch für Italien galt, genau wie zuvor für Großbritannien, dass der Textilsektor als erster die typischen Merkmale für die Industrieproduktion aufwies, nämlich: Konzentration, Mechanisierung, Nutzung von Energie und keine Saisonarbeit. Bezüglich der frühindustriellen Entwicklung ist generell festzuhalten, dass an den Standorten, an denen schon seit langem – in welcher Form auch immer, ob im Verlagswesen oder in frühen Manufakturen – gearbeitet wurde, die frühindustriellen Wurzeln und Modernisierungsprozesse einsetzten. Dabei führten alle Firmen Maschinen aus den wegweisenden europäischen Industrieregionen ein, kopierten sie, entwickelten sie weiter oder warben technische Experten an.

Zu den absoluten Marktführern in der Woll- und Tuchfabrikation entwickelten sich im frühen 19. Jahrhundert der piemontesische Ort Biella und Prato im Herzogtum Toskana. Die Erfolgsgeschichten in der frühindustriellen Entwicklung waren stets auf Standortfaktoren und unternehmerisch geschickt agierende Familiendynastien zurückzuführen. Das am Fuße der Alpen gelegene Biella ist untrennbar mit dem Namen Sella verbunden. Die Familie engagierte sich seit dem 16. Jahrhundert in der Tuchproduktion. 1817 wurde Pietro Sella, nachdem er eine Ausbildung in Großbritannien absolviert hatte, von Innenminister Roger de Cholex ermuntert, eine Werkstatt mit Textilmaschinen an seinem Heimatort einzurichten. Im Biellese war es möglich, die örtlichen Kohlelager abzubauen. Die ersten mechanischen Spinnmaschinen wurden aus Belgien von den berühmten Cockerill Werken in Seraing importiert. Zugleich warb Sella belgische Techniker an. Später wurden mechanische Webstühle eingeführt und die Familie gründete eine Firma, die unter Ausnutzung von Wasserkraft hydraulisch Elektrizität herstellte. Der prominenteste Spross der Familie im späten 19. Jahrhundert war dann zweifelsohne sein Sohn Quintino Sella, der nach einem Studium des Ingenieurswesens in Turin und in Paris auf der *École des mines* zunächst als Mineraloge Karriere machte.

Seinen Lehrstuhl in Turin gab er 1860 auf, um als industriefreundlicher Wirtschaftspolitiker und Finanzminister der *Destra storica* den jungen Nationalstaat mitzugestalten.

Das Engagement der Familie Mazzoni in Prato weist auffallende Parallelen zum wirtschaftlichen und technischen Handeln der Sellas in Piemont auf. Auch in der Toskana wurden in dem unweit von Florenz gelegenen Prato seit der frühen Neuzeit Wolle und Stoffe produziert. Giovanni Battista Mazzoni, Vertreter einer der ortsansässigen Tuchfabrikantenfamilien, war ein Gründungsstudent der von Napoleon in Pisa gegründeten *Scuola normale superiore*. Nach dem Herrschaftswechsel erkannte der habsburgische Großherzog Ferdinand III. das außergewöhnliche Talent des jungen Mannes und gewährte ihm ein Stipendium für die Fortsetzung seiner naturwissenschaftlichen Studien in Paris. 1820 in die Toskana zurückgekehrt, baute er in einem ehemaligen Kloster eine mechanische Fabrik auf, die mit Hydraulik angetrieben wurde. Zudem perfektionierte er seine Spinnmaschinen für Streichgarn und gehörte zu den Mitbegründern einer Bank. Nach 1850 gelang es Mazzoni, mit einem neuen technischen Verfahren, durch die Wiederverwertung von Stoffresten und gebrauchter Kleidung, die in Massen importiert wurden, gemischt mit neuer frischer Wolle, sehr viel preiswertere und im Ausland stark nachgefragte Stoffe zu produzieren. Als Gonfaloniere (Stadtoberhaupt) von Prato engagierte er sich für eine Eisenbahn über den Apennin, die seine Heimatstadt mit Florenz und Bologna verbinden sollte.

Doch auch im Veneto, in der Lombardei und im Kirchenstaat gab es vergleichbar erfolgreiche Stoff- und Wollproduktionszentren, die alle dieselben Merkmale aufwiesen: traditionelle Familienunternehmer, die die Zeichen der Zeit erkannten, über Wasserkraft vor Ort verfügten und auf Handwerker zurückgreifen konnten, die seit Langem technische Fähigkeiten erlernt hatten und eine Art potenzielle Arbeitskräftereserve darstellten. So wurde auch in Schio in der Provinz Vicenza seit dem 15. Jahrhundert Wolle produziert. Hier im Leagro-Tal schuf Alessandro Rossi eine der größten Textilfabriken des Landes. 1873 wagte seine Fabrik *Lanerossi* den Sprung vom Familienunternehmen zur Aktiengesellschaft. Im Nachbarort Valdagno baute derweil die Familie Marzotti ihre Fabriken auf. Luigi Marzotti zentralisierte die zuvor im Verlagssystem isoliert beschäftigten Arbeiter in seiner Firma. Sein Sohn Gaetano gab dann den Handel mit den Produkten auf, konzentrierte sich vollständig auf die Fabrikation und vertrat die Interessen der Provinz, zum Conte geadelt, im nationalen Parlament. Seinen Reichtum investierte Marzotti als Mäzen in zeitgenössische Kunst. Wie Mazzoni engagierte er sich für den regionalen Eisenbahnbau. In London gewann er 1879 Interessenten für die Gründung einer Eisenbahngesellschaft, die *Province of Vicenza Steam Tramway Company*, die den Transport der Rohstoffe und der pendelnden Arbeiter ermöglichte. Für die Lombardei sind vor allem die zahlreichen Seiden- und Tuchproduktionsstätten am Alpenkamm und in und um Mailand zu nennen.

Im Süden blieben Konzentrationen von Fabriken wie im Umfeld von Biella, Schio oder Mailand die Ausnahme. Im Kirchenstaat kam es zu einer frühindustriellen Schwerpunktbildung im südlichen Latium. In Isola del Liri, das über große Wasserfälle verfügte,

4.2 Manufakturen und industrielle Anfänge

und in den benachbarten Orten Sora und Arpino entwickelte sich eine hydraulisch angetriebene Woll- und Papierindustrie, die in den Jahren 1820–1860 mehrere tausend Arbeiter beschäftigte. Aufgrund der Einführung holländischer Maschinen konnte schließlich so viel Papier hergestellt werden, dass man nicht mehr auf teure Importe angewiesen war. Im Königreich beider Sizilien wurden in Cosenza unter anderem gewinnbringend Seidenstoffe produziert. Ein weiterer wichtiger Standort war das unweit von Neapel gelegene Salerno, wo wiederum die Wasserkraft von Sarno und Irno, das reiche Vorhandensein an Wolle und geringe Lohnkosten sowie eine traditionell in der Textilindustrie beschäftigte Bevölkerung günstige Bedingungen schufen. Trotzdem existierten im Süden vor der Vereinigung nur wenige Firmen, die man als industriell bezeichnen kann.

In der chemischen Industrie wurden in der ersten Jahrhunderthälfte erste Fortschritte erzielt. Aber auch in diesem Sektor machte sich der Mangel an Kohle empfindlich bemerkbar, denn sie musste zum größten Teil teuer importiert werden. Dieser Nachteil wurde nur bedingt durch die Wasserkraft kompensiert. Die Kohle fehlte bei der Be- und Verarbeitung von Eisenerzen, Kupfer und Zink oder bei der Gewinnung von Natriumkarbonat, Chlor oder Magnesium. Zudem gab es in Italien weder genug Eisenerz noch Schwefel, um eine nennenswerte chemische Industrie in Gang zu setzen. Einzige Ausnahme bildeten die großen Schwefelvorkommen auf Sizilien. In den 1840er Jahren machten Schwefelexporte 20 Prozent des gesamten Exportvolumens der Insel aus. Abgebaut wurde er weiterhin in traditioneller Weise. 16.000 Arbeiter waren auf Sizilien im Schwefelabbau beschäftigt, zu inhumanen und gesundheitsgefährdenden Bedingungen. Im Norden stagnierte die chemische Industrie ebenfalls, etwa im Bereich der Dünger- und Seifenproduktion.

Der Mechanisierung des Baumwollsektors folgten der Maschinenbau und schließlich die Eisenbahnen. Die Industrialisierung breitete sich allmählich aus, wobei sich nun die deutlich dynamischere Entwicklung im Norden von der im südlichen Italien abhob. Der Aufschwung konzentrierte sich im Wesentlichen auf Piemont, die Lombardei und Ligurien und seine Metropolen: Mailand, Turin und Genua mit ihren steinreichen Eliten, ihren Industrien, Verkehrsverbindungen und technischen Ausbildungsmöglichkeiten. Sie bildeten das Dreieck, das bis in die Gegenwart für die wirtschaftliche Modernisierung und industrielle Produktion prägend geblieben ist. Mailand wurde zum bedeutendsten Stützpunkt der mechanischen Industrien, die auf den italienischen Markt drängten. Hier arbeiteten um die Jahrhundertmitte mehr als 90 Werkstätten, die das Gerüst für die sich entwickelnde Metallindustrie bildeten. In der wirtschaftlich potentesten Region Italiens floss das Geld aus der Seidenproduktion in neue industrielle Projekte. Vor allem der lombardische Adel besaß große Kapitalmengen aufgrund des enorm kostenintensiven Seidenhandels, wobei die Kommanditgesellschaft in Mailand die beliebteste Rechtsform bei Firmengründungen darstellte. Während der Geschäftsführer in der Öffentlichkeit auftrat, unterzeichneten die Kommanditisten lediglich den Vertrag bei einem Notar und investierten auf diese Weise ihre überschüssigen

Finanzmittel. Mit dieser Konstruktion wurden Handelskapital und technisches Wissen zusammengebracht und unternehmerische Netzwerke erweitert. Außerdem schränkten die Kommanditisten ihre Mobilität aufgrund der begrenzten Vertragsdauer nicht ein. Die wichtigste Wirtschaftszeitung Mailands, *L'Eco della Borsa*, kommentierte das Vorgehen 1838 wie folgt: „Der Mann, der in seiner Arbeit fähig ist, besitzt meistens nicht das Kapital, das er braucht: Durch die Kommanditgesellschaft will der Gesetzgeber Kapital und Unternehmergeist verbinden."[2] So bekam etwa die 1840 von den bürgerlichen Bouffier und Schlegel gegründete Gießerei und Maschinenfabrik Elvetica, die Turbinen, Dampfmaschinen und Maschinen zur Verarbeitung landwirtschaftlicher Produkte herstellte, ihr Kapital von acht Kommanditisten, die mehrheitlich der städtischen Aristokratie Mailands entstammten. Allein der Marchese Leopoldo D'Adda investierte 1850 über 120.000 Lire als Gesellschafter in die Elvetica. Fünf Jahre später beschäftigte die Firma rund 350–400 Arbeiter.

Weitere zukunftsweisende Impulse gingen von der Firma *La Grondana* in Mailand aus, die Eisenbahnwaggons produzierte. Die reichen Mailänder Notabeln versuchten allmählich, außerhalb ihres traditionellen Investitionsverhaltens in Grundbesitz, Seidenhandel und Staatspapieren ihr Vermögen diversifizierend zu vermehren. Sie beteiligten sich an Maschinenfabriken, Infrastrukturprojekten und öffentlichen Dienstleistungsfirmen, wie etwa der *Società del gas*.

Die Hauptstadt der Lombardei entwickelte sich zum Zentrum der Metallproduktion und -verarbeitung, aber auch andere traditionelle Produktionsstätten in Brescia, Bergamo und Dongo am Comer See nahmen an Fahrt auf. Dort schlossen sich ebenfalls europäisches Know-how und altes Kapital zusammen. 1840 warb die Familie Rubini den elsässischen Ingenieur Georges Henry Falck an. Die gemeinsam gegründete Gesellschaft Rubini, Falck, Scalini & Comp. setzte als erste Hochöfen und das Puddelverfahren bei der Eisenproduktion ein, wobei dieses Verfahren die Energiezufuhr entscheidend drosselte. Derweil konsolidierte sich auch im Aostatal die metalltechnische Industrie Piemonts. Des Weiteren entstand in einem heutigen Stadtteil Genuas, in Sampierdarena, eine der führenden Metallfabriken Liguriens. Gegründet 1846 von dem britischen Ingenieur Philip Taylor und dem Unternehmer Fortunato Prandi, wurde sie vom Staat unterstützt, um das notwendige Material für die Zugverbindung von Genua nach Turin zu produzieren. Doch 1852 musste Taylor & Prandi Konkurs anmelden. Nun wurde die Firma wiederum als Kommanditgesellschaft von italienischen Bankiers und dem Ingenieur Giovanni Ansaldo übernommen. Energisch gefördert von Ministerpräsident Conte Camillo Cavour, wurden zunächst Eisenbahnteile und bereits 1854 die erste Lokomotive Italiens, die Sampierdarena, produziert. Rohstoffe lieferte die nahegelegene Insel Elba mit ihren beträchtlichen Eisenerzvorkommen. Als weitere metallverarbeitende Orte und Firmen von Rang seien noch Follonica in der Toskana, die Eisenfabrik *Mongiana* in Kalabrien, wo 1860 1000 Arbeiter beschäftigt wurden, sowie die Eisengießerei *Oretea* in Palermo genannt, wo zu diesem Zeitpunkt 200 Männer Beschäftigung fanden.

Alles in allem handelte es sich um bedeutende Anfänge, die für die weitere industrielle Entwicklung vor allem Norditaliens in der zweiten Hälfte des 19. Jahrhunderts die essenziellen Grundlagen bildeten. Den Mangel an Kohle kompensierte man vielerorts durch eine technisch ausgereifte Hydraulik unter Ausnutzung der zahlreichen Flüsse. Und dennoch gilt es zu betonen, dass, verglichen mit Nordeuropa, die Eisen- und Metallproduktion aufgrund der weitgehend fehlenden Bodenschätze in den Kinderschuhen stecken blieb. Wurden in Großbritannien 1861 über 3,7 Millionen Tonnen Eisen produziert, so waren es in Italien nur knapp 30.000. Wohlstand und Reichtum ließen sich weiterhin vor allem in der Landwirtschaft und in der Seidenproduktion erwirtschaften. Um die Jahrhundertmitte war Italien bevölkert von Menschen, die als Bauern oder Tagelöhner arbeiteten, von zahllosen Handwerkern, Kaufleuten, die oft zugleich Unternehmer waren, Bankiers, Angestellten in den öffentlichen Verwaltungen sowie Vertretern der freien Berufe.

Spekulative Gewinne ließen sich aber, wie andernorts in Europa auch, zunehmend mit Eisenbahnaktien sowie mit Bank- beziehungsweise Versicherungsgeschäften machen. In Neapel wurde am 3. Oktober 1839 die erste Eisenbahnlinie nach Granatello di Portici entlang des Golfes von König Ferdinand II. pompös eingeweiht. Sie war 7,6 Kilometer lang und diente dazu, den König in seinen Sommerpalast und die europäischen Touristen der Grand Tour nach Herculaneum zu bringen. Von diesen frühen Anfängen abgesehen, kam es im Norden des Landes zu einer deutlich dynamischeren Entwicklung. Zu Beginn der 1860er Jahre verfügte der Süden über 126 Kilometer Bahnverbindungen, die rund eine Million Lire gekostet hatten. Dem standen mehr als 1400 Bahnkilometer in Piemont, Ligurien, Lombardei und Veneto gegenüber, in die über zwölf Millionen investiert worden waren, sodass der Norden bezüglich der Infrastruktur mit seinen Kanälen und Eisenbahnen anderen fortschrittlichen Regionen Europas glich. Für den Aufbau des Schienennetzes waren die Interventionen von Seiten der einzelnen Regenten gemeinsam mit unternehmerischem Kapital entscheidend. Während Karl Albert in Turin als energischer Verfechter von Bahnlinien auftrat, verhinderte Papst Gregor XVI. derartige Investitionen im Kirchenstaat. Unter seinem Nachfolger Pius IX. konnten erste Eisenbahngesellschaften sofort nach seiner Wahl 1846 aktiv werden. Wiederum war es der reiche landbesitzende Adel, der sein Kapital investierte. An der Spitze der diversen Eisenbahngesellschaften standen Vertreter der römischen Adelsfamilien Borghese, Caetani, Corsini, Odescalchi und andere mehr. Alles in allem waren Eisenbahnaktien beliebte Spekulationsobjekte und verhalfen dazu, weitere Reichtümer zu generieren. Die Eisenbahngesellschaften blieben bis zum Beginn des 20. Jahrhunderts in privater Hand, Versuche der Verstaatlichung konnten im Parlament abgewehrt werden.

Dieselben Akteure dominierten das Geschäft mit Banken und Versicherungen. Dabei veränderten sich im 19. Jahrhundert die Formen der Geldleihe grundlegend. Zu Beginn des 19. Jahrhunderts war das westeuropäische Bankenwesen – gemessen an heutigen Maßstäben – völlig unterorganisiert. Eine Ausnahme bildeten lediglich große Handelsstädte wie London, Paris, Köln oder Florenz. Hier waren bereits vor 1800 Bankhäuser entstanden, die Kredite an ausgewählte Handelskunden vergaben, aber auch nur an diese. Im Bedarfsfall waren Kreditsuchende in Westeuropa also nach wie vor auf den privaten Markt angewiesen. Kredite wurden während des ganzen 19. Jahrhunderts innerhalb von familiären, geschäftlichen und gesellschaftlichen Netzwerken vergeben und wurden erst allmählich von institutionellen Geldgeschäften abgelöst. In Italien funktionierten die Kreditstrukturen über die Agrarwirtschaft und Handelsgeschäfte mit Produkten aus dem Primärsektor. Während des langen 19. Jahrhunderts entstanden dann zunehmend Privatbanken und Sparkassen. Letztere entwickelten sich in den 1830er und 1840er Jahren zum Erfolgsmodell. Sie wurden in allen größeren Städten Italiens etabliert und dienten zum Ansparen kleiner Vermögen. Dabei sollten die Sparkassen im Wesentlichen vor Altersarmut schützen, Risikokapital für Firmengründungen verliehen sie nicht. Eine weitere Möglichkeit, Geld zu leihen, boten um 1860 die rund 1000 *Monti di pietà*, Pfandleihhäuser, die meist direkt oder indirekt von religiösen Institutionen kontrolliert wurden. Firmengründungen finanzierten die Interessenten lange mit privatem Kapital über die bereits erwähnten Kommanditgesellschaften, bei denen familiäre Netzwerke eine erhebliche Rolle spielten. Seit den 1840er Jahren wurden in den großen Handelszentren Banken gegründet, die in großem Umfang Infrastrukturmaßnahmen und industrielle Unternehmen finanzierten, etwa die *Banca di Torino* oder die *Banca di Genova*. Natürlich entwickelte sich auch Mailand zu einem Bankenplatz erster Güte, und die 1857 gegründete *Banca nazionale* der Toskana finanzierte die Eisenindustrie in Follonica mit privatem und internationalem Kapital, um so Modernisierungsprozesse voranzutreiben.

4.3 Europäische Unternehmernetzwerke

Die Dynamik der italienischen Wirtschaft verdankt dem transnationalen Engagement eingewanderter europäischer Kaufleute und Unternehmer viel. Übersehen werden darf aber auch nicht, dass italienischen Akteuren in anderen Ländern ebenfalls eine bedeutende Rolle als Händler zukam. Überhaupt gilt, dass überall in Europa, wo sich unternehmerische Chancen eröffneten, diese oft von Ausländern ergriffen wurden, die eine bestimmte technische Ausbildung besaßen oder über entsprechendes Kapital verfügten. Folgen wir Monika Poettinger, dann lag in allen mitteleuropäischen Großstädten die Quote ausländischer Unternehmer bis in die 1830er Jahre bei 30–40 Prozent.

Diese wirtschaftlichen Migrationsprozesse hatten eine lange Tradition. Bereits aus der spätmittelalterlichen Städtelandschaft Oberitaliens brachen Kaufleute, Künstler und Bankiers in die wichtigsten europäischen Zentren auf, aber auch in den Süden der Halbinsel beziehungsweise in den Mittelmeer- und Schwarzmeerraum. Eine besonders erfolgreiche Gruppe stellten dabei Geldverleiher dar, das Wort Lombarde stand gleichsam als Synonym für Wechselbankier. Diese in vielen europäischen Regionen

4.3 Europäische Unternehmernetzwerke

nachweisbaren, ursprünglich aus der Großregion um Asti stammenden Personenverbände waren aufgrund ihrer rechnerischen Fähigkeiten als Fachleute sehr geschätzt. Heute noch zeugen die zahllosen *Lombard Street* oder *Rue des Lombards* von ihren Aktivitäten. Alles in allem war schon im Mittelalter die Bereitschaft weit verbreitet, besonders befähigte Kaufleute und Handwerker aus anderen Ländern aufzunehmen. Die „Italiener" waren überall aktiv, genau wie die Armenier und die Juden. Neben Bankgeschäften handelten sie mit Stoffen, Gewürzen und Sklaven. Den Neubürgern war der Kontakt zur Heimat kostbar und wurde gepflegt. So bildeten sich familiäre Netzwerke in der Form, dass jüngere männliche Verwandte den bereits etablierten Unternehmern ins Ausland nachfolgten. Zu den Wirtschaftsmigranten gesellten sich in der Frühen Neuzeit ganze Heerscharen von Malern, Bildhauern, Architekten und Musikern, die sich in den Dienst der europäischen Höfe und der europäischen Aristokratie stellten.

Im 18. Jahrhundert bildeten die von ihren deutschen Kollegen teilweise abschätzig als „Zitronen- und Pomeranzenhändler" bezeichneten italienischen Kaufleute aus Norditalien eine überaus erfolgreiche Gruppe italienischer Wirtschaftsmigranten. Als das wichtigste Herkunftsgebiet der um 1800 vor allem in südwestdeutschen Städten feststellbaren Einwanderer gilt dabei die engere und weitere Umgebung der drei lombardischen Seen: Lago Maggiore, Luganer sowie Comer See. Die mit Abstand größten Gruppen lebten in Mainz, Köln, Frankfurt am Main und kleineren Städten wie Bonn, Trier oder Koblenz, die an schiffbaren Flüssen liegen. Männliche Familienmitglieder bauten jeweils neue Niederlassungen in den Nachbarstädten auf. Sie handelten mit Produkten aus ihrer oberitalienischen Heimat, unter anderem mit Zitrusfrüchten, und schafften binnen Kürze einen außergewöhnlichen Aufstieg in die führenden Notabelnfamilien ihrer Wahlheimat. Sie heirateten Töchter der örtlichen Kaufmanns- und Beamteneliten und wurden rasch in die Lokalpolitik integriert. Im Vormärz agierten sie bevorzugt aufseiten der Liberalen. Genannt seien hier nur einige der berühmtesten italienischen Einwandererfamilien, die sich als wahre Integrationsmeister erwiesen: etwa in Frankfurt die allseits bekannte Familie des Schriftstellers Clemens Brentano oder die vermögende Kaufmannsfamilie Guaita aus Codogna, einem kleinen Ort oberhalb von Menaggio am Comer See. Sie stellte 1822 mit Georg Friedrich von Guaita in der streng lutherischen Stadt den ersten katholischen Bürgermeister. Eine Seitenlinie der Guaitas etablierte sich in Aachen als Nadelfabrikanten und bekleidete dort das Amt des Bürgermeisters in französischer und preußischer Zeit. In Köln kreierte derweil die Familie Farina das berühmte *Eau de Cologne*. Dieser Verkaufsschlager wird bis zum heutigen Tag vom immer noch familiengeführten Unternehmen nach derselben Rezeptur produziert. Und im Hunsrück baute die Familie Puricelli um 1800 ein erfolgreiches Eisenhüttenimperium auf.

In den italienischen Staaten etablierten sich derweil bevorzugt britische, französische und schweizerische Kaufleute und Bankiers. Einer der mit Abstand glänzendsten Aufstiege gelang zweifelsohne der Familie Torlonia in Rom. Die Torlonia stammten aus der Auvergne und hatten sich Mitte des 18. Jahrhunderts in Rom niedergelassen.

Durch Tuch- und Getreidegeschäfte, Beteiligungen an Baumwollmanufakturen, Säge- und Bergwerken, später vor allem durch den Kunsthandel und mit Bankgeschäften brachten sie es zu einem exorbitanten Vermögen. Nach 1800 waren die Torlonia die führenden Bankiers Roms. In der französischen Zeit spekulierte Giovanni Torlonia erfolgreich mit Heereslieferungen und Kreditgeschäften. Während der Restauration fungierten er und später sein Sohn Alessandro als Bankier des Papstes und der in Rom weilenden europäischen Aristokratie. Giovanni und Alessandro akkumulierten Adelspaläste, Landgüter und Adelstitel, zunächst den eines Marchese di Romavecchia, dann den eines Principe. Seinen Reichtum nutzte vor allem Alessandro, um sich im Stil der renaissancezeitlichen Päpste als Mäzen mit Palastbauten, Residenzen, Kunstsammlungen, Theatern und archäologischen Ausgrabungen zu inszenieren. Bei einem luxuriösen Empfang mit mehr als 4000 Gästen waren unter anderem Papst Gregor XVI. und der bayerische König Ludwig I. anwesend. Bei einem anderen Fest mit Musik und Feuerwerk lud Alessandro 20.000 Römer in seine vor der Stadt gelegene Villa Torlonia ein. Der römische Dichter Giuseppe Giacomo Belli, bekannt für seine scharfzüngigen Sonette über die römische Gesellschaft, verfasste über dieses Spektakel ein Fürstenlob in Versen. Der Prinz habe sich mit dieser Feier einen unsterblichen Namen im römischen Volk gemacht. Auch in Stendhals Reisebeschreibungen finden sich ausführliche Passagen über die kulturellen und gesellschaftlichen Inszenierungen der Familie Torlonia; dabei sind die Ausführungen, die sich auf die Bankgeschäfte beziehen, extrem despektierlich.[3]

Als Alessandro nach dem Tod seines Vaters 1829 das immense Vermögen erbte, mehrte er dieses und diversifizierte wie Cavour und Ricasoli seine Geschäfte. Großen Erfolg hatte er mit europaweiten Bank- und Eisenbahngeschäften. Enge Beziehungen unterhielt er zu James de Rothschild. Parallel investierte er weiterhin Unsummen in Landkäufe und agrartechnische Unternehmungen. Sein mit Abstand größtes Unternehmen stellte die Trockenlegung eines ganzen Sees, des Fucino, südlich von Rom dar, ein außergewöhnliches Projekt sowohl unter technischen, kulturellen als auch sozialen Aspekten. Gewonnen wurde so eine Ackerfläche von 20.000 Hektar. Auf diese Weise gelang den Torlonia der Aufstieg in die großgrundbesitzende römische Aristokratie. 1870 gehörte fast die Hälfte der römischen Campagna (91.000 Hektar) immer noch 25 adligen Familien. Die zehn reichsten von ihnen vereinigten 75.000 Hektar auf sich, wovon allein die Torlonia 26.000 Hektar besaßen. Hinzu kam Großgrundbesitz in weiter entfernt liegenden Gegenden des ehemaligen Kirchenstaates.

Ein vergleichbar illustres Beispiel für elitäre Wirtschaftsmigration stellt zweifelsohne das mächtigste, einflussreichste europäische Finanzhaus Rothschild aus Frankfurt am Main dar. Der Gründer des Bankenimperiums, Mayer Amschel Rothschild, ordnete seine Söhne systematisch in europäische Metropolen nach Paris, London und Neapel ab, um dort Filialen aufzubauen. Dort etablierte Karl Mayer von Rothschild 1820 die fünfte Bank der Familie. Zuvor hatte er 1814 die Versorgung der Truppen Wellingtons organisiert. 1821 finanzierte Rothschild jene österreichischen Truppen, die König Ferdinand I. dabei unterstützten, der liberalen Revolution in Neapel ein rasches Ende

4.3 Europäische Unternehmernetzwerke

zu bereiten. Anders als Torlonia integrierte sich der jüdische Bankier nicht an seinem neuen Standort, sondern pendelte vielmehr zwischen Frankfurt und Neapel. Auch er verstand es, seinen neuen Reichtum demonstrativ zur Schau zu stellen. Seine an der Küstenstraße Riviera di Chiaia gelegene prächtige Villa Pignatelli mit Blick auf den Vesuv reihte sich zwischen die Paläste der italienischen Aristokratie ein. Die Villa bot seiner elitären europäischen Klientel Unterkunft bei Reisen an den Golf. Die Niederlassung in Neapel führte nach seinem Tod der Sohn Alphonse weiter. Alles in allem blieb die Bank immer im engsten Kontakt mit dem Mutterhaus in Frankfurt. Als Alessandro Torlonia 1831 in seiner Funktion als Schatzmeister des Papstes versuchte, den hochverschuldeten Kirchenstaat mit einer großen Staatsanleihe zu sanieren, und seine eigenen Mittel dazu nicht ausreichten, wandte er sich nicht an die Rothschildbank im Nachbarstaat, sondern an James de Rothschild in Paris. Nach intensiven Verhandlungen schlossen beide einen Vertrag über eine gewaltige Emission von Rententiteln ab, die erste einer ganzen Serie. Fortan war James de Rothschild für mehr als zwanzig Jahre nicht nur der wichtigste Bankier des Kirchenstaates, sondern auch der anderen italienischen Staaten vor der Einigung. Nach der Nationalstaatsgründung übernahm das Bankhaus diese Funktion ebenfalls im neuen Königreich Italien. Einer der größten Konkurrenten Rothschilds in Neapel war die ehemals aus der Schweiz stammende Familie Mörikhofer, die zunächst in Lyon mit Seide gehandelt hatte. Sie verlagerte ihre Geschäfte im ausgehenden 18. Jahrhundert nach Neapel und passte ihren Namen als Meuricoffre an. Mit den Gewinnen aus den Handelsgeschäften gründete sie eines der kapitalkräftigsten Bankhäuser und engagierte sich nach 1815 wie die Rothschilds über Banken in Paris und London in Geschäften mit Staatsschulden der verschiedenen italienischen Staaten.

Die Schicksale der Familien Torlonia, Rothschild und Meuricoffre scheinen einzelne, herausragende Erfolgsgeschichten zu bieten, dabei sind sie nur besonders beindruckende Beispiele für ein komplexes transnationales Migrationssystems auf der Apenninenhalbinsel, in dem Schweizer, Deutsche, Franzosen, Engländer, Belgier und Griechen die stärksten Gruppen bildeten. Während man früher Migration immer nur in eine Richtung untersuchte, nämlich in die des Aufnahmelandes, werden heute auch zirkuläre Bewegungen mit Rückwanderungsprozessen, wie im Falle der Rothschilds in Neapel, zunehmend fokussiert. Wegen der Heimkehrer lässt sich auch der Umfang der Migration schwer messen. Staatliche Erhebungen gab es noch nicht und die Grenzen waren durchlässig. Ein Phänomen lässt sich bei allen ausländischen Firmengründern konstatieren: die enorme Bedeutung der familiären Netzwerke, die Vertrauen schufen, eine conditio sine qua non für die teilweise sehr riskanten Geschäfte. Hinzu kam eine erstaunlich große Mobilität. Dabei stehen die hier genannten Bankiers und Händler noch für den Einwanderungstyp des 18. Jahrhunderts. Die größten Städte und Häfen der Staaten des Ancien Régime waren Sitz von zahlreichen ausländischen Handelsfirmen, die über ihre Kommissionshandlungen Im- und Exportgeschäfte betrieben. Eine Unternehmensform, die vor 1800 ausländisches Kapital anzog, war die enge

Kombination von Seidenhandel und Bankengründungen. So siedelten sich etwa in Mailand bevorzugt deutsche und schweizerische Unternehmer an. Im benachbarten Bergamo lassen sich während der Sattelzeit rund zwanzig Unternehmerfamilien aus den Kantonen Graubünden und Zürich sowie den französischen Cevennen in der Seidenproduktion nachweisen.

Im 19. Jahrhundert gesellte sich dann ein neuer Geschäftstyp hinzu: die Gründer von Manufakturen und Fabriken sowie die Ingenieure mit dem dringend erforderlichen technischen Know-how. Wir sind ihnen schon bei den Ausführungen zu den zahlreichen Textil- und Papierfabriken sowie bei den Eisenhütten und Maschinenbaufirmen in allen italienischen Staaten begegnet. Auf den ersten Blick scheinen diese Migrationsprozesse für die einzelnen Städte analog zu verlaufen, doch bei genauerer Beachtung der Zeiträume, in denen sich die Familien ansiedeln, fallen die Unterschiede zwischen Norden und Süden auf, die wiederum die Prozesse der beginnenden Industrialisierung spiegeln. Am frühesten lassen sich dieser neue ausländische Unternehmertyp und die Ingenieure in der Lombardei, in Piemont und Ligurien nachweisen. Maßgeblich im Textilsektor entwickelten sie eine größere Dynamik in der industriellen Entwicklung, wobei sie ständig neue Techniken importierten und neue Organisationsprozesse erprobten. Vor Ort konkurrierten und kooperierten sie mit traditionellen einheimischen Unternehmen.

Für den Süden lassen sich zunächst ähnliche Phänomene beobachten. Neapel, Messina, Palermo, Catania und Bari zogen Kaufleute, Bankiers und Unternehmer aus der Schweiz, den deutschen Staaten sowie Briten und Franzosen an. Sie spielten eine erstrangige Rolle in den ökonomischen Aktivitäten des Königreichs. Chronologisch lassen sich die Migrationsschübe wie folgt einordnen: Zunächst machte sich ein starker Zuzug seit der Mitte des 18. Jahrhunderts bemerkbar, der während der französischen Revolutionskriege unterbrochen wurde, um im napoleonischen Jahrzehnt wieder entscheidend anzusteigen. In den 1830 Jahren nahmen die Zahlen deutlich zu, als neben den Initiativen im Handel und Bankenwesen die ausländischen Unternehmer massiv in die Baumwollindustrie investierten. Auffallend ist in diesem Sektor das ungewöhnliche Engagement protestantischer Schweizer. Aber diese letzte Welle betraf nur noch Neapel und Salerno, marginal auch Bari, während die sizilianischen Städte kontinuierlich vor allem Händler aufnahmen.

Die Migration ausländischer Unternehmer nach Italien ist allgemein gut erforscht, wobei die der Protestanten mit Abstand am besten ausgelotet wurde. Zum einen waren sie zahlenmäßig stark vertreten, zum anderen hinterließen sie leicht erkennbare Spuren, weil sie sich aus konfessionellen Gründen nicht in die katholische Mehrheitsgesellschaft integrieren konnten oder wollten. Am besten erforscht sind diese Migrationsprozesse für Bergamo, Genua, Mailand, Turin und Neapel. Über die süditalienische Residenzstadt hat Daniela Luigia Caglioti profunde Studien vorgelegt. Sie erforschte den Werdegang für die deutsch-schweizerischen Kaufleute und Firmenbesitzer über mehrere Generationen hinweg. Sie brachten Kapital und technisches Wissen mit, waren gut in das örtliche Informationsnetz eingebunden und nutzten ihren Vorsprung an Ressourcen geschickt aus. Neue Sozialbeziehungen, die sie in Neapel knüpften, blieben immer innerhalb der protestantischen Familien. Die Deutschen und Schweizer lebten in einer Parallelgesellschaft, familiäre Netzwerke schlossen italienische Katholiken im privaten Leben aus, sodass sie nur innerhalb ihrer eigenen Gruppe heirateten. Nach dem Ausbruch des Ersten Weltkrieges führte der Sonderstatus zu ihrer Internierung und Ausweisung.

Ähnlich verhielt es sich in Genua, das sich besonderer Beliebtheit bei Schweizern und Briten erfreute. Wie in Neapel unterhielten sie nolens volens eine eigene Schule, eine protestantische Kirche, einen Friedhof und ein Hospital. Sie etablierten ein gesondertes Vereinsleben mit einer Wohltätigkeitsgesellschaft, elitären Klubs und geselligen Assoziationen. Als offener erwiesen sich hingegen die evangelischen Migranten in Bergamo und Mailand, die eine neue Staatsbürgerschaft annahmen, Italienisch lernten, Einheimische heirateten, Geschäfte gemeinsam mit italienischen Unternehmern machten sowie an der lokalen und nationalen Politik partizipierten. Des Weiteren nahmen sie am gesellschaftlichen Leben der katholischen Mehrheitsgesellschaft teil. Trotzdem pflegten auch sie weiterhin ihre eigene Sprache und ihre Beziehungen sowie Solidarität in ihrer eigenen Gesellschaft in ganz besonderer Weise. Am leichtesten wurde das Leben der Minorität noch in Turin gemacht, wo sie auf die protestantischen Waldenser traf, eine religiöse Minderheit, die hier weitgehende Akzeptanz genoss. Über die abertausenden katholischen Unternehmer, die aus Frankreich, Belgien, dem Deutschen Bund und dem Habsburgerreich kamen, um ihre Aktivitäten im langen 19. Jahrhundert nach Italien zu verlagern, ist hingegen weniger bekannt, da sie leichter in der Mehrheitsgesellschaft Aufnahme fanden.

4.4 Mobilität und Migration

Diese beachtliche Mobilität beschränkte sich keineswegs auf die europäischen Kaufmannseliten. Sie war ein konstitutives Element des wirtschaftlichen und gesellschaftlichen Lebens, das in der italienischen Geschichtsschreibung große Beachtung findet und sich auch institutionell in Forschungszentren und Spezialarchiven verankert hat. Ihre gute Konjunktur verdankt die italienische Migrationsforschung einerseits einem aktuellen innenpolitischen Problem, nämlich den Migrantenströmen aus ärmeren Ländern der Mittelmeerstaaten und Afrikas, die zunehmend als Belastung empfunden werden und zu historischen Vergleichen anregen, andererseits profitiert sie von der boomenden Kulturgeschichte. Deren bevorzugte Quellengattungen – Tagebücher, Memoiren, Briefwechsel, Fotografien und Lieder – sind zu diesem Thema in geradezu unüberschaubarer Zahl überliefert.

In Italien verließen jedes Jahr hunderttausende ihre Heimat, um andernorts ihren Lebensunterhalt zu erwirtschaften. Lange hat vorwiegend die gewaltige Zahl von Auswanderern, die zwischen 1870 und 1970 fortgingen, das Interesse der italienischen Migrationsforscher dominiert. Die höchsten Schätzungen gehen davon aus, dass in diesem Zeitraum 26 Millionen Italiener ihr Geburtsland gegen eine ungewisse Zukunft im Ausland eintauschten. Die Größe des Phänomens erklärt, warum verschiedene Historiker die italienische Emigration als eine wahrhafte Diaspora bezeichnen. Doch handelt es sich bei derartigen Auswanderungsprozessen keineswegs um ein Phänomen der Neueren oder Neuesten Geschichte. Migration hat nicht nur in Italien eine jahrhundertealte Tradition. Wenn es auch richtig ist, dass die Zahlen der großen Migration zwischen 1870 und 1970 darauf hindeuten, dass diese einen anderen Charakter hatte als jene früherer Jahrhunderte, lassen sich doch – vor allem wenn wir uns auf die mikrogeschichtliche Ebene begeben – vergleichbare Strukturen individuellen und kollektiven Handelns vor 1870 ausmachen. Die Menschen flohen nicht nur vor drückender Armut, Migration war auch immer eine wichtige Komponente wirtschaftlichen Engagements. Gleichwohl begab sich die Mehrzahl der betroffenen Personen – das ist unbestreitbar – auf die Wanderschaft, weil ihnen der Wohnort kein ausreichendes Auskommen bot.

Entscheidend für das Migrationsverhalten der Italiener in der Frühen Neuzeit war die geographische Lage des Herkunftsortes. So wanderten die Menschen im 18. Jahrhundert aus dem Hinterland in die Städte, und hier vor allem aus armen Bergregionen in die Ebenen und an die Küsten. Für die Gebiete der Alpen war Migration die Regel, nicht die Ausnahme. Um 1800 stieg saisonal in den ober- und mittelitalienischen Gebirgslagen – Alpen, Apennin und Abruzzen – der Anteil der Arbeitsuchenden auf 14 und mehr Prozent der Wohnbevölkerung an, was quantitativ jede andere Angabe über Arbeitswanderung in dieser Zeit übertrifft. Diese Menschen begaben sich in weite Teile des Mittelmeerraums, aber auch über die Alpen nach Norden. Dabei waren die Übergänge fließend. Zum einen gab es Mobilität, die sich in Emigration verwandelte, zum anderen Mobilität in die nähere oder weitere Ferne, die sich letztendlich als temporär erwies: Bergbewohner und Erntehelfer, die eigentlich tief in ihrem Dorf verwurzelt waren und dennoch nur wenige Wochen im Jahr oder Jahre ihres Lebens dort verbrachten. Diese Komplexität lässt sich etwas reduzieren, wenn man die Migranten in Kategorien einteilt.

Erstens bot die Mehrzahl der Landarmen einfach ihre eigene Muskelkraft in den Städten oder auf dem Land als Lastenträger, Diener, Erdarbeiter und Tagelöhner an. Während die Migrationsflüsse in die Städte eher im Winter stattfanden, suchten Mäher und Erntehelfer im Frühling oder Sommer auf dem Land Beschäftigung. Zur zweiten Kategorie zählen die besser ausgebildeten Wanderhandwerker: Schreiner, Maurer, Korb- und Kesselmacher, Schornsteinfeger und Glaser. Sehr gut erforscht ist beispielsweise die große Zahl der italienischen Zinngießer, die im 18. und 19. Jahrhundert im Rheinland und in Westfalen arbeiteten. Die Geburtsorte der überwiegenden Mehrheit der Migranten lagen in einem kleinräumigen Herkunftsgebiet westlich des Lago Maggiore, mit einem Kerngebiet in der Valstrona, wo sie vor ihrem Aufbruch über die Alpen in dicht benachbarten Orten in einer kleinen Zahl alpiner Hochtäler lebten. Wie bei anderen Migrantengruppen zielten nicht alle, die ihre Heimat einmal verließen, darauf ab, sich endgültig im Ausland zu etablieren, aber rund 40 Prozent der Zinngießer wurden

4.4 Mobilität und Migration

faktisch zu Einwanderern. Die erste Wanderung galt der Berufsausbildung, Kinder und Jugendliche zogen im Alter zwischen zwölf und 20 Jahren in deutsche Regionen. Dabei stand ihnen ein sehr gut funktionierendes verwandtschaftlich-bekanntschaftliches Kommunikationsnetz zwischen dem Herkunftsgebiet und Europa lebenden Emigranten zur Verfügung, das Ausbildungs- und Arbeitsplätze schuf. Bei entsprechender Marktlage wechselte der Auszubildende in die Rolle eines Stellenanbieters, rekrutierte wiederum seine Hilfskräfte aus demselben Gebiet und beschleunigte so eine gruppenbezogene berufsspezifische Migration. Sie funktionierte besonders gut bei mäßiger Migrantenzahl in gering besetzten Berufen. Der reine Zinnwarenhandel bildete aber die Ausnahme, hingegen war die Kombination von Handwerk und Handel, wie auch in anderen Handwerksberufen, sehr beliebt, besonders auch in ambulanter Angebotsform. Gerade hierin, vor allem im kaufmännischen Bereich, waren sie den deutschen Mitbewerbern offenbar überlegen. Zudem zeichnete sie ein hoher Alphabetisierungsgrad aus, sie lebten in geringer sozialer Distanz zur Wohnbevölkerung, eine Segregation bei der Auswahl des Wohnsitzes fand nicht statt. Wenn sie nicht schon eine Braut aus dem Herkunftsgebiet hatten, heirateten sie mehrheitlich vor Ort geborene Frauen. Aufgrund einer abnehmenden Produktionsnachfrage gaben die Zinngießer ihren Beruf seit dem ausgehenden 19. Jahrhundert auf. Dieses hier skizzierte System der familiären Kettenwanderung lässt sich auch für andere Wanderhandwerker nachweisen.

In die dritte Kategorie fallen Kolporteure, die alles Mögliche als reisende Händler verkauften: Kurzwaren, Samen, Flugblätter, Drucke und Bücher, Baro- und Thermometer, Stuckfiguren, Zitronen und Objekte aus Holz. Weiterhin kann man in einer vierten Kategorie Musiker, die gezähmte Tiere vorführten, und Schausteller zusammenfassen. Aus diplomatischen Berichten erfahren wir von zahllosen italienischen Leierkasten-, Flöten-, Dudelsack- und Geigenspielers, die die Straßen von Paris und London bevölkerten und immer wieder ausgewiesen wurden. Bei Giuseppe Mazzini und seinen Mitstreitern in der britischen Metropole rief diese Art der Migration, die sie täglich vor Augen hatten, keine Solidarität mit ihren Landsleuten, sondern ein Gefühl der Schande hervor. Für Amerika lassen sich die ersten Spielleute Mitte der 1830er Jahre nachweisen, ein größeres Ausmaß nahm diese Art des Broterwerbs dort erst in den 1850er Jahren an. Gemeinhin wurden sie einfach als Savoyarden bezeichnet. Das stark negativ besetzte Bild des ärmlichen Leierkastenspielers mit dressierten Äffchen und Hunden mutierte zum beliebten Motiv der Genremalerei.

Schließlich gab es große Gruppen von Bettlern, wobei es sich dabei ebenfalls um ein europaweites Phänomen handelte. Zahlenmäßig sind sie schwer zu erfassen, da sie sich Eingriffen seitens der Obrigkeit zu entziehen versuchten. Wir dürfen aber davon ausgehen, dass das Problem, natürlich auch von wirtschaftlichen Konjunkturen abhängig, beachtliche Ausmaße annahm. Für Genua haben wir für das Jahr 1809 konkrete Zahlen. Bei 70.000 Einwohnern lebten im Umfeld der Stadt circa 10.000 Bettler. Traurige Berühmtheit erzielten bettelnde italienische Kinder, wobei auch sie partiell als Arbeitsmigranten einzustufen sind. Sie traten im westlichen Europa vor allem als

Abb. 8: Friedrich Anton Wyttenbach, Savoyarde mit Affe und Hunden, um 1840.

Kaminfeger, Straßenmusikanten und Bettler auf. Den Anstoß, der nötig war, um staatlicherseits überhaupt tätig zu werden, brachte die Pariser Weltausstellung im Jahr 1867, in deren Umfeld hunderte italienischer Kinder aufgegriffen wurden, die bettelten. Das Ansehen des jungen italienischen Nationalstaates stand auf dem Spiel. Es dauerte aber noch Jahre, ehe ein Gesetz erlassen wurde, das die Beschäftigung von Minderjährigen im Wandergewerbe unter Strafe stellte. Die Kinder wurden von ihren Familien entweder weggegeben oder sogar verkauft, da die Eltern häufig nicht in der Lage waren,

4.4 Mobilität und Migration

sie zu ernähren. Bisweilen bewog die Familie die Hoffnung, dass sie den Kindern so eine bessere Zukunft ermöglichten, meistens ging es aber um das nackte Überleben.

Über die Zahlen der Migranten vor 1870 erlauben nur Mikrostudien, verlässlich Auskunft zu geben. Oft wurden lediglich die Pfarrer im Frühjahr gebeten, die Schäfchen ihrer Gemeinde zu zählen. Man kann jedoch aus der ersten, 1871 erhobenen staatlichen Statistik über die Italiener im Ausland Rückschlüsse auf die Wanderungsbewegungen ziehen.[4] Erhebungen gehen für die späten 1860er Jahre von 100.000 Auswandernden pro Jahr aus. Es handelte sich noch überwiegend um eine Migration über die grüne Grenze nach Frankreich, in die Schweiz, nach Belgien, ins Habsburgerreich und in die Staaten des Deutschen Bundes. Eine nennenswerte transatlantische Migration fand nur in die östlichen Staaten Südamerikas statt. Allen voran Menschen aus Ligurien, der Lombardei und Piemont bevorzugten Argentinien als Auswanderungsziel, wo zwischen 1830 und 1950 3,5 Millionen Italiener lebten. Zum einen handelt es sich wieder um ärmere Migranten, zum anderen suchten aber auch Kaufleute ihr Glück in der neuen Welt. Sehr gut erforscht ist die Kettenwanderung für die piemontesische Kleinstadt Cuneo. Grundlage sind Auswertungen einer großen Sammlung von privaten Dokumenten, Briefen, kurzen Erzählungen und Erinnerungen sowie Gespräche mit den Protagonisten und ihren Nachfahren. Wenigen gelang in der neuen südamerikanischen Heimat ein wirtschaftlicher Aufstieg, die Mehrzahl kämpfte um die Subsistenz. Die Briefe dokumentieren eindrücklich die Schwierigkeiten des täglichen Lebens und wie stark die Bindungen an die alte Heimat noch nach Jahrzehnten waren.

Argentinien galt als das italienische Australien. Eine Statistik für Ligurien aus den Jahren 1854–63 belegt, dass sich 65 Prozent der Auswanderer in Südamerika vor allem nach Argentinien, dann Uruguay begaben. Sie übernahmen dort die Kontrolle über die Flussschifffahrt und damit verbundene Aktivitäten wie Handel und Schiffbau. Die einwandernden Familien von der ligurischen Küste zogen nicht als Bauern aufs Land, sondern siedelten sich in den Städten an. In Buenos Aires stellten sie 1853 zehn Prozent der 100.000 Menschen umfassenden Einwohnerzahl. Mitte des 19. Jahrhunderts lebten sie dort meist mit bescheidenem Wohlstand in eigenen Stadtteilen und doch gut integriert in die Mehrheitsgesellschaft. Einige, die es als Kaufleute und Reeder zu etwas gebracht hatten, verheirateten ihre Kinder mit denen der argentinischen Elite oder gestanden ihnen zu, freie Berufe zu ergreifen, als Journalisten etwa, vereinzelt schlugen sie sogar Karrieren als Beamte ein.

Doch nicht nur in Argentinien waren die Italiener willkommene Neubürger. Ein bemerkenswertes Ansiedlungsprojekt verfolgte der Kaiser von Brasilien, der gezielt Einwanderer anwarb. Peter II. war verheiratet mit einer Prinzessin aus Neapel, Teresa Maria Cristina aus dem Hause Bourbon, die wiederum befreundet war mit Adelina Malavesi aus Modena. Aufgrund ihres politischen Engagements während der Revolution von 1848/49 musste Adelina Malavesi fliehen und begab sich nach Brasilien. Dort gründete sie auf Wunsch der Kaiserin eine 50 Familien umfassende italienische Kolonie. Die vorwiegend aus Modena und Umgebung stammenden Migranten agierten in einem

Ort unweit von Rio de Janeiro – Porto Real – wirtschaftlich sehr erfolgreich, zunächst ganz allgemein in der Agrarwirtschaft, dann zunehmend spezialisiert in der Zuckerproduktion. Später zogen diese eher wohlhabenden Migranten nach São Paolo oder Rio. Diese Verknüpfung von politischem Exil und wirtschaftlicher Migration scheint aber die Ausnahme von der Regel gewesen zu sein. Von den sich ebenfalls im liberalen Brasilien aufhaltenden Exilanten Giuseppe Garibaldi, Conte Livio Zambeccari und Giovanni Battista Cuneo sind keine weiterreichenden Kontakte zu ihren Landsleuten überliefert. Und auch aus den USA wissen wir, dass die relativ kleine Zahl der italienischen Intellektuellen, Musiker und Kaufleute in New York mit wenig Begeisterung und Ignoranz auf die nach 1870 in Massen ankommenden armen und ungebildeten Landleute reagierten.

Anmerkungen

1   Camillo Cavour, Epistolario, hrsg. von Narciso Nada, Florenz 1978, Bd. IV, S. 86.
2   Del sistema delle azioni nella società in accomandita, in: L'Eco della Borsa, 15. Februar 1838.
3   G. G. Belli: Sonetti, 1623. 3 Bde., hrsg. von Carlo Muscetta, Mailand 1965; Stendhal, Promenades dans Rome. Édition établie et annotée par Victor Del Litto, Paris 1997 (Erstausgabe von 1829).
4   Statistica generale del Regno d'Italia, Censimento degli italiani all'estero (31.12.1871). Stamperia Reale, Rom 1874.

5. Gesellschaft und Kultur

5.1 Die sozialen Probleme

Die italienische Gesellschaft zeichnete sich im 18. und 19. Jahrhundert durch eine sehr ungleiche Verteilung der Güter aus. Der Masse armer und ärmster Italiener standen eine relativ kleine bäuerliche und bürgerliche Mittelschicht sowie eine sehr reiche Elite gegenüber. Diese bedrückende Armut wurde erst mit den Jahren des Wirtschaftswunders nach dem Zweiten Weltkrieg beseitigt. Romane wie *Christus kam nur bis Eboli* von Carlo Levi oder *Positano* von Stefan Andres liefern beeindruckende Bilder der elenden Lebensverhältnisse in der Basilikata während des Faschismus, die man getrost auf das 19. Jahrhundert zurückprojizieren darf.

Statistische Erhebungen ergaben, dass etwa ein Fünftel der Bevölkerung als dauerhaft arm oder bedürftig einzustufen ist. 1832 zählte man im Mezzogiorno 237.000 Arme, wobei diejenigen Neapels hierbei noch nicht einmal erfasst wurden. 1848 galten in der Lombardei 500.000 als Bedürftige bei einer Gesamteinwohnerzahl von 2,5 Millionen, das heißt, jeder Fünfte war betroffen. In den Städten sah es nicht besser aus. Von 24.000 Einwohnern in Lucca waren 5000 arm, und in Bologna erfasste eine Statistik aus dem Jahr 1844 bei einer Einwohnerzahl von 75.000 eine beträchtliche Zahl von 13.000 Bettlern und zu Unterstützenden.[1] Historiographische Analysen, die sich mit der Armut auf dem Land auseinandersetzen, erläutern zunächst alle die agrarischen Strukturen, die sich erheblich auf die Besitzverhältnisse und damit verbunden auf die Lebensumstände auswirkten. Sie wurden bereits im vorangehenden Kapital thematisiert. Unabhängig von der Region gab es in ganz Italien Tagelöhner und Kleinbauern, die entweder gar kein Land oder nur wenig besaßen. Lebten diese Menschen und die Armen in den Städten ohnehin schon unter dürftigen Bedingungen, so führten die beiden säkularen Hungerkrisen 1815–1817 und 1846–1847 zu einer noch viel größeren Not. In den ersten Jahren der Restauration brachten aufeinanderfolgende Missernten für das ganze Land die bekannten, schon traditionellen Folgen: Erhöhung der Unterbeschäftigung, öffentliche Tumulte, Plünderungen von Märkten und Bäckereien, Anstieg der Mortalität und weit verbreiteter Hunger. Ein Polizeiinspektor aus dem Grenzort Chiavenna in der nördlichen Lombardei schrieb am 7. Juli 1815, dass die Klasse der Bedürftigen, und das sei die Mehrheit der Bevölkerung, nicht mehr wisse, wie sie sich ernähren solle. Sie verzehrten Wildkräuter, die schwere Krankheiten hervorriefen. Ein Pfarrer aus Udine berichtete am 6. Juni desselben Jahres, dass die Bevölkerung zerkleinerte Maisstängel, gewürzt mit Kräutern, ohne Salz und in einigen Fällen sogar mit Mist vermischt, esse. Ein Jahr später schilderte ein Zeitzeuge aus Ancona, dass die Masse der Bevölkerung sich schlecht ernähre von Eicheln, von denen sie aber zu ihrem Unglück nicht genug finde. Unter diesen Umständen wundert es wenig, dass an die Bauern belehrende Druckschriften verteilt wurden, verbunden mit der Aufforderung, doch den Anbau der nahrhaften Kartoffel zu intensivieren. Eine der zahlreichen Broschüren dieser Zeit verfasste Giuseppe Casagrande, der als Arzt in den Marken das Elend zu lindern versuchte. In seinem *Manuale di carità* schlug er vor, nicht nur Eicheln zu essen, sondern auch Schalen von Zitrusfrüchten, getrocknete Melonen und Kräuter, darüber hinaus auch Hunde, Katzen, Vipern und Schlangen. Er warnte lediglich vor dem Verzehr von Würmern und Zikaden.[2] Die Regierungen reagierten auf die Geißel der Hungersnöte und des Hungers allgemein mit den üblichen Mitteln: Strafen für die Zurückhaltung von Getreide, öffentliche Arbeiten für Beschäftigungslose, Verstärkung der staatlichen Hilfsmaßnahmen sowie Aufrufe an private Spender.

Bei allen Unterschieden je nach Status als Tagelöhner ohne Land oder als Kleinpächter müssen wir von einer weit verbreiteten Mangelernährung bei den Menschen ausgehen. Hinsichtlich Proteinen, Vitaminen und Kalorien fielen die Mahlzeiten der ärmeren Schichten zu dürftig aus, was zu ständiger und weitverbreiteter Unterernährung führte. So dominierte in der nördlichen Lombardei die einseitige Ernährung mit Mais. Morgens gab es ein Brot bestehend aus Mais, Roggen und Hirse, das schon nach wenigen Tagen zu schimmeln anfing, ohne Aufstrich, getunkt in gesalzenes Wasser oder in Öl. Das Mittagessen bestand aus Mais mit Bohnen oder Kohl, gewürzt mit Öl oder Speckscheiben, begleitet von einem kleinen Stück Käse, abends wurde wieder Polenta mit einer mageren Beilage verzehrt. Selten gab es frisches Fleisch, das sich die meisten allenfalls an Weihnachten leisten konnten. Hinzu kamen im Norden Kastanien und die fruchtbaren Bemühungen, den Kartoffelanbau zu verbreiten.

Die Ernährung der Armen in der Stadt unterschied sich nicht von der auf dem Land: Es überwogen Getreide und Gemüse. In Rom gestaltete sich das Essen der Armen etwas abwechslungsreicher. Zum Frühstück aß man Brot mit Obst, Käse oder gepökeltes Fleisch, mittags Gemüsesuppe mit etwas Speck, Brot, Obst und Käse. Als Getränk gab es meistens Wasser, abends etwas Salat, Wein und Brot. Während im Süden die Bürgerlichen an sechs von sieben Tagen Pastagerichte verzehrten, konnten sich Tagelöhner und einfache Handwerker den Wunsch nach Makkaroni nur an Festtagen erfüllen. Der seltene Konsum von Fleisch beschränkte sich auf etwas Schweinefleisch im Winter und Schaf im Frühjahr oder Sommer. Weiterhin stand für die Armen kein frischer Fisch auf dem Speiseplan, sondern nur Stockfisch (baccalà) und gesalzene Sardellen. Dagegen gab es im Süden immer viel Obst und Gemüse.

Es verwundert kaum, dass die derart Unterernährten den im 19. Jahrhundert grassierenden Seuchen und Epidemien rasch zum Opfer fielen. Dazu gehörten der Typhus in seinen verschiedenen Formen, Blattern, Diphtherie, Grippe und Tuberkulose. Ferner wurde die Übertragung von Malaria begünstigt durch die zahlreichen Sümpfe und Seen in Mittelitalien und die Reiskultur im Norden – ein ideales Umfeld für Mücken. Für die Toskana liegen für die Jahrhundertmitte Schätzungen vor, die das Ausmaß ihrer Verbreitung drastisch vor Augen führen. 1844 waren laut Schätzungen in Orbetello 54

Prozent, in Grosseto 59 Prozent und in Gavorrano 66 Prozent der Menschen an Malaria erkrankt. In diesen Jahrzehnten gesellte sich im Norden Italiens ein neues Phänomen zu dem ohnehin schon tristen sanitären Panorama hinzu: die *pellagra*, eine Krankheit, die auf einseitige Ernährung mit Mais zurückzuführen ist. In deren Folge kam es zu Veränderungen der Haut, zu Durchfall und letztendlich zur Schädigung des Nervensystems. 1816 litten allein in der Region Vicenza zehn Prozent der Bewohner an *pellagra*. Natürlich wurde Italien auch nicht von der europaweit verbreiteten Choleraepidemie verschont, die Mitte der 1830er Jahre Tausende Opfer forderte. Aufgrund der schlechten hygienischen und sanitären Verhältnisse waren vor allem die ärmsten Bevölkerungskreise von dieser Seuche betroffen. In Neapel wurden 30.000 erkrankte Menschen registriert, von denen 17.500 starben. Derartige Seuchenzüge wirkten sich massiv auf das Wirtschaftsleben aus. Die Folgen waren Rückgang des Handels, Arbeitslosigkeit von Handwerkern und Arbeitern sowie steigende Lebenshaltungskosten.

Die Wohnsituation in den Städten wirkte sich ebenfalls erheblich auf die hygienischen und sanitären Verhältnisse aus. Angeführt für diese miserablen Zustände sei Brescia, eine Stadt im reicheren Norden. Die Zustände waren gekennzeichnet durch die hohe Bevölkerungsdichte innerhalb der Stadtmauern, enge Straßen, Mangel an freien Plätzen, Feuchtigkeit und Dreck auf den Straßen und in den Wohnungen, desaströse Zustände des Kanalnetzes und verdrecktes Wasser in den Brunnen. All dies verursachte eine hohe Sterblichkeit. Im benachbarten Mailand gab es in zahllosen Stadtteilen Häuser, die menschenunwürdige Bruchbuden waren. Wenn diese abgerissen wurden und Neubauten entstanden, konnten sich die Ärmeren die Wohnungen nicht mehr leisten. In Genua waren die Verhältnisse nicht besser. Noch 1855 lebte dort die Bevölkerung mehrheitlich auf engstem Raum, in ungesunden, feuchten Häusern, eines an das andere anstoßend, ohne ausreichende Frischluftzufuhr. In Neapel wiederum hausten Familien in einem einzigen schmutzigen Raum mit Brunnenschacht. Sie lebten in einer eigenen Welt in den Vierteln der Unterstadt vor allem am Hafen und im Stadtteil *Mercato*. In diesen als gefährlich geltenden Quartieren konzentrierte sich die Prostitution, die in der zweiten Jahrhunderthälfte gravierende Ausmaße annahm.

Ein weiteres bedrückendes Problem stellten die vielen ausgesetzten Kinder dar, deren Zahl im Laufe des 19. Jahrhunderts noch anstieg. Wurden in Brescia vor 1800 nicht mehr als 400 pro Jahr ausgesetzt, so waren es in den 1830er Jahren rund 600. In Cremona wurden zwischen 1800 und 1850 mehr als 22.000 Kinder ausgesetzt. Ferner lassen sich für Mailand ständig steigende Zahlen nachweisen. Waren es vor der Französischen Revolution jährlich nicht mehr als 800, so wurden 1841–1850 im Schnitt 3000 Kinder bei den geistlichen Institutionen abgegeben. Nach 1850 stieg die Zahl auf 4300 an. Diese Zahlen verlieren selbst dann nicht an Dramatik, wenn man bedenkt, dass etwa das Waisenhaus S. Catarina alla Ruota nicht nur ausgesetzte Säuglinge aus der Stadt, sondern auch aus dem Umland aufnahm. Im Königreich Sardinien-Piemont oder in der Toskana nahmen die Zahlen während der Restauration ebenfalls drastisch zu. Die Mortalitätsrate bei den ausgesetzten Kindern war erschreckend hoch.

Starben in der Lombardei rund 23 Prozent aller Kinder in den ersten zwölf Monaten, so überlebten 80–90 Prozent das erste Lebensjahr in den Waisenhäusern aufgrund der katastrophalen hygienischen Zustände, fehlender Muttermilch und der Vernachlässigung nicht. Hinzu kam die soziale Stigmatisierung. Bis zur napoleonischen Epoche erhielten alle Kinder dieselben ehrenrührigen Nachnamen: Colombo in Mailand und Esposito in Neapel.

Das hier skizzierte Phänomen des Pauperismus hat die Zeitgenossen natürlich beschäftigt und besorgt. Regierungen, Beamte, Kleriker und Gebildete produzierten zahllose Schriften, Dokumente, Broschüren und Bücher mit Anregungen, wie die Probleme zu lösen seien. Bei diesen lebhaften Diskussionen handelt es sich um Beiträge zu einem europaweiten Diskurs mit durchaus ähnlichen Inhalten und Ideen. Galt der Arme im Mittelalter noch als Stellvertreter Christi auf Erden, den zu unterstützen weitgehend selbstverständlich war, veränderte sich die Haltung ihm gegenüber bereits seit dem Beginn der Frühen Neuzeit grundlegend. Der Arme galt nun als faul, unverbesserlich, arbeitsscheu und unehrenhaft für das Prestige des Staates. Man sah in ihm eine Ursache der sozialen Spannungen, einen Überträger von Epidemien, alles in allem eine bedrohliche und feindliche Präsenz, der man mit Repression und Absonderung begegnen musste. Und dieses Bild verfestigte sich im 19. Jahrhundert in zahllosen Veröffentlichungen. Der anonyme Verfasser der Schrift *Qualche cenno sulla mendicità e sui mezzi di estirparla* (Einige Beobachtungen über die Bettelei und Mittel, sie auszumerzen) beschrieb die abstoßenden Formen des Bettelns bevorzugt in den Straßen der Reichen. Für Genua schilderte der Publizist Felice Isnardi 1838 die Bettlerscharen, die sich herumtrieben und die Plätze, Straßen, Promenaden und selbst die Kirchen überfüllten.[3] Im Veneto wurde der Vorwurf erhoben, dass aus der Bettelei eine Profession gemacht werde. Ähnliche Szenen beschrieb Saverio Scrofani 1816 für Neapel. „Wer sieht nicht täglich in Neapel Schwärme von Männern und Frauen mit geöffneten Beuteln betteln und beten, am Montag für die Seelen im Fegefeuer, am Dienstag für den Erzengel Raphael, am Mittwoch für die Heilige Jungfrau del Carmine, und so weiter und so fort …"[4] Darüber hinaus wurde immer wieder diskutiert, wie man echte von vorgetäuschter, schändlicher Armut unterscheiden könne. Fehlgeleitete Caritas ermuntere zum Nichtstun, nähre das Laster und steigere sogar die Bedürftigkeit. Den Armen wurde unterstellt, dass sie aufgrund ihrer Unbeherrschtheit kein verantwortungsvolles Leben führen könnten. An unbedachten Hochzeiten müssten sie gehindert werden.

Diesem Bild des faulen und sozial schädlichen Armen entsprachen die Maßnahmen, mit denen die italienischen Staaten seit dem Ancien Régime diesem Übel begegnen wollten: Zwang, drakonische Strafen und Wegsperren. Bereits im 18. Jahrhundert wurden gegen die Bettelei drastische Anordnungen erlassen. Während der revolutionären Epoche knüpfte man an diese Unterdrückungsmaßnahmen an, und unter Napoleon sollten die Bettler in jedem Departement systematisch erfasst und in Arbeitshäusern (*Atelier de Charité*) festgesetzt werden. Diese harte „Armenpolitik" wurde auch in der Restaurationszeit fortgesetzt. Im Lombardo-Veneto war es verboten, um Almosen zu bitten. Bettelei wurde mit Kerkerhaft von bis zu drei Monaten bestraft, verschärft mit Essensentzug und Schlägen für Wiederholungstäter. Im Herzogtum Parma wurde mittels Strafgesetzgebung die Bettelei verboten, ebenso im Königreich beider Sizilien. Aber es waren weltfremde Bestimmungen, die entsprechend wenig Erfolg zeigten. Die häufig wiederholten amtlichen Bekanntmachungen von Gesetzen gegen die Bettelei belegen letztendlich nur ihre Wirkungslosigkeit.

Diese Politik, die darauf abzielte, die Städte und Dörfer von Bettlern und Bedürftigen beiderlei Geschlechts und jeden Alters zu „reinigen" und sie in eigens dafür vorgesehene Häuser zu verbannen, fand in Italien verbreitet Anwendung. Absonderung und Wegsperren von Armen und Hilfsbedürftigen, wofür als typisches Symbol die englischen *workhouses* stehen, wurden im Laufe des Jahrhunderts sogar noch ausgeweitet. Auffallend wegen seiner Dimensionen war das Armenhaus in Genua, wo zwischen 1830 und 1840 bis zu 2000 Insassen eingesperrt wurden. Übertroffen wurde es von den Armenhospitälern in Turin und Neapel, die täglich bis zu 6000 „Gäste" aufnahmen. 1860 notierte der prominente neapolitanische Hygienemediziner Marino Turchi diesbezüglich: „Das Volk verabscheut diesen Ort mehr als das Gefängnis, sie nennen es den Zwinger, quasi eine Herberge für Verbrecher und Bestien."[5] Flächendeckender und dezentralisierter war dieser Anstaltstyp in Lombardo-Veneto organisiert, wo ihn der Staat und die Kommunen gemeinsam finanzierten. Arbeitshäuser wurden nicht nur in der Hauptstadt Mailand, sondern auch in Pavia, Mantua, Como und Monza eingerichtet. Armenasyle entstanden weiterhin im Königreich Sardinien-Piemont auf private und kommunale Initiative hin etwa in Chambéry, Vigevano und Novara. In den übrigen italienischen Staaten gab es vergleichbare Institutionen, wobei die Übergänge zwischen Armen- und Arbeitshaus fließend waren. Natürlich brachten alle keine Lösung der sozialen Frage. Es bleibt daher abschließend festzuhalten, dass sich im hier betrachteten Zeitraum (1770–1870) wenig bis nichts für die Unterschichten veränderte.

5.2 Die kleine Mittelschicht und die dominanten Eliten

Lebten die Armen Neapels in den düsteren Gassen der Unterstadt, so konzentrierte sich die scharf von ihnen abgegrenzte Mittelschicht in einer anderen Welt, der Oberstadt. Sie ist der Ort des Luxuskonsums mit dem europaweit berühmten Theater San Carlo und Cafés, wo die, die es sich leisten konnten, mit eigenen Kutschen als Luxussymbol Spazierfahrten unternahmen. Um 1870 zählten die Oberschichten nicht mehr als 10.000 Seelen gegenüber einer Gesamteinwohnerzahl von 450.000.[6] Mit dem reichen Adel verband die vermögenden Bürger ein gemeinsamer Lebensstil. Gemessen in reinen Zahlen kam dem Adel in Italien eine größere Bedeutung zu als etwa in den deutschen Ländern. Berechnet man den prozentualen Bevölkerungsanteil, so standen nördlich der Alpen einem Prozent Adliger etwa fünf bis sieben Prozent Wirtschafts- und Bildungsbürgertum gegenüber. In Italien waren es aber nur rund maximal zwei

Prozent reicher Wirtschaftsbürger und Gebildete gegenüber wiederum einem Prozent Adliger. Zu dieser als *ceto medio* oder *borghesia* bezeichneten Gruppe zählten Kaufleute, Beamte, Gymnasiallehrer, Notare, Freiberufler, Apotheker, Ärzte und Advokaten. Diese dünne Bürgerschicht hat die kulturellen und gesellschaftlichen Werte der Grundbesitzer und der Aristokratie bewundert und imitiert. Das Bürgertum huldigte zudem einer Rentiersmentalität, um sich vom Lebensstil der Unterschichten und des Kleinbürgers abheben zu können. Sie lebten in großräumigen Wohnungen, die ganze Etagen von Stadthäusern einnahmen. Ihre hochwertige Kleidung und der Konsum von Weißbrot, Rindfleisch und teurem Wein sowie die Beschäftigung von Hausangestellten markierten eine unübersehbare Trennlinie in einer mehrheitlich armen Gesellschaft. Besonderes Ansehen genossen die zahlreichen Rechtsanwälte und Ärzte. Im Süden kam ein Arzt oder Advokat auf 1000 Einwohner und darum lag die Studentenquote höher als im Norden Italiens. Dieses Bürgertum reproduzierte sich durch Bildung, Karrieren und familiäre Netzwerke, wobei die Lebensumstände und die beruflichen Aktivitäten förmlich vererbt wurden. Söhne von Beamten suchten selbst wieder Anstellungen in der Verwaltung oder im Militär. Rechtsanwälte übernahmen die Kanzlei des Vaters, der sie wiederum von seinem Vater übernommen hatte. Eine hohe sozio-professionelle Homogenität bestand weiterhin zwischen Ehepartnern und Trauzeugen. Ehen außerhalb des eigenen beruflichen Sektors blieben Episode. Natürlich waren nicht alle Beamten und Angestellten in Banken vermögend, viele ihrer Vertreter in untergeordneten Stellungen hoben sich zwar von den Armen ab, mussten aber selbst um ihre Existenz kämpfen.

Die bürgerlichen Herren der Stadt bildeten aufgrund gemeinsamer Kommunikation, gesellschaftlicher Praxis, spezifischer Interessen und Werten lokale, regionale und schließlich auch nationale Machtgruppen aus. In keinem Parlament Europas war die Dichte der Advokaten so hoch wie in Italien. In den Städten trafen Politiker, Intellektuelle und Juristen sich in den exklusiven Cafés mit fest reservierten Tischen und diskutierten über die Tagespolitik. In Neapel war es das Gran Caffè (heute Gambrinus) an der Piazza Plebiscito, wo sich das Bürgertum traf, in Florenz das Caffè Paszkowski und in Turin das Caffè Fiore in der Via Po. Es wurde kolportiert, dass König Karl Albert, um sich über die Stimmung in der Stadt zu informieren, jeden Morgen fragte: „Was sagt man im Caffè Fiore?". Die Zugehörigkeit zum Bürgertum beruhte aber nicht allein auf der Profession, dem Vermögen und der möglichen Teilhabe an der Macht, sondern auch auf Bildung und Kultur. In diesem Feld gab es zahlreiche Berührungspunkte mit dem Adel.

In Italien dominierte der Adel bis weit in das 19. Jahrhundert hinein die Politik, die Gesellschaft, die Wirtschaft und die Kultur. In den vorausgegangenen Kapiteln sind uns seine Vertreter immer wieder als prominente Akteure in all diesen Feldern begegnet. Dabei ist es nicht zulässig, von einem italienischen Adel zu sprechen. Wie in anderen europäischen Ländern gilt es, zwischen unterschiedlichen regionalen Adelslandschaften hinsichtlich ihres Reichtums und Status zu differenzieren. Beginnen wir im Süden: Der Feudaladel des Mezzogiorno war aufgrund seiner Latifundien wohl der

5.2 Die kleine Mittelschicht und die dominanten Eliten

reichste auf der italienischen Halbinsel überhaupt. Erst im Laufe des 19. Jahrhunderts wurden seine Privilegien eingeschränkt, was aber nur wenig an seinem Reichtum und wohl kaum etwas an seiner sozialen Stellung änderte. Neben diesen Baronen gab es ein städtisches Patriziat. Ähnlich verhielt es sich im Kirchenstaat. Klerus und Hochadel beherrschten die Szene. Kann man den Kirchenstaat bis zur napoleonischen Zeit noch als aristokratische Monarchie bezeichnen, so wurde der Adel durch die Reformen ab 1815 weitgehend aus der Staatsverwaltung verdrängt. Sein Einkommen bezog er wie derjenige des benachbarten Südens aus seinem Großgrundbesitz. Obwohl der römische Adel durch zahlreiche Heiratsverbindungen mit dem europäischen Ausland verbunden war, scheint sich dies jedoch nicht dahingehend ausgewirkt zu haben, dass ihn eine besondere Offenheit gegenüber neuen kulturellen Strömungen oder wirtschaftlichen Neuerungen kennzeichnete. Im Gegenteil, kirchlich konservativ erzogen, besuchten beispielsweise nur wenige Adlige die Universität. Es ist wohl zulässig, dem römischen Adel ein ausgesprochenes Bildungsdefizit zu attestieren. So wird ein Leopoldo Torlonia, der eine Laurea (Examen) der Rechtswissenschaften erwarb, als eine der wenigen Ausnahmen aufgeführt, die die Regel bestätigen – und Torlonia kam eben nicht aus einer der Traditionsfamilien.

Anders verhielt es sich im angrenzenden Norden: In der Toskana, den Marken, in Umbrien, der Emilia-Romagna, der Lombardei und Venetien treffen wir in den Städten auf das Patriziat. Während der Renaissance dominierte es die Bank- und Handelsgeschäfte, zog sich aber in der Frühen Neuzeit zunehmend aus dieser Art von Geschäften zurück und investierte einseitig in Grund und Boden. Es besaß, soweit es vermögend genug war, einen prächtigen Stadtpalast für die Wintersaison und für die Sommerfrische mehrere Güter auf dem Land, die zugleich die Quelle ihres Reichtums waren. Während der napoleonischen Zeit nahmen die wirtschaftlichen Aktivitäten des Patriziats wieder zu und nach 1815 beschränkte es sich keinesfalls auf die Agrarwirtschaft, sondern versuchte vielmehr, in modernen Sektoren seinen Reichtum zu mehren. Zugleich wurde der toskanische Adel systematisch von den habsburgischen Großherzögen aus Verwaltung, Militär, Diplomatie und vom Hof verdrängt. Das Schicksal des lombardischen und des venezianischen Adels war vergleichbar. Auch er hatte keine Karrierechance am Hof oder im Militär – zumindest nicht in Italien. Dem oberitalienischen Adel blieben aber sein enormer Reichtum in Form von Grundbesitz und sein Einfluss aufgrund von Verwandtschafts- und Klientelbeziehungen. Er versuchte, den politischen Machtverlust durch wirtschaftlichen Erfolg und die geschickte Ausnutzung seiner gesellschaftlichen Beziehungen in den Städten zu kompensieren. – Darüber hinaus bekleidete der oberitalienische Adel schon seit der Frühen Neuzeit wegen der habsburgischen Herrschaft kaum wichtige Positionen im Militär; deshalb gab es keine Tradition für eine entsprechende militärische Ausbildung und Karrierechancen für Söhne im eigenen Land, wie im Falle anderer europäischer Adelsgruppen. Wenn überhaupt, gab man die Söhne für eine derartige militärische Ausbildung nach Turin. Alles in allem bildeten Grundbesitz und Kreditgeschäfte immer noch die wichtigsten Einnahmequellen.

Schließen wir unseren kurzen Überblick mit dem piemontesischen Adel ab, der der einzige war, der in der Frühen Neuzeit die Möglichkeit hatte, durch Dienste am Hof, beim Militär, in der Verwaltung und im diplomatischen Korps italienischer Monarchen Karriere zu machen. Anders als in den übrigen Regionen haben wir hier also einen Dienstadel, der durch Nobilitierungen vor allem in der Frühen Neuzeit anwuchs. Im Gegensatz zu gängigen Thesen, die von einem allmählichen Niedergang des Adels im 19. Jahrhundert ausgehen, der sich zunehmend mit bürgerlichen Eliten vermischt und so seine Identität preisgegeben habe, entwerfen neuere Forschungen für Piemont ein ganz anderes Bild. Hier konnte der Adel im Gegensatz zu anderen Regionen der Halbinsel seine Position als elitäre Führungsschicht weitgehend behaupten. Eine bürgerliche Elite, die durch die Industrialisierung reich wurde, bestand neben dem Adel und es gab zumindest bis zum Ersten Weltkrieg kaum Verbindungen zwischen diesen beiden Gruppen. Anders als in Mailand, Florenz, Genua oder Rom kam es in Turin nicht zu Heiratsverbindungen zwischen Neureichen und altem Adel, vielmehr kennzeichnete diesen eine ausgesprochene Endogamie. Auch im Wirtschaftsverhalten agierte der Adel auffallend traditionell. Sein Reichtum bestand weiterhin auf der Basis von Landbesitz und den daraus resultierenden Pachteinnahmen, wobei er diesen aber zunehmend agrarkapitalistisch nutzte.

Die Zahl der bürgerlichen Großgrundbesitzer nahm seit der napoleonischen Zeit ständig zu. Zum einen aufgrund der Verkäufe des säkularisierten Kirchenguts, zum anderen weil Gewinne aus Manufakturen und Fabriken wieder in Grund und Boden investiert wurden. Großgrundbesitz unterschied den reichen Bürger nicht mehr vom Adel, der im Laufe des Jahrhunderts zudem seine Privilegien verlor. Wie nördlich der Alpen entwickelte sich der Adel vom Stand zur kulturellen und politischen Erinnerungsgruppe. Wenn es aber im 19. Jahrhundert noch etwas gab, was den Adel – zumindest nach außen hin – als homogene Gesellschaftsschicht erscheinen ließ und ihn zugleich von anderen sozialen Gruppen abgrenzte, so war es die Persistenz des früheren Einflusses in Gestalt seines sozialnormativen Vorbildes – oder einfacher ausgedrückt: *noblesse oblige*. Adliger Lebensstil und adlige Kultur waren ein Konglomerat unterschiedlichster, seit Jahrhunderten tradierter sozialer und ethischer Verhaltensnormen und Denkweisen. Vermittelt wurden diese Spielregeln vor allem und eindrücklich in den Familien. Der Familienverband als solcher blieb der primäre Bezugspunkt.

Ein weiteres wichtiges Unterscheidungsmerkmal gegenüber den Bürgerlichen war aber nicht nur der Titel, sondern auch die eigene Geschichte, die sich in Stammbäumen und Chroniken manifestierte. Der Adel hatte sich seit Generationen als ein wohlverbundenes Ganzes aus familiären Traditionen und Erinnerungen entwickelt und in der Soziologie gilt er nicht ohne Grund als Grundpfeiler des Kollektivgedächtnisses. Darüber hinaus hat der Adel im langen 19. Jahrhundert neue Mythen kreiert, die in Adelssozietäten und Familienverbänden gepflegt wurden. An die Stelle der ständischen Qualität trat der Glaube an adlige Gemeinschaftswerte. „Adligkeit" wurde umso wichtiger, je mehr der Adel als rechtliche Sonderqualität verblasste.

5.2 Die kleine Mittelschicht und die dominanten Eliten

Abb. 9: Pietro Ayres, Die Familie der Marchesi Ferrero della Marmora, 1828.

Diese „Adligkeit" wurde in der Öffentlichkeit nicht nur, aber besonders eindrucksvoll im kulturellen Feld glänzend präsentiert. Arno J. Mayer zeigte schon zu Beginn der 1980er Jahre in seinem viel diskutierten Buch über den europäischen Adel, dass für die Regierenden die offizielle Hochkultur ein wichtiges ideologisches Herrschaftsinstrument war.[7] Nicht nur öffentliche Bauten, Denkmäler und Plätze waren dazu bestimmt, das Loblied des Ancien Régime zu singen, zur Selbstinszenierung genutzt wurden des Weiteren Malerei und Musik, Literatur und Historiographie.

Adlige Traditionen forderten im 19. Jahrhundert immer noch große Leistungsbereitschaft bezüglich der Caritas, der Religiosität, des kriegerischen Mutes und ein weiterhin ausgeprägtes Mäzenatentum. Meisterhaft inszenierten Adlige ihr Prestige im Feld des Politischen. Studien über Begegnungen von Monarchen, fürstliche Feierlichkeiten, Hochzeiten und Begräbnisse zeigen, wie der Adel den sich hier bietenden Raum formvollendet zur Selbstdarstellung nutzte. Gerade die Kulturgeschichte des Politischen öffnet jenseits scheinbar objektiver Machtstrukturen, schriftlicher Verfahrensregeln und expliziter Diskurse neue Perspektiven auf konkurrierende Wahrnehmungen und Erfahrungen von Zeitgenossen. Doch alles in allem war der Adel, anders als jener nördlich der Alpen, seit dem Mittelalter in einem ganz besonderen Maße auf die Stadt als Bühne zur Inszenierung gesellschaftlichen Prestiges und politischer Herrschaft konzentriert.

5.3 Salons und Gesellschaften

Gesellschaftliche und kulturelle Interessen führten zur Gründung privater Salons, Kasinos, Freimaurerlogen und zahlreicher wissenschaftlicher, karitativer und musikalischer Vereinigungen, in denen sich die städtischen Eliten versammelten. Diese Einrichtungen prägten schon in der Frühen Neuzeit das halböffentliche Leben des Adels und zunehmend der Bürger, wobei sie sich im 19. Jahrhundert mehr und mehr ausdifferenzierten und liberalisierten. Aber während des ganzen Betrachtungszeitraums wurden Salons und Clubs von Aristokraten und Patriziern ebenfalls dazu genutzt, sich demonstrativ von den Bürgern abzugrenzen. So kennzeichnen Traditionen und Neues diese verschiedenen Modelle, in denen sich die städtischen Eliten vermischten oder absonderten. Sie trugen dazu bei, die spezifische Physiognomie der städtischen Zentren in Italien und oder Europa zu prägen.

In zahlreichen italienischen Städten existierte seit der zweiten Hälfte des 18. Jahrhunderts ein *Casino nobile*. Es diente exklusiv der Erholung des Adels. Am Beginn dieser Bewegung standen das Kasino in Pisa (1754) und in Florenz (1761), gefolgt vom *Casino San Pietro* in Triest (1763) und dem in Bologna (1766). Mit etwas zeitlichem Abstand folgten die Eröffnung der *Patriottica nobile società* in Turin (1784) sowie drei Jahre später die des Kasinos von Mailand. In den 1790er Jahren erreichte dieses Phänomen auch den Süden mit der Gründung eines Adelskasinos in Palermo, der *Grande conversazione della nobiltà* (1796). Und schließlich sei noch die Einrichtung eines derartigen Treffpunkts in Ferrara genannt (1803). Während der Revolutionszeit wurden die Aktivitäten vielfach unterbrochen, gleichzeitig kam es zur Aufnahme erster reicher Bürger. In den Jahren nach dem Wiener Kongress wurden sie wieder aktiv, etwa in Neapel, aber unter rigider polizeilicher Kontrolle. In Mailand koexistierten 1817 das wiedergegründete *Casino dei nobili*, die *Società del Giardino* und die *Concordia*. Einerseits waren die Kasinos weniger abgeschlossen als Salons oder Akademien, die nur einen begrenzten Personenkreis zuließen, andererseits galt diese Offenheit generell nur für den Adel. Im Prinzip pflegten hier Männer ihre Geselligkeit außerhalb der Familie mit Wein, Tabak, Billard, Kartenspielen und Konversation. Mütter, Ehefrauen und Töchter der Mitglieder waren nur bei den Bällen, allen voran den Karnevalsbällen, erwünscht, denen sie doch erst den rechten Glanz verliehen. Ohnehin nutzte der Adel private Bälle und Feste zur Autorepräsentation. Stendhal berichtet in seinen italienischen Reisebeschreibungen begeistert von den luxuriösen Bällen, die der Fürst Borghese 1827 jeden Samstag in seinem Palast veranstaltete: Die Bälle, zu denen er und der in den Fürstenstand erhobene Bankier Torlonia in Rom einluden, überträfen jene des Kaisers Napoleon und alles, was er im Norden gesehen habe.[8]

Ganz anders sah es in den Salons aus, wo Frauen eine ganz entscheidende Rolle spielen konnten. Am Beginn dieser Bewegung stand die Gründung eines literarischen Salons im Paris des 17. Jahrhunderts im Palais Rambouillet. Gegen die orchestrierten, steifen Höflichkeitszeremonien an den Höfen setzte man in den Salons auf die geistreiche

5.3 Salons und Gesellschaften

Konversation. Während die höfische Kultur auf den Adel beschränkt blieb, öffnete er seine Salons den prominenten Vertretern der *res publica litteraria*: Musikern, Schriftstellern, Künstlern und Philosophen. Salons gab es im 18. und 19. Jahrhundert in jeder größeren Stadt Italiens, wodurch nicht nur die Standesgrenzen überwunden wurden, sondern auch Geschlechterschranken. Salons symbolisierten das Europa des Geistes und fungierten zugleich als Generalprobe der Emanzipation für Frauen. In Turin, Florenz, Pisa oder Mailand bestanden sie zunächst aus den regelmäßigen Treffen einiger großer Familien, die sich aufgrund derselben Sprache, Kultur und Umgangsformen zusammengehörig fühlten. Dieser Habitus umfasste die Kleidung und den würdevollen Gestus des Gentlemans (*galantuomo*). Mit einem gewählten Sprachduktus hob man sich vom „Pöbel" ab. Die Salons wurden partiell von der Hausherrin dominiert, die an einem festgelegten Wochentag ihre *Habitués* empfing. Die *Salonnière* war die unbestrittene Autorität, deren Aufgabe es war, eine kultivierte Atmosphäre in ihrem familiären Palast zu schaffen. In prächtig mit Kunst ausgestatteten Räumen diskutierten die Teilnehmer über Kunst, Musik und Literatur. Die Geschichte der italienischen Salons ist untrennbar verbunden mit dem Wirken außerordentlicher weiblicher Persönlichkeiten, förmlich einer Galerie geistreicher Frauen.

Während der Restauration entwickelten sich die luxuriösen Salons zunehmend zu Treffpunkten der Oppositionellen. In Mailand versammelte sich dort jener Adel, der zur Hofgesellschaft der Habsburger nicht zugelassen war. Eine ganz besondere Attraktivität entwickelte der Salon der Contessa Clara Maffai in der Via Tre Monasteri, wo sich regelmäßig Künstler europäischen Rangs einfanden, unter anderem Massimo d'Azeglio, Honoré de Balzac, Alessandro Manzoni, Giuseppe Verdi und Francesco Hayez. Vergleichbar bedeutend waren in Florenz die Salons der Marchesa Marianna Ginori Lisci, derjenige der Marchesa Teresa Bartolommei sowie der sogenannte rote Salon von Emilia Peruzzi de' Medici, die montags auf ihren roten Samtsofas neben arrivierten Künstlern regelmäßig die bekanntesten Politiker aus moderat-liberalen Kreisen empfing. Im Sommer wurde der Salon in den Villenvorort Bagno a Ripoli in die kühlere Villa La Torre all'Antella verlegt, die die Familie Peruzzi seit 1299 besaß. Ohnehin begleiteten regelmäßige Besucher des Salons die Adligen in den Sommermonaten in die *villeggiatura,* in die Sommerfrische. Dort waren auch prominente Gäste aus dem europäischen Ausland gern gesehen. Der Salon Peruzzi stellt ein schönes Beispiel für die zunehmende Politisierung während des Risorgimento dar. Jenseits von Pressezensur und polizeilicher Überwachung boten die Salons neben der privaten Korrespondenz einen geschützten Raum für einen freien Informationsaustausch. Gerade junge Adlige knüpften hier Kontakte zu europäischen Politikern und Künstlern, die Italien bereisten. So nutzten etwa Ubaldino Peruzzi und Lorenzo Ginori Lisci ihre in den heimischen Salons aufgebauten Beziehungen zur Zeit ihres Studiums in Paris. Sie trafen sich in der französischen Metropole mit führenden politischen Köpfen wie Adolphe Thiers, Alexis de Tocqueville, Alphonse de Lamartine und Louis Auguste Blanqui. Zu den demokratischen Kaffeehausrevolutionären hatten die jungen Adligen allenfalls während des Studiums Kontakt. Nach Italien zurückgekehrt, wurden sie in den privaten Salons liberal-moderat oder konservativ sozialisiert.

In Rom öffneten Marchesa Boccapaduli und Contessa Ersilia Lovatelli Caetani die Pforten ihrer Paläste für die internationale Wissenschaftlerszene, die sich vorübergehend in der ewigen Stadt aufhielt. Selbstverständlich gab es in jeder größeren Stadt nicht nur einen angesagten Salon, sondern mehrere, wo sich Gruppen, Netzwerke und politische Zirkel jeder Couleur ausbildeten. So war in Turin der Kreis um Juliette Colbert, der Frau des Marchese Falletti di Barolo, im gleichnamigen Palast nach 1814 konservativ geprägt. Darüber hinaus trafen sich bei Cesare Taparelli d'Azeglio bis 1830 katholisch-konservative Kreise, während sich das gemäßigt-liberale Lager gleichzeitig bei Prospero und Catherine Balbo einfand, ergänzt um ausländische Diplomaten und bürgerliche Akademiker. Nach der Revolution 1848/49 verfügte der liberale Salon der aus dem Exil zurückgekehrten Marchesa Costanza Arconati Visconti über eine besondere Anziehungskraft. Für Neapel ist zahlreichen Reiseberichten zu entnehmen, dass auch dort die Geselligkeit in den Salons ihren Triumph feierte. Wie im Paris der Restauration spielte sich in Neapel das gesellschaftliche Leben der Eliten in Salons und Cafés ab. Hochgeschätzt waren die privaten Treffen bei der Principessa Francesca Pignatelli di Belmonte, bei Pauline Craven, geborene de la Ferronays, oder der musikalische Salon der Contessa de la Feld. Bürgerliche fanden zwar auf persönliche Einladung Zugang in diese Kreise, aber die ideelle Gleichheit der Gesprächsteilnehmer blieb vordergründig, allein schon aufgrund des bestehenden enormen Reichtumsgefälles.

Waren aristokratische Frauen häufig Dreh- und Angelpunkt der Salons, so hatten sie dennoch lange keine Möglichkeit, Mitglied in einer Gesellschaft oder in einem Verein zu werden. Seit dem beginnenden 19. Jahrhundert entwickelte sich in den Städten europaweit ein breites Vereinswesen mit kulturellen und wissenschaftlichen Angeboten oder dem Ziel, gemeinsam zivilgesellschaftliches Engagement voranzubringen. Vereine erschienen als Allheilmittel für jeden gesellschaftlichen Notstand. Es gab wohl keinen sozialen oder kulturellen Bereich, der nicht zur Assoziation, zum Zusammenschluss einlud: Erziehung, Armenhilfe, Waisenversorgung, Denkmalbau, Pflege klassischer Musik. Hinzu kamen wissenschaftliche und ökonomische Gesellschaften, die sich der Geographie, der Altertumskunde oder der Förderung von Infrastruktur verschrieben. Von den Behörden wurden sie engmaschig überwacht oder gleich verboten, denn jede dieser Initiativen war vom Landesherrn persönlich zu genehmigen. So kann man das Vereinswesen als einen Gradmesser für die liberale oder autoritäre Politik der Regenten nehmen. Für Italien ist im Vergleich zu Großbritannien, Frankreich oder dem Deutschen Bund eine deutliche Verspätung im Versammlungswesen zu attestieren, doch dies lag nicht daran, dass kein Interesse bestanden hätte, Vereine zu gründen. Vielmehr wurden derartige Initiativen gleich im Keim erstickt. Am restriktivsten war die Politik im Kirchenstaat. Bis zu seiner Eroberung durch die Truppen des jungen Nationalstaats gab es in Rom keinen wie auch immer ausgerichteten Verein, ja noch nicht einmal ein

Kasino für den Adel. Im Königreich beider Sizilien wurde zwar ein Kasino zugelassen, ansonsten wurden Vereinsgründungen aber ebenfalls unterbunden.

Hingegen erlebte die gesellschaftliche Szene in Lombardo-Veneto zu Beginn der Restauration eine Phase des Aufbruchs. Fortgeführt wurde die in napoleonischer Zeit gegründete *Società di incoraggiamento delle scienze, lettere e delle arti* (Gesellschaft zur Förderung von Wissenschaft, Literatur und Künsten), die vor 1814 eine Domäne von Bürgerlichen und Beamten war; doch nun aristokratisierte sich diese Gesellschaft rasch. Weitere Initiativen wurden vom Conte Federico Confalonieri auf den Weg gebracht, angeregt von Erfahrungen, die er auf seinen Reisen nach Frankreich und Großbritannien gesammelt hatte. Gleich vier Projekte trieb er mit Eifer voran: eine Gesellschaft zur Verbreitung des Lancaster-Schulmodells (*Società per il mutuo insegnamento*), die vorsah, begabte, aber unbemittelte Schüler in den Unterricht einzubeziehen, weiter ein *Ateneo* zur Förderung von Kultur und Wissenschaften, eine Gesellschaft zur Unterstützung eines nationalen Theaters sowie eine zur Etablierung eines Industriebasars. Für alle Projekte hatte der Graf seine adligen Netzwerke mobilisieren können, wobei es ihm gelang, mehrere hundert Mitglieder zu gewinnen, die bereit waren, kostspielige Aktien beziehungsweise Teilnahmescheine zu zeichnen. Erst sprach er seine Freunde an, dann seine Bekannten, die wiederum weitere Unterstützer anwarben. Das ganze System beruhte auf Kooptation. Genehmigt wurde von der Regierung jedoch nur die Gesellschaft zur Förderung des Schulunterrichts. Da viele der Mitglieder in die Aufstandspläne von 1820 verwickelt waren und von der Polizei verfolgt wurden, bedeutete dies das Ende der Gesellschaft, kaum dass die ersten Schulen die Arbeit aufgenommen hatten.

Zwischen 1821 und bis zum Ende der 1830er Jahre wurden keine neuen Vereinsgründungen genehmigt. Erst nach dem Tod des Kaisers Franz I. 1835 erfolgte drei Jahre später eine Amnestie unter Ferdinand I, dem „Gütigen". Nun war es wieder möglich, Gesellschaften ins Leben zu rufen. War Confalonieri mit seinem außerordentlichen Engagement noch eine Ausnahme gewesen, so verbreitete sich in den 1840er Jahren die Idee vom hohen Nutzen der Vereine. Zahllose Schriften wurden zum Thema Assoziationsgeist publiziert. Eine regelrechte Vereinsgründungswelle erfolgte in Lombardo-Veneto, der Toskana und im Königreich Sardinien-Piemont. Vereine wurden nun als Ausdruck des zivilen Fortschritts gesehen, sie standen für ein Gemeinwohlethos. Mit vereinigten Kräften förderten sie die intellektuelle, wirtschaftliche und moralische Entwicklung. Sie galten aber zugleich als kryptopolitische Arena zur Einübung ziviler Tugenden, als virtuelle Schattenparlamente in einem autoritären Staat, trotz Statuten, die politische Diskussionen prinzipiell untersagten. Für die städtischen Eliten waren Vereine ein Instrument liberaler Gesellschaftspolitik. Der Aufruf zur Zusammenarbeit richtete sich jedoch nur an die Reichen und Gebildeten. Diese sahen durchaus die soziale Lage der Unterschichten und versuchten, mittels philanthropischer Vereine ihr Schicksal zu verbessern und gleichzeitig die bestehende Gesellschaftsordnung zu stabilisieren sowie ihre Autorität zu stützen. Während in den deutschen Staaten die gleichzeitig blühende Vereinslandschaft stark von Bürgern und Beamten gemeinsam mit dem Adel geprägt wurde, dominierte dieser in den italienischen Städten die Szene völlig. Er beanspruchte die Führung in den Gesellschaften für sich und selektierte mit den Gründungsmitgliedern den Zuwachs aus den eigenen Reihen. Darüber hinaus waren die Mitgliedsbeiträge sehr hoch. Für Florenz liegen Berechnungen vor, laut denen im elitären Vereinswesen rund 800 Personen engagiert waren, was zwei Prozent der Bevölkerung entsprach. Mehrfachmitgliedschaften waren die Regel und sie konnten beachtliche Ausmaße annehmen. So wissen wir von führenden liberalen Politikern wie Marchese Cosimo Ridolfi oder Marchese Gino Capponi, dass sie in über hundert agronomischen, botanischen, statistischen, philanthropischen und historiographischen Gesellschaften Mitglied waren.[9] Doch nicht jede Gesellschaft diente dem Gemeinwohl oder der Wissenschaft; bisweilen dienten sie auch der Distinktion. 1841 wurde von Principe Emilio Belgiojoso in Mailand ein Jockey-Club gegründet. Diese Form der exklusiven Geselligkeit hatte er während seines Pariser Exils kennengelernt. Die dreißig Gründungsmitglieder zahlten 1000 österreichische Lire und rekrutierten sich mehrheitlich aus regierungskritischen Adligen. Genau zeitgleich gründete Graf Camillo Cavour in Turin die *Società del Whist*, einen weiteren exklusiven Herrenklub.

Überwachten Polizei und Innenminister die Gesellschaften einerseits mit Argwohn, so versuchten andererseits Monarchen, sie für die Stabilisierung ihrer Herrschaft zu nutzen. Dieses Phänomen lässt sich besonders gut am Turiner Geschichtsverein beobachten. 1834 gründete König Karl Albert von Sardinien den ersten italienischen Geschichtsverein in Turin. Es handelte sich hierbei um eine Gründung von oben, von staatlicher Seite: Der Monarch und die Hauptinitiatoren Conte Prospero Balbo und Conte Luigi Cibrario bestimmten rigoros über Mitgliederaufnahme sowie Themenwahl dieser *Deputazione di Storia Patria*. Die hier versammelten hohen Staats- und Hofbeamten, leitenden Archivare und Bibliothekare, Kultusminister und Denkmalpfleger bearbeiteten als glühende Anhänger der piemontesischen Monarchie vom König vorgegebene Quelleneditionen und Themenkomplexe. Gemäß dem Motto *Dio, patria, famiglia* (Gott, Vaterland, Familie) wurde in Turin über den gesamten Untersuchungszeitraum Geschichte „gemacht". Dabei vertrauten der König und seine hohen Beamten das Quellenmaterial und die Historiographie allein handverlesenen Aristokraten und Beamten mit der passenden politischen Haltung an. Es galt, für den erfolgreichen Aufstieg des Hauses Savoyen die historische Legitimation zu liefern. Populäre Bio- und Monographien für breitere Leserschichten entstanden nicht in der Turiner *Deputazione*. Hier wurden vielmehr die für die Erforschung des Staates und für die legitimistische Geschichtsschreibung der Monarchie erforderlichen Quellenbände vorgelegt und wissenschaftliche Standardwerke publiziert. Eine kritische Auseinandersetzung mit den Themen war unter diesen Umständen nicht zu erwarten. Die Autoren, beziehungsweise ihre Ahnen, waren seit Generationen Teil der piemontesischen Erfolgsgeschichte. Als hohe Repräsentanten der Beamtenschaft verhielten sie sich gegenüber dem Königshaus absolut loyal.

Auch deutsche Monarchen förderten und instrumentalisierten in Dresden, München, Berlin oder Stuttgart Geschichtsvereine in vergleichbarer Weise, in italienischen Residenzstädten hat man aber abgesehen von Turin und sehr spät in Parma-Piacenza (1854) darauf verzichtet. Zu vermuten steht, dass hier keine gemeinsame Erfolgsgeschichte vom regionalen Adel und der Monarchie geschrieben werden konnte. Die frühen Gesellschaften ausgenommen, kam es zu einer eigentlichen Vereinsgründungsphase erst nach der nationalstaatlichen Einigung. Zwar hatte es in Neapel und Rom schon in den 40er Jahren des 19. Jahrhunderts Initiativen zur Gründung von Geschichtsgesellschaften gegeben, doch waren diese von staatlicher Seite unterbunden worden. Obwohl es sich bei den von Carlo Troya 1842 gewonnenen Mitgliedern für den ersten neapolitanischen Geschichtsverein (der sog. *Società storica napoletana*) um moderate loyale Notabeln handelte, die zudem mit dem bourbonischen Hof in vielfältiger Weise verbunden waren, wurde dieser Verein polizeilich überwacht und rasch aufgelöst. Die Polizei stufte ihn als ultraliberal und gefährlich ein. Im Kirchenstaat waren Vereinsgründungen aufgrund der Zensurmaßnahmen und der polizeilichen Überwachung überhaupt nicht möglich.

5.4 Oper, Bildende Künste und Literatur

War es den Eliten in Süditalien und im Kirchenstaat aufgrund des autoritären und repressiven Klimas verwehrt, ein dem mit Nord- und Mittelitalien vergleichbares Netzwerk von Gesellschaften und Vereinen aufzubauen, so entwickelten sich hier neben den Salons vor allem die Opernhäuser zum Treffpunkt der eleganten Welt. Erbaut wurden die international berühmten Häuser überall im 18. Jahrhundert: das Teatro Valle (1727) und das Argentina (1732) in Rom, das San Carlo in Neapel (1737), das Teatro Regio in Turin (1740), das Comunale in Bologna (1763), die Scala in Mailand (1778) und das Fenice in Venedig (1791). Im 19. Jahrhundert kamen dann zahlreiche Neubauten im klassizistischen Stil mit monumentalen Fassaden in jeder größeren oder mittleren Stadt hinzu. Dabei ragten die Marken bei Ausstattung und Neubauten von Theatern besonders hervor. Subventioniert wurden sie vom lokalen Adel. Es entstanden elegante Kunsttempel, die teilweise überdimensioniert waren, wenn man sich die Größe der Städte vor Augen führt, da diese selten mehr als 15.000 Einwohner zählten, das Umland mit eingerechnet. Eine Ministeriumsumfrage im Jahr 1868 ergab beachtliche 91 aktive Theater in den Marken, was einem Zehntel aller in Italien existierenden entsprach. Landesweit verteilten sich in diesem Jahr 942 Theatersäle auf 650 Kommunen, eine Dichte, die weltweit einzigartig war.

Besonders lebhaft war das Opernwesen in Neapel. Im San Carlo, im Teatro del Fondo und im Fiorentini gab es zwischen 1809 und 1844 jährlich 100 Inszenierungen, in der Saison 1824/25 waren es sogar 138. Beobachtern aus dem Ausland fiel auf, dass beim Besuch der Oper nicht nur der Kunstgenuss im Vordergrund stand, sondern auch das gesellige Zusammensein. Madame de Staël berichtete, dass die Leute in Italien nicht ins Theater gehen, um zuzuhören, sondern um sich in den Logen mit den besten Freunden zu treffen und sich mit ihnen zu unterhalten.[10] Ihr Landsmann Stendhal berichtete von Abenden in der Scala, die vor allem der Konversation dienten. Man grüße von einer Loge zur anderen und besuche sich dort wie im Salon.[11] Der Schriftsteller hatte sich während seines mehrmonatigen Aufenthaltes 1816 in Mailand eine Loge gemietet, wo er seine Abende verbrachte.

Finanziert wurden die Theater jeweils vom Adel und der Stadtverwaltung. Die alten Familien kauften oder mieteten ihre Logen über mehrere Generationen hinweg. Sie brachten dort demonstrativ ihre Wappen an und statteten sie mit eigenen Möbeln aus. Der regelmäßige Opernbesuch in der familieneigenen Loge des seit Jahrhunderten in den Städten lebenden Adels war in ihren Gewohnheiten verankert. Jedes Jahr im Herbst inszenierte sich der Adel, zurückgekehrt von den Villen auf dem Land, anlässlich der Eröffnung der Hauptsaison. Mit der offensichtlichen Hierarchie zwischen Logen und Parkett, wo die Bürgerlichen saßen, spiegelten die Theater deutlich die internen Strukturen der besseren Gesellschaft. Geboten wurde im Herbst nicht nur eine Opera seria, sondern auch eigens inszenierte Ballettaufführungen, die nicht Bestandteil der Oper waren, sodass sich ein Abend im Theater auf fünf Stunden erstrecken konnte. Im voll erleuchteten Saal vibrierte ständig eine Lärmkulisse fortwährender Gespräche. Cafés, Restaurants und Spieltische boten im Erdgeschoss der Theater Getränke, Speisen und Zerstreuung. In den kürzeren Spielzeiten während des Karnevals und im Frühjahr wurde meist lediglich eine Opera buffa geboten, ohne eigenständige Ballettaufführungen. Ferner hatten die führenden Opernhäuser das Monopol auf die angesagtesten Bälle in der Karnevalszeit. An diesen exklusiven Bällen teilnehmen zu können, war wiederum ein Zeichen sozialer Distinktion.

Die reaktionären Herrscher ließen die Versammlungen von hunderten Theaterbesuchern in allen italienischen Staaten engmaschig überwachen. Zunächst mussten die Libretti mit den Texten vorab von den Zensurbehörden genehmigt werden. Danach saßen in jeder Aufführung Polizeioffiziere, weil die Möglichkeit bestand, durch spontane Textänderungen, Gesten und Mimik regimekritische Gedanken zu verbreiten. Das Publikum wurde mit Anordnungen wiederholt aufgefordert, nicht durch Applaus, Zurufe und Gesten mit den Schauspielern und Sängern zu kommunizieren. Aber das Parkett interagierte trotzdem mit der Bühne.

Das Theater oder vielmehr die Oper galt von 1770 bis 1870 als die Quintessenz der italienischen Kultur. Die Inhalte und die Musik spiegeln die damals aktuellen philosophischen und literarischen Themen. Während des 18. Jahrhunderts bildeten sich zunächst zwei Typen von Opern heraus. Zum einen die Opera seria, eine höfische Gattung, die der Repräsentation und Legitimation des Adels und der Fürsten diente. Aufgeführt wurden historische und mythologische Stoffe, die Figuren verkörperten Götter, Heroen und Fürsten. Zum anderen entwickelte sich in Venedig und Neapel die Opera buffa, die ihre Wurzeln in der Commedia dell'Arte hatte. Im ausgehenden 18. Jahrhundert wurden

5.4 Oper, Bildende Künste und Literatur

dann Ideen hochgeschätzter Aufklärer wie Diderot oder Lessing in den Stücken aufgegriffen. Ein neuer Typ, jener der Opera semiseria, überwand in dieser Zeit die starren Formen und Abläufe der Opera seria. Bürgerliche Rollen dienten nun nicht mehr als Witzfiguren und die Figuren wurden realistischer konzipiert. Der Theaterbesuch sollte dazu führen, dass die Zuschauer sittlich geläutert werden. Diese Tendenz wirkte auch noch in der französischen Zeit fort. In Mailand vertrat der Philosoph Melchiorre Goia die Position, dass das Theater die Schule der Tugenden sei. Mit der Restauration begann dann der weltweite Siegeszug der romantischen melodramatischen Opern aus Italien.

1816 wurde der „Barbier von Sevilla" von Gioachino Rossini zum ersten Mal im Teatro Argentina in Rom uraufgeführt. Mit nur 24 Jahren hatte der Komponist einen Sensationserfolg erreicht. Dieses innovative Werk wurde von der nationalen und internationalen Theaterwelt enthusiastisch gefeiert und ebnete den Weg für die große Popularität der romantischen Oper. Neben Gioachino Rossini waren Gaetano Donizetti und Vincenzo Bellini jene Komponisten des Belcanto, die die italienische Oper zu Weltruhm führten und deren Werke noch heute zum Standardrepertoire gehören. Vor dem „Barbier von Sevilla" hatte Rossini bereits 16 andere Opern unter anderem für das Teatro Valle, die Scala, La Fenice und das San Carlo komponiert. Erste große Anerkennung brachte ihm 1813 die Opera seria *Tancredi* in Venedig, noch mehr gefeiert wurde die ebenfalls dort uraufgeführte Opera buffa *L'Italiana in Algeri* im selben Jahr. Nach weiteren Kompositionen für verschiedene norditalienische Häuser wurden ihm 1815 sowohl die Leitung des San Carlo als auch die des Teatro del Fondo in Neapel anvertraut. Später feierte Rossini triumphale Erfolge mit Aufführungen in Wien, London und Paris. 1824 übernahm er die Leitung der italienischen Oper in der französischen Hauptstadt, der europäischen Kulturmetropole Paris. Anlässlich der Krönungszeremonie Karls X. in Reims komponierte Rossini „Die Reise nach Reims", inszeniert mit einem aufsehenerregenden Starensemble. Ein Jahr danach wurde er zum Hofkomponisten des französischen Königs ernannt. Mit der Julirevolution verlor Rossini alle seine Ämter und Würden in Paris und kehrte nach Italien zurück. Die Zeit seiner größten Kreativität war vorbei, bis 1830 hatte er in rund zwanzig Jahren 39 Opern geschaffen, die ihn dies- und jenseits des Atlantiks zu einem der berühmtesten Komponisten der Welt machten.

Seine beiden Kollegen brannten ebenfalls in jungen Jahren ein Feuerwerk an Kreativität ab und schufen in wenigen Jahren Dutzende erfolgreiche Opern. Ihre Karrieren weisen zahlreiche Parallelen zu derjenigen Rossinis auf. Der aus einfachen Verhältnissen in Bergamo stammende Gaetano Donizetti debütierte in Venedig und begab sich nach Anfangserfolgen dort in die Opernmetropole Italiens: nach Neapel. In der Stadt komponierte er bis zu vier Opern im Jahr. Seinen Durchbruch zu internationalem Erfolg brachte ihm aber erst 1830 die Aufführung seiner Opera seria *Anna Bolena* an der Mailänder Scala. In den nächsten Jahren gelangen ihm mit den Melodramen *L'elisir d'amore* (1832) und *Lucrezia Borgia* (1833) zwei weitere weltbekannte Werke. 1840 wechselte er nach Paris, wo er nach neuen, vom Publikum enthusiastisch gefeierten,

Opern 1843 ein Angebot von Kaiser Ferdinand annahm, als Kammerkapellmeister und Hofkomponist nach Wien zu wechseln. Bereits 1845 kehrte er jedoch schwer erkrankt nach Paris zurück. Drei Jahre später starb er in seiner lombardischen Heimatstadt.

Sein Freund und Konkurrent Vincenzo Bellini wuchs in einer Familie von Kirchenmusikern in Catania auf. Protegiert vom Herzog von Sammartino, studierte er in Neapel am königlichen Musikkolleg. Am Theater des Konservatoriums debütierte Bellini vielversprechend mit der Oper *Adelson e Salvini*, was den Impresario des Teatro San Carlo auf ihn aufmerksam machte, der zuvor schon Rossini gefördert hatte. Bellini komponierte für sein Haus die Oper *Bianca e Ferdinando*, die dem jungen Künstler den internationalen Durchbruch verschaffte. Weitere Opern schrieb er für die großen Häuser Italiens, er reiste nach London, wo er Triumphe feierte, sein letztes Bühnenwerk komponierte er für die Italienische Oper in Paris. Bellini gilt mit Werken wie *Norma* und *La sonnambula* als einer der Schöpfer der romantischen Oper, der mit seinen Arbeiten großen Einfluss auf Giuseppe Verdi hatte. Die Lebensläufe der drei Komponisten und die Orte der aufgeführten Werke zeigen mit aller Deutlichkeit, dass es sich bei der Oper um eine transnationale Kunstform und um ein weltweites Geschäft handelte. Ihre Werke wurden nicht nur in Europa, sondern auch in New York und Südamerika aufgeführt.

Der rund zehn Jahre später in Roncole (Provinz Parma) geborene Giuseppe Verdi setzte diese Erfolgsserie fort und und übertraf sie sogar noch. Wie Donizetti aus bescheidenen Verhältnissen kommend, wurde sein früh auffallendes Talent von einem wohlhabenden Kaufmann namens Antonio Barezzi in Busseto gefördert. 1838 ging Verdi nach Mailand, wo er vier Jahre später mit der Oper *Nabucco* einen durchschlagenden Erfolg landete. Wie seine Vorgänger produzierte Verdi unablässig Opern, die an den besten Häusern Europas uraufgeführt wurden: an der Scala, im Fenice, im San Carlo, im Teatro Argentina, in London, mehrfach in Paris und in St. Petersburg. Schließlich wurde 1871 sein heute wohl bekanntestes Stück – *Aida* – zum ersten Mal in Kairo inszeniert. Größten Wert legte Verdi auf anspruchsvolle literarische Vorlagen. Er benutzte Werke von Victor Hugo für die Libretti von *Ernani* und *Rigoletto*, von Shakespeare für *Macbeth* und von Friedrich Schiller die Dramen „Die Jungfrau von Orleans", „Die Räuber", sowie „Kabale und Liebe" für seine Oper *Luisa Miller*.

Nach der Nationalstaatsgründung konnte ihn Ministerpräsident Graf Camillo Cavour dafür gewinnen, für das Parlament zu kandidieren. Verdi gab sein Abgeordnetenmandat aber bald wieder auf. Sein Ruhm ermöglichte es ihm, abwechselnd für verschiedene internationale Bühnen zu arbeiten. Präsent war sein Werk auch auf der Weltausstellung 1862 in London, für die er einen Text von Arrigo Boito, *Inno delle Nazioni*, vertonte. Von größter Bedeutung war für ihn die finanzielle Unabhängigkeit, weshalb Verdi Gewinne konsequent in das Landgut San Agata in seinem Geburtsort Roncole investierte. So konnte er dem heimatlichen Umfeld zeigen, dass er es sich leisten konnte, dort als Rentier zu leben. In Mailand stiftete er ein Altenheim für verarmte

5.4 Oper, Bildende Künste und Literatur

Sängerinnen und Musiker. Diese *Casa Verdi* bietet heute noch sechzig Plätze an. Verdis Grab befindet sich in der Kapelle dieser *Casa di riposo*.

Nach der Gründung des italienischen Königreichs inszenierte sich Verdi in autobiographischen Skizzen in den späten 1870er Jahren als „Barde" der Nationalstaatsbewegung. Fester Bestandteil der kulturgeschichtlichen Historiographie ist die Anekdote, dass die 1842 in der Scala uraufgeführte Oper *Nabucco* ein klares patriotisches Statement Verdis gewesen sei und als solches von den anwesenden, oppositionell Gesinnten gefeiert wurde. Der Chor *Va pensiero*, in dem die von den Babyloniern versklavten Hebräer am Ufer des Euphrats singen, hätte den versammelten Mailändern das eigene Schicksal ihrer Fremdherrschaft unter den Österreichern vor Augen geführt. Es sei eine Art italienische Nationalhymne gewesen, verstanden als Protest gegen die österreichische Willkürherrschaft. Für diese Darstellung gibt es jedoch keinen zeitgenössischen Quellenbeleg – im Gegenteil: Erstens hätte ein Libretto mit Anspielungen auf die „Tyrannei" der Habsburger die Zensur nie passiert. Zweitens gibt es keinen Hinweis für eine besondere Reaktion des Publikums auf den Chor *Va pensiero*; Begeisterung zeigte es hingegen bei der vorangegangenen Ballettaufführung. Drittens hatte Verdi das Stück der Tochter des Kaisers gewidmet und viertens stand die Scala in einem sehr engen Austausch mit der Staatsoper in Wien. Auch sie war kein bevorzugter Ort für demonstrative Nationalstaatsforderungen von Italienern.[12]

Doch nicht nur Verdi und sein Werk werden von kulturgeschichtlichen Darstellungen in den letzten Jahren als engagierte Protagonisten der Nationalstaatsbewegung schon vor 1848 vereinnahmt. Wenn Rossini „Wilhelm Tell" von Schiller vertont, gilt das ebenfalls als patriotische Tat. *Norma* von Bellini wird auch einfach zum Kanon des Risorgimento gerechnet. Diese Oper wurde 1831 wie *Nabucco* ebenfalls in der Scala unter strenger obrigkeitsstaatlicher Überwachung uraufgeführt. Es ist natürlich immer ungewiss, wie Kunst rezipiert und interpretiert wird, aber die hier genannten Spitzenkomponisten unterhielten sehr gute Kontakte zu konservativen Monarchen in Frankreich, Österreich oder in Italien, von denen sie gefördert wurden und für die sie Auftragskunst produzierten. Verdi träumte in den 1840er Jahren nicht von einem wie auch immer gearteten Nationalstaat, sondern von seinem Landgut.

„[D]ie glorreiche, immense Vergangenheit der italienischen Malerei fasziniert und absorbiert jene, die ohne einen gut begründeten Glauben in die Zukunft die Gegenwart studieren möchten. Drei Jahrhunderte von Titanen werfen einen Schatten auf alles, was heute gemacht wird. Drei Jahrhunderte einer großartigen Malerei aufgrund der Konzepte und der Ausführung, aufgrund der unzählbaren Meisterwerke, die geschaffen wurden, sie wirken bedrohlich auf die vergessenen, bescheidenen, vereinzelten Ateliers der modernen Malerei und die fremden Reisenden und zu häufig sind unter ihnen auch junge Italiener. Wer möchte im Studio eines Hayez oder eines Podesti haltmachen, in einem Land, das die Sistina, die Stanzen Raffaels, den Camposanto und die Galerien von Florenz und Rom bietet?"[13] So beschrieb Giuseppe Mazzini den Zustand der italienischen Gegenwartskunst im Jahr 1841 in seinem Londoner Exil. Napoleon hatte es dreißig Jahre zuvor in einem Gespräch mit Canova noch drastischer formuliert: „Aber was die Maler anbelangt, da seid ihr schlecht in Italien, während wir in Frankreich die besten von euch haben."[14]

Beide Urteile bringen den Zustand der europäischen Malerei für das ausgehende 18. und das 19. Jahrhundert auf den Punkt. Während im Bereich der Oper in Italien weltweit anerkannte und geschätzte Kunstwerke ersten Ranges entstanden, setzte in der Malerei Paris die Standards. Waren zur Zeit der Renaissance und des Barocks Rom, Florenz und Neapel mit ihrem fürstlichen und aristokratischen Mäzenatentum die unumstrittenen Zentren der Bildenden Künste, so verlagerte sich der Fokus im 18. Jahrhundert nun nach Norditalien. In Venedig wirkten Giambattista Tiepolo und seine Söhne als umworbene teure Freskenmaler. Tiepolos Werk steht für den Höhepunkt und das Ende des Barocks sowie für das beginnende Rokoko. Der Fürstbischof von Würzburg beauftragte ihn, seine Residenz mit einem Deckenfresko für 40.000 Gulden auszustatten. Es wird heute als sein Hauptwerk bewertet. Weiterhin waren die Vedutenmaler Francesco Guardi, Giovanni Antonio Canal sowie sein Neffe Bernardo Bellotto, die beide den Künstlernamen Canaletto nutzten, äußerst begehrte Künstler. Beide Canalettos waren wie Tiepolo auch außerhalb Venedigs für ihre Städtepanoramen nachgefragt. Der ältere wirkte lange in Großbritannien, wo er für die Aristokratie zahlreiche Arbeiten ausführte, der jüngere in den Residenzstädten Dresden, Prag, Wien und Warschau. Für die Residenz von Dresden wurde auch der heute weniger bekannte Rokokomaler Stefano Torelli aus Bologna verpflichtet. Als die Stadt Kriegsschauplatz während des Siebenjährigen Krieges wurde (1756–1763), nahm er Aufträge in Norddeutschland an und schmückte unter anderem den Audienzsaal des Lübecker Rathauses mit üppigen Fresken aus.

Seit der Mitte des Jahrhunderts wurden Barock und Rokoko zunehmend vom Klassizismus abgelöst. Am Beginn dieser Rückbesinnung auf die Antike stand die griffige Formulierung von Johann Joachim Winckelmann „Edle Einfalt, stille Größe". In den 1755 publizierten „Gedanken über die Nachahmung der Griechischen Werke in der Malerey und Bildhauerkunst" legte er seine Interpretation vom Wesen griechischhellenistischer Kunstwerke vor und beeinflusste die Bildenden Künste und den zeitgenössischen Geschmack europaweit. In Rom wurde dem deutschen Archäologen und Kunstwissenschaftler nach seinem Übertritt zum Katholizismus 1763 von Papst Clemens XIII. die Aufsicht über die Antiken anvertraut. Für die Malerei gingen die wichtigsten Impulse von Paris aus. Jacques Louis David war es, der mit seinem Bild „Der Schwur der Horatier" 1784 mit der barocken Stiltradition brach. Obwohl dieses Gemälde keineswegs eine Verschwörung gegen die Tyrannei darstellen sollte, wurde es im Umfeld der Französischen Revolution so interpretiert und machte David berühmt. In Italien genossen die Arbeiten Davids größte Bewunderung und beeinflussten die Bildproduktion nachhaltig. Während der französischen Epoche wurden auch auf dem Apennin zahllose klassizistische Historiengemälde von den neuen Machthabern in Auftrag gegeben, um die Residenzen mit staatstragender Kunst auszustatten. Seinen Ruhm

5.4 Oper, Bildende Künste und Literatur

verdankte der einflussreichste Staatskünstler Mailands, Andrea Appiani, der Protektion Napoleons. Bereits 1797 malte er ein Porträt des jungen, energischen Generals. Für die Residenz des italienischen Königreichs schuf er einen hochgelobten Freskenzyklus mit einer Apotheose auf Napoleon. Das Bildprogramm überhöhte politische und militärische Marksteine von der ersten italienischen Kampagne bis zur Krönung Napoleons in Mailand mit der lombardischen Krone. Weitere hohe Würdenträger des jungen Königreichs ließen sich von Appiani porträtieren, und für den Stiefsohn und Vizekönig Napoleons, Eugène de Beauharnais, führte er einen Freskenzyklus im Speisesaal der königlichen Villa in Mailand aus. 1805 wurde er zum ersten Maler des italienischen Königreichs ernannt. In Paris bekleidete David diesen Posten.

In Rom wurde derweil der ehemals päpstliche Quirinalspalast mit Pracht und Pomp für den Kaiser und seine zweite Frau ausgestattet. Künstler von Rang, aber auch junge Talente, die sich in der Ewigen Stadt aufhielten, als diese 1809, nach der Verschleppung des Papstes, von Frankreich annektiert worden war, fanden in den letzten Jahren des Empires Arbeit auf dieser Großbaustelle. Der Palast sollte Napoleon bei seinen Aufenthalten in Rom als Residenz dienen und die Räume wurden mit klassizistischen Historienbildern ausgestattet. Jean-Auguste-Dominique Ingres schuf drei Gemälde mit antiken Themen für die Räume der Kaiserin, und Vincenzo Camuccini, der zuvor und nach 1814 in päpstlichen Diensten als „Generalinspektor der römischen Gemälde" wirkte, beteiligte sich an der Ausgestaltung der kaiserlichen Residenz mit klassizistischen Bildern. Während Murat in Neapel zeitgenössische Staatskunst und Bildhauerei förderte, protegierte in Florenz Elisa Bonaparte, eine der Schwestern des Kaisers, Pietro Benvenuti als ersten Hofkünstler. Das Fürstentum Lucca hatte ihrem Ehrgeiz nicht ausgereicht und sie bedrängte Napoleon, dass sie auch über ein Herzogtum Toskana regieren wolle. Napoleon machte sie aber nur zur Statthalterin der Toskana mit dem persönlichen Titel einer Großherzogin. Mit Ehrgeiz wurde die Residenz in Florenz ausgestattet. Benvenuti war nicht nur ein erfolgreicher Historienmaler, sondern auch ein gefragter Porträtist. 1812 malte er „Den Hof von Elisa Baciocchi in Florenz mit Antonio Canova". Canova präsentierte auf diesem Gemälde der Herzogin eine Porträtbüste, die er für sie ausgeführt hatte. Mit diesem Herrscherporträt ließ sie sich zugleich als kunstsinnige Mäzenin darstellen, war Canova doch zweifelsohne der bedeutendste Bildhauer der napoleonischen Epoche. Nach 1815 porträtierte Benvenuti die österreichischen Großherzöge und ihre Familien.

Antonio Canovas Aufstieg zum gefragtesten Bildhauer der Jahrhundertwende begann nach seinem Studium der Antike in Rom, wo die Päpste auf sein außergewöhnliches Talent aufmerksam wurden und ihm die Ausführung von Grabdenkmälern übertrugen. Während der ersten französischen Besatzung des Kirchenstaates reiste er 1798 nach Österreich und Preußen, bevor er einem Ruf Bonapartes nach Paris folgte, wo er gleich in die Akademie der Künste aufgenommen wurde. Murat und Josephine gehörten zu den ersten der Familie, die Canova immer wieder mit Aufträgen bedachten. Beide kauften Exemplare von „Amor und Psyche", Murat noch einen

Abb. 10 Pietro Benvenuti, Elisa Baciocchi, Großherzogin der Toskana, an ihrem Hof in Florenz, 1812.

„Boxer" und Josephine eine Darstellung der „Hebe". Auf seiner Rückreise von Paris nach Rom machte Canova Station in Lyon bei Kardinal Fesch, Napoleons Onkel und einem der eifrigsten Kunstsammler seiner Zeit; in Mailand war er Gast Murats und des Vizepräsidenten der italienischen Republik, Francesco Melzi d'Eril. Nach diesen Aufenthalten galt er als der offizielle Künstler des französischen Regimes. Seine Rückkehr nach Rom wurde im Haus von Angelika Kauffmann gefeiert, die sich einen internationalen Ruf als Porträtistin erworben hatte. Die gebürtige Schweizerin, ausgebildet von ihrem Vater am Comer See, lebte nach Reisen durch ganz Europa als Malerin von Fürsten, Aristokraten und Künstlern wieder in Rom. Ihr Haus war ein beliebter Treffpunkt für die elitäre Gesellschaft, in deren Kreisen sie ihre Kundschaft fand. Spätestens das Porträt des Kunsthistorikers Winckelmann hatte sie 1764 bekannt gemacht. Auch Johann Wolfgang von Goethe traf sie auf seinen italienischen Reisen und besuchte mit ihr immer wieder Kunstsammlungen. Er bescheinigte: „Sie hat ein unglaubliches und als Weib wirklich ungeheures Talent."[15]

Canova schuf in den nächsten Jahren umstrittene Herrscherskulpturen von König Ferdinand in Neapel und eine überdimensionierte von Napoleon, wobei er beide seinen antiken Schönheitsidealen folgend nackt darstellte. Sie wurden nie in der Öffentlichkeit ausgestellt, fanden jedoch ein lebhaftes Echo in zeitgenössischen Diskursen. Als Glanzstück wurde seine lebensgroße Porträtskulptur der Fürstin Paolina Borghese, einer weiteren Schwester Napoleons, in der Kunstwelt gefeiert. Mit den Gesichtszügen der Prinzessin stellte er sie als halbliegende Venus dar, einen Apfel triumphierend

5.4 Oper, Bildende Künste und Literatur

in der Hand haltend. Zu vergleichbarem Ruhm als Bildhauer schaffte es in dieser Zeit der Däne Bertel Thorvaldsen, der einen großen Teil seines Künstlerlebens in Rom verbrachte. Ausgebildet an der Akademie in Kopenhagen, reiste er zunächst mit einem befristeten Stipendium in die ewige Stadt, um dort die Antike zu studieren. Wie Canova bekam er Staatsaufträge sowohl von Napoleon als auch aus dem päpstlichen Umfeld. Consalvi beauftragte ihn 1823, das Grabmonument für Pius VII. auszuführen. Es wurde im Petersdom in der *Cappella Clementina* aufgestellt und zählt zu Thorvaldsens bemerkenswertesten Werken.

Mit dem Niedergang des napoleonischen Empires fand auch die Begeisterung für den (Neo-) Klassizismus ein Ende. Die Künstler wandten sich nun romantischen Bildkompositionen zu, dabei setzte die Historienmalerei ihren Siegeszug fort. Sie war, laut Kanonisierung durch die tonangebende Pariser Akademie seit dem Ancien Régime, weiterhin die vornehmste Gattung. Bis um 1800 war die Historienmalerei eine vom Herrscher geförderte Kunst, ihn galt es zu rühmen – und sei es in mythologischer Gestalt. Diese Tendenz setzte sich im 19. Jahrhundert weiter fort; neu war aber, dass die Maler mit den Kompositionen emotional und moralisch berühren wollten. In der Kunstkritik zu Historienbildern wurde nun nachdrücklich auf das *toucher*, auf das Betroffensein des Publikums hingewiesen. Francesco Hayez entwickelte sich seit den 1820er Jahren zum ungekrönten Meister der romantischen, berührenden Historienmalerei in Italien. 1791 in bescheidenen Verhältnissen in Venedig geboren, wurde sein Talent früh entdeckt. Seine Jugendjahre verbrachte er zu Ausbildungszwecken in Rom. 1818 ließ er sich in Mailand, im Umfeld der *Accademia di Brera* nieder. Diese Kunstakademie entwickelte sich während der Restauration zur ersten Adresse für zeitgenössische Malerei in Italien. Den Durchbruch als Künstler brachte für Hayez 1821 das in Mailand ausgestellte Gemälde *Der Conte di Carmagnola*. Die thematische Grundlage lieferte eine romantische Tragödie, die kurz zuvor von Alessandro Manzoni publiziert worden war. Am Beginn seiner Karriere fand Hayez vor allem im vermögenden Mailänder Patriziat potente Auftraggeber für seine großformatigen und entsprechend teuren Kompositionen. Großen Erfolg hatte er auch mit dem Bild *Vespri siciliani*, das er gleich dreimal ausführte. Die 1822 präsentierte Version gilt als eines der wichtigsten Werke der Romantik. Auch diesem Motiv liegt eine historische Episode aus der fernen Vergangenheit zugrunde: die Erhebung der Sizilianer gegen die Herrschaft des Hauses Anjou. Die Auftraggeberin der ersten Version, die Marchesa Visconti d'Aragona, bestand darauf, hier einige ihrer besten Freunde zu verewigen. Das wurde zum Prinzip. Hayez porträtierte immer wieder seine Kunden in den Historienbildern. Bei dieser Bevorzugung historischer Dramen, die im Mittelalter angesiedelt waren oder ferne Länder als Sujets hatten, handelte es sich ebenfalls um ein europaweites Phänomen. Verwiesen sei hier lediglich auf Paul Delaroche in Paris oder Alfred Rethel in Düsseldorf.

Nun beschränkte sich der Kundenkreis von Hayez keineswegs auf den Mailänder Adel. Er malte für genuesische Reeder, sizilianische Aristokraten, Frankfurter und Mailänder Kaufleute sowie für den König von Württemberg. Neben seinen Historienbildern schuf er auch hunderte Porträts. Hayez brillierte nicht nur als bevorzugter Künstler der moderat-liberalen Mailänder Aristokratie, er malte auch den ultrakonservativen Metternich und den habsburgischen Kaiser. 1835 begab sich der Künstler nach Wien und am Ende dieser Reise stand ein volles Auftragsbuch. Zum einen entstanden Porträts der wichtigsten Funktionsträger in Wien, zum anderen wurde ihm die Ausführung von Fresken in Mailand anvertraut, die die bestehende politische Ordnung preisen sollten. Hayez' Karriere erlitt auch keinen Knick durch die äußerst heftigen revolutionären Auseinandersetzungen in Mailand 1848. Der habsburgische Statthalter, General Radetzky, ernannte ihn 1850 zum Professor an der *Brera* und vertraute ihm schließlich 1855 die Leitung dieser Kunstakademie an. 1859 überstand Hayez den politischen Neuanfang problemlos. Er war Mitglied jener Kommission, die die *Brera* neu aufstellen sollte. Ausgezeichnet wurde dieser Ausnahmekünstler sowohl mit dem Verdienstorden der Habsburger als auch mit dem der Savoyer.

Reisten italienische Spitzenkünstler immer wieder auf der Suche nach Aufträgen in die europäischen Metropolen, so machten sich umgekehrt ganze Heerscharen von Malern, Bildhauern und Architekten aus den Nachbarländern auf den Weg in den Süden. Ein Aufenthalt zu Studienzwecken besonders in Rom gehörte, wenn möglich, zur Ausbildung. Verstärkt wurde der Wunsch von Deutschen nach einer Italienreise noch von Goethes autobiographischem Bericht, den viele, die die Reise des Dichters nacherleben wollten, wie eine Bibel in der Tasche trugen. Die Akademie in Paris lobte jedes Jahr einen Rompreis für Künstler und Architekten aus und der glückliche Gewinner wurde durch diesen Preis förmlich geadelt. Er ermöglichte einen Aufenthalt an der französischen Akademie in Rom, die neben der päpstlichen *Accademia San Lucca* einen ausgezeichneten Ruf hatte. Überhaupt zog es Kunstschaffende aus allen europäischen Ländern über die Alpen, häufig finanziert von einem königlichen oder fürstlichen Stipendium. Einige blieben nur wenige Monate oder ein Jahr, andere ihr ganzes Leben. In Rom, Florenz oder Neapel bildeten sie regelrechte Künstlerkolonien. Stilbildend wirkte in Rom seit 1810 eine deutsche Künstlergruppe um Johann Friedrich Overbeck und Franz Pforr, die den Lukasbund gegründet hatten. Sie bewunderten Raffael und Albrecht Dürer als ihre Vorbilder und widmeten sich vornehmlich biblischen Sujets. Gemeinsam lebten sie im Kloster Sant'Isidoro nach monastischen Regeln. Einige von ihnen konvertierten zum Katholizismus, weil sie in dieser Konfession eine Inspirationsquelle für ihre Kunst sahen. Sie wurden von den Römern spöttisch als „Nazarener" bezeichnet, weil sie mit ihrer langen Haartracht an Jesus und seine Jünger erinnerten.

In Neapel existierte gleichzeitig die Schule von Posillipo, die ihre Entstehung dem holländischen Maler Anton Sminck van Pitloo verdankte. Gefördert von Napoleon, erfolgte seine Ausbildung in Paris und Rom. 1820 gründete er eine Privatschule für Malerei in Posillipo, heute ein Stadtteil Neapels, wo er für die Landschaftsmalerei einen ganz besonderen Stil mit Lichteffekten entwickelte und lehrte. Unzählige Veduten des Golfes von Neapel entstanden in diesem Rahmen, ein begehrtes Sujet für die vermögenden Italienreisenden. Der von Pitloo und seinen Schülern, von denen hier nur noch

5.4 Oper, Bildende Künste und Literatur

Giacinto Gigante erwähnt sei, entwickelte Malstil gilt als der bedeutendste Beitrag zur Entwicklung der süditalienischen Kunst während der Restauration. Auch abgesehen von der Schule von Posillipo bot die Landschaftsmalerei, neben den Sujets Genre und Porträt, eine besonders beliebte Einnahmequelle für Künstler aus ganz Europa in Italien. So lebte unter anderem auch Camille Corot vier Jahre in Italien und schuf die nachgefragten Sehnsuchtsbilder vom Land, wo die Zitronen blühen.

Setzte die Schule von Posillipo im Süden neue Akzente, so gelang dies zur Zeit der Nationalstaatsgründung einer Künstlergruppe in der Toskana: den *Macchiaoli*. Sie lehnten die akademisch romantische Malweise eines Hayez ab und malten realistisch bis impressionistisch. Thematisch bevorzugten sie häufig kleinformatigere Szenen des bürgerlichen und ländlichen Lebens. Als Freiluftmaler schufen sie Bilder mit leuchtenden hellen Farben und spontanen Eindrücken. Ihr Name leitet sich vom italienischen Wort *macchia* ab, was so viel wie Fleck oder Klecks bedeutet und auf ihren Malstil verweist. Die bekanntesten unter ihnen waren zweifellos Nino Costa, Giovanni Fattori und Telemaco Signorini.

Fattori machte sich aber nicht nur als Landschaftsmaler einen Namen, sondern auch mit seinen patriotischen Schlachtenbildern. Nach der Nationalstaatsgründung 1861 erfuhr die Darstellung von Episoden und Schlachten der Einigungskriege einen enormen Aufschwung. Die Historienmalerei wandte sich nun der Zeitgeschichte zu und überhöhte Nationalismus, Tapferkeit und kriegerisches, zeitgenössisches Heldentum. Besonderer Beliebtheit als Sujet erfreuten sich die gewonnenen Schlachten über die Österreicher, Motive wie die Truppen der Rothemden, Garibaldis Freischärler sowie der Opfertod jugendlicher Freiwilliger. Giovanni Fattori malte für einen von der Regierung ausgelobten Wettbewerb das großformatige Gemälde „Das italienische Lager bei der Schlacht von Magenta", in der die Franzosen und Piemontesen im zweiten Einigungskrieg die Österreicher besiegt hatten; außerdem Truppenbilder und Porträts von Garibaldi. Fattori und andere Maler vaterländischer Szenen waren Mitte der zwanziger Jahre in Nord- oder Mittelitalien geboren und hatten die Kriege als Zeitzeugen miterlebt oder als Freiwillige gekämpft. So auch Carlo Ademollo, der sich enthusiastisch 1859 den königlichen Truppen und 1866 der Nationalgarde in Florenz anschloss. Für seine Bilder „Bresche an der Porta Pia", „Garibaldi in Rom", „Handschlag des Königs und Garibaldis am Teano", „Garibaldi zu Pferd" und „Tod von Enrico Cairoli bei der Villa Glori" wurde er vom König zum offiziellen Heeresmaler ernannt. Ferner gehörte Girolamo Induno dazu, er wurde an der *Brera* zum Genremaler ausgebildet. Er beteiligte sich während der *Cinque Giornate* 1848 an jenem glorreichen Aufstand, durch den es den Mailändern gelang, die drückend überlegenen Österreicher unter General Radetzky aus der Stadt zu vertreiben. Dann eilte er nach Rom, um dort bei der Verteidigung der Römischen Republik zu helfen. In den nächsten Jahrzehnten malte er zahlreiche Episoden aus den Einigungskriegen, im Auftrag des Königs den „Abmarsch der Wehrpflichtigen" (1866) oder „Biwak der Garibaldiner bei Capua". Besonders bekannt wurden seine Darstellung der Einschiffung der legendären tausend von Garibaldi, zahlreiche Ausführungen zu Garibaldis Alpenjägern sowie der „Einzug des Königs in Venetien". Fasziniert von Garibaldi war auch der aus Neapel stammende Michele Cammarano, dessen Vater Libretti für Verdi geschrieben hatte. Sein Handwerk lernte er an der Kunstakademie sowie an der Schule von Posillipo. Cammarano machte sich einen Namen als Schlachtenmaler, der die Kriegshandlungen mit besonderer Dramatik ausführte, etwa sein großformatiges Werk „Bresche an der Porta Pia", auf dem die Soldaten stürmisch auf den Betrachter zulaufen. In der Realität war diese Aktion eher ruhig verlaufen. Die meist übergroßen Gemälde von Ademollo, Fattori, Induno, Cammarano und weiteren Militärmalern hingen in den staatlichen und städtischen Museen und sollten ihren Beitrag dazu leisten, den glanzvollen Weg in den italienischen Nationalstaat vor Augen zu führen.

Im Bereich der Architektur fanden in Italien – wie überall in Europa – bis zum Fall des Kirchenstaates keine nennenswerten Innovationen statt. Gebaut wurde seit dem späten 18. und frühen 19. Jahrhundert im neoklassischen Stil, etwa die zahlreichen Opernbauten, aber auch Villen, Paläste oder Gärten. Vorbildfunktion kam noch immer dem Villenstil von Andrea Palladio aus dem 16. Jahrhundert zu, nicht nur in Italien, sondern auch in Großbritannien und in den Vereinigten Staaten. Im Verlaufe des Jahrhunderts herrschten die verschiedenen Neostile vor: Neoromantik, Neogotik oder Neorenaissance. In Rom kam es ohnehin erst nach 1870 zu nennenswerten städtebaulichen Entwicklungen, und auch in Turin waren die Residenz und die umliegenden Jagdschlösser im Wesentlichen in der Frühen Neuzeit geformt worden.

In der italienischen Literatur verlief die stilistische Entwicklung parallel zu den Bildenden Künsten und zur Musik. Im letzten Drittel des 18. Jahrhunderts herrschte der Klassizismus vor, der mit dem Untergang des napoleonischen Empire von der Romantik abgelöst wurde, die wiederum nach der Jahrhundertmitte vom Realismus verdrängt wurde. Die Synergien zwischen den einzelnen Kunstformen waren groß. Romane, Dramen und Gedichte inspirierten Maler, Opernkomponisten und Librettisten und umgekehrt.

Einflussreichster italienischer Dramatiker im Zeitalter der Aufklärung war Graf Vittorio Alfieri d'Asti. Geboren 1749, wurde er als Junge standesgemäß auf die Militärakademie in Turin geschickt, doch diese Ausbildung brach er ab. Es folgten von 1766 bis 1772 rastlose Reisen durch Europa bis in den Norden Skandinaviens, die ihm sein beträchtliches elterliches Vermögen erlaubten. Zurückgekehrt nach Turin, lebte er dort als Dandy und verfasste seine erste Tragödie „Antonio und Cleopatra". Weil er mit der französischen Sprache und Kultur sowie dem piemontesischen Dialekt aufgewachsen war, ließ er sich in Florenz nieder, um dort das beste Italienisch zu lernen. Fortan schrieb er seine Stücke in Toskanisch, das nach vorherrschender Meinung die schönste und reinste Varietät des Italienischen darstellt. Auf einen längeren Aufenthalt in Rom folgte ab 1787 einer in Paris, wo er als überzeugter Republikaner den Ausbruch der Französischen Revolution mit Begeisterung verfolgte. Als die radikalen Jakobiner im Sommer 1792 an die Macht kamen, der Bürgerkrieg und die Terrorakte begannen,

5.4 Oper, Bildende Künste und Literatur

floh er aus Frankreich. Sein Vermögen wurde in Paris konfisziert, seine Staatsanleihen verloren an Wert und der Enthusiasmus Alfieris schlug in Hass auf alles Französische um. Niedergeschlagen hat sich dies in seinem Stück *Misogallo*, das von verratener Liebe, verlorenen Hoffnungen und zerbrochenen Illusionen handelt. Alles in allem hat der Dichter 22 pathetische Tragödien geschrieben, von denen viele erst 1789 in Paris inszeniert werden konnten. Das frühe Drama *Filippo*, entstanden 1775, führte zum ersten Mal das Thema aus, das fortan im Mittelpunkt seiner Werke stehen sollte: das Schicksal eines vom Machtstreben besessenen Herrschers, der auf wachsenden Widerstand mit immer stärkerer Despotie reagiert. Das gilt etwa „Das gerächte Etrurien", in dem der Despot Alessandro de' Medici von seinem Vetter Lorenzo getötet wird. Dieser wurde von Alfieri als Freiheitsheld verherrlicht, weil er das Unrecht und die Schande des Tyrannen rächte. Auch in den anderen Tragödien geht es immer wieder um den Hass gegen jede Art von Tyrannei und Knechtschaft. Sein Einfluss auf die nachfolgenden Generationen scheint groß gewesen zu sein. Massimo d'Azeglio berichtet in seinen Erinnerungen, dass er als junger Mann in seinem Studierzimmer ganze Dramen von Alfieri auswendig gelernt und exaltiert rezitiert habe.[16]

In einem Atemzug mit Alfieri wird häufig der dreißig Jahre jüngere Ugo Foscolo als der letzte bedeutende Dichter des Klassizismus genannt. Wie Alfieri begeisterte er sich zunächst für die Französische Revolution und den jungen Napoleon. Aus diesem Grund trat er als Freiwilliger in die französische Cisalpinische Legion ein und nahm an der Schlacht von Marengo teil. Doch der autoritäre Regierungsstil Napoleons führte ihn nach 1800 in den literarischen Widerstand. Wie Alfieri thematisiert er in seinen Tragödien, etwa in „Ajax" (1811), den Kampf für ein freies Vaterland. Obwohl die Handlung in das antike Griechenland verlegt wurde, waren die kritischen Anspielungen auf Napoleon und seinen Polizeiminister Fouché nicht zu übersehen. Foscolo hat neben Tragödien den ersten Briefroman der italienischen Literatur geschrieben. Beeinflusst von Rousseau und Goethe verfasste er 1802 „Letzte Briefe des Jacopo Ortis", in denen zeitgenössische politische Motive dominieren. Der Held tötet sich aus Verzweiflung über den Tiefstand der Nation angesichts der französischen beziehungsweise österreichischen Herrschaft in Oberitalien. Auch in seinem populären Gedicht „Von den Gräbern" rief Foscolo seine Landsleute auf, sich von toten Helden dazu inspirieren zu lassen, gegen Tyrannei und Knechtschaft aufzustehen. Seine klassizistischen Werke wurden während der napoleonischen Zeit häufig zensiert. Zu Beginn der Restauration begab er sich umgehend zunächst in die Schweiz und dann nach London ins Exil, was seinen Ruf als unbeugsamen, patriotischen Widerstandskämpfer noch mehrte.

Waren Alfieri und Foscolo in Italien die anerkanntesten Dichter des Klassizismus, so genossen diese Wertschätzung für die Epoche der Romantik Graf Giacomo Leopardi und Graf Alessandro Manzoni. Beide spielten eine entscheidende Rolle bei der Erneuerung der italienischen Literatursprache im 19. Jahrhundert. Leopardi, 1798 geboren in einer erzkonservativen Adelsfamilie im provinziellen Recanati, versuchte sich als junger Mann zunächst ebenfalls an Tragödien und als Übersetzer griechischer

Epen, doch sein Ruhm beruht vor allem auf seinen Gedichtsammlungen. In seinen *Canti* (Gesänge) drückte er meisterhaft seine Grundstimmung aus: Weltschmerz, Pessimismus und Nihilismus. Sie spiegeln die Sehnsucht nach einer erfüllten Existenz mit Jugend, Frühling, Schönheit und Liebe, sie zeigen aber zugleich die Unerfüllbarkeit aller gegenwärtigen Wünsche und Hoffnungen. Der romantische Dichter kehrte sich melancholisch ab von der Fortschrittsgläubigkeit seiner Zeit und sah die italienische Nation im Niedergang begriffen. Neben seiner meisterhaften Lyrik publizierte Leopardi auch die *Operette morali* (Moralische Werkchen). Mit diesen Dialogen und Essays beschrieb er phantasiebegabt und sarkastisch die Nichtigkeit und Sinnlosigkeit des Daseins, die Erkenntnis des eitlen Strebens nach Liebe und Ruhm sowie die Todessehnsucht.

Neben Leopardi war Giovanni Berchet einer der bedeutendsten patriotischen Dichter. Da er sich 1821 an den Vorbereitungen des Mailänder Aufstandes beteiligt hatte und fortan im belgischen Exil lebte, wurden seine poetischen Werke *I profughi de Parga* (Die Flüchtlinge von Parga), seine „Romanze" (1822–1824) und seine „Fantasie" (1829) mit zeitlicher Verzögerung in Italien rezipiert. Das Thema der Flüchtlinge von Parga erfreute sich trotzdem großer Beliebtheit. Diesem Motiv lag kein historisches Heldenepos zugrunde, sondern ein aktuelles menschliches Drama, das sich aber im entfernten östlichen Mittelmeer abgespielt hatte. 1814 übernahmen die Briten die Insel Parga als Protektorat und traten sie 1819 an Ali, den Pascha von Janina, ab. Die griechischen Bewohner wurden von der Insel vertrieben und nach Korfu umgesiedelt. Auch Hayez nutzte das Thema dieser Deportation für ein Historiengemälde. In seinen Memoiren notierte er dazu, dass das Schicksal der Einwohner von Parga damals jedem bekannt war und die Vorgänge in der Öffentlichkeit von großen Sympathiekundgebungen für die Betroffenen begleitet wurden.[17] In Mailand bleiben konnte als populärer Schriftsteller ferner der Gymnasiallehrer Cesare Cantù, jedenfalls bis zur 1848er Revolution, dann wurde auch er vorübergehend eingekerkert, woraufhin er nach Piemont flüchtete. Zuvor hatte er mit seinen historischen Arbeiten und romantischen Romanen gegen Österreich Front gemacht. Als Bestseller erwies sich sein Roman *Margherita Pusterla*, erschienen 1838 nach einer gründlichen Prüfung durch die österreichische Zensur. Diese Romanfigur diente ihm zur Vermittlung christlich-konservativer Traditionen, genau wie der große Publikumserfolg *Carlambrogio da Montevecchia*, in dem der Protagonist sich auf die Religion als „der wahren und ewigen Macht" zurückbesinnt. Als romantischer Vielschreiber überzeugt von der Unverwundbarkeit der Familie und der Autonomie der Kirche, sah sich der sehr katholische, ja geradezu als orthodox geltende Cantù in der Rolle des unparteiischen Erziehers des italienischen Volkes.

Zu den prominentesten und meistgelesenen italienischen Autoren zählte ferner Graf Alessandro Manzoni. Mit seinem Roman *I Promessi Sposi* (Die Verlobten) erzielte er einen weit über die Grenzen Italiens ausstrahlenden Erfolg. Die zweite überarbeitete Fassung erschien 1827 und machte ihn sofort berühmt. Goethe, dem Manzoni ein Exemplar zugesandt hatte, war begeistert und setzte sich nachdrücklich für eine deutsche Übersetzung ein. Die italienische Version wurde von Manzoni noch einmal überarbeitet,

5.4 Oper, Bildende Künste und Literatur

die lombardischen Dialektreste eliminiert und 1840–1842 in der toskanischen Schriftsprache neu aufgelegt. Der Untertitel: „Mailänder Geschichte aus dem 17. Jahrhundert neu entdeckt und gestaltet" weist den Roman als bloße Nacherzählung einer vorgefundenen Quelle aus und soll ihm Authentizität verleihen, dabei ist er in Wirklichkeit der erste moderne Roman Italiens und gilt nach Dantes „Göttlicher Komödie" als das bedeutendste Werk der italienischen Literatur. Es spielt zur Zeit der spanischen Fremdherrschaft. Zunächst schildert Manzoni in fünf Kapiteln die historischen Vorgänge und Zustände, bevor auch nur eine Person der eigentlichen Handlung auftritt. Diese extensiven Beschreibungen der politischen Ereignisse und sozialen Zustände beruhen auf intensiven Quellenstudien Manzonis. Im Mittelpunkt der Handlung steht ein junges Brautpaar, Lucia und Renzo aus dem Dorf Lecco am Südende des Comer Sees. Ein wegen seiner Brutalität berüchtigter Adliger, Don Rodrigo, wettet aus einer Laune heraus, dass er das Mädchen haben werde. Seine *bravi*, bezahlte Schläger, schüchtern den Pfarrer Don Abbondio ein, die Brautleute nicht zu trauen, die Verlobten fliehen daraufhin mit Lucias Mutter Agnese. Die beiden Frauen begeben sich in das Kloster Monza und Renzo geht nach Mailand, wo er in einen Brotaufstand verwickelt und verdächtigt wird, zu den Anführern zu gehören. Er wird verhaftet und wieder befreit, woraufhin er nach Bergamo flüchtet, das damals zur unabhängigen Republik Venedig gehört. Derweil lässt Don Rodrigo Lucia auf seine Burg entführen. Doch die junge fromme Frau bewirkt seine innere Umkehr. Er findet zum Glauben und lässt Lucia frei. Nach einigen verwirrenden Hindernissen im von der Pest heimgesuchten Mailand finden die beiden Liebenden einander, heiraten und gründen eine Familie in Bergamo.

Die Zeitgenossen haben „Die Verlobten" nicht nur als historischen Roman gelesen, sondern die Inhalte auch auf ihre gegenwärtige politische Situation übertragen. Das dargestellte Zeitpanorama ist bedrohlich und bedrückend: eine von Korruption unterhöhlte Gesetzgebung, deren ungeheure Strafandrohungen in auffälligem Gegensatz zu ihrer fehlenden Effizienz stehen. Die Masse des Volkes ist der staatlichen Willkür ausgesetzt. Manzoni präsentiert hier eine Lombardei, die unter der spanischen Fremdherrschaft leidet, gleichsam versklavt ist und die der geneigte Leser mit der aktuellen habsburgischen vergleichen mochte. Die Helden sind einfache und fromme Leute. Lucia ist von sexueller Gewalt bedroht und Renzo repräsentiert den jugendlichen Helden.

Ähnliche Muster lassen sich anhand in anderen heute mehr oder weniger bekannten romantischen Romanen, Gedichten und Tragödien nachweisen, die an gemeinsame Emotionen appellieren. Das freie Vaterland und die Unabhängigkeit, das sind die fundamentalen Ziele für jeden Patrioten des Risorgimento, aber neben diesen Zielen gibt es noch profundere Werte, die es zu verteidigen gilt: die durch die Gewaltherrschaft auf italienischem Boden verletzte Ehre, die verletzte persönliche Ehre und schließlich die verletzte Ehre aufgrund von Angriffen auf die sexuelle Reinheit der italienischen Frauen. Typische, gegenderte Kategorien rahmen diese Melodramen mit Helden und Heldinnen, die Hindernisse auf dem Weg zu ihrem Glück überwinden mussten. Die romantische Liebe wurde mit der Liebe zum Vaterland verknüpft. Männliche Heroen forderten alte Konventionen heraus und verteidigten ihre Frauen vor äußerer, bewaffneter Bedrohung. Private Emotionen und öffentliche Leidenschaften, Familienbande und patriotische Loyalitäten wurden unentwirrbar miteinander verknüpft. Hinzu traten die Nationalisierung der Ehre und eine religiöse Aufladung des Vaterlandes. Alle diese Elemente finden sich vermischt im historischen Roman von Alessandro Manzoni, den Gedichten Leopardis, in den Opern Verdis und in den Historiengemälden eines Francesco Hayez.

5.5 Schulen, Universitäten und Akademien

Im 18. Jahrhundert wurde die Institution der öffentlichen Schule zunehmend zur Sache des Staates, und nicht mehr wie im Mittelalter von den Städten kontrolliert. Im Zeitalter der Aufklärung setzten im Norden und in Mittelitalien erste Reformprozesse im Schulwesen ein. Den Anfang machte das Königreich Sardinien-Piemont unter Viktor Amadeus II., der 1717 und 1727 mehrere Schulreformen dekretierte und die Schulen unter staatliche Aufsicht stellte. Auch in anderen italienischen Staaten setzten Säkularisierungsprozesse ein, um den starken sozialnormativen Einfluss der Kirchen zurückzudrängen. Im Herzogtum Parma und Piacenza eröffneten unter Ferdinand I. die ersten öffentlichen, nichtkirchlichen Schulen. Am weitesten gingen die Reformbemühungen in der habsburgischen Lombardei. Unter Maria Theresia wurde die allgemeine Schulpflicht für Kinder im Alter von sechs bis zwölf Jahren eingeführt. Ab 1786 begann der Aufbau eines flächendeckenden Netzes von Schulen, differenziert nach Trivial-, Mittel- und Normalschulen, wobei erstere für jede Kommune, die Mittelschulen für jede Stadt und letztere für die Provinzhauptstädte vorgesehen waren. Nur zwei Jahre später eröffnete in Mailand die erste staatliche Ausbildungsstätte für Lehrer. Gleichzeitig wurde im Herzogtum Toskana unter dem Habsburger Leopold I. das öffentliche Schulwesen eingeführt, differenziert nach Grund- und weiterführenden Schulen. Wesentlich konservativer agierten die Herrscher im Süden und im Kirchenstaat. Im Königreich Neapel blieb das Schulwesen weitgehend in katholischer Hand, vor dem Beginn der Französischen Revolution setzten allmählich auch hier die Bemühungen ein, staatliche Schulen zu etablieren. Von alledem konnte im Kirchenstaat natürlich keine Rede sein, hier blieb das Schulwesen in geistlicher Hand, trotz des 1773 europaweit erfolgten Verbots des Jesuitenordens. Doch unabhängig davon, wer unterrichtete, blieb die Zahl der Analphabeten in den italienischen Staaten, ganz besonders im Süden, erschreckend hoch. Es muss davon ausgegangen werden, dass dort höchstens zwanzig Prozent der Bevölkerung lesen und schreiben konnten; dabei war die Alphabetisierungsquote in der Stadt selbstverständlich höher als auf dem Land.

Während der französischen Zeit wurden unabhängig davon, ob die italienischen Departements direkt von Paris aus regiert wurden, zum Königreich Italien gehörten oder zum Königreich Neapel, überall grundlegende Neuerungen vorgenommen, die vor allem durch die Ausweitung der Grundbildung bei längerer Herrschaftsdauer eine wesentlich bessere Wirkung gezeigt hätten. 1810 machte Murat die Grundschule für alle verpflichtend. Es wurde nun differenziert nach vier Bildungsniveaus: dem elementaren, dem unteren und oberen sowie dem universitären. Im Königreich Italien galt ab 1808 ein Generalplan für die Erziehung, der im Hauptort jedes Departements die Einrichtung eines Gymnasiums für Jungen vorsah. Im Süden entsprachen diesen die Regierungskollegien. 1812 wurden in Mailand Vorschriften für die Grundschulen veröffentlicht: Die Kinder sollten Lesen, Schreiben und Rechnen lernen, des Weiteren in Religion, Vaterlandsliebe und Königstreue unterwiesen werden. Die Prügelstrafe wurde abgeschafft.

Mit der Restauration wurden die französischen Maßnahmen partiell wieder zurückgenommen und gerade im Bereich der Grundschulen blieben die Versäumnisse groß. In den italienischen Staaten überwog ein mäßiges Interesse an Bildung. An der Quote der Alphabetisierung veränderte sich so gut wie nichts. Um 1850 konnten immer noch nur geschätzte 20–25 Prozent der Bevölkerung lesen und schreiben. Zu einer wirklich umfassenden und tiefgreifenden Schulreform kam es im Königreich Sardinien-Piemont erst mit der *Legge Casati* 1859, benannt nach dem Bildungsminister Graf Gabrio Casati, der den Gesetzesentwurf vorgelegt hatte. Nach der Nationalstaatsgründung 1861 wurden diese Gesetze dann auf die eroberten Gebiete übertragen und blieben bis 1923 in Kraft. Die Grundschuldauer wurde auf zweimal zwei Jahre festgelegt, von denen die ersten verpflichtend waren. Die weiterführenden Schulen boten zwei Zweige: einen klassischen mit Gymnasien oder Lyzeen, die auf weitere Studien vorbereiten sollten, sowie technische Lehranstalten. Ein Gymnasium gab es in jeder Provinzhauptstadt, benannt nach lokalen liberalen Berühmtheiten. Zudem wurde die Ausbildung der Lehrkräfte besonderen Instituten anvertraut, den sogenannten *Scuole normali*. Hervorzuheben ist für diese Reform, dass der Schulbesuch in den ersten Jahren für beide Geschlechter verpflichtend und kostenfrei war. Diese eigentlich fortschrittlichen Maßnahmen führten zu heftigen Diskussionen bei den politischen Eliten. Während die einen in der Schulbildung eine Bürgerpflicht sahen, fürchteten konservative und katholische Kräfte, dass diese Grundbildung die ländliche Bevölkerung dem Sozialismus zuführen könne. Der Bildungspolitiker und Historiker Pasquale Villari aus Neapel argumentierte wie folgt: Vor der Schulbildung müssten erst einmal die Lebensbedingungen der Unterschichten verbessert werden. Selbst der demokratisch gesinnte Giuseppe Merzario, Schriftsteller und Pädagoge, war gegen die Schulpflicht. Der Staat habe kein Recht, sie vorzuschreiben, weil die Bevölkerung ihren Wert gar nicht verstehe. Ferner äußerten moderat Konservative sich besorgt wegen der Freiheit der Familien und der Kontrolle durch den Staat. Vergeblich, der Staat griff mit weiteren Gesetzen durch, die die Missachtung der Schulpflicht bestraften.

Dringenden Reformbedarf sah man gleichzeitig bei den Universitäten. Italien war zwar das Mutterland der Universitäten und man konnte stolz darauf zurückblicken, mit der Universität Bologna die älteste auf europäischem Boden zu haben, deren

Entstehung in das Jahr 1088 datiert wird. Weitere Gründungen waren 1175 in Modena, 1222 in Padua und zwei Jahre später in Neapel erfolgt. Doch mit dem Bedeutungsverlust der Städte seit der Renaissance verloren auch die ältesten und prestigereichsten Universitäten Europas an Glanz. In der Frühen Neuzeit waren sie in den italienischen Staaten kaum über die Landesgrenzen hinaus attraktiv. Sie bildeten Beamte, Juristen, Theologen und Ärzte für die eigene Region aus. Während die Universität Bologna in ihrer Blütezeit mehrere Tausend Studenten anzog, waren es im 18. Jahrhundert nur noch 300. Daran änderte sich auch in der ersten Hälfte des 19. Jahrhunderts nichts. 1859 beim Untergang des Kirchenstaates unterrichteten 20 Professoren 400 Studenten. Der Kirchenstaat zeigte wenig Interesse daran, in die universitäre Bildung zu investieren.

Vor 1800 waren die Fürstenhäuser und nicht mehr die Städte die bestimmenden Kräfte im Bildungssektor. Sie gründeten und unterstützten Akademien, die größeren wissenschaftlichen Freiraum genossen als die traditionellen Universitäten, die sich auf den reinen Lehrbetrieb konzentrierten. Grundlegende Überlegungen zu Reformversuchen hatte es dann während der napoleonischen Zeit gegeben, wobei dem deutschen Bildungswesen Vorbildcharakter zugewiesen wurde. Der 1809 im Königreich Italien zum Generaldirektor der öffentlichen Erziehung ernannte Giovanni Scopoli begab sich im Frühjahr und Sommer 1812 eigens auf eine Reise in die deutschen Staaten, um sich vor Ort über die Vorzüge und Nachteile der dortigen Institute zu informieren. Nach seiner mehr als vier Monate dauernden Reise verfasste er einen detaillierten Bericht über das dortige Bildungswesen für den Vizekönig Eugène Beauharnais. Scopoli referierte zunächst über Volksschulen und Lyzeen, dann ausführlich über die Universitäten. Sehr positiv beurteilte er die Universität Göttingen, die damals ohnehin den Ruf einer modernen, aufgeklärten Bildungsstätte genoss, wobei er besonders den wissenschaftlichen Anspruch und die Verwaltungsautonomie hervorhob. Aus persönlichen Gründen verzichtete er jedoch auf einen Besuch der erst kurz zuvor gegründeten Friedrich-Wilhelm-Universität zu Berlin. Praktische Auswirkungen in Form einer Universitätserneuerung konnte dieser Bericht aber aufgrund des Zusammenbruchs des Empires nicht mehr entfalten.

Während der Restauration brachten verschiedene Reformen mustergültige Universitäten wie Padua und Pavia in Lombardo-Veneto hervor, die zu den besten des Kaiserreichs zählten, doch die Qualität der italienischen Institute divergierte stark. Es gab große Universitäten mit einem guten Angebot für alle Fächer und winzige Hochschulen in der provinziellen Peripherie. Nicht nur für das Schulwesen, sondern auch für das Universitätssystem brachte die in Turin verabschiedete *Legge Casati* 1859 einen entscheidenden Sprung. 1861 galt sie überall im jungen Nationalstaat. Dem französischen zentralistischen Modell folgend, sollten die insgesamt 21 italienischen Universitäten gemäß überall geltender Standards arbeiten. Aus dem Königreich Sardinien-Piemont waren es diejenigen in Turin, Genua, Cagliari und Sassari, aus dem Herzogtum Toskana jene in Siena, Pisa und Florenz. Im Königreich beider Sizilien wurden die Institutionen aus Neapel, Messina, Palermo und Catania übernommen und aus dem Kirchenstaat

Bologna, Ferrara, Urbino, Perugia, Macerata und Camerino, wobei bei denjenigen in den kleineren Städten die Schließung zugunsten der größeren Universitäten erwogen wurde. Im Parlament wurde heftig über die Universitätsreform debattiert. Darüber hinaus erschienen zahlreiche Publikationen, die sich mit dem Status quo der Institute zu Beginn der 60er Jahre auseinandersetzten und so gute Einblicke in die zeitgenössischen Zustände bieten. Im Mittelpunkt dieser Schriften standen Fragen nach der effektiven Ausbildung einer nationalen Führungselite an den reformbedürftigen italienischen Hochschulen. Sie sollte ihren Beitrag zum Aufbau des Nationalstaates liefern. Die zuständigen Politiker kritisierten besonders die Heterogenität bezüglich wissenschaftlicher Leistung, Personal, Examensanforderungen, Studienaufbau sowie der Aufnahmebedingungen für die Studenten. Ausgangspunkt für die Debatten bot die umfassende zentralistische Hochschulreform von Casati, da dieses Gesetzeswerk unverändert auf den neuen Nationalstaat übertragen wurde, ohne Rücksicht auf die Verhältnisse und Traditionen der zahlreichen Universitäten außerhalb des ursprünglichen Zuständigkeitsraum zu nehmen. Dieses Vorgehen wurde als kulturelle Hegemonialpolitik Piemonts gedeutet. Eine der am meisten diskutierten Fragen war, wie man die kleineren Provinzuniversitäten entsprechend dem neuen Gesetzeswerk umstrukturieren und überhaupt ein einheitlicheres System bezüglich der Ernennung von Professoren, Aufnahme von Studenten sowie des Lehrstoffes gestalten könne. Diese Institute in der Provinz wurden von den lokalen Autoritäten unterstützt, wenn es darum ging, die alten Systeme und Traditionen zu verteidigen, denn sie legten großen Wert darauf, dass dort weiterhin die eigene Führungsschicht ausgebildet wurde. So spiegelte sich letztlich in der sehr komplexen Debatte über die Hochschulpolitik der Konflikt zwischen Zentrum und Peripherie, der viele Reformvorschläge im Sand versickern ließ.

Handelte es sich bei den italienischen Universitäten in erster Linie um Institute, an denen gelehrt wurde, so fand die Forschung im 19. Jahrhundert weiterhin an den zahlreichen Akademien statt. In jeder Stadt gab es mehrere, in den größeren Dutzende. Die bedeutenderen und größeren königlichen Akademien achteten streng auf Wissenschaftlichkeit. Sie sahen sich als führende Forschungsanstalten und versuchten, sich zugleich deutlich von den Universitäten abzugrenzen, die sich der Lehre widmen sollten. Sie unterhielten Bibliotheken, publizierten Forschungsergebnisse der Mitglieder, veranstalteten Vorträge für einen exklusiven Kreis und lobten Preisgelder für die Lösung von Forschungsfragen aus. Die Urteile der hier versammelten Wissenschafter über die Universitäten waren oft wenig freundlich. Wichtige Repräsentanten der Akademiebewegung lehnten es ab, an einer Universität zu unterrichten. Doch im 19. Jahrhundert hatten die Akademien allmählich ihren Zenit ihres Erfolgs überschritten. Waren sie zur Zeit der Aufklärung das wissenschaftliche Aushängeschild der Nationen, so verloren sie zunehmend an Einfluss und erstarrten in traditionellem Gedankengut und Formen. Die Ernennung zum Mitglied in einer der berühmten Akademien war aber immer noch ein Privileg. In den Augen konservativer Aristokraten boten die Akademien dem Patriziat noch im 19. Jahrhundert einen glänzenden Rahmen, um dilettierend die poetische Distanz des Adels zur bürgerlichen Wissenschaftlichkeit und ihrer prosaischen Realität zu inszenieren. So ist die gesellschaftliche Bedeutung der Akademien nicht zu unterschätzen. Um aufgenommen zu werden, musste man über die entsprechenden Netzwerke verfügen. Ein Kandidat brauchte jemanden, der zunächst die Lage sondierte, ob ein Aufnahmegesuch überhaupt erfolgversprechend war, einen möglichst mächtigen Akademiker, der ihn vorschlug und weitere, die den Antrag befürworteten. Abgelehnte Aufnahmegesuche führten zu großer Bitterkeit. So hatte etwa Carlo Negroni, Rechtsprofessor in Novara und späterer Senator, Ercole Ricotti, den er offenbar seit seinem Studium kannte, gebeten, für ihn die Aufnahme in die Turiner Akademie als korrespondierendes Mitglied zu erwirken. Ricotti war ordentliches Mitglied der Akademie, konnte den Kandidaten aber nicht durchsetzen. Daraufhin schrieb Negroni ihm einen wütenden Brief, in dem er die Akademiker und ihre Arbeiten diskreditierte und sie als Erbsenzähler beschimpfte.[18]

Die Mitgliedschaft in möglichst zahlreichen angesehenen Akademien erhöhte das soziale und kulturelle Kapital also beträchtlich. Mehrfachmitgliedschaften in den städtischen Akademien waren die Regel und es entstanden dichte Netzwerke. Als Beispiel sei das Engagement von Marchese Gino Capponi angeführt, der nicht nur eine entscheidende Rolle in den führenden geisteswissenschaftlichen Akademien von Florenz spielte. Die Akademieplätze wurden in der Stadt am Arno wie ein Familiengut gehandelt. So wurde Capponi bereits mit 18 Jahren als Mitglied der *Accademia Colombaria* auf Drängen seines Vaters Pier Roberto aufgenommen und gleich zum Präsidenten gewählt. Diese Leitungsfunktionen in den Akademien wurden von Florentiner Adelsfamilien von Generation zu Generation weitergereicht. 1827–1829 war er Schatzmeister der *Accademia dei Georgofili*, in den 1860er Jahren stand er der traditionsreichen *Accademia della Crusca* als Präsident vor. Mit seinem Freund, dem aus der Schweiz zugezogenen Verleger Gian Pietro Vieusseux, gab er seit 1821 die Zeitschrift *Antologia* heraus, bis sie 1832 von der Zensur verboten wurde. Des Weiteren initiierte er 1827 das *Giornale agrario toscano*, um hier für eine liberale Wirtschaftspolitik zu werben, und schließlich wiederum gemeinsam mit Vieusseux seit 1842 das *Archivio Storico Italiano*. Es handelte sich hierbei um eine der ersten historischen Zeitschriften Italiens, die für sich beanspruchte, Quelleneditionen und Forschungen zur gesamtitalienischen Geschichte zu publizieren. 1862 wurde sie vom neu gegründeten Geschichtsverein betreut, dessen Präsident wiederum Gino Capponi war. Die Herausgabe der Zeitschrift und die Gründung des Vereins belegen, dass das wissenschaftliche Angebot in den Akademien als nicht mehr zeitgemäß eingestuft wurde. Auch in anderen italienischen Städten entstanden neue wissenschaftliche Vereine, die sich in ihrer Formierungsphase dezidiert von den Akademien abgrenzten. Sie galten nun vielfach als „verstaubt", man warf ihnen vor, sie würden in ihrem feierlichen Pomp erstarren.

5.6 Religion, Konfessionen und gelebte Frömmigkeit

Italien war in der Sattelzeit wie Frankreich, Spanien oder Portugal ein fast ausschließlich katholisch geprägtes Land. Es gab zwar jüdische Gemeinden, die auf eine bruchlose Kontinuität bis in die Antike zurückblicken konnten, die älteste in Rom, doch die Anzahl der Menschen mosaischen Glaubens lag im 19. Jahrhundert, bezogen auf die Gesamtbevölkerung, bei nur 0,1 Prozent. Zu Beginn der Frühen Neuzeit war ihr Anteil mit 0,7 bis 0,9 Prozent in allen italienischen Staaten noch deutlich höher. Doch seit dem ausgehenden 15. Jahrhundert kam es immer wieder zu systematischen Vertreibungen und Gesetzesnovellen, die Juden diskriminierten und ihr Leben erheblich einschränkten. 1492 zählte Sizilien noch 52 blühende jüdische Gemeinden mit rund 30.000 Mitgliedern, die sogar zwei bis drei Prozent der Gesamtbevölkerung ausmachten. Die spanische Herrschaft löschte sie für immer aus. Hier erlebten die Juden dasselbe Schicksal wie diejenigen in Spanien, wenig später in Portugal und dann in der Provence: Alle wurden ausgewiesen. Viele flohen von Sizilien aus zunächst auf das süditalienische Festland, wo sie rund fünfzig Jahre später ebenfalls vertrieben wurden. Sie orientierten sich nun nach Nord- und Mittelitalien, viele zogen aber weiter nach Polen und Litauen. Da sich die Herzöge der Toskana als ausgesprochen tolerant erwiesen, entwickelte sich neben Pisa in der Küstenstadt Livorno eine anwachsende jüdische Gemeinde. In anderen italienischen Städten kam es hingegen immer wieder zu Vertreibungen und Einschränkungen. 1555 wies Genua seine Juden aus. Die in Bologna bedrohten jüdischen Einwohner migrierten in das unweit gelegene Herzogtum Ferrara, das wie die Toskana eine liberale Ansiedlungspolitik verfolgte, brachten die Juden doch immer auch erhebliche Sondersteuereinnahmen, erfahrene Kaufleute, Bankiers und hervorragende Mediziner mit.

Venedig pferchte 1516 seine jüdischen Mitbewohner als erste italienische Stadt, dem deutschen Vorbild folgend, in ein Ghetto, in Rom wurde 1555 eines von Pius V. errichtet. Abgesehen von Rom und Ancona wurden alle übrigen Juden aus dem Kirchenstaat vertrieben. Unter den folgenden Päpsten gab es immer wieder Amtsinhaber, die die antijüdischen Maßnahmen verschärften oder lockerten. Erst im ausgehenden 18. Jahrhundert räumte Kaiser Joseph II. mit seinen Toleranzpatenten den Juden in der Lombardei größere Freiheiten in der Religionsausübung ein. Zu einer vollständigen jüdischen Emanzipation kam es erst in französischer Zeit. Die italienischen Juden genossen Gleichheit vor dem Gesetz, Gewerbe- und Ansiedlungsfreiheit, die aber nur bis zum Untergang Napoleons währten. Während der Restauration ereigneten sich wieder pogromartige Ausschreitungen mit Brandschatzungen. Der nach Rom zurückgekehrte Pius VII. verbannte die Juden erneut ins Ghetto und mutete ihnen damit wieder unwürdige Lebensumstände zu, die der deutsche Schriftsteller und Historiker Ferdinand Gregorovius 1853 eindrücklich beschrieben hat:

„Was den Betrachter des Ghetto am meisten schreckt, ist die Enge und der Schmutz dieser gewinkelten Gassen und Gäßchen, deren Häuser hoch und schmal sich heraufstrecken. Es sitzen darin die Judenfamilien wie in einem römischen Kolumbarium übereinandergeschichtet; und auffallend ist gerade hier in Rom eine solche Beengung menschlicher Wohnungen, in einer Stadt, die, in weiter Ebene hingebreitet, selbst charakteristisch ist durch ungeheure Räume, durch große und erhabene Dimensionen in den Architekturen, und durch Paläste, von denen vielleicht einer genügte, die halbe Ghettojudenstadt bestens zu behausen."[19]

Im Kirchenstaat ereignete sich wenige Jahre später einer der größten Skandale, den die intransigente päpstliche Politik im 19. Jahrhundert verursacht hatte und der europaweit Wellen schlug. Das Kaufmannspaar Mortara war aus Reggio Emilia kurz vor der Geburt ihres Sohnes Edgardo im Jahr 1851 nach Bologna gezogen, wo es nur eine sehr kleine jüdische Gemeinde mit 200 Mitgliedern gab. Die christliche Dienstmagd Anna Morisi taufte Edgardo als erkranktes Kleinkind. Ein Dominikanerpater und Inquisitor der Kirche erfuhr sechs Jahre später von dieser Nottaufe und veranlasste die päpstliche Polizei, den Jungen aus dem Elternhaus zu entführen, weil christliche Kinder nicht von Juden erzogen werden durften. Edgardo wurde trotz heftigen Widerstands der Eltern in einem Kloster erzogen und trat als Erwachsener in den Orden der italienischen Augustiner-Chorherren ein. Eine derartige Entführung eines heimlich getauften jüdischen Kinds stellte keinen Einzelfall dar, aber in der aufgepeitschten politischen Stimmung des Kulturkampfes und der Einigungskriege erfuhr dieser Fall eine ungewöhnliche mediale Öffentlichkeit. Trotz Interventionen der französischen, britischen und österreichischen Regierungen blieb Pius IX. stur und das Kind im Kloster.

Im liberalen Königreich Sardinien-Piemont wurden die Juden – wie die Protestanten – hingegen schon zehn Jahre zuvor mit der neuen Verfassung von 1848 gleichgestellt. Nach der italienischen Nationalstaatsgründung wurden diese neuen Rechte 1861 auf das ganze damalige Italien übertragen. Im Kirchenstaat mussten die Juden bis zur „Bresche an der Porta Pia" 1870 auf derartige Reformen warten. In der zweiten Jahrhunderthälfte gelang ihnen nach dem Vollzug der rechtlichen Gleichstellung eine europaweit beispiellose Integration in die Mehrheitsgesellschaft. So diente etwa Isaaco Artom dem Ministerpräsidenten Camillo Benso Conte di Cavour lange als Privatsekretär. Nach dessen frühem Tod setzte er seine Karriere als Diplomat und Senator fort. Zur engsten militärischen Entourage des ersten Königs des jungen Nationalstaats, Viktor Emanuel, zählten Offiziere jüdischer Herkunft. Darüber hinaus gab es Juden im Generalsrang und einen jüdischen Kriegsminister. Überhaupt war es für sie möglich, hohe Ämter in Justiz, Verwaltung und der Armee zu übernehmen. Das war im Deutschen Reich unmöglich. Im preußischen Heeresanteil war es Juden bis zum Ersten Weltkrieg verwehrt, Offiziersränge zu erlangen. In Italien hatten jüdische Männer und Frauen hingegen Zutritt zu kulturellen, politischen und militärischen Führungspositionen.

Protestanten lebten in noch geringerer Zahl auf der Apennin-Halbinsel. Reformationsversuche hatten hier im Mutterland der katholischen Kirche keine dauerhafte Auswirkung. Die Inquisition erstickte alle Reformversuche erfolgreich im Keim. Wenn Protestanten in Italien lebten, dann handelte es sich um die im vorangegangenen Kapitel vorgestellten, aus der Schweiz und den deutschen Ländern eingewanderten, Kaufleute in den großen Handelsmetropolen beziehungsweise um Anhänger der anglikanischen Kirche aus Großbritannien. Gottesdienste waren nur in den extraterritorialen Vertretungen der ausländischen Staaten in den Hauptstädten der italienischen Staaten möglich, in Rom in der preußischen Gesandtschaft auf dem Kapitol.

Nur im Herzogtum Savoyen, das sich im 18. Jahrhundert zum Königreich Sardinien-Piemont mauserte, gelang es einer protestantischen Minderheit, trotz mehrfacher Vertreibungen zu überleben: den Waldensern. Im Mittelalter in Südostfrankreich als Glaubensgemeinschaft gegründet, wurden sie ständig von der Inquisition verfolgt, weil sie apostolische Armut predigten und die Amtskirche ablehnten. Sie gelten als Vorläufer der Reformation und als eine der bedeutendsten Gruppen dissidenter Christen. Von ihnen überlebte nur eine Minderheit in einem Rückzugsgebiet in den Westalpen Piemonts. Mit dem Erlass der Verfassung 1848 konnten sie ihren Glauben im Königreich Sardinien-Piemont frei praktizieren und nach der Nationalstaatsgründung war es auch ihnen möglich, Kirchen und Schulen in ganz Italien zu gründen.

Sowohl bei den Juden und noch mehr bei den Protestanten handelte es sich um Minoritäten in einem Land, das flächendeckend von der römisch-katholischen Konfession als Staatsreligion geprägt war. Der einzigartige Status der Kirche beruhte zu einem großen Teil darauf, dass seit der Spätantike die Päpste in Rom residierten. Diese wirkten aber nicht nur als geistliche Oberhäupter der Katholiken, sondern regierten zugleich den Kirchenstaat, der sich von Bologna bis nach Gaeta im Süden erstreckte. Der Vatikan war darüber hinaus das Zentrum des weltweiten römischen Katholizismus. Unter erheblichen Druck geriet er europaweit durch die Reformation und die Religionskriege zu Beginn der Frühen Neuzeit. Auf die Herausforderung durch die protestantischen Reformen antwortete der Vatikan seit dem Konzil von Trient in der Mitte des 16. Jahrhunderts bis zur Französischen Revolution mit einer aggressiven Kirchenpolitik. Die Päpste verstärkten und zentralisierten die administrativen Strukturen und versuchten, religiösen Glauben und Praktiken zu vereinheitlichen. Dazu dienten ihnen zum einen die römische Inquisition, die religiöse Devianz innerhalb der katholischen Gemeinschaft verfolgte und zum anderen die römische Indexkongregation, die als zentrale Zensurstelle alle unorthodoxen, unmoralischen und subversiven Schriften auf den Index verbannte und so den weiteren Druck oder die Verbreitung zu verhindern suchte. Dahinter stand die Absicht zu kontrollieren, was die Katholiken lasen, glaubten und sagten. Seit dem Konzil von Trient und mit den nachtridentinischen Reformen bemühte sich die katholische Kirche zudem, den Klerus besser auf seine Aufgaben vorzubereiten, um die Laien dazu zu bringen, pflichtbewusst jene religiösen Praktiken zu befolgen, die von der kirchlichen Hierarchie eingefordert wurden. Um dieses Ziel zu erreichen, überwachte der Vatikan neue Ordensgründungen, den Katechismus und die Predigten der Pfarrer.

Die zentrale Bedeutung der katholischen Kirche lässt sich ganz einfach anhand der Strukturen der italienischen Städte veranschaulichen. Die meisten kleinen italienischen

Städte wurden um die Kirche herum gebaut. Sie lag an einer zentralen Piazza unweit des Rathauses. Auch die Metropolen waren stark von Kirchenbauten geprägt. Sie wetteiferten mit der Errichtung großartiger Kathedralen, verwiesen sei hier lediglich auf den riesigen Mailänder Dom. In Rom befinden sich neben dem gigantischen Petersdom und seinem Vorgängerbau, dem ebenfalls großzügig dimensionierten Lateran, gleich fünf weitere prächtige Kirchenbauten, die gemeinsam als sieben Hauptkirchen bezeichnet werden, die ein Pilger an einem Tag aufsuchen soll. In allen größeren Städten wurden neben dem Dom zahllose Pfarr- und Klosterkirchen errichtet, allein im Zentrum von Neapel mehr als 200. Diese Kirchen und die sie umgebenden Plätze dienten aber nicht nur dem Gottesdienst, sondern auch anderen Formen der täglichen gesellschaftlichen Interaktion. Die Piazza war und ist eine öffentliche Arena und ein Ort sozialer Kontrolle.

Der Katholizismus strukturierte mit Zeremonien, Feiertagen und religiösen Festen, die das landwirtschaftliche Jahr nachzeichneten, den Lebenszyklus der Stadt- und Dorfbewohner, von der Taufe bis zur Bahre. Gleichzeitig vereinnahmte die römischkatholische Kirche jede Ebene der Gesellschaft. So wurde zum einen die reiche Aristokratie Mittelitaliens in die vatikanische Hierarchie als Bischöfe, Kardinäle, Äbte und Sekretäre eingebunden, die Päpste entstammten in der Frühen Neuzeit immer den einflussreichsten Adelsfamilien. Zum anderen rekrutierte die Kirche zahllose einfache Priester, die aus der „Begabtenreserve" der bäuerlichen Bevölkerung stammten. Die

Abb. 11: Francesco Paolo Michetti, Das Gelübde, 1883.

Geistlichen waren in der Gesellschaft omnipräsent. Ende des 18. Jahrhunderts lebten im Königreich Neapel vier Millionen Einwohner, unter ihnen 90.000 Priester. Diese starke Präsenz war durchaus nicht auf den Süden begrenzt. Auch jenseits des Kirchenstaates genoss die Amtskirche autonome legale Macht über Eheschließungen, Verbrechen und deren Bestrafung. Vor der Französischen Revolution diente die Kirche als Bollwerk der alten Ordnung, verbunden mit dem Thron und den aristokratischen Eliten, mit denen sie die Vision einer Gesellschaft teilte, die entlang der traditionellen hierarchischen Grenzen organisiert war. Sowohl Männer als auch Frauen aus der Oberschicht wirkten in einem weiten Feld von katholischen Institutionen, religiösen Kongregationen und Orden. Sie fungierten als Intermediäre zwischen der Kirche und einer meist nicht alphabetisierten Bevölkerung der Gläubigen; und sie sorgten für marginalisierte Gruppen wie Kranke, Arme, Waisen, Prostituierte und Gefangene. So durchdrang die katholische Kirche alle gesellschaftlichen Schichten und erreichte einen starken Einfluss als moralische Autorität.

Auf den ersten Blick schien die katholische Kirche synonym mit dem Papsttum und dem Vatikan zu sein, die das Leben in Italien dominierten. Das Bemühen, den religiösen Glauben und seine Praktiken zu kontrollieren und zu standardisieren, erwies sich weniger als Top-down-Arbeit des Aufzwingens, sondern mehr als langwieriger Aushandlungsprozess, sodass manche ländlichen Räume bis in das 19. Jahrhundert hinein nicht völlig katholisiert waren. Es gab eine beharrliche Lücke zwischen der offiziellen kirchlichen Lehre und den tatsächlichen Praktiken. Der Klerus attestierte die anhaltende Vitalität eines volkstümlichen Katholizismus, der in der mündlichen Überlieferung wurzelte. Religion wurde mit Magie vermischt, mit Aberglauben und Glauben an das Übernatürliche. Daraus resultierte, dass die Menschen vor allem auf dem Land fortfuhren, an Hexerei, Schadenszauber, spirituelle Reisen in der Nacht und übernatürliche Kräfte zu glauben. Diese wundergläubige Frömmigkeit fand ihren konkreten Ausdruck in der Popularität von Heiligenkulten, der Anbetung von Märtyrerreliquien sowie im Gebrauch von Zaubersprüchen. In ländlichen Regionen erzielten deshalb die Versuche des Vatikans, die fundamentalen Lehren und Ansprüche der Amtskirche vorwiegend Analphabeten einzuschärfen, wenig Erfolg.

Diese religiösen Praktiken beschränkten sich aber keineswegs auf die ländliche Bevölkerung. In Genua wurden die mutmaßlichen Gebeine von Johannes dem Täufer öffentlich ausgestellt, wann immer es ungewöhnliche Unwetter auf dem Meer gab. Man schrieb ihnen die Kraft zu, den Sturm zu beruhigen. In Anerkennung der besonderen Rolle des Heiligen in der Hafenstadt wurde eine große Zahl Neugeborener zu seinen Ehren auf den Namen Giovanni Battista getauft. In Neapel wurden wiederum auffallend viele Kinder nach dem Stadtpatron San Gennaro benannt. Der bis heute praktizierte Kult um den wirkmächtigen Beschützer der Stadt belegt das Fortleben populärer religiöser Traditionen auf lokaler Ebene. Und überhaupt pflegte so gut wie jedes Städtchen und jede Metropole den eigenen Stadtpatron. Er war ein wichtiges Symbol für die lokale Identität und Einheit, dem die Gläubigen kostbare Schreine, Skulpturen und Gemälde stifteten. Im urbanen Kontext verehrten Zünfte, Bruderschaften und Nachbarschaften ihre Heiligen. Sogar Familien beteten zu Hause ihren eigenen Schutzpatron an, sie glaubten, dass er Hilfe und Schutz in Krisenzeiten biete. Religiöse Riten hatten aber nicht nur ihre spirituelle Funktion, sie boten auch die Gelegenheit, den eigenen Status und das Prestige öffentlichkeitswirksam anlässlich von Taufen, Hochzeiten und Beerdigungen zu bekräftigen.

Auf dem Land hatten katholische Riten eine praktischere Funktion, indem sie agrarische Traditionen mit religiöser Lehre verbanden. Hier diente die Religion vor allem dazu, den Viehbestand zu schützen, die Familie und das Dorf. In der Konsequenz herrschten Aberglaube und Ignoranz gegenüber den Lehren der Amtskirche unter den ungebildeten Bauern vor, deren Kontakt zur Welt außerhalb ihres Dorfes von ländlichen Pfarrern vermittelt wurde, die meistens in den Gegenden dienten, aus denen sie selbst stammten. Alles in allem spiegelte die volkstümliche Religiosität die starke Diversität und Fragmentierung der italienischen Glaubenswelt wider. Hinter der monolithischen Fassade der Amtskirche verbarg sich eine Mannigfaltigkeit von

Katholizismen, die politische, soziale und kulturelle Spaltungen Italiens reflektieren. Religiöse Organisationen und Praktiken und auch die Ausbildung der Priester variierte von Region zu Region und zwischen ländlichen und städtischen Räumen. Der extrem hohen Anzahl von oft sehr kleinen Diözesen stand im Süden ein auffallender Mangel an Pfarreien gegenüber. Im Norden verhielt es sich umgekehrt.

War die eigensinnige Volksreligiosität der Amtskirche ein Dorn im Auge, so geriet sie seit der Aufklärung zunehmend unter Kritik seitens liberaler und demokratischer Autoren und Politiker. Eine wichtige Zäsur bildete die Französische Revolution mit ihren Säkularisationsmaßnahmen. Seit 1789 bestand ein tiefer Graben zwischen der katholischen Kirche und den Politikern, Journalisten und Philosophen, die Religion zur Privatsache erklärten und die Kirche aus dem öffentlichen Leben verbannen wollten. Während im Ancien Régime Monarchen und adlige Eliten den Raum der Kirche zur Inszenierung und Legitimierung nutzten, erhielt das Bündnis zwischen Thron und Altar im Laufe des 19. Jahrhunderts immer mehr Risse. Doch die Amtskirche klammerte sich ideologisch verbissen an das Konzept von religiös-kirchlichen Traditionen und konservativer Machterhaltung. Sie stemmte sich mit aller Macht gegen die „Zumutungen" der Moderne. Für sie waren alle Bestrebungen, die Regierungen und Gesellschaften der kirchlichen Führung zu entziehen, ein satanisches Unterfangen, das die Kirche zerstören sollte. 1789 stellte für sie der erste große Sieg einer antichristlichen Sekte dar. Freimaurer, Aufklärer und im Laufe des Jahrhunderts zunehmend auch liberale Politiker, Demokraten und Sozialisten waren diejenigen, die Altar und Thron zerstören wollten. Der Papst und allen voran der Jesuitenorden begriffen jeden Versuch, die offizielle christliche Gesellschaft, in der die Kirche eine übergeordnete Führungsmacht über die Menschheit beanspruchte, zu hinterfragen, als Angriff auf den Katholizismus. Allen voran in der *Civiltà cattolica*, dem Kampfblatt der Jesuiten, 1850 in Neapel gegründet, wurde wortgewaltig gegen die Gegner polemisiert: gegen die liberalen Katholiken, die den Katholizismus mit der modernen Gesellschaft in Einklang zu bringen suchten, und dabei ‚vergaßen', dass die Kirche Königin, nicht Dienerin ist, Gesetzgeberin, nicht Unterworfene, Lehrerin, nicht Schülerin der Welt.[20] Liberale katholische Theologen wie Antonio Rosmini oder Vincenzo Gioberti, die auf grundlegende Reformen setzten, blieben die Ausnahme.

Doch im Laufe des 19. Jahrhunderts erstarkte der Antikatholizismus als transnationales europäisches Phänomen und die römische Amtskirche verlor zunehmend an Einfluss. 1846 gab es für einen kurzen Zeitraum Hoffnung, dass sich etwas ändern könnte im Vatikan. Am 16. Juni dieses Jahres wurde der aus den Marken stammende Graf Giovanni Maria Mastai-Ferretti zum Papst gewählt. Er nahm den Namen Pius IX. an. Gleich nach seiner Wahl erließ er – wie üblich – eine politische Amnestie, plante Verwaltungsreformen und bewilligte für die Stadt Rom eine Gemeindeverfassung. Endlich schien ein fortschrittlicher Papst zu regieren. Diese und weitere Maßnahmen wurden von Liberalen und Demokraten in ganz Italien nur zu bereitwillig als das lang ersehnte Signal dafür angesehen, dass sich der Gegensatz zwischen katholischer Kirche und moderner, seit dem 18. Jahrhundert entstandener Gesellschaftskultur überwinden ließe. In kleinen und großen Städten Italiens lösten Fackelzüge, Andachten und Dankgottesdienste, Lieder und Gedichte zu Ehren des Papstes der Erneuerung einander ab. Als zwei Jahre später auch in Rom die Revolution ausbrach, glaubten die Neoguelfen, nun sei die Stunde gekommen, dass sich Pius IX. als Staatsoberhaupt eines föderalen italienischen Nationalstaats wählen lassen würde. Doch die mit besonderer Heftigkeit in Rom ausgefochtene Revolution veranlasste den Papst zur Flucht in das Königreich beider Sizilien. In diesem Exil wurde er zum Ultrakonservativen, der nach seiner Rückkehr völlig intransigent für seine weltliche Regierung und seinen geistlichen Führungsanspruch kämpfte. Mit seinen Maßnahmen heizte er den bereits seit längerem schwelenden Kulturkampf weiter an und machte Italiens Weg in den Nationalstaat noch komplizierter.

Anmerkungen

1 Franco della Peruta, Società e classi popolari nell'Italia dell'800, Mailand 2005, S. 51.
2 G. Casagrande, Manuale di carità e di pubbliche istruzione ai poveri famelici opportuno sempre, ma specialemente nelle circostanze di carestia, Verona 1816.
3 Le cagioni dell'accattoneria in Genova e il modo d'estirparnela, Ragionamento di Felice Isnardi, Genova 1838.
4 Saverio Scrofani, La mendicità a Napoli, in: Archivio storico per la Sicilia orientale, 1967, S. 146.
5 Marino Turchi, Sulle igiene pubblica della città di Napoli, Neapel 1861.
6 Paolo Macry, Borghesie, città e stato. Appunti e impressioni su Napoli, 1860-1880, in: Quaderni storici 19 (1984), S. 339-383, hier S. 342.
7 Arno J. Mayer, Adelsmacht und Bürgertum. Die Krise der europäischen Gesellschaft 1848–1914, München 1984.
8 Stendhal, Voyages en Italie. Textes établis, présentés et annotés par Victor Del Litto, Paris 1973, S. 721 f.
9 Thomas Kroll, Die Revolte des Patriziats. Der toskanische Adelsliberalismus im Risorgimento, Tübingen 1999, S. 149.
10 Anne-Louise-Germaine von Staël-Holstein, Sulla maniera e l'utilità delle traduzioni, in: E. Bellorini (Hg.), Discussioni e polemiche sul Romanticismo (1816–1826), Bari 1943, S. 8.
11 Stendhal, Voyages en Italie. Textes établis, présentés et annotés par Victor Del Litto, Paris 1973, S. 6.
12 S. hierzu ausführlich Axel Körner, Oper, Politik und nationale Bewegung. Mythen um das Werk Giuseppe Verdis, in: Thomas Höpel, Hannes Siegrist (Hg.), Kunst, Politik und Gesellschaft in Europa seit dem 19. Jahrhundert, Stuttgart 2017, S. 101–110.
13 Giuseppe Mazzini, Pittura italiana moderna, 1841.
14 Antonio Canova, Scritti, hrsg. von H. Honour, P. Mariuz, Rom 2007, S. 434.
15 Johann Wolfgang von Goethe, Italienische Reise. Auch ich in Arkadien!, in: Goethes Werke. Hamburger Ausgabe in 14 Bänden, hrsg. von Erich Trunz, München 1981, Bd. 11, S. 385.
16 Massimo d'Azeglio, I miei ricordi, hrsg. von S. Spellanzon, Mailand 1956, S. 148 f.
17 Francesco Hayez, Le mie memorie dettate da Francesco Hayez, Mailand 1911, S. 60.
18 Biblioteca Civica Berio, Genova, Archivio Ercole Ricotti, Brief von Carlo Negroni, Novara, 6.1.1845.
19 Ferdinand Gregorovius, Der Ghetto und die Juden in Rom, Berlin 1935, S. 68.
20 M. Liberatore, Gli amatori del mondo e la Chiesa, in: Civiltà cattolica 28 (1877), S. 15–23, hier S. 3.

6. Die Revolutionen von 1847–1849

1848 wurden weite Teile Europas von einer Revolutionswelle erfasst. Vorausgegangen war in den Jahren zuvor, wie bei den Revolutionen von 1789 und 1830, eine schwere Krise in der Landwirtschaft und eine weitere im Handels- und Bankensektor 1847. Gemeinhin gilt, dass die Pariser Februarrevolution am Beginn dieser Bewegung stand und die europäischen Liberalen und Demokraten, dem französischen Vorbild folgend, ebenfalls auf die Barrikaden gingen und die Parlamente eroberten. Dabei wird aber gerne übersehen, dass in allen italienischen Staaten der revolutionäre Prozess bereits im Herbst 1847 einsetzte. Wie im Deutschen Bund standen die Akteure – anders als in Frankreich – vor einer doppelten Problemstellung. Die Nationalstaatsbewegung musste zugleich innere Reformen und die Bildung eines italienischen Gesamtstaates gestalten. Viele, die einen liberaleren Staat und eine konstitutionelle Regierung wünschten, konnten sich dies auch ohne einen gesamtitalienischen Nationalstaat vorstellen. Überhaupt identifizierte man sich mehrheitlich in erster Linie mit der eigenen Region: Venetien, Piemont, Sizilien, der Emilia Romagna oder der Lombardei, um nur einige zu nennen. Einer der bedeutendsten liberal-demokratischen politischen Denker Norditaliens, Carlo Cattaneo, propagierte sogar – völlig wirklichkeitsfern – eine autonome Lombardei in einem föderalen Habsburgerreich. Andere Akteure agierten ausschließlich in ihrem Königreich oder Herzogtum und wären mit einer lockeren italienischen Föderation zufrieden gewesen. Diese Position vertrat im Januar 1848 Giuseppe Ferrari in seiner im Pariser Exil entstandenen Schrift „Die Revolution und die Reformen in Italien", in der er einen Bund von Republiken propagierte. Die Neoguelfen sahen in einer Föderation von konstitutionellen Monarchien unter der Leitung des Papstes die ideale Lösung. Eine ganz andere Position vertrat allerdings Mazzini. Er strebte einen italienischen Nationalstaat an und war für dieses Ziel sogar bereit, vorübergehend mit dem piemontesischen König zu paktieren. Für alle stellte sich jedoch das massive Problem der österreichischen Machtpolitik. Zu Beginn der 1820er und 1830er Jahre hatten die habsburgischen Truppen jede revolutionäre Erhebung mit Waffengewalt beendet oder sofort im Keim erstickt. Würde es diesmal gelingen, sich gegen Wien zu stellen oder dem Kaiser grundlegende Reformen oder gar eine föderale Struktur abzuringen?

Wie schon in den vorhergehenden Kapiteln, ist es für diese politisch brisanten Jahre nicht möglich, eine gesamtitalienische Geschichte zu erzählen. Auch diesmal gilt es wieder, die Revolutionen in den Einzelstaaten zu analysieren, Unterschiede und Gemeinsamkeiten zu erläutern. Um die Ereignisse zu strukturieren, ist es sinnvoll, die Revolution in verschiedene Phasen einzuteilen. In der ersten Phase, vom Herbst 1847 bis zum Frühjahr 1848, wurden konsequent liberale Forderungen durchgesetzt. Eine zweite, von März 1848 bis zum Sommer 1849, war geprägt vom ersten italienischen

Unabhängigkeitskrieg. Parallel zu dieser zweiten Phase kam es seit Ende des Jahres 1848 zu einer linksliberalen bis demokratischen Radikalisierung in Florenz, Rom und Venedig.

6.1 Die konstitutionellen Revolutionen 1847/48

Mit Erstaunen nahmen die Zeitgenossen wahr, dass ausgerechnet im ultrakonservativen Kirchenstaat zwei Jahre vor den europäischen Revolutionen scheinbar eine liberale Ära einsetzte. Pius IX., der gleich nach seiner Amtserhebung liberale Reformen durchsetzte, wurde landesweit als Symbol für eine offenere Regierungspolitik gefeiert. Noch im Jahr zuvor war es zu einem rasch niedergeschlagenen Aufstand in Rimini gekommen, der ein lebhaftes internationales Echo auslöste. 1845 verfasste Carlo Farini als Reaktion auf die Insurrektion aus dem Exil seine *Proclama di Rimini* (Proklamation von Rimini) gegen den amtierenden Papst, Gregor XVI., und verschickte sie an alle europäischen Regierungen, um mehr politische Freiheiten für die Bewohner der Romagna zu fordern. Die rückständige Situation im Kirchenstaat, was sowohl die politische, wirtschaftliche als auch die soziale Lage anbetraf, skizzierte Massimo D'Azeglio nach den Vorfällen in Rimini in seinem Reisebericht „Die letzten Angelegenheiten in der Romagna von 1846", der in ganz Italien rezipiert wurde.

Nicht nur im Kirchenstaat, sondern auch im Königreich Sardinien-Piemont setzte ein vorsichtiger Öffnungsprozess unter Karl Albert ein. Hatten die Liberalen während der Revolution 1820/21 und nach seiner Inthronisierung 1831 noch vergeblich Hoffnungen in ihn gesetzt, regierte er seit Mitte der 1840er Jahre weniger konservativ. So machte er Zugeständnisse im Pressewesen und erlaubte die Veröffentlichung des Journals *Messaggero torinese*. Im Dezember 1847 erschien erstmals die Zeitung *Il Risorgimento*, herausgegeben von Cesare Balbo und Camillo Benso di Cavour. Letzterer warb hier für seine vom britischen Konstitutionalismus geprägten Überzeugungen. Dieses Blatt sollte der Nationalstaatsbewegung als parteiübergreifender Begriff ihren Namen geben, später sollte man die ganze Epoche als Risorgimento bezeichnen. Darüber hinaus wurden einige Universitätsreformen durchgeführt. Vor allem im wirtschaftlichen Bereich wandte sich Karl Albert vom bis dahin bestimmenden rigorosen Protektionismus ab, indem er die Zölle an seinen Grenzen senkte. Auf diese ersten Maßnahmen folgten im Herbst 1847 weitere, radikalere Reformen im Justiz- und Gesundheitswesen, die von einer begeisterten Öffentlichkeit auf den Straßen gefeiert wurden. Ähnliche Maßnahmen wurden in der Toskana ergriffen. Leopold II. erlaubte im Juni 1847 die Publikation von politischen Periodika, er milderte die Zensur und berief einen Liberalen zum Innenminister: Cosimo Ridolfi.

Für ganz Italien ist festzuhalten, dass die politisierten Italiener schon im Herbst 1847 den öffentlichen Raum in den Städten okkupierten. Im Königreich Sardinien-Piemont war die Stadt Genua die aufrührerischste. Die Menschen protestierten, auf ihre republikanischen und merkantilen Traditionen pochend, gegen die Zumutungen des

6.1 Die konstitutionellen Revolutionen 1847/48

administrativen Absolutismus. Die größten Kundgebungen fanden im Dezember 1847 statt, angeführt von Nino Bixio und Goffredo Mameli. Letzterer wurde später als Adjutant Garibaldis bei der Verteidigung der römischen Republik im Juli 1849 getötet. Das von ihm komponierte republikanische Kampflied *Fratelli d'Italia* (Brüder Italiens) ist seit der Abschaffung der Monarchie 1946 die italienische Nationalhymne.

Gleichzeitig nahm die antiösterreichische Agitation zu. König Karl Albert nutzte jede Chance, seine Haltung öffentlichkeitswirksam zu demonstrieren, allen voran in der Handelspolitik. Konfliktpunkte lieferten der Streit um die einträglichen Salzlieferungen in das schweizerische Tessin und die Frage, welche Eisenbahnlinien durch die Alpen führen sollten. Nach erneuten österreichischen Zollschikanen drohte Karl Albert unverhohlen in Richtung Wien, er würde die lombardischen Unabhängigkeitswünsche fördern. Aber seine offizielle Position blieb 1847 noch moderat. Zwar ließ er es zu, dass Massimo D'Azeglio militärische Demonstrationen mit antiösterreichischen Parolen organisierte, unterstützte diese aber nicht durch seine Präsenz. Allein die Entlassung seines ultrakonservativen Außenministers Conte Clemente Solaro della Margarita, einem eifrigen Verfechter einer proösterreichischen Politik, deutete an, welchen Weg die savoyische Dynastie gehen könnte.

Zwischenzeitlich beschleunigten die Österreicher im Juli 1847 die Ereignisse mit ihrem gewaltsamen Eingreifen in Ferrara. 1815 hatte Wien die Erlaubnis bekommen, im Norden des Kirchenstaates nahe an der Grenze zu Venetien eine Garnison zu unterhalten. Metternich betrachtete 1846–1847 die öffentlichen Sympathiebekundungen für den neuen Papst mit großem Argwohn. Um Pius IX. – und überhaupt alle Liberalen in Italien – zu warnen, entschied sich Metternich von diesem Garnisonsrecht in Ferrara Gebrauch zu machen. Am 17. Juli 1847 marschierte ein Infanteriebataillon eskortiert von der Kavallerie als militärische Drohung in die Stadt ein. Der Papst protestierte offiziell gegen diese Einschüchterung seitens einer Macht der Heiligen Allianz. Diesem Manöver folgte zwar kein Einsatz von Waffen, aber die diplomatischen und politischen Konsequenzen waren beträchtlich. Der König von Sardinien-Piemont bot dem Papst sofort eine Allianz gegen die Österreicher an. Dieses Angebot wies Pius IX. zurück, denn er würde keinen Krieg gegen einen katholischen König führen. Die Ereignisse von Ferrara gaben auf jeden Fall den Plänen einer norditalienischen Zollunion neuen Auftrieb. Dieses Projekt war nach dem deutschen Modell in den 1840er Jahren in Rom entwickelt worden und sah Handelsabkommen zwischen der Toskana, Modena, Sardinien-Piemont und dem Kirchenstaat vor. Im Herbst 1847 wurden die Abkommen von Karl Albert ausdrücklich so verstanden, dass die Verträge später zu einem politischen und militärischen Verteidigungsbündnis führen konnten. Nur die Weigerung des Herzogs von Modena, Franz V. aus einer Nebenlinie des Hauses Habsburg, der natürlich jeder gegen Wien gerichteten Aktion ablehnend gegenüberstand, machte derartige Pläne zu diesem Zeitpunkt so gut wie undurchführbar.

Diplomatische Verlautbarungen von liberalen europäischen Mächten, allen voran Frankreich und Großbritannien, setzten sich nachhaltig für die Belange des Königreichs

Sardinien-Piemont und des Kirchenstaats ein. Der französische Ministerpräsident François Guizot erklärte sein Verständnis für die piemontesischen Patrioten und sicherte dem Papst Frankreichs moralische Unterstützung zu. Großbritannien nahm eine noch entschiedenere antiösterreichische Haltung ein und blieb damit seiner Linie treu, die es seit dem Wiener Kongress verfolgt hatte. Außenminister Viscount Henry Palmerston zögerte nicht, öffentlich zu äußern, dass die Besetzung Ferraras der Auftakt zu einer nationalen italienischen Revolution sei. Er bestätigte seine Meinung im Februar 1848 in einem persönlichen Brief an Metternich, den er davor warnte, einen Krieg um Prinzipien anzufachen, der in Italien beginnen, sich über ganz Europa ausbreiten und das Habsburgerreich erschüttern würde. Zuvor hatte London Lord William Minto im Herbst 1847 in offizieller Mission nach Rom, Florenz und Turin geschickt, um den Liberalen und Moderaten die Unterstützung Großbritanniens für etwaige Reformregierungen zuzusichern. Seine Mission wurde von den antihabsburgischen Patrioten als Blankoscheck interpretiert und als Ermunterung zur Revolution, obwohl es das eigentliche Ziel der Intervention gewesen war, radikale Bewegungen zu verhindern. Metternich verstand die Warnungen aus Turin und London und zog die österreichischen Truppen aus Ferrara zurück.

Der Herbst des Jahres 1847 war gekennzeichnet von politischen Protesten in ganz Italien. Zu den heftigsten Auseinandersetzungen kam es im Königreich beider Sizilien. Am 1. September nahmen die Aufständischen die Zitadelle von Messina im östlichen Sizilien, danach breitete sich der Aufstand im Hinterland aus. Gleichzeitig gab es nur wenige Kilometer entfernt gegenüber von Messina auf dem Festland in Reggio Calabria ebenfalls Aufstände desselben Typs. Das Klima der Agitation wurde verstärkt durch antibourbonische Schmähschriften, wie *Protesta del popolo delle Due Sicilie* (Protest des Volkes beider Sizilien), die der neapolitanische Anhänger Mazzinis, Luigi Settembrini, im Sommer 1847 veröffentlichte, bevor er nach Malta floh. In Süditalien griffen die Truppen der Bourbonen jedoch rasch und massiv ein. Vergleichbare populäre Manifestationen fanden im Herbst 1847 in Lucca und Livorno statt sowie in Turin und Rom. Während all dieser Rebellionen wurden Slogans skandiert: Es lebe Pius IX.! Es lebe Italien! Es lebe die Konstitution! Das Porträt des Papstes wurde mit Kokarden in den Farben Grün, Weiß und Rot verziert, als sei der Papst der göttliche Beistand für die konstitutionellen Aufständischen, moderaten Patrioten oder gar für die Demokraten. Reagierten die Regierungen in Piemont, in der Toskana und im Kirchenstaat mit liberalen Maßnahmen auf diese Kundgebungen, so verhielt es sich im bourbonischen Königreich ganz anders. Hier ging Ferdinand II. mit aller Härte gegen die Aufständischen vor und ließ die Städte Messina und Reggio Calabria bombardieren. Diese brutale Aktion trug ihm einen neuen Beinamen ein: *Re bomba*. In Reggio Calabria wurden liberale Revolutionäre am 16. November 1847 zum Tode verurteilt. Doch auch der König in Neapel musste dem Druck der Straße schließlich nachgeben. Es war das Königreich beider Sizilien, dessen Herrscher im Frühjahr 1848 dem Land die erste konstitutionelle Verfassung oktroyierte.

6.1 Die konstitutionellen Revolutionen 1847/48

Im Januar 1848 eskalierten derweil die Auseinandersetzungen in der Lombardei. Die Bevölkerung provozierte die Österreicher mit einem Raucherstreik. In der Öffentlichkeit wurde demonstrativ nicht mehr geraucht, um so die Tabaksteuereinnahmen zu mindern. Damit verbundene lokale Unruhen führten wiederum zu gewaltsamen österreichischen Repressionen in Mailand und Pavia. Im benachbarten Venetien hatten der Rechtsanwalt Daniele Manin und der Schriftsteller Niccolò Tommaseo zuvor eine Petition eingereicht, in der sie eine Verfassung forderten; daraufhin wurden sie verhaftet. Gleichzeitig begannen in Livorno und Palermo regelrechte Revolutionen. In der sizilianischen Metropole wurden am 12. Januar Barrikaden errichtet und binnen weniger Tage beherrschten die Aufständischen die Stadt. König Ferdinand II. amnestierte daraufhin die politischen Gefangenen, die er 1847 noch verurteilt hatte. Ende Januar versprach er, eine Verfassung zu etablieren und tatsächlich wurde der Text am 11. Februar 1848 publiziert. Dieses neapolitanische Vorbild wirkte sich sofort auf die politischen Verhältnisse in den anderen italienischen Staaten aus. Trotz seines prinzipiellen Widerstands gegen jede Verfassung wurde König Karl Albert von seiner Entourage davon überzeugt, ein konstitutionelles Statut zu erlassen, das am 8. Februar angekündigt und am 4. März veröffentlicht wurde. Diese Verfassung sollte als einzige die Revolution überleben und bis zum faschistischen Marsch auf Rom 1922 die Geschicke Italiens prägen; sie blieb auch danach formal in Kraft. 1861 wurde sie nach dem zweiten Unabhängigkeitskrieg unverändert einfach auf die anderen italienischen Regionen übertragen.

Gleichzeitig nahmen im Februar und März in Italien soziale Unruhen und Aufstände in erheblichem Maß zu. Wie anderorts in Europa spielte sich die Revolution auf zwei unterschiedlichen Ebenen ab: zum einen auf der institutionellen; neue Kabinette und Verfassungen entstanden, zum anderen auf der elementaren, dem öffentlichen Raum in den Städten und auf dem Land. Die Menschen protestierten gegen Getreidepreise und finanzielle Belastungen. Es entstand ein chaotisches Durcheinander von alten und neuen Forderungen: Demonstrationen gegen Zölle und Abgaben, die auf den Lebensmitteln lasteten, Proteste auf den Märkten gegen die Preiserhöhung bei Grundnahrungsmitteln oder wegen Mangels daran. In den Wäldern wurde illegal Holz geschlagen und Wild gejagt. Arbeiter und Tagelöhner protestierten und verlangten sichere Arbeit und höhere Löhne. Diese Erscheinungen „verbreiteter sozialer Kriminalität" waren in den einzelnen Ländern und Regionen unterschiedlich stark. Aber die alte Ordnung wich (noch) vor ihnen zurück; sie verhalfen aufgrund ihres Drucks der institutionellen Revolution zum Durchbruch.

Währenddessen hatte der Großherzog der Toskana seinem Staat am 17. Februar ebenfalls einen Text oktroyiert, den er sich zunächst weigerte, als Verfassung einzustufen. Der Papst berief derweil am 14. März eine beratende Kommission ein und erließ einen Monat später seine Konstitution für den Kirchenstaat. In Sizilien gab man sich mit einer liberalen Regierung nicht zufrieden, man wollte zudem autonom sein. Am 13. April wurde die Unabhängigkeit Siziliens proklamiert, mit der Bedingung, eine konstitutionelle Monarchie zu errichten, die einem italienischen Prinzen anvertraut werden sollte. Nur die Gebiete, die direkt von Österreich abhingen, Lombardo-Veneto sowie die kleineren Herzogtümer Parma und Modena, warteten vergeblich auf eine Konstitution. Die Auseinandersetzungen wurden dort nun umso härter, als die Neuigkeiten vom Sieg der Revolution aus Paris und Wien eintrafen.

Die Flucht von Metternich aus Wien war am 13. März in Venedig und vier Tage später in Mailand bekannt geworden. Sofort versammelten sich die Liberalen und Demokraten in den beiden Hauptstädten des Vizekönigreichs. In Venedig forderten Daniele Manin und Niccolò Tommaseo lautstark die Loslösung vom Habsburgerreich. Um die Revolution aufzuhalten, machte der Kaiser in Wien endlich liberale Zugeständnisse. Er schaffte die Zensur ab und berief Versammlungen ein. Doch es war zu spät. In der Lombardei kam es zu massiven Demonstrationen des Volkes, ja zu antiösterreichischen Aufständen. Vor allem eskalierte die Situation in Mailand. Was sich hier abspielte, gilt als einer der wichtigsten revolutionären Aufstände der 1848er Revolution in Italien: die berühmten *Cinque Giornate,* die in Italien jedes Schulkind kennt. Als am Nachmittag des 17. März 1848 die Nachricht von der revolutionären Erhebung Wiens sowie der Flucht des konservativen Staatskanzlers Metternich eintraf, brach in der lombardischen Hauptstadt ein fünf Tage – daher *Cinque Giornate* – andauernder Aufstand mit brutalen Straßenkämpfen aus. Am 18. März wurden Barrikaden errichtet und der Militärgouverneur General Radetzky drohte die Stadt in Brand zu setzen. Es setzte ein Zustrom von piemontesischen Freiwilligen ein, um die Aufständischen in Mailand zu unterstützen. Ferner wurde das Eintreffen der regulären Truppen von Karl Albert an der lombardischen Grenze erwartet. Am 20. März waren alle offiziellen Gebäude in den Händen der Revolutionäre. Ein Kriegsrat wurde ausgerufen mit dem liberal-demokratischen Journalisten Carlo Cattaneo als Präsidenten. Einen Tag später geschah das Unglaubliche: der völlig unerwartete Triumph der militärisch kaum ausgerüsteten Mailänder über die abziehenden Truppen des verhassten Generals Radetzky. Der wich mit seinen Truppen ins Festungsviereck von Verona aus. Am 22. März etablierten Liberale eine provisorische Regierung in Mailand. Ihre Mitglieder waren dezidierte Anhänger einer Vereinigung mit dem Königreich Sardinien-Piemont, wobei diese Position keinesfalls unumstritten war. In einem Punkt aber war man sich einig: Das Ende der habsburgischen Herrschaft wurde proklamiert.

Diese *Cinque Giornate* waren in erster Linie ein spontaner, unkoordinierter Aufstand der unteren Schichten. Beeindruckend war das außergewöhnliche Engagement von Frauen in diesem Kampf, was lange von der Forschung übersehen wurde. Sie wirkten mit, indem sie Munition vorbereiteten und die Verwundeten versorgten. Einzelne von ihnen griffen selbst zu den Waffen, genannt seien hier nur Giuseppina Lazzaroni, die mit ihren Schüssen mehrere Österreicher traf, oder Luigia Sassi Battistotti, die gemäß der volkstümlichen Überlieferung sogar rund hundert Männer angeführt haben soll. Beredtes Zeugnis bietet zudem die hohe Anzahl der Frauen unter den Opfern der aufständischen Mailänder. Von rund 300 Toten war fast jedes dritte Opfer weiblich, was nur durch aktive Kampfbeteiligung zu erklären ist.

Abb. 12: Giuseppe Mazzola, Vincenzo Malinverno (Lithograf), Die Fünf Tage von Mailand, zweite Hälfte 19. Jh.

In Venedig spielten sich zeitgleich identische Szenen ab. Zunächst kam es zu Volksaufständen in den Straßen, ausgehend von den Arbeitern des Arsenals, der großen Schiffswerft. Wie in Mailand griffen die Venezianer die habsburgischen Truppen an. Geführt wurde die aufgebrachte Menge vom Rechtsanwalt Daniele Manin mit der Parole *Viva la repubblica, viva San Marco*! Die Aufständischen machten symbolische militärische Eroberungen, besetzten die staatlichen Gebäude im Machtzentrum, auf denen sie die Trikolore anbrachten. Es wurde eine provisorische Regierung eingerichtet mit Manin als Ministerpräsidenten, der die Wiedereinrichtung einer unabhängigen Republik Venedig ausrief. Da die italienischen Soldaten der habsburgischen Truppen überliefen, gaben sich die Österreicher rasch geschlagen und zogen ab. In Udine kämpfte derweil die Bürgerwehr ebenfalls gegen die österreichischen Soldaten. Am 24. März erklärte sich Karl Albert bereit, zugunsten der Aufständischen in Mailand und Venedig militärisch zu intervenieren.

Auch in den Herzogtümern in Mittelitalien setzten sich die Aufständischen gegen ihre konservativ-autoritären Herrscher durch. In Modena floh Franz V. am 20. März. Er wurde zunächst durch einen Regierungsrat ersetzt, am Tag darauf von einer provisorischen Regierung abgelöst. In Parma sah sich Karl II. gezwungen, eine Verfassung zu versprechen. Nichtsdestotrotz blieb Mailand das Herz der Bewegung. Wegen der

Plötzlichkeit des Aufruhrs, der Gewaltbereitschaft und der Effizienz gegen die habsburgischen Truppen sowie aufgrund der hohen Opferzahl von über 300 getöteten Zivilisten und 600 toten österreichischen Soldaten erschienen die *Cinque Giornate* den Zeitgenossen mehr zu sein als ein bloßes Echo auf die großen revolutionären Ereignisse in Wien und Paris.

Nachdem die konservativ-reaktionären Herrscher geflohen waren oder zu Zugeständnissen bereit zu sein schienen, hieß es Verfassungen auszuarbeiten, die die revolutionären Errungenschaften und die neuen politischen Rechte verstetigen sollten. In den Staaten, in denen Konstitutionen erlassen wurden, änderten sich die Regeln des politischen Lebens, die Machtverhältnisse verschoben sich. Wie bei den vorangegangenen Revolutionen orientierte man sich an der spanischen Cortes-Verfassung von Cádiz (1812), den französischen *Chartes constitutionelles* von 1814 und 1830 sowie an der belgischen Verfassung von 1831. Allen neuen Verfassungen gemeinsam war ein Zweikammersystem mit einem Oberhaus, in das der Souverän die Mitglieder auf Lebenszeit berief. In Turin war dies der Senat, in Neapel die Kammer der Pairs und in Rom der Hohe Rat. In das Unterhaus wurden die Abgeordneten aufgrund eines hohen Zensus gewählt. So blieb die Masse der Unter- und Mittelschichten bewusst ausgeschlossen. Besitz und Bildung galten den Liberalen, die die Verfassungen ausarbeiteten, als Voraussetzung für die politische Partizipation. Die Macht war ungleich zugunsten der Souveräne verteilt, sie wurden als Person in allen Verfassungen als „heilig und unverletzlich" erklärt. Die Legislative teilten sich der König und die Kammern, die Exekutive beanspruchten die Souveräne für sich allein. Im Kielwasser der reformerischen Konzessionen, die bereits Ende der 1840er Jahre errungen worden waren, fanden einige Grundrechte Eingang in die Verfassungen: Gleichheit der bürgerlichen und politischen Rechte, freie Presse, Unverletzlichkeit von Privatbesitz und Wohnung, Versammlungsrecht (Königreich Sardinien-Piemont) und Wirtschaftsfreiheit (Toskana). Abgesehen vom Kirchenstaat, wo die katholische Religion die Voraussetzung für die bürgerlichen Rechte war, tolerierten die übrigen Verfassungen andere Religionen, erkannten aber den Katholizismus als offizielle Religion an. Für die Juden bedeutete dies zum zweiten Mal nach der napoleonischen Zeit die Emanzipation.

Wahlen schufen die Basis für die neuen politischen Systeme der repräsentativen Regierung, weil allein die gewählten Deputierten darüber abstimmen sollten, ob die Verfassungstexte in Kraft treten konnten. Die Wahlgesetze wurden überall sehr schnell verkündet: In allen Fällen mussten die Wähler mindestens 25 Jahre alt sein und einen hohen Steuerbeitrag oder ein hohes Kapital nachweisen. Innerhalb von nur zwei Monaten wurden die Deputierten gewählt und die Kammern traten zusammen: in Turin am 8. Mai, in Rom knapp einen Monat später am 5. Juni. Von großer Bedeutung waren langfristig die Wahlgesetze in Piemont. Hier wurde das gleiche und direkte Wahlrecht eingeführt und die Wahlkreise zugeschnitten. Ferner wurden Wahlkollegien geschaffen, die fortan den öffentlichen lokalen Raum beherrschten und zwischen der Peripherie und Turin vermittelnd wirkten.

6.1 Die konstitutionellen Revolutionen 1847/48

Nach der Proklamation der konstitutionellen Verfassung standen die Souveräne in der Pflicht, die moderaten und liberalen Akteure in die Regierung einzubinden. Es kam darum wie andernorts in Europa zu Personalwechseln. Die neuen Märzregierungen sollten sich von den alten Kronräten deutlich unterscheiden und sie befähigen, als Vertreter eines neuen liberalen Regierungsstils dem Druck der breiten Volksschichten den Wind aus den Segeln zu nehmen. Am 16. März 1848 wurde Conte Cesare Balbo zum ersten Ministerpräsidenten einer konstitutionellen Regierung in Turin berufen. Im April übernahm Carlo Troya dieses Amt in Neapel und in der Toskana zunächst Marchese Cosimo Ridolfi, dann Marchese Gino Capponi. Bei allen handelte es sich um Politiker, die sich seit Jahrzehnten für eine konstitutionelle Regierung einsetzten. Auch die gewählten Parlamentarier entstammten dem liberalen und moderaten Lager, wie etwa Vincenzo Gioberti, der nach vielen Jahren aus dem Exil zurückgekehrt war. Er wurde zum ersten Präsidenten des piemontesischen Parlaments gewählt. In Mailand setzte sich die provisorische Regierung aus moderat liberalen Aristokraten zusammen. An deren Spitze stand Conte Gabrio Casati, der zuvor schon seit 1837 als Bürgermeister (podestà) die Geschicke Mailands gelenkt hatte. Allein der Sekretär der provisorischen Regierung, Cesare Correnti, ist dem demokratischen Lager zuzuordnen. Die politischen Akteure waren sich der Fragilität der Lage bewusst, der Krieg mit Österreich war noch nicht beendet, und so unternahmen sie mehrere Versuche, sowohl in Paris als auch in Frankfurt am Main für ihre Sache zu werben. Schon lange bestehende Kontakte zu deutschen Wissenschaftlern und Diplomaten wurden dazu benutzt.

So wandte sich Gino Capponi an den Delegierten des Paulskirchenparlaments Karl Mittermaier, einen liberalen Juristen und badischen Politiker, den er von dessen Italienreisen kannte und der als Freund und Kenner des Landes galt. In seinem Brief betonte Capponi die Parallelen der 1848er Revolutionen im Deutschen Bund und in Italien. Er hoffte, dass sich Mittermaier im Parlament für die italienische Sache einsetzen würde – vergeblich. In seinem Antwortbrief betonte Mittermaier, dass er für die deutsche Sache eintreten müsse, außerdem dürften Triest und Tirol nicht angetastet werden. Auch Capponis Freund, Gian Pietro Vieusseux, scheiterte mit seinen Initiativen bei Alfred von Reumont, dieser möge für die neuen politischen Verhältnisse werben. Reumont lebte seit Beginn der 1830er Jahre in Florenz und hatte lange als deutscher Korrespondent an dem von Vieusseux und Capponi herausgegebenen *Archivio Storico Italiano* mitgewirkt. Er kommentierte die politischen Verhältnisse in der Toskana mit den folgenden Worten: „Es ist eine Gemeinheit, dem wahren Vater der Toskana [Leopold II.] Kummer machen zu wollen."[1] Auch in Mailand suchte man vergeblich Solidarität im Frankfurter Parlament. Die provisorische Regierung sandte Anfang April eine Botschaft an das deutsche „Brudervolk" in der Hoffnung, die Frankfurter Abgeordneten würden den Gruß erwidern und den Freiheitskampf gegen Österreich billigen oder gar unterstützen. Eine Antwort blieb aus. Nicht besser erging es der Mailänder Delegation im Mai, die eigens nach Frankfurt reiste, um die Nationalversammlung umzustimmen. Doch auch Conte Alessandro Porro aus Mailand und

Giovanni Morelli aus Verona erreichten nichts. Zwar versicherte ihnen der Präsident der Nationalversammlung, Heinrich von Gagern, dass die Mehrzahl der Deutschen lebhafte Sympathien für die italienische Nation empfinde, dabei blieb es dann aber auch. Der Grund war, dass – anders als in Italien – in Deutschland die Revolution vor den Thronen Halt gemacht hatte und die Paulskirche damals den Habsburgern nach wie vor die höchste Würde im zu schaffenden Deutschen Reich zuerkannte. Vollends zur Katastrophe für die Revolutionäre entwickelte sich dann die einzige parlamentarische Debatte über die italienische Sache im August 1848. Abgestimmt werden sollte über einen Antrag, die Bezirke Trento und Rovereto aus dem Deutschen Bund zu entlassen. Nur wenige Demokraten setzten sich für diesen Vorschlag ein, die weit überwiegende Mehrheit dachte nicht daran, auch nur einen Meter Boden abzutreten. Des Weiteren stellte sich die *Augsburger Allgemeine Zeitung*, die auflagenstärkste deutsche Tageszeitung, dezidiert auf die Seite Wiens. Im ersten italienischen Unabhängigkeitskrieg ergriffen die Autoren klar Partei für die österreichischen Truppen. Wien wurden die Ansprüche auf Oberitalien als völkerrechtlich unbedenklich zugebilligt. Außerdem warnte man häufig vor dem französischen Einfluss. So etwa in der Ausgabe vom 12. Mai: „Was also dem unglücklichen Italien für ein Los bevorsteht, ist leicht vorauszusehen: vorerst trägt es die Drangsale der allgemeinen Umwälzung und des Kriegs, wo es Oesterreichs gerechter Arm nicht mehr schützt, wird es Beute Frankreichs oder der inneren Anarchie werden."[2]

Aufgrund ihrer Kurzlebigkeit haben die Verfassungen in den italienischen Staaten nicht den Weg in eine liberale Moderne öffnen können, denn nach dem Sieg der Konterrevolution wurden sie bis auf eine alle wieder beseitigt. Deshalb kommt jener in Piemont eine ganz besondere Bedeutung zu, obwohl auch sie politische Grenzen und Einschränkungen aufwies. Sie war die einzige, die 1849 nicht wieder abgeschafft wurde. Die piemontesische Verfassung von Karl Albert, das *Statuto Albertino* oder kurz *Statuto* genannt, erschien als der Pioniertext des italienischen parlamentarischen Liberalismus. Langfristig ermöglichte das Statut die Entwicklung vom konstitutionellen zum parlamentarischen Regierungssystem, weil es die Ministerverantwortlichkeit und die Vereinbarkeit von Ministeramt und Abgeordnetenmandat nicht ausschloss. Dennoch blieb der König in einer starken Position, weil er die Minister berief beziehungsweise wieder entließ. 22 der ersten 23 Artikel (von insgesamt 84) betrafen den König, drei die Minister. Ferner konnte dieser das Parlament jederzeit auflösen, in dessen Abwesenheit regieren und die jeweiligen Kabinette und Minister entlassen. Von all diesen Rechten sollte der Nachfolger Karl Alberts, sein ältester Sohn Viktor Emanuel II., regen Gebrauch machen.

Das Statut, zu dessen Ehren ein Nationalfest geschaffen wurde, das an seine Verkündigung erinnerte (*Festa dello Statuto*), blieb bis in das 20. Jahrhundert hinein die einzige konstitutionelle Grundlage des liberalen Italien. Die Arbeit der Parlamentarier fand große Resonanz. Zum einen wurden ihre Reden publiziert, zum anderen war es einer interessierten Öffentlichkeit möglich, ihre Debatten zu verfolgen. Es wurde sogar eigens wie im Frankfurter Paulskirchenparlament eine Damengalerie eingerichtet, die regen Zuspruch erfuhr. Waren in Frankfurt vorwiegend Bürgerliche präsent, meist Ehefrauen und Töchter von Abgeordneten, so waren es in der Hauptstadt des Königreichs Sardinien-Piemont in erster Linie adlige Protagonistinnen. Zuschauerin im piemontesischen Parlament zu sein, bedeutete für diese Frauen nicht, auf den Rängen zu sitzen und der parlamentarischen Arbeit passiv zu folgen. Sie zeigten in ihren Briefen ein profundes Wissen bezüglich der Dynamik des politischen Spiels. Die Interaktionen zwischen dem einzelnen Abgeordneten, der Regierung und der Presse entgingen ihnen nicht. Sie erkannten und kritisierten, dass der Druck, den sowohl die öffentliche Meinung als auch die Presse ausübten, die politischen Entscheidungsprozesse beeinflusste und es sogar vermochte, Prioritäten zu verschieben. Gleichzeitig traten Frauen selbst in diesen dynamischen Interaktionsprozess ein, sobald sie sich an institutionellen Orten bewegten. Die gemeinsame Teilnahme mit Freunden und Verwandten an Parlamentssitzungen, die Diskussionen, die danach stattfanden, die Besuche von Orten, an denen sich die königliche Macht in Szene setzte, trugen zu ihrer politischen Bildung bei und ließen sie innerhalb der politischen Lager Stellung beziehen.

So wichtig das *Statuto* für das Königreich Sardinien-Piemont war, seine eminent wichtige Rolle bekam es erst im Gefolge der militärischen Eroberung des ganzen Landes durch die Piemontesen.

6.2 Der erste Unabhängigkeitskrieg und die Revolutionen von 1849

Der Krieg, den Karl Albert gegen Österreich vom März 1848 bis zum März 1849 führte, um Lombardo-Veneto zu befreien, kann in zwei Phasen unterteilt werden oder sogar in zwei eigenständige Kriege. In der italienischen Geschichtsschreibung geht man eher von einem Krieg mit zwei Phasen aus. Das ohnehin schon komplexe Geschehen wurde durch die sich gleichzeitig abspielende zweite, radikale Revolutionswelle in Venedig, Florenz und Rom sowie durch die militärische Intervention Frankreichs noch komplizierter.

In seiner Zeitung *Il Risorgimento* schrieb der zukünftige Ministerpräsident Camillo Cavour am 23. März 1848: „Die Stunde hat geschlagen für die sardische Krone. […] Angesichts der Ereignisse in der Lombardei sind Zögern oder Zweifel nicht mehr möglich. […] Ein einziger Weg ist offen für die Nation, die Regierung, den König: der Krieg!"[3] Am darauffolgenden Tag erklärte Karl Albert Wien den Krieg und bezeichnete diese Entscheidung als nationale Tat. Der König von Sardinien-Piemont hatte zuvor keine Absprachen mit den anderen italienischen Herrschern getroffen, gewiss aufgrund der Befürchtung, dass er dann territoriale Kompensationen hätte anbieten müssen an eventuelle Verbündete, etwa die Toskana oder an die kleineren Herzogtümer Parma und Modena. Um einen neuen europäischen Krieg zu vermeiden, unterstützte Großbritannien Karl Albert nicht, der ein halbherziges Hilfsangebot von Lamartine, dem amtierenden Außenminister der Französischen Republik, ablehnte. Er fürchtete, dass das Eingreifen von Truppen des revolutionären Frankreichs demokratische und republikanische Kräfte in Italien stärken könnte. Aus dieser Zeit stammt die berühmte Devise des Risorgimento: *L'Italia farà da sé* (Italien wird es alleine schaffen), ohne Verbündete. Damit griff die Krone eine Parole auf, die zuvor schon Gioberti und Mazzini in ihren Schriften propagiert hatten. Zunächst unterstützten einige der erst kurze Zeit konstitutionell regierenden italienischen Monarchen das Königreich Sardinien-Piemont. Der Papst ließ offizielle Freiwilligenkontingente gen Norden ziehen und auch Ferdinand II. schickte zögerlich Truppen zur Unterstützung von Karl Albert. Nicht anders der Herzog von Parma, der sich unter die Protektion Karl Alberts stellte. Alles in allem entsandten die anderen italienischen Souveräne etwas mehr als 35.000 Mann. Sie beorderten ihre Truppen jedoch schon nach wenigen Wochen wieder zurück. Im April setzte sich auch Pius IX. wieder von der Nationalbewegung ab, mit dem Argument, er sei der Hirte aller Völker, deshalb könne er keine Kämpfe gegen das katholische Österreich unterstützen. Der Traum der Neoguelfen von einem föderalen Italien, geführt vom Papst, war somit ausgeträumt. Nach dem Rückzug von Pius IX. sah auch der König von Neapel seine Position wieder gefestigt. Er konzentrierte sich mit seinen Generälen lieber auf die Durchsetzung der Konterrevolution. Den konkreten Anlass boten Tumulte in Neapel und auf Sizilien, die er niederschlagen ließ.

So kämpfte Karl Albert im Prinzip mit nur 95.000 Mann, aber unterstützt von Freiwilligen gegen die von Radetzky geführten Österreicher. Für die Monate März und Juli 1848 unterscheidet man zwei militärische Operationsphasen. Zunächst gewannen die Piemontesen bis in den Mai hinein, um dann von den Österreichern zurückgeworfen zu werden. Der König und seine Generäle agierten alles in allem wenig entschlossen und glücklich. Anstatt die noch unter Schock stehenden Österreicher nach ihrer Niederlage in Mailand energisch zu verfolgen, ließen sie es zu, dass sich Radetzky in das sogenannte *Quadrilatero*, das Viereck zwischen Mincio und Etsch mit den Festungen Verona, Peschiera, Mantua sowie Legnano zurückzog, wo er seine Truppen aus der Lombardei und Venetien neu aufstellen konnte. Zwar gewannen die Piemontesen kleinere Kämpfe und es gelang die Eroberung der Festung Peschiera, doch erwies es sich, dass ihre Vorbereitungen ungenügend und die Generäle nicht hinreichend ausgebildet waren. So wurde der Krieg nicht energisch geführt, obwohl die piemontesischen Truppen den Österreichern zahlenmäßig überlegen waren. Die Freiwilligen zeigten mehr Kampfeswillen, nachdem sie sich selbstständig auf den Weg zu den lombardischen und venezianischen Schlachtfeldern gemacht hatten und die Österreicher angriffen, wie die von dem Patrioten Luciano Manara geführte Truppe, die die Österreicher vom Ufer des Gardasees im April zurückwarf. Oder wie die Freiwilligen aus der Toskana, in der Mehrheit Studenten der Universität Pisa, die im Mai den Österreichern heldenhaften Widerstand bei Curtatone und Montanara unweit von Mantua leisteten. Schließlich beteiligten sich Frauen aktiv an den bewaffneten Aufständen der Freiwilligenscharen. Dabei unterstützten sie in fast allen Fällen ihre Männer, Brüder und Söhne. Dass eine Frau wie Cristina di Belgiojoso Trivulzio eigene Truppen in Neapel zusammenstellte, sie finanzierte und nach Mailand zu den Kämpfen gegen die Österreicher führte, war aber die absolute Ausnahme. Wirklich gefährlich werden konnten sie Radetzky allesamt nicht. Im Sommer kam es zur entscheidenden Schlacht bei Custozza (23.–25. Juli 1848), wo er das piemontesische Heer vernichtend schlug. Nach dieser desaströsen Niederlage war Karl Albert zu Verhandlungen bereit. Der österreichisch-sardische Waffenstillstand wurde am 9. August 1848 unterzeichnet – für die Anhänger eines Nationalstaats oder einer unabhängigen lombardischen Republik eine Katastrophe. Sie warfen dem König Verrat vor.

Garibaldi war nicht bereit, diesen Waffenstillstand hinzunehmen, hatte aber bis Ende Juli noch an keiner Kampfhandlung teilgenommen. Wie viele Exilanten war er nach dem Ausbruch der Revolution in seine Heimat zurückgeeilt. Da er aber aus Südamerika kam, dauerte es bis Juni, bevor er in Nizza mit anderen freiwilligen Kämpfern anlandete. Er bot dem König seine kleine Freischar als Unterstützung an, doch dieser lehnte ab. Daraufhin stellte sich Garibaldi in den Dienst der lombardischen Republik, die weiterhin von gemäßigten Liberalen regiert wurde. Diese hatten zwischenzeitlich ein Plebiszit für eine Eingliederung der Lombardei in das Königreich Sardinien-Piemont mit Erfolg durchgeführt. Angeregt hatte dies der piemontesische Ministerpräsident Cesare Balbo. Auch in den angrenzenden Herzogtümern war diese Befragung positiv für Turin ausgegangen. Mazzini prostierte, waren doch bei diesem Plebiszit nur die bürgerlich-adligen Eliten in den Städten befragt worden. Er war mittlerweile aus London angereist, hatte eine Zeitung in Mailand gegründet und versuchte so, politischen Einfluss zu gewinnen.

Garibaldi wurde im Juli von der Provisorischen Regierung beauftragt, Freiwillige in Bergamo anzuwerben. Mit diesen wohl insgesamt 1500 Männern setzte er den Krieg gegen die Österreicher auch nach den Waffenstillstandsverhandlungen fort. Er organisierte die Guerilla auf dem Lago Maggiore und zu Land. Immerhin hielt er mit seinen schlecht ausgerüsteten Männern zwei Wochen den drückend überlegenen Österreichern stand. Es gelang ihm aber nicht, einen allgemeinen Aufstand gegen die Österreicher zu entfachen. Das einfache Volk schloss sich ihm nicht an, vielmehr desertierten viele seiner Freiwilligen, die sich den Krieg weniger brutal und elend vorgestellt hatten. Daneben litt die ohnehin arme Landbevölkerung der Bergregion, die sowohl die Freischärler als auch die Österreicher mit Lebensmitteln versorgen musste, und versagte Garibaldi die Unterstützung. Ende August gab er den Kampf auf und floh in die Schweiz. Militärisch war nichts erreicht worden, den Österreichern hatte man nur Nadelstiche versetzt. Trotzdem wurde Garibaldi in Italien gefeiert, wegen seines heroischen Muts, seines Kampfeswillens und seiner Entschlossenheit, nicht gegen die Österreicher aufgeben zu wollen. Er ist zweifelsohne der berühmteste Freischärler für die Sache des italienischen Nationalstaats, aber bei weitem keine Ausnahme. Es engagierten sich zehntausende Freiwillige im Krieg gegen die unbeliebten Österreicher.

Damit schließt die erste Phase des Krieges und es bleiben zwei wichtige Tatsachen festzuhalten: Erstens gab es keine Solidarität seitens der anderen italienischen Herrscher. Eindeutig war die Position des Papstes, er entschied sich mit seiner Neutralitätserklärung

Ende April gegen die nationale Sache und konzentrierte sich lieber auf die inneren Angelegenheiten des Kirchenstaates. Auch von Neapel war keine Solidarität zu erwarten, hier wurde die neue Regierung mit den Liberalen Mitte Mai wieder entlassen; als Vorwand diente ein Volksaufstand in Neapel. Der König weigerte sich, General Guglielmo Pepe zu unterstützen, der mit seinen Truppen am 4. Mai abmarschiert war, um den Piemontesen zu Hilfe zu kommen. Auch Pepe, der Mann der drei Revolutionen, war aus dem Exil zurückgekehrt: Er hatte schon 1799 auf der Liste der gefährlichen Republikaner gestanden und 1820/21 für die liberale Regierung in Neapel gegen die Österreicher gekämpft.

Zweitens zeigen die Ereignisse die Dominanz der Piemontesen trotz ihrer Niederlage in gesamt Norditalien. Während des Feldzuges hatten der Herzog von Parma im April, die provisorischen Regierungen in Modena, Piacenza und Mailand im Mai sowie die Versammlung von Venedig im Juni ihre Angliederung an das Königreich Piemont beschlossen. Darüber hinaus bestätigten die Ereignisse das Misstrauen von Demokraten, Republikanern und Linksliberalen gegenüber Souveränen wie Ferdinand II. und Karl Albert. Letzterem wurde mit guten Gründen unterstellt, dass er nur vom nationalen Krieg profitieren wollte, um sein Königreich zu vergrößern. Das alles trug in Italien nicht dazu bei, das Prestige der gekrönten Häupter zu vermehren, zumal sich eine zweite revolutionäre Welle entwickelte.

In der Toskana verloren die Liberalen zunehmend an Ansehen und Einfluss, weil Ministerpräsident Gino Capponi die Unruhen in Livorno nicht in den Griff bekam. Er trat am 12. Oktober zurück. Unter Druck stehend, setzte Leopold II. eine neue liberaldemokratische Regierung ein, die geführt wurde von dem Advokaten Francesco Domenico Guerrazzi aus Livorno und dem Professor Giuseppe Montanelli aus Pisa, der als Außenminister fungierte. Wenig später eskalierten die Ereignisse in Rom. Am 15. November 1848 wurde Ministerpräsident Pellegrino Rossi beim Betreten der *Cancelleria*, seines Amtssitzes unweit des *Campo de' Fiori*, am helllichten Tag ermordet. Inszeniert wurde die Tat nach dem Vorbild des Tyrannenmords an Julius Caesar. Es erdolchten ihn mehrere junge Männer, in Uniformen jenes päpstlichen Heeres, das an den Kämpfen in der Lombardei beteiligt gewesen war. Nur war Rossi keineswegs ein Tyrann, sondern ein eher gemäßigter Konstitutioneller. Am darauffolgenden Tag forderten Demonstranten die Bildung einer liberalen Regierung unter der Leitung von Terenzio Mamiani, eines verbannten Aktivisten der Revolution von 1831, der 1847 aufgrund des liberaleren Klimas aus dem Exil zurückgekehrt war. Der Papst stand nun vor der Wahl, durchzugreifen oder zu fliehen. Er wählte die zweite Option. Er begab sich in der Kutsche des bayerischen Gesandten unter den Schutz des Königs von Neapel nach Gaeta, unweit der südlichen Grenze des Kirchenstaats. Im Februar folgte ihm Leopold II. aus der Toskana. Pius IX. blieb 17 Monate im Exil – ein Umstand, der sich prägend auf sein noch 30 Jahre dauerndes Pontifikat auswirkte. Schien er an dessen Beginn zwei Jahre zuvor liberal zu agieren, so kehrte er nun zur erzkonservativen Politik seiner Vorgänger zurück. Die Inkonsequenz seines Verhaltens sah er nicht, klagte vielmehr über die Undankbarkeit seiner Untertanen. Pius IX. glaubte fortan, den Kirchenstaat nur durch ein absolutistisches Regime vor dem Untergang bewahren zu können.

150 Kilometer weiter nördlich fand derweil das Experiment der Römischen Republik statt, das Freiheitskämpfer aus allen Teilen des Landes und sogar internationale Freiwillige anzog. Die revolutionäre Bewegung radikalisierte sich immer mehr, die Abgeordnetenkammer forderte eine verfassungsgebende Versammlung, die Regierung Mamiani musste zurücktreten. Ende des Jahres wurde beschlossen, eine neue Versammlung von 200 Deputierten nach allgemeinem Wahlrecht zu wählen. Die erste Versammlung trat am 5. Februar zusammen, sie setzte sich aus Revolutionären, Patrioten und Republikanern wie Garibaldi zusammen. Der hatte seit Oktober in der Toskana eine neue, kleine Freischar aufgestellt und war sofort nach Rom geeilt. Auch Mazzini reiste aus der Schweiz an, wohin er nach dem Sieg der Österreicher in der Lombardei geflohen war. Am 9. Februar wurde die Römische Republik ausgerufen, ein Monat später die Vereinigung der Gebiete des ehemaligen Kirchenstaates mit denjenigen der mittlerweile ebenfalls demokratisch regierten Toskana proklamiert. Zum ersten Mal seit Ausbruch der Revolution sollten zwei demokratisch regierte Territorien vereinigt werden. Mazzini bildete Ende März 1849 gemeinsam mit dem Römer Aurelio Saffi und Carlo Armellini aus der Romagna ein Triumvirat, in dem er alle wichtigen Entscheidungen fällte, obwohl eigentlich alles kollegial entschieden werden sollte. Er machte die Römische Republik zum Labor seiner Ideen, die er in seiner neuen Zeitung *L'Italia del Popolo* (Das Italien des Volkes) von April bis Juni verbreitete. Ein ehrgeiziges Reformprogramm wurde erarbeitet. Im Zentrum standen das Bildungswesen, die Pressefreiheit, die Abschaffung der kirchlichen Privilegien und eine Bodenreform. Aber abgesehen von bemerkenswerten symbolischen Akten, der Einführung des allgemeinen Wahlrechts und der Abschaffung der päpstlichen Herrschaftszeichen konnten keine Reformen effektiv durchgesetzt werden, da die Republik nur wenige Wochen existierte. Die am 1. Juli 1849 proklamierte demokratische Verfassung fand keine Anwendung mehr.

Von zwei Seiten wurde die Römische Republik im Sommer angegriffen: von den neapolitanischen Truppen aus dem Süden und von einem französischen Expeditionskorps in den Häfen der Stadt. Hatten die italienischen Revolutionäre noch im Frühjahr 1848 vergeblich auf die Unterstützung durch die französische Revolutionsregierung gehofft, so waren es nun Truppen Napoleons III., die der Konterrevolution zum Sieg verhalfen. Er hatte im Dezember 1848 mit einem erdrutschartigen Sieg die demokratischen Präsidentenwahlen in Paris gewonnen. Er verdankte diesen Erfolg vor allem der katholisch geprägten Landbevölkerung und den traditionellen Eliten, die er mit seinem militärischen Einsatz für Pius IX. beeindrucken wollte. Mazzini und Garibaldi stritten sich derweil um Kompetenzen und Machtfragen. Der Führer des Triumvirats verhinderte, dass Garibaldi den Oberbefehl bekam, weil er ihn für zu eigenmächtig hielt. Die Streitereien darüber, wie Rom zu verteidigen sei, entzweiten die beiden endgültig. Obwohl 20.000 Freiwillige verbissen für die Römische Republik vor allem auf dem

Gianicolo kämpften, mussten sie sich am 3. Juli der Übermacht der französischen und neapolitanischen Truppen beugen. Garibaldi bewies dabei abermals sein Geschick als militärischer Führer und außergewöhnlichen Mut. Nach der Niederlage gelang vielen Revolutionären die Flucht nach Norden. Garibaldi zog mit seinen Freischärlern ab in Richtung Venedig, wo Manin die letzte italienische Republik verteidigte. Auf der Flucht starb seine hochschwangere Frau Anita bei Magnavacca, heute Porto Garibaldi, nördlich von Ravenna. Dieser tragische Verlust intensivierte die Mythisierung des Helden Garibaldi. Er opferte offenkundig alles für die Nation, sogar Frau und Kind. Den Österreichern konnte Garibaldi entkommen, Anfang September begab er sich in die ehrenhafte Verwahrung des piemontesischen Generals La Marmora. Er musste sich danach erneut ins Exil begeben.

Um die republikanische Regierung in der Toskana zu besiegen, benötigte es keinen großen Einsatz von Waffengewalt seitens der Konterrevolution, sie scheiterte an inneren Widersprüchen und Richtungsstreitereien. Während des Winters überzeugte die Regierung der Liberaldemokraten Giuseppe Montanelli und Francesco Guerrazzi die Kammer davon, eine neue Verfassung auszuarbeiten. Nach der Flucht des Großherzogs im Februar ereigneten sich weitere Tumulte, in Florenz wurde der Palazzo Vecchio besetzt, und eine neue provisorische Regierung organisierte sich nun als Triumvirat, wiederum geführt von Guerrazzi und Montanelli, denen sich der Patriot Giuseppe Mazzoni aus Prato anschloss. Obwohl diese neue Regierung radikalen und revolutionären Vorstellungen anhing, kam es zu einem Zusammenstoß mit Revolutionären, die aus Livorno nach Florenz gezogen waren und am 18. Februar die Republik ausriefen, gegen den Willen des Triumvirats, das sich uneins war über die Frage der Regierungsform.

Am darauffolgenden Tag proklamierte der revolutionäre Gouverneur von Livorno, Carlo Pigli, in seiner Stadt die Republik. Doch schon Ende März verkündete die neue Regierung in Florenz die Abschaffung jeglicher Republik in der Toskana. Die Bilanz der demokratischen und revolutionären Regierungen ist eher negativ, sie ergriffen nur wenige Maßnahmen und waren von inneren Spannungen paralysiert, die jede politische Entscheidung verhinderten. Im April 1849 forderten die Moderaten die Rückkehr des Großherzogs, wobei sie aktiv von der Landbevölkerung unterstützt wurden. Im Mai kehrte Leopold II. mit seinem außerordentlichen Kommissar, Luigi Serristori, zurück, während die letzten republikanischen Widerstände in Florenz und Livorno aufflammten. Derweil trafen die österreichischen Truppen in Pisa ein, um die alte Ordnung wiederherzustellen.

Am längsten konnte sich die Republik von San Marco halten. Und auch Brescia leistete Ende März noch erheblichen Widerstand gegen die Österreicher. Zehn Tage lang kämpften die Einwohner heldenhaft gegen die drückend überlegenen Soldaten. Dieses außergewöhnliche Engagement brachte der Stadt die ehrenhafte Bezeichnung „Löwe Italiens" ein. Die Kampfhandlungen in Venedig waren noch spektakulärer, was sowohl die Dauer als auch die Gewaltbereitschaft anbelangte. Großes Organisationstalent bewies hier der demokratische Ministerpräsident Daniele Manin. Doch

6.2 Der erste Unabhängigkeitskrieg und die Revolutionen von 1849

am 23. August 1849 musste die Lagunenstadt nach zweimonatiger Bombardierung durch Radetzky und zugleich geschwächt von einem Choleraausbruch kapitulieren. Manin und sein Mitstreiter Niccolò Tommaseo begaben sich ins Exil.

Dass sich die Republik überhaupt so lange halten konnte, lag nicht zuletzt daran, dass sich die Österreicher im März wieder im Kriegszustand mit dem Königreich Sardinien-Piemont befanden. In Turin hatte sich der König von liberalen und demokratischen Politikern dazu drängen lassen, die Kampfhandlungen wieder aufzunehmen. Allen voran der im Dezember ernannte Ministerpräsident Vincenzo Gioberti trat entschieden für einen erneuten Krieg gegen Österreich ein und konnte die Gunst des Königs gewinnen. Gioberti war von den moderat liberalen Ministern und noch viel mehr vom Papst grundlegend enttäuscht. Nach dessen konservativer Wende war ein von Gioberti lange bevorzugter föderaler Nationalstaat geführt von Pius IX. unmöglich geworden. Deshalb wandte er sich nun den Demokraten und Mazzini zu. Aber nicht nur die energische Fürsprache Giobertis dürfte Karl Albert veranlasst haben, den Waffenstillstand zu brechen. Er eröffnete den Krieg am 14. März, also zu einem Zeitpunkt, als Wien und Neapel ihre Kräfte darauf konzentrierten, die Republiken in Venedig, Florenz und Rom zu bekämpfen. Doch in Turin verkannte man die militärischen Kräfteverhältnisse völlig, indem man von einem geschwächten Österreich ausging. Bereits neun Tage nach seinem Aufbruch erfolgte die entscheidende Niederlage des piemontesischen Heeres bei Novara. Wieder wurde ein Waffenstillstand vereinbart. Konsequent dankte der König sofort ab. Karl Albert starb vier Monate später im portugiesischen Exil. Die Regierungsgeschäfte und die Friedensverhandlungen übernahm nun sein ältester Sohn, der 28-jährige Viktor Emanuel II. Dass sich sein Vater zuvor dem liberal-demokratischen Gioberti anvertraut hatte, war für ihn eine unerwünschte politische Wende gewesen. Hatten viele Revolutionäre schon in seinem Vater zu Recht einen expansionistischen konservativen Wolf in national gefärbtem Schafspelz vermutet, so traf diese Einschätzung erst recht auf den Thronfolger zu. In einem Brief an Franz V., den Herzog von Modena, hatte der spätere Viktor Emanuel II. bereits 1847 angesichts der sich formenden Opposition seine politische Haltung verdeutlicht, an der sich in seiner nun folgenden, dreißig Jahre währenden Herrschaft nichts ändern sollte. Er machte sich stark für eine konservative Liga der italienischen Fürsten gegen den Liberalismus, den er völlig ablehnte. Dieser würde Italien nur ruinieren und schwächen.[4]

In seiner Jugend hatte der Herzog von Savoyen keine romantische Literatur gelesen, die in ihm nationale Vorstellungen hätte wecken können. Als Schüler war er unwillig, interessiert hatten ihn allein die militärische Erziehung und die Jagd. An erster Stelle stand für Viktor Emanuel II. die fast tausendjährige Dynastie und sie stand über der Nation. In seinem Amt sah er sich als Monarch gemeinsam mit seinen Standesgenossen, den anderen Fürsten Europas. Aber er sollte die Nationalstaatsbewegung in den nächsten Jahrzehnten geschickt instrumentalisieren, um sein kleines Königreich territorial immens zu erweitern. Diese Vereinnahmung der Liberalen begann schon bei den Friedensverhandlungen mit Radetzky, der übrigens Gast bei seiner Hochzeit gewesen

Abb. 13: Antonio Dugoni, Porträt von Viktor Emanuel II., 1866.

war. Viktor Emanuel II. behauptete später, er habe bei den Verhandlungen um die Verfassung dafür gekämpft, den Artikel, der ihre Abschaffung forderte, aus dem Vertragswerk zu streichen. Das war eine glatte Lüge, denn Österreich hatte dies zu keinem Moment gefordert. Das liberale Kabinett wurde entlassen und der König beauftragte im August den moderaten Massimo d'Azeglio mit der Regierungsbildung. 17 Monate nach dem Beginn des Ersten Unabhängigkeitskriegs wurden mit dem am 6. August unterzeichneten Friedensvertrag die Grenzen wiederhergestellt, die schon auf dem Wiener Kongress gezogen worden waren. Der König von Sardinien-Piemont musste eine Kriegsschuld in Höhe von 75 Millionen Lire an Österreich und die Herzogtümer Parma und Modena zahlen, deren Herrscher sich wieder eng mit Wien verbanden. Darüber hinaus musste er zulassen, dass österreichische Truppen nach Piemont verlegt wurden. Demokraten und Republikaner in ganz Italien kritisierten das Ende des Krieges und den Friedensvertrag vehement und kämpften weiter. In Genua gingen sie sogar so weit, eine provisorische Regierung für Ligurien zu bilden. Doch der König schickte seinen General La Marmora, der die Rebellion am 5. April kurzerhand niederschlug.

Wie in den meisten europäischen Ländern hatten die konservativen Regierungen im Sommer 1849 die Zügel wieder fest in der Hand. Die Revolutionäre wurden verfolgt und gingen erneut zu tausenden ins Exil. In den meisten europäischen Ländern wurde die vorrevolutionäre Ordnung wiederhergestellt, mit Ausnahme Piemonts, das an seiner Verfassung festhielt. Für Italien war die Revolution in dreifacher Hinsicht gescheitert: Erstens war der Versuch missglückt, Österreich durch die piemontesischen Truppen und Freischärler aus Norditalien mit Waffengewalt zu vertreiben. Die eigenen Kräfte hatten nicht gereicht, *L'Italia farà da sé* blieb eine Illusion. Zweitens hatte sich auch das Konzept der Neoguelfen als unrealistisch erwiesen. Mit Pius IX., der nach den radikalen Tumulten in Rom flüchtete und im Exil zum Ultrakonservativen wurde, war diese Option unmöglich geworden. Gescheitert waren drittens auch die Demokraten und Republikaner nicht zuletzt aufgrund ihrer Zerstrittenheit. Sie mussten sich alle der Repression der Restauration ergeben. Die Revolution war in zu viele Aktionsherde zersplittert gewesen. *Fare un quarantotto* (ein '48 machen) steht im Italienischen heute sprichwörtlich für „ein heilloses Durcheinander anrichten".

Mazzinis Ideale von der Brüderlichkeit der Nationen blieben ein Traum. Das hatte allein schon die Haltung der Frankfurter Nationalversammlung gezeigt. Sie hielt an den Ansprüchen auf Triest und das Trentino fest. Den Italienern, die parallele Entwicklungen in den deutschen und italienischen Staaten und Revolutionen beschworen, blieb nur eine tiefe Ernüchterung. In Florenz machte Gian Pietro Vieusseux seiner Desillusionierung über den preußischen Botschaftsrat Reumont in einem Brief an Niccolò Tommaseo Luft: „Man darf nicht übersehen, dass dieser unser Freund Italien sehr liebt, aber so, als ob es ihm gehöre. Er zählt zu jener historischen Schule, die an die vorgeblichen Rechte der Ottonen und Hohenstaufen glaubt."[5]

Und dennoch war nichts mehr wie zuvor. Rom und Venedig wurden zu lange nachwirkenden Symbolen der nationalen Revolution. Der Sieg der Konservativen in Mailand und Neapel war europaweit mit dem Makel der repressiven „Fremdherrschaft" belastet. Die Revolution hatte eine unerwartete Wucht und Breitenwirkung entfaltet, deren dauerhafte Unterdrückung immer unwahrscheinlicher wurde. Das Revolutionsgeschehen zeigte die bedeutende Rolle der Exilanten, die aus allen Teilen Europas, aus dem Mittelmeerraum und Amerika zu Tausenden in ihre Heimat zurückeilten, um für ihre politischen Visionen zu kämpfen. 1849 gingen sie erneut ins Exil. Auch Giuseppe Mazzini musste wieder ins Ausland flüchten, aber sein internationales Prestige als politischer Visionär war unter seinen Anhängern abermals gestiegen. Mazzinis Engagement erhob Rom zur ersehnten Hauptstadt der Nationalstaatsbewegung. Das erneute Exil führte ihn wieder in die Schweiz, nach Paris und schließlich nach London.

Darüber hinaus war ein gesellschaftlicher und politischer Emanzipationsprozess wie in anderen Teilen Europas eingeleitet worden. In Rom, Venedig und Florenz gründeten Demokraten Debattierzirkel, die auch in kleinen Städten wie Faenza oder Cesena entstanden. Zwischen 1847 und 1849 erschienen 77 neue Zeitungen. Darüber hinaus existierten Nationalgarden in Rom sowie in Venetien und in der Lombardei. Sowohl die politischen Klubs als auch die Bürgerwehren waren im Prinzip offen für jedermann, dominiert wurden sie jedoch von den lokalen Notabeln. Sie nutzten diese nicht nur gegen die konservativen Kräfte, sondern auch, um die öffentliche Ordnung zu erhalten und Tumulte der Unterschichten zu unterdrücken. Die Mehrheit der Bevölkerung auf dem Land beteiligte sich – wie in Frankreich – nicht. Zudem stand sie häufig auf der Seite der Souveräne. Erinnert sei an den begeisterten Empfang, mit dem der heimkehrende Leopold II. in der Toskana gefeiert wurde. Darüber hinaus protestierten die Unterschichten in erster Linie für Verbesserungen ihrer prekären Lebensumstände.

Auf Jahrzehnte, in denen sich ein kultureller und religiös aufgeladener Nationalismus entfaltete, folgten nach 1849 die Ernüchterung und politische Resignation. Der liberale Katholizismus war gescheitert, nun schlug die Stunde der Realpolitik. Es setzt eine Periode des säkularen Nationalismus ein, dessen prominentester Vertreter zweifelsohne der Graf Camillo Benso di Cavour war. Er gilt wie Bismarck als der geniale Architekt der „verspäteten" Nationalstaatsgründung. Wurden die Italiener und die italienische Politik 1848 noch, gerade von deutscher und österreichischer Seite, abschätzig beurteilt nach dem Motto: „Sie können den Herren wechseln, ihn aber nicht entbehren", und galt Italien mit den Worten Metternichs lediglich als „geographischer Begriff" und als Paradies für Antikenschwärmer, so hatte sich dieses Bild zwölf Jahre später grundlegend gewandelt. Die chronisch unterschätzten Italiener sollten in der Nationalstaatsbildung vorausgehen.

Anmerkungen

1   Alfred von Reumont, Aus König Friedrich Wilhelms IV. gesunden und kranken Tagen, Leipzig 1885, S. 313.
2   Augsburger Allgemeine Zeitung, Nr. 133, S. 2123, 12.5.1848, Artikel: „Die italienische Bewegung und ihre Bedeutung für Deutschland".
3   Camillo Cavour, L'ora suprema della monarchia. Il Risorgimento, 23.03.1848, in: Giovanni Gentile (Hg.), Camillo Cavour. Scritti politici, Rom 1925, S. 106.
4   Le lettere di Vittorio Emanuele II, raccolta da F. Cognasso, Turin 1922, 2 Bde., hier Bd. 1, S. 142–143.
5   Raffaele Ciampini, Gian Pietro Vieussseux. I suoi viaggi, i suoi giornali, i suoi amici, Turin 1953, S. 431.

7. Der Weg zum Nationalstaat

7.1 Die reaktionären Staaten und das liberale Königreich Sardinien-Piemont

Nachdem die reaktionären Regenten die Verfassungsbewegung, die radikalen Revolutionäre und die sozial motivierten Aufstände 1847–1849 erfolgreich bekämpft hatten, setzten umfassende Maßnahmen ein, um den Status quo ante wiederherzustellen. Im Königreich beider Sizilien wurden die liberalen Errungenschaften besonders schnell rückgängig gemacht. Ferdinand II., der sogenannte *Re bomba*, kehrte zu einem unnachgiebigen absolutistischen Regime zurück. Liberale Politiker wurden vor Gericht gestellt und wegen Handlungen verurteilt, die während der konstitutionellen Phase legal gewesen waren. Nach der Revolution war eine deutliche Verschärfung und Optimierung der polizeilichen Maßnahmen zu verzeichnen. Der Polizei wurde Versagen vorgeworfen, sie habe während der Revolution keine systematische Kontrolle ausgeübt. Von nun an stand die gezielte Überwachung der Gesellschaft im Fokus der patriarchalischen und politischen Polizeimaßnahmen. Sofort wurden Listen angelegt von Personen, die im Verdacht standen, mit der Nationalstaatsidee zu sympathisieren oder die als liberal galten. Die systematische Erfassung von Verdächtigen weitete sich aus. Als Erste traf es jene Beamten, die als unsichere Kantonisten galten. Zudem kam es zu Säuberungswellen in der Verwaltung. Offiziere wurden abberufen, sobald sie Kritik äußerten, wie etwa Carlo Filangieri, Fürst von Satriano, der 1849 für den König Sizilien zurückerobert hatte.

Fortan sollte die öffentliche Meinung engmaschig überwacht werden, allen voran in Neapel. Immer wieder wurde, wie in Mailand vor 1848, kleinlich über demonstrativen Zigaretten- und Zigarrenverzicht berichtet, da dies weniger staatliche Einnahmen aufgrund abnehmender Tabaksteuer verursachte und eine beliebte Form des politischen Protests darstellte. Spione wurden auf öffentlichen Plätzen und in Cafés eingesetzt und das Theater regelmäßig von Kommissaren überwacht. Darüber hinaus nahm die Polizeiarbeit verstärkt transnationale Formen an. Nach der gescheiterten Revolution wurden nicht nur die im Königreich lebenden Untertanen systematischer überwacht, sondern auch die zahllosen süditalienischen Exilanten, die sich im Königreich Sardinien-Piemont, in der Schweiz, in Frankreich, Großbritannien, vor allem aber in Griechenland und im Osmanischen Reich aufhielten. Dabei kam dem Mittelmeer als Aktionsraum für die politischen Flüchtlinge eine ganz bedeutende Rolle zu. Auf sie wurde im Ausland zum einen ein regelrechtes Netz von Spionen angesetzt und die Post kontrolliert, zum anderen wurden auch Konsuln sowie Botschafter ausnahmslos angehalten, die Exilantengemeinden scharf zu beobachten. Die Diplomaten konnten aufgrund der von ihnen auszustellenden Pässe sehr genau über die Aufenthaltsorte der geflüchteten

Liberalen und Demokraten Auskunft geben. Außerdem belieferten sie die jeweilige örtliche Polizei großzügig mit Informationen. Besonders scharf überprüfte man ferner Reisende nach Neapel. Die Verantwortlichen verknüpften die Kontrolle des Territoriums und die transnationale Überwachung auf das Engste miteinander. In Einzelfällen übten die Diplomaten so viel Druck auf die Regierungen der Gastländer aus, dass die Exilanten das Land verlassen mussten. Auch dies war gängige europäische Praxis.

Das Regime der Bourbonen stützte sich auf eine zusammenschrumpfende Gruppe von Notabeln, auf das Militär, die Polizei sowie die engere Hofentourage. Korruption und Denunziantentum waren an der Tagesordnung. Die Klügeren aus den süditalienischen Eliten zogen sich zurück und warteten ab. Nirgendwo hatte sich das konservative politische System so sehr in Misskredit gebracht wie in Neapel. Allmählich mehrten sich die kritischen Stimmen aus dem Ausland. Allen voran William Gladstone, anfangs konservativer, dann liberaler Abgeordneter und mehrfacher Minister, kritisierte die harte Verfolgung und Willkürjustiz gegenüber Politikern und Journalisten. Er setzte sich dezidiert für einen italienischen Nationalstaat ein. Als es 1859 zum Thronwechsel kam, war Franz II. durchaus willens, Veränderungen einzuleiten. Hin- und hergerissen zwischen konservativen Ratschlägen aus Wien und konstitutionellen aus London, gelang ihm in der kurzen Zeit, die ihm als Regent blieb, jedoch nur wenig.

Im benachbarten Kirchenstaat gestalteten sich die politischen Verhältnisse ähnlich. Pius IX. und sein Kardinalstaatssekretär Giacomo Antonelli verfolgten einen erzreaktionären Kurs, in dem sie jeglichen weltanschaulichen und politischen Liberalismus entschlossen bekämpften. Antonelli verfolgte die politischen Gegner gnadenlos und reorganisierte das Polizeiwesen. Oberstes Bollwerk gegen Einflüsse von außen war eine nahezu alles abwehrende Zensur. Die kulturelle Isolation verdeutlichte auch die angespannte Situation des staatlich kontrollierten Verlagswesens. Unterstützt wurde der Papst von einer konservativen katholischen, europaweit agierenden Bewegung, die sich mit ihm solidarisierte. Tausende junge Männer kamen nach Rom, um dem Papst als Freischärler zu dienen. Sie stärkten mit ihrer Präsenz die französischen Truppen, die Napoleon III. als Schutzschild im Kirchenstaat stationierte.

Wie vor der Revolution verfolgte der in die Toskana zurückgekehrte Leopold II. hingegen eine zögerliche Reformpolitik. Doch eine Rückkehr zu den alten Verhältnissen war nur bedingt möglich. Zum einen misstraute der Großherzog nun den adligen Moderati, mit denen er zuvor kooperiert hatte, wegen ihres Verhaltens 1848. Zum anderen sahen diese, unter anderem Baron Bettino Ricasoli, ein, dass in ihrem relativ kleinen Staat ohne Rückhalt von außen keine großen Reformen zu verwirklichen waren. Nach einer Phase der Resignation setzten sie ihre Hoffnungen zunehmend auf eine Angliederung an das Königreich Sardinien-Piemont, dem einzigen Verfassungsstaat der Halbinsel. In dieselbe Richtung orientierten sich die moderaten Liberalen in Lombardei-Venetien. Hier herrschte der greise Radetzky mit harter Hand. Bis 1856 lasteten hohe Reparationsleistungen auf der Bevölkerung, die vor allem die Notabeln zahlten. Hochverratsprozesse und Todesurteile fanden nicht nur während der Revolution statt.

7.1 Die reaktionären Staaten und das liberale Königreich Sardinien-Piemont

Schon 1853 organisierte Giuseppe Mazzini erneut einen Aufstandsversuch. Die Folge waren wiederum blutige Unterdrückung und Konfiskationen der Güter der lombardischen Eliten. Viele von ihnen flohen nach Piemont und agierten von dort aus gegen die Habsburgermonarchie.

Die Situation änderte sich nach dem Ende des Krimkriegs 1856. Österreich verhielt sich zum großen Ärger des russischen Zaren neutral und war fortan außenpolitisch zunehmend isoliert. Um die von italophilen Liberalen regierte europäische Vormacht Großbritannien nicht weiter zu verprellen, musste Wien die Zügel in Italien lockern. 1857 besuchte Kaiser Franz Joseph mit seiner jungen Frau Elisabeth Oberitalien und blieb dort vier Monate in den königlichen Palästen von Venedig und Mailand. Mit prächtigen Hoffesten und Militärparaden versuchte er, symbolisch seine Macht zu inszenieren. Doch der regionale Adel boykottierte die kaiserlichen Empfänge und bei einer Festvorstellung im Opernhaus *La Fenice* blieben seine Logen leer. In anderen oberitalienischen Städten war der Empfang ebenfalls eisig. Die Mailänder Behörden zahlten den Bauern Geld, damit sie bei der Einreise des Kaiserpaars die Straßen säumten. Anstelle des lombardischen Adels saßen deren Dienstboten anlässlich einer Festvorstellung für den Kaiser in den Logen der Scala. Das war eine ungeheuerliche politische Provokation. Trotzdem kam Franz Joseph den Norditalienern mit zahlreichen Begnadigungen, wirtschaftlichen Verbesserungen und der Erweiterung der lokalen Selbstverwaltung entgegen. Der mittlerweile neunzigjährige Radetzky wurde abgelöst und Franz Joseph machte seinen jüngeren Bruder, Erzherzog Maximilian, den späteren Kaiser von Mexiko, zum Zivilgouverneur. Dessen Aufgabe war es, weiter zu deeskalieren. So gab er das beschlagnahmte Vermögen der politischen Flüchtlinge zurück in der Hoffnung, dass diese zurückkehrten. Die Flüchtlinge zogen es aber mehrheitlich vor, in Piemont zu bleiben. Viele aus dieser Gruppe sollten wenige Jahre später beim Aufbau des Nationalstaats eine wichtige Rolle spielen. Viktor Emanuel II. belohnte sie für ihre Loyalität mit ehrenvollen Auszeichnungen und band die Exilanten noch enger an seine Dynastie. Die österreichischen Konzessionen waren zu spät gekommen. Zudem blieben die habsburgischen Truppen weiterhin in den benachbarten Herzogtümern und dem nördlichen Teil des Kirchenstaats zur Machtabsicherung stationiert.

Allein im Königreich Sardinien-Piemont blieb die Verfassung in Kraft, dabei war die Lage im Sommer und Herbst 1849 noch unklar und unsicher. Die liberal-demokratische Kammermehrheit weigerte sich, dem Friedensvertrag mit Österreich zuzustimmen, während die Konservativen nachdrücklich die Aufhebung der Verfassung forderten. Das aufständische republikanische Genua befand sich noch immer im Belagerungszustand. Die militärischen Niederlagen mussten verkraftet und eine hohe Kriegsschuld beglichen werden. Der junge König spielte in diesem Zeitraum sogar mit dem Gedanken, unterstützt von Österreich die absolute Macht wiederzuerlangen. In dieser Situation berief Viktor Emanuel II. einen Mann des Ausgleichs an die Spitze des Kabinetts, Massimo D'Azeglio, und es wurden Neuwahlen angesetzt. In der Proklamation von Moncalieri, benannt nach seinem im Süden von Turin gelegenen Jagdschloss, wandte sich Viktor

Emanuel II. an die Wähler und übte regelrecht Druck auf sie aus: Die Regierung brauche Unterstützung für ihre Politik; es gelte, ein Parlament zu wählen, das den Friedensvertrag mit Österreich unterzeichne. Er versicherte zwar, fortan den konstitutionellen Weg zu verfolgen. Doch wenn das Parlament keine entsprechende Mehrheit aufweise, werde er es sofort wieder auflösen. Und weiter: Wenn ihm das Land und die Wähler den Konsens aufkündigten, müsse er die Verantwortung für die Zukunft des Landes wieder selbst übernehmen, um Chaos zu vermeiden.[1] Diese Proklamation hatte – wie andere auch – Massimo D'Azeglio ausformuliert. Die unverhohlene Drohung gilt als Schlüsseltext für den Regierungsstil von Viktor Emanuel II. sowie für die Verfassungsgeschichte des Königreichs Sardinien-Piemont und des späteren Königreichs Italien. Mit ihr ist die Frage nach der tatsächlichen Machtverteilung während des sogenannten *cinquantennio liberale*, der liberalen fünfzig Jahre, verknüpft. Viktor Emanuel II. akzeptierte im Prinzip weder die Souveränität des Parlaments noch die der Wählerschaft. Im Königreich Sardinien-Piemont entstand ein „pseudoparlamentarisches System".[2] Wenn die Kabinette mit dem Parlament erfolgreich im Sinne des Königs regierten, wurden sie von der Monarchie akzeptiert. Wenn sie aber in Krisen versagten, konnte die Krone jederzeit intervenieren, so wie es im November 1849 geschah.

Das neu gewählte Parlament setzte sich nach den Wahlen im Dezember 1849 mehrheitlich aus Moderaten, aber auch aus zahlreichen Konservativen zusammen, die sich dem klerikalen Milieu verpflichtet fühlten. Den Friedensvertrag ratifizierten die Abgeordneten wie gewünscht. Daraufhin schlug Ministerpräsident D'Azeglio einen Weg der maßvollen Modernisierung ein. Als Erstes reformierte sein Kabinett die völlig rückständige Kirchengesetzgebung, womit der Konflikt mit den konservativen Rechten im Parlament vorprogrammiert war. Innerhalb der Regierung zeichnete sich ein Kräfteausgleich in Richtung des moderaten Zentrums ab. Nach längeren ergebnislosen Vorverhandlungen mit der Kurie legte Justizminister Graf Giuseppe Siccardi im Februar 1850 erste Gesetzesentwürfe vor, die heftige Diskussionen auslösten. Sie sahen die Abschaffung des Kirchenasyls und der kirchlichen Gerichtsbarkeit vor, womit die Geistlichen allen Staatsbürgern gleichgestellt wurden. Die Nichtbeachtung religiöser Feste sollte nicht mehr sanktioniert werden. Fortan konnten kirchliche Korporationen nur mit staatlicher Genehmigung Land erwerben und Schenkungen annehmen, um so den Missbrauch im Erbrecht durch Testamente in letzter Stunde zu unterbinden. Auf den König wurde massiver Druck ausgeübt, diese Gesetze zu verhindern: von Seiten der Kirche, seiner Mutter und der Königin, beide fromme Habsburgerinnen. Und da Viktor Emanuel II. streng katholisch erzogen worden war, machte ihm der Konflikt mit dem Papst zu schaffen.

Die Parlamentsdebatten über Siccardis Gesetzentwurf stellten den ersten entscheidenden Bruch der moderaten Liberalen mit der ultra-konservativen Rechten dar. Zu den eifrigsten Verfechtern der Gesetzesvorlage zählte Graf Camillo Benso di Cavour, der im Parlament mit beeindruckenden Plädoyers auf sich aufmerksam machte. Den konservativen Kritikern, die ihm vorwarfen, die Gesetze seien revolutionär, entgegnete

7.1 Die reaktionären Staaten und das liberale Königreich Sardinien-Piemont 183

Abb. 14: Carlo Bossoli, König Viktor Emanuel II., Cavour, die Minister und der Hof schreiten die große Treppe des Palazzo Madama nach der Eröffnung der fünften subalpinischen Legislaturperiode herab, 1853.

er, dass sie nur zeitgemäß seien. Erwartungsgemäß stimmte der konservative Flügel gegen die Gesetzesvorlage, die letztendlich nur mit Unterstützung der Linksliberalen angenommen werden konnte. Nachdem das Gesetz auch vom Senat akzeptiert worden war, organisierte das katholisch-konservative Milieu, unterstützt von Rom und animiert von der piemontesischen Rechten, eine lebhafte Kampagne gegen diese Säkularisierungsmaßnahmen, die sie als antikatholisch einstufte. Als der Minister für Handel und Landwirtschaft Pietro di Santa Rosa im August 1850 starb, verweigerte man ihm die Sterbesakramente, was wiederum zu öffentlicher Empörung und Tumulten führte. Der Erzbischof von Turin rief seinen Diözesanklerus ohnehin zum Widerstand auf. Den vorläufigen Höhepunkt dieses Kulturkampfes stellte seine Verhaftung und Festsetzung in Sassari auf Sardinien dar.

Cavours beeindruckende Debattenbeiträge für die Annahme der Gesetze im Parlament legten die Basis für seinen politischen Aufstieg. Er hatte sich schon 1848 in seiner Zeitung *Il Risorgimento* für Religionsfreiheit ausgesprochen und sich als entschiedener Befürworter für die Trennung von Kirche und Staat erwiesen. D'Azeglio wünschte sich Cavour zunächst als Landwirtschaftsminister und schließlich für das Finanzressort. Der König stimmte mit der Prophezeiung zu: „[...] Aber seien Sie überzeugt, daß er Ihnen binnen kurzem sämtliche Portefeuilles abnimmt".[3] Und er sollte Recht behalten. Im November des Jahres 1852 ernannte Viktor Emanuel II. Cavour zum Ministerpräsidenten. Abgesehen von einer kurzen Unterbrechung im Jahre 1859 blieb er der verantwortliche Leiter der piemontesischen Politik bis zu seinem frühen Tod im Juni 1861.

In seinen Jahren als Handels- und schließlich auch Finanzminister stand als erstes Ziel auf seiner Agenda, das Königreich Sardinien-Piemont wirtschaftlich und politisch auf die Ebene der europäischen Großmächte zu heben. Cavour war, wie alle oberitalienischen Großgrundbesitzer, ein entschiedener Verfechter von Freihandelspolitik und folglich gegen jeden Protektionismus, denn der würde nur den Einzelnen einschränken und dem Staat zu viele Kompetenzen geben. Allein der Liberalismus würde zur Ausbreitung des Wohlstandes führen, vom dem schließlich alle profitierten. Mit einer Reihe von Handelsverträgen sollte nach den Niederlagen 1848/49 bewiesen werden, dass der Staat als Partner zuverlässig und außerdem reformbereit war. Den ersten Vertrag schloss Cavour im November 1850 mit Frankreich ab. Im Parlament warb er nicht nur mit wirtschaftlichen, sondern auch mit politischen Argumenten für seine Politik. Er sah darin die „wünschenswerte Einheit, die zwischen den freien Völkern des westlichen Europas herrschen soll".[4] Weitere Handelsverträge mit Belgien, Großbritannien, der Schweiz, dem Deutschen Zollverein, den Niederlanden und schließlich sogar mit Österreich folgten. In diesem Zeitraum wurde auch der Eisenbahnbau energisch vorangetrieben. Eine erste Strecke verband nun Turin und Genua, wo sich ein Welthafen mit überseeischen Schifffahrtsgesellschaften entwickelte. Fortschritte wurden zudem im Bankensektor und durch die Einrichtung einer Börse erzielt.

Cavour steht für eine Politik des sogenannten *Connubio*, wobei man dieses Wort im direkten, literarischen Sinn als Hochzeit und im übertragenen, mehr politischen Sinn als Bündnis von ungleichen Partnern begreift. Dieses Konnubium wurde von seinen Verfechtern als Antwort auf die Bedrohungen einer möglichen autoritären Restauration präsentiert. Cavour grenzte sich sowohl von den Erzkonservativen als auch von den Demokraten ab. Die von ihm geschaffene Koalition zwischen aufgeschlossenen

7.1 Die reaktionären Staaten und das liberale Königreich Sardinien-Piemont

Abb. 15: Michele Gordigiani, Porträt von Camillo Benso di Cavour (1810–1861), 1862.

Rechten und gemäßigten Linken funktionierte nicht zuletzt deshalb, weil die Bourgeoisie auf der einen Seite adlige Lebensformen schätzte und auf der anderen die Aristokraten sich nicht so rigoros von den Bürgerlichen abgrenzten wie ihre Standesgenossen nördlich der Alpen. Praktisch umgesetzt wurde diese Politik durch eine Allianz des Grafen Camillo Benso di Cavour mit dem bürgerlichen Juristen Urbano Rattazzi, einem einflussreichen Repräsentanten der linksliberalen Parlamentarier. Nachdem Cavour am 3. November 1852 den kranken und schwach agierenden Ministerpräsidenten Massimo D'Azeglio abgelöst hatte, wählte er als Mitarbeiter erfahrene und kompetente Minister aus. Dabei gestaltete er das Kabinett nach seinem Leitmotiv *franchement libéral, nullement révolutionnaire* (aufrichtig liberal, keineswegs revolutionär).[5] Rattazzi fungierte als Parlamentspräsident; ihm kam die wichtige Aufgabe zu, zwischen den Kammern, dem Kabinett und dem König zu vermitteln. Um sich seine aktive Unterstützung zu sichern, machte Cavour Rattazzi 1853 zum Justiz- und 1855 zum Innenminister, mit der Gefahr, sich noch weiter von den Konservativen zu entfernen. Bis zu den Wahlen 1857 brachte diese Vernunftehe zwischen den Moderaten und den Linksliberalen eine komfortable Parlamentsmehrheit.

Cavour orientierte sein innenpolitisches Modernisierungsprogramm in zwei große Richtungen: juristische und administrative Rationalisierung und eine Politik der Säkularisierung. Eine Reihe von Reformen betraf die Reorganisation der piemontesischen Armee, der Post und der Behörden. Ab 1854 galt ein neues Bürgerliches Gesetzbuch. Die Durchführung dieser Maßnahmen stieß auf keine nennenswerte Opposition im Parlament. Dies mag wohl einer der Gründe dafür gewesen sein, dass Cavour ein kirchenpolitisches Gesetzesprojekt von Rattazzi unterstützte: die Abschaffung aller religiösen Gemeinschaften, die sich nicht der Seelsorge, dem Unterricht oder der Krankenpflege widmeten, sowie die Einziehung der Güter der kontemplativen Orden. Das Geld sollte nicht vom Staat eingenommen werden, sondern in eine *Cassa ecclesiastica* (Kirchenkasse) fließen und unter staatlicher Aufsicht für Pensionen, die Armenversorgung und die Aufstockung der kläglichen Gehälter einfacher Pfarrer eingesetzt werden. Die Abgeordnetenkammer befürwortete es, der konservative Senat stimmte aber erst zu, nachdem sich auch der König für das Gesetz ausgesprochen hatte. Daraufhin exkommunizierte der Papst alle Urheber und Vollstrecker dieses Gesetzes, was jedoch keinerlei Wirkung hatte.

Als Meister der Balance führte Cavour das sogenannte „große Ministerium" gekonnt, wobei er sich anfangs auf die Innenpolitik konzentrierte, die Außenpolitik aber nie aus den Augen verlor. Auf diesem Feld sollte er die größten Erfolge feiern. Noch in seiner Zeit als Handelsminister begleitete er den König im Sommer 1852 auf einer Reise nach Paris und London. Da sich Viktor Emanuel II. aufgrund seines polternden Auftretens auf diplomatischem Parkett als ungeeignet erwiesen hatte, verhandelte Napoleon III. lieber mit Cavour. Erreicht wurde auf dieser Reise noch nichts Konkretes, aber das italienische Problem, die österreichische Herrschaft in Norditalien, wurde immerhin auf der europäischen Bühne diskutiert. Österreich war und blieb der Feind Nummer eins, vor allem aufgrund seiner erfolgreichen Selbstbehauptung im gesamten Habsburgerreich 1848/49. Nach der Revolution galt unter seinen Offizieren der Slogan: „Hätten wir Italien nicht erobert …!" Dieses stolze „Wir" ließen sich viele Offiziere in die Klingen ihrer Säbel eingravieren. Es war zu einem Schlüsselwort geworden, in dem sich nicht nur die innere Geschlossenheit des Offizierskorps, sondern auch seine Entschlossenheit manifestierte, jedem weiteren Versuch, an der Einheit des Reiches zu rütteln, mit der Waffe zu begegnen. Es hatte hohen Symbolwert, dass sich dieses Losungswort aus den Namensinitialen jener Generäle zusammensetzte, die in den zurückliegenden Kämpfen in Prag, Wien und Mailand als die Väter des Sieges galten: So entstand das Akronym: W (indisch-Grätz), J (elacic), R (adetzky).

Trotz aller militärischen Stärke der Habsburger hörten die Aufstandsversuche von Seiten der Linken nicht auf und waren Österreich behilflich, die Repression zu begründen. Mazzini gründete im Herbst 1852 ein *Comitato Italiano*. Vom Tessin aus orchestrierte er einen weiteren Aufstand in Mailand im Februar 1853, der von den Habsburgern mühelos niedergeschlagen wurde. Da als Strafmaßnahmen auch die Güter jener Lombarden konfisziert wurden, die im politischen Exil die piemontesische Staatsangehörigkeit erworben hatten, bot sich für Cavour die Chance zum lautstarken internationalen Protest. Die diplomatischen Beziehungen nach Wien wurden abgebrochen. Darüber hinaus warf Cavour Österreich vor, permanent die Bestimmungen der Wiener Verträge von 1815 zu verletzen, indem es Truppen in den Herzogtümern und im Kirchenstaat stationierte.

Der piemontesische Ministerpräsident nutzte jede sich bietende Gelegenheit, um für die italienische Frage internationale Aufmerksamkeit zu erlangen. Den nächsten Anlass bot 1853 der Krimkrieg. Das Zarenreich besetzte im Juli die Donaufürstentümer Moldau und Walachei, die zum Osmanischen Reich gehörten. Großbritannien beteiligte sich aber nicht, wie erhofft, an einer weiteren „Aufteilung" der Türkei, sondern schützte mit seiner Flotte Konstantinopel. Russland vernichtete daraufhin die türkische Flotte bei Sinope, einer Hafenstadt am Schwarzen Meer. Konstantinopel war nun vollends auf die Unterstützung der Westmächte angewiesen. Im Frühjahr 1854 entwickelten sich die Kampfhandlungen zum ersten Krieg der europäischen Großmächte seit dem Wiener Kongress. Napoleon III. trat an die Seite Großbritanniens. Der Zar setzte auf ein Bündnis mit Wien, hatte er doch 1848 mit seinen Truppen geholfen, die Revolution in Ungarn erfolgreich zu bekämpfen. Doch Österreich blieb nicht nur neutral, sondern erzwang gemeinsam mit den Westmächten den russischen Rückzug aus den Donaufürstentümern. Diese Entscheidung Wiens hatte schwerwiegende Folgen. Das jahrzehntelange Zusammenwirken zwischen Kaiser und Zar war beendet und verwandelte sich sogar in eine Gegnerschaft auf dem Balkan. Diese beeinträchtigte zudem die außenpolitische Handlungsfreiheit Wiens erheblich.

Die Initiative lag nun bei Großbritannien und Frankreich. Ein blutiger Seekrieg ohne Seeschlachten verlagerte sich von der Türkei auf die Halbinsel Krim und deren Kriegshafen Sewastopol. Er zog sich in die Länge und die Westmächte hatten erhebliche Nachschubprobleme auf dem Seeweg. Der Krimkrieg entwickelte sich zum ersten Stellungskrieg der Neuzeit, erstmals wurden Dampfschiffe eingesetzt. Neu war auch der Einsatz von Reportern vor Ort. Aufgrund ihrer Artikel wurde die globale Leserschaft über die katastrophale Situation im Sanitätswesen informiert. Die Journalisten berichteten mittels Telegrafie ohne größere Zeitverzögerung über die Ereignisse auf der Krim. Eine Artikelserie in der *Times* mobilisierte die Briten zu großen Spendenaktionen und Florence Nightingale, eine Pionierin der Krankenpflege, ging nach Konstantinopel, um dort ein Hospital für verwundete britische Soldaten zu organisieren.

Die Hafenstadt Genua gewann eine besondere Bedeutung für die Nachschublieferungen während des Krimkriegs, weil der reaktionäre Ferdinand II. in Neapel mit dem autokratischen Zaren sympathisierte und den Flotten der Westmächte die Benutzung seiner Häfen in Süditalien erschwerte. Aufgrund schwerwiegender innenpolitischer Probleme zögerte Cavour den Kriegseintritt Piemonts hinaus. Noch im Januar 1854 schrieb er: „Wir haben gegen die Teuerung, die neuen Steuern, die Priester und die Reaktionäre zu kämpfen, wenn dazu noch ein Krieg kommt, sind wir in schönen Schwierigkeiten."[6] In der piemontesischen Presse fanden sich mehr Artikel über die Getreidepreisentwicklung und die grassierende Cholera als über den Krimkrieg. Erst als sich Österreich Ende des Jahres mit Großbritannien und Frankreich aufgrund eines Abkommens zur Wiederherstellung des Friedens gegen den Zaren verbündete und die Westmächte Piemont drängten, Truppen zu stellen, änderte sich auch Cavours Haltung. Der König wollte den Krieg ohnehin, nur das Parlament stufte ihn als sinnlose Verschwendung von Mitteln ein. Als Großbritannien dann noch Kredite für die Truppenausrüstung anbot, unterzeichnete der König Ende Januar 1855 eine Militärkonvention. 15.000 piemontesische Soldaten sollten die britischen und französischen Truppen verstärken. Im Parlament hielt Cavour eine seiner beeindruckenden Reden. Italien gewinne Sympathien, wenn es den Liberalismus im Kampf gegen die Vorherrschaft der Reaktion in Europa unterstütze. Schließlich stimmten beide Kammern Anfang Februar dem Einsatz zu.

Bevor die piemontesischen Truppen im Sommer auf dem Kriegsschauplatz ankamen, waren bereits zehn Prozent ihrer Soldaten an Cholera gestorben. An den letzten entscheidenden Kämpfen nahmen sie dann noch mit minimalen Verlusten teil. Die russischen Truppen mussten die Festung von Sewastopol räumen. Zar Nikolaus I. war zwischenzeitlich gestorben und sein liberaler Sohn Alexander II. machte den sinnlosen Kämpfen ein Ende. Piemont war aufgrund des erfolgreichen militärischen Engagements international aufgewertet. Im Februar 1856 begann in Paris der internationale Friedenskongress, auf dem Cavour als Vertreter seines Landes neben den europäischen Großmächten anwesend war. Für Italiens „Sache" erreichte er nichts Konkretes, aber er nutzte seine Präsenz vor Ort als geschickter Netzwerker. Er knüpfte Beziehungen oder vertiefte sie, traf regelmäßig den französischen Kaiser, dessen familiäres Umfeld sowie Diplomaten. Während einer Nachtsitzung am 8. April hatte Cavour seinen großen Auftritt. Erörtert werden sollten verschiedene Aspekte, darunter die italienische Frage. Der britische Außenminister George William Earl of Clarendon bezichtigte den Papst und den König von Neapel der Misswirtschaft. Cavour kritisierte die militärische Präsenz von habsburgischen Truppen im Kirchenstaat und in den Herzogtümern. Der anwesende österreichische Ministerpräsident, Karl Ferdinand Graf von Buol-Schauenstein, sprach dem Gremium jegliche Kompetenz ab, über Italien zu verhandeln. Und doch erwähnte die abschließende Kongressresolution die italienische Angelegenheit als internationales Problem.

Italien blieb fortan ein virulentes Thema der europäischen Politik. Turins politischer Führungsanspruch für Italien wurde in Westeuropa zunehmend anerkannt, allen voran die liberale Presse sah in Cavour und dem Königreich Sardinien-Piemont die Vertreter der gesamten Halbinsel. Derweil unternahmen Mazzini und seine Anhänger 1856/57 weitere heroische, aber sinnlose Aufstandsversuche im Herzogtum Modena, auf Sizilien und in Kalabrien. Die schlimmste Niederlage ereignete sich nach der Landung von Carlo Pisacanes im kalabrischen Sapri. Zuvor hatte der Sozialist, ein adliger Neapolitaner, 1848 als Freiwilliger gegen die Österreicher gekämpft und mit Garibaldi die Römische Republik verteidigt. Jetzt befreite Pisacane auf der Insel Ponza mit einer kleinen Gruppe von Anhängern 300 Gefangene, von denen aber nur einige wenige politische Gefangene waren, und brachte sie bei Sapri auf das Festland. Wiederum gelang es nicht, die Masse zum Aufstand zu motivieren. Pisacane und seine Gefährten wurden von bourbonischen Truppen eingekreist und getötet.

Unter den Exilanten verbreitete sich allmählich die Einsicht, dass die Aufstandsversuche zu nichts führten und die Gründung eines Nationalstaates nur unter der Führung Viktor Emanuels II. und Cavours gelingen könne. Die nationale Einigung rangierte fortan vor den demokratischen Forderungen. An die Stelle der traditionellen Zentren des politischen Exils London und Paris waren mittlerweile Genua und Turin getreten, wo im August 1857 die Gründung der *Società Nazionale Italiana* erfolgte. Sie entwickelte sich zu einem der wichtigsten Propagandainstrumente für einen konstitutionellen Nationalstaat. Cavour hatte die Gründung einer derartigen Gesellschaft in seiner Korrespondenz mit dem im Londoner Exil lebenden Venezianer Daniele Manin angeregt, der sie aus der Taufe hob, aber kurze Zeit später starb. Als Präsident trat nun Graf Giorgio Pallavicino-Trivulzio auf, der ebenfalls auf eine beachtliche „Karriere" im Kampf gegen Österreich zurückblicken konnte. Er gehörte zu jener Gruppe lombardischer Aristokraten, die 1820 in Mailand einen Aufstand geplant hatten, was er mit 15 Jahren Kerkerhaft auf dem Spielberg bezahlen musste. 1848 war er Mitglied der provisorischen revolutionären Regierung in Mailand und gehörte zu jenen Exilanten, deren Güter nach dem Aufstand von 1853 sequestriert wurden. In den 1850er Jahren saß er als Abgeordneter im Turiner Parlament. Als Sekretär der *Società Nazionale Italiana* fungierte der Journalist Giuseppe La Farina, einer der führenden Demokraten der 1848er Revolution auf Sizilien. Er informierte morgens heimlich Ministerpräsident Cavour über die Aktivitäten der Gesellschaft, der sich nicht offiziell zu ihr bekannte, sie aber für seine Ziele benutzte. La Farina gelang es auch, Garibaldi für die Gesellschaft zu gewinnen, was sich als bedeutender Prestigegewinn erwies. Er wurde zu ihrem Vizeehrenpräsidenten gekürt. Giuseppe Garibaldi war mittlerweile aus dem amerikanischen Exil zurückgekehrt und lebte als Gutsbesitzer auf seiner eigenen kleinen Insel Caprera, unweit von Sardinien gelegen. Von Piemont aus verbreitete sich die Gesellschaft sehr schnell unter der federführenden Beteiligung des liberalen Adels in den Herzogtümern Parma, Modena und in der Toskana, der Lombardei und der Romagna. Ihre Losung war: *Vittorio Emanuele, Re d'Italia* (Viktor Emanuel, König von Italien), als Akronym: VERDI. Der Name des berühmtesten zeitgenössischen Komponisten mutierte so zum Codewort der Nationalstaatsbewegung. An die Hauswände gepinselt, stellte er eine weitere Provokation für die österreichischen Besatzungstruppen dar, die man auch mit dem lauten Summen der bekanntesten Arien von Verdi leicht in Rage bringen konnte. 1859 wurde nach dem italienischen Vorbild der „Deutsche Nationalverein" in Frankfurt am Main gegründet. Dominierten die Gesellschaft Italiens liberale Adlige, so wurde sie nördlich der Alpen von liberalen bürgerlichen Honoratioren geführt.

Am 14. Januar 1858 ereignete sich in Paris ein Attentat, das die Weltöffentlichkeit erneut auf die italienische Frage aufmerksam machte. Es handelte sich um ein Bombenattentat auf Napoleon III. Der Kaiser blieb unverletzt, aber der Anschlag forderte zehn Tote und hunderte Verletzte. Die Drahtzieher wurden noch in der Nacht verhaftet, alle Beteiligten waren Italiener. Angeführt wurde die Gruppe von dem aus einem alten römischen Adelsgeschlecht stammenden Grafen Felice Orsini, der seit Jahrzehnten im Exil lebte und für die italienische Sache kämpfte. 1857 hatte er in London seine politischen Memoiren gemäß dem Motto „Rechenschaftsbeleg eines Gescheiterten" veröffentlicht. Bei seiner Hinrichtung am 13. März 1858 rief er: „Es lebe Italien." Seine zuvor im Prozess von einem Advokaten verlesene Verteidigungsrede wurde im *Moniteur universel* abgedruckt. Vor seinem Tod verfasste er noch einen Brief an Napoleon III., in dem er diesen nicht um Gnade bat, sondern vielmehr aufforderte, Rom jene Freiheit zurückzugeben, die seine Kinder durch die Schuld der Franzosen 1849 verloren hatten. Einen zweiten Brief schrieb er an Cavour, in dem er seine Tat rechtfertigte. Der veröffentlichte ihn in der *Gazzetta Piemontese*. Anders als von Cavour befürchtet, spielte das Attentat Österreich nicht in die Hände. Bei Napoleon III. reifte allmählich die Überzeugung, dass die revolutionären Aufstände und Attentate nur mit einer Lösung der italienischen Frage zu beenden seien.

Im Juli desselben Jahres folgte der piemontesische Ministerpräsident einer inoffiziellen Einladung des Kaisers in die Sommerfrische nach Plombières, einem Thermalbad in den Vogesen. Dort führten sie im *Pavillon des Princes* mehrstündige Gespräche unter vier Augen. Zwei Themen standen im Vordergrund: erstens eine französisch-piemontesische Allianz, die einen Krieg gegen Österreich in Norditalien ermöglichen sollte; zweitens die Hochzeit der fünfzehnjährigen Clothilde, Tochter von Viktor Emanuel II., mit dem Prinzen Napoleon, Sohn von Jérôme Bonaparte, dem ehemaligen König von Westphalen, einem Vetter des Kaisers. Napoleon III. sicherte dem Königreich Piemont-Sardinien zu, es im Kampf gegen Österreich zu unterstützen. Das Ziel war die Befreiung ganz Norditaliens bis zur Adria. Die Lombardei, Venetien, die beiden Herzogtümer Parma und Modena sowie die nördlichen Regionen des Kirchenstaates sollten den Savoyern zufallen. So wäre ein großer oberitalienischer Staat mit elf Millionen Einwohnern entstanden. Rom und seine Umgebung verblieben unter päpstlicher Herrschaft, die übrigen Teile des Kirchenstaates und die Toskana würden ein Königreich Mittelitalien bilden, das Jérôme Bonaparte regieren würde. Das Königreich beider Sizilien sollte mit Rücksicht auf Russland weiter bestehen, wenn es sich neutral verhielt. Angestrebt war ein föderaler Staatenbund nach deutschem Vorbild mit dem Papst als Ehrenvorsitzenden. Jetzt galt es nur noch, Wien in einen Krieg zu verwickeln.

Den nächsten Schritt unternahm der König selbst, ohne Absprache mit Cavour, der völlig entsetzt war über dessen forsches Vorgehen. Viktor Emanuel II. nutzte am 10. Januar 1859 seine traditionelle Rede anlässlich der Eröffnung des Parlaments, um Wien öffentlichkeitswirksam zu provozieren. Bei aller Respektierung der Verträge könne er nicht emotionslos bleiben angesichts des Schmerzensschreis, der aus so vielen Teilen Italiens zu ihm dringe. Dieser berühmte *Grido di dolore* wirkte in der internationalen diplomatischen Korrespondenz regelrecht wie ein Schock. Das kleine, militärisch geprägte liberale Königreich im Nordwesten war anscheinend bereit, die Nationalstaatsbewegung anzuführen, dies wurde sowohl in Italien als auch international so wahrgenommen. Im Januar erfolgte wie abgesprochen die Hochzeit von Clothilde mit Prinz Napoleon, worüber die piemontesische Aristokratie die Nase rümpfte, da die Familie Bonaparte in ihren Augen kleinadlige Emporkömmlinge waren. Von der Bevölkerung wurde sie hingegen gefeiert, weil die politischen Implikationen begriffen wurden. Ebenfalls zum Abschluss kam noch Ende Januar eine Militärallianz, in der sich der Kaiser verpflichtete, Piemont im Falle unprovozierter Angriffe Österreichs beizustehen. Dafür verpflichtete sich Viktor Emanuel II., im Bündnisfall Savoyen, also das Stammland des Königsgeschlechts, und Nizza, die Geburtsstadt Garibaldis, an Frankreich abzutreten. Nationalstaatliche Prinzipien wurden bei diesen beiden französischen Gebietsgewinnen außer Acht gelassen. Im Kriegsfall würde Frankreich 200.000 Soldaten stellen, Piemont 100.000 und Napoleon III. den Oberbefehl übernehmen. Die Kosten für den Krieg sollte Piemont tragen. Als mögliche Motive des Kaisers für diese Allianz gelten gemeinhin die beabsichtigte Schwächung Österreichs, eine französische Hegemonie, die Schaffung von von Frankreich abhängigen Staaten in Italien sowie eine Demotivierung der sozialen und revolutionären Bewegungen.

Cavour ließ derweil massiv aufrüsten und musste befürchten, dass der gewünschte Krieg doch noch verhindert werden könnte, da Großbritannien im März versuchte, die angespannte Lage mit einem internationalen Kongress zu entschärfen. Der piemontesische Ministerpräsident setzte daraufhin alles daran, genau dies zu verhindern. Er stachelte Garibaldi an, Aufstände in den Herzogtümern zu initiieren, drohte Frankreich mit der Veröffentlichung der Geheimverträge und prophezeite den baldigen Sieg von Mazzini und seinen revolutionären Gefährten. Wien machte in dieser Situation einen schwerwiegenden diplomatischen Fehler. Am 19. April tagte der Kronrat und beschloss, Turin am 23. April ein Ultimatum zu stellen. Gefordert wurde, binnen drei Tagen der Verringerung des piemontesischen Heeres zuzustimmen. Weder London noch Paris waren von diesem Schritt unterrichtet worden. Cavour lehnte das Ultimatum am 26. April ab. Zwei Tage später überschritten österreichische Truppen den Ticino. Damit trat der Bündnisfall gemäß dem Mechanismus der französisch-piemontesischen Allianz ein.

7.2 Der zweite Unabhängigkeitskrieg und die Proklamation des Königreichs Italien (1860/61)

Schon zu Beginn des Krieges erwies es sich als entscheidender Vorteil, dass Frankreich mit Hilfe von Eisenbahntransporten schnelle Truppenbewegungen organisieren konnte. Die franko-piemontesischen Truppen wurden von den Monarchen geführt, Franz Joseph überließ das Oberkommando zunächst dem Grafen Franz von Gyulai. Sein Plan war es, gleich nach Turin zu marschieren, er agierte aber zögerlich und verlor wichtige Zeit. Garibaldi wurde zum piemontesischen General ernannt und kämpfte von Biella aus. Mit seinen Alpenjägern eroberte er Varese und schlug die Österreicher bei

7.2 Der zweite Unabhängigkeitskrieg

San Fermo. Den ersten großen Sieg für die Franzosen erzielte der französische General Graf Patrice de Mac Mahon am 4. Juni bei Magenta, woraufhin sich die Österreicher wieder über den Mincio zurückzogen. Entscheidend war jedoch der zweite Sieg der französischen Truppen am 24. Juni bei Solferino und San Martino unweit des österreichischen Festungsvierecks. Es war die blutigste Schlacht der Unabhängigkeitskriege, die auch bei den Monarchen tiefen Eindruck hinterließ. 5000 Soldaten verloren ihr Leben und die 25.000 Verletzten wurden nur unzureichend medizinisch versorgt. Der zufällig vorbeireisende junge Genfer Kaufmann Henri Dunant war derart entsetzt über die grauenvollen Bilder, die sich ihm boten, dass er wenige Jahre später das Internationale Rote Kreuz gründete, um zukünftig mit neutralen Helfern den Kriegsverletzten besser helfen zu können.

Derweil machte Preußen mobil und der Prinzregent beantragte beim Deutschen Bund eine Teilmobilmachung der Streitkräfte. Sankt Petersburg und London boten sich Wilhelm als Vermittler an. Die weiteren Kämpfe im Festungsviereck brachten keine Entscheidung, weil die französischen Truppen geschwächt waren und sich die Österreicher in ihren massiven Festungsbauten verschanzten. So zeigte sich Napoleon III. friedensbereit. Er wollte unbedingt einen Krieg mit den deutschen Staaten vermeiden. Vor allem befürchtete er, dass Preußen Frankreich an der Rheingrenze angreifen könnte. Am 8. Juli unterschrieben die beiden Kaiser den Waffenstillstand in Villafranca nördlich von Mantua. Italien sollte fortan eine Föderation sein. Österreich trat die Lombardei an Napoleon III. ab, der sie dem Königreich Sardinien-Piemont überließ. Venetien blieb Teil des Habsburgerreiches, sollte jedoch zugleich Mitglied der zukünftigen italienischen Föderation sein.

In Mittelitalien hatte die liberale Aufstandsbewegung derweil Fakten geschaffen. Unter Ausnutzung der Schwäche Wiens vertrieben die Anhänger der *Società Nazionale Italiana* die Herzöge aus ihren Residenzen in Florenz, Parma und Modena. Ohne den Schutz der österreichischen Truppen lösten sich die Regierungen in Bologna und in weiteren Städten des nördlichen Kirchenstaats einfach auf; kein Schuss fiel. Die päpstlichen Beamten zogen sich aus der Emilia Romagna und den Marken zurück. Allein in Umbrien wurden die Aufstände von den päpstlichen Truppen niedergeschlagen, mit besonderer Brutalität in Perugia. Die nun eingesetzten provisorischen Regierungen wurden von liberalen Politikern geführt, die sich eng mit Cavour absprachen, der sie mit Waffen versorgte. Sie wurden geleitet von Marco Minghetti in Bologna, Bettino Ricasoli in Florenz und Luigi Carlo Farini in Modena und Parma und sie proklamierten den Anschluss an Piemont. In Villafranca wurde derweil im Waffenstillstand entschieden, dass Parma, Modena und die Toskana wiederhergestellt, zugleich aber eine Amnestie verkündet werden sollte. Dem Papst wurden Reformen und ebenfalls eine Amnestie nachdrücklich empfohlen. Das eigentliche Ziel – Italien frei bis zur Adria – war damit vom Tisch. Es war allenfalls ein Minimalprogramm erreicht worden. Viktor Emanuel II. hatte diesen Kompromiss zuvor in Absprachen mit dem französischen Kaiser akzeptiert. Cavour tobte vor Wut und forderte von seinem König ultimativ die

Abb. 16: Enrico Alessandro Fanfani, Der Morgen des 27. April 1859, 1860.

Fortsetzung des Krieges. Von den weiteren Verhandlungen wurde er jedoch ausgeschlossen. Ihm blieb am 12. Juli 1859 nur noch, seinen Rücktritt einzureichen. Er fühlte sich vom Kaiser hintergangen und um sein Lebenswerk betrogen. Auch die italienischen und europäischen Liberalen warfen Napoleon III. Verrat vor. Fortan stand der Ortsname Villafranca als Synonym für Verrat. Als Leitmotiv benutzten die Journalisten in der lombardischen Presse immer wieder das Bild von der *sorella Venezia in catene* (Schwester Venetien in Ketten).

7.2 Der zweite Unabhängigkeitskrieg

Die Friedensverhandlungen fanden im neutralen Zürich statt. Österreich hätte es bevorzugt, Viktor Emanuel II. beziehungsweise seine Vertreter erst gar nicht am Verhandlungstisch zuzulassen. Für Franz Joseph stand die Politik des piemontesischen Königs für das Nationalstaatsprinzip, das der Kaiser als revolutionär einstufte, weil es die multinationale Großmacht Habsburg gefährdete. Es kam einem fundamentalen Angriff auf den Bestand des Habsburgerreiches gleich. Während des Kriegs hatten die Alliierten eine Legion aus ungarischen Exilanten und Überläufern gebildet. Darüber hinaus hatte Cavour Lajos Kossuth empfangen, den Anführer der ungarischen Revolution von 1848/49 und unermüdlichen Kämpfer für einen eigenen ungarischen Nationalstaat. All dies stellte für Wien klare Provokationen dar. Bei den Verhandlungen in Zürich bestand Franz Joseph darauf, dass die Herzöge unbedingt wieder in ihre Regierungsämter eingesetzt werden müssten. Für ihn war es oberstes Gebot, die legitime Autorität in diesen Ländern wiederherzustellen, wozu er auch zum Einsatz von Waffengewalt bereit war. Im November wurde der Frieden in Zürich unterzeichnet, wobei man sich im Prinzip auf das einigte, was schon in Villafranca beschlossen worden war. Doch Fakten ließen sich so nicht schaffen.

Napoleon III. setzte, wie schon zu Beginn des Kriegs, mit der Broschüre *Napoléon III et l'Italie* gezielt die Publizistik ein, um die Öffentlichkeit auf seine Seite zu bringen. Kurz vor Weihnachten 1859 erschien die Broschüre *Le Pape et le Congrès*, die großes Aufsehen erregte. Zentrales Thema war der Anachronismus der päpstlichen Herrschaft. Der Verfasser bezeichnete sich in dem anonym erschienenen Heftchen als aufrichtigen Katholiken, doch wurde rasch bekannt, dass das Druckwerk von dem Publizisten Vicomte Arthur de la Guéronnière im Auftrag des Kaisers verfasst worden war. Er vertrat die These, dass die Verkleinerung des Kirchenstaates im ureigensten Interesse des Papstes sei, denn so könne er sich auf seine immens wichtigen geistlichen Aufgaben konzentrieren. Von den weltlichen Regierungslasten müsse er entbunden werden: „Plus le territoire sera petit, plus le souverain sera grand."[7] (Je kleiner das Territorium wird, umso größer wird der Souverän sein.) Die weltliche Herrschaft des Papstes sollte sich auf Rom und das nähere Umland konzentrieren.

In Turin regierte Viktor Emanuel II. derweil ohne das Parlament, das er aufgelöst hatte. Als die Abgeordneten ihm den Gehorsam verweigerten, waren sie nach Hause geschickt worden. Doch die im Sommer gebildete Regierung unter dem Ministerpräsidenten Alfonso La Marmora und dem Innenminister Urbano Rattazzi erwies sich der komplexen Situation als nicht gewachsen. Notgedrungen musste der König wieder Cavour mit der Regierungsbildung beauftragen, obwohl es zuvor ständig Friktionen zwischen ihnen gegeben hatte und er in Villafranca froh gewesen war, seinen unbequemen Ministerpräsidenten entlassen zu können. Diesem gelang es nicht immer, seine intellektuelle Überlegenheit gegenüber dem König zu verbergen. In der neuen Regierung übernahm Cavour am 23. Januar 1860 nicht nur das Amt des Ministerpräsidenten, sondern auch das des Außenministers. Als geschickter Schachzug erwies es sich, die Ressorts nicht nur mit Piemontesen zu besetzen. Als Kriegsminister wählte er den aus Modena stammenden General Manfredo Fanti aus, das Ressort für öffentliche Arbeiten übernahm der Lombarde Stefano Jacini, dem somit der administrative Aufbau des neuen Königreichs oblag.

Die Lösung des italienischen Problems wurde schließlich in internationalem Rahmen entschieden, wenn auch nicht von einem europäischen Konzert. Österreich weigerte sich, an einem Kongress teilzunehmen, auf dem über territoriale Veränderungen des Kirchenstaats verhandelt wurde. Der geplante europäische Kongress kam so nicht zustande. Weder Frankreich noch Großbritannien hatten ein Interesse daran, dass die Bestimmungen des Zürichers Friedenschlusses umgesetzt wurden, denn dazu hätte es erheblicher militärischer Gewalt bedurft, ohne dass das gewünschte Ergebnis garantiert gewesen wäre. Zu Beginn des Monats März hielten die heimlich von Cavour mit Waffen versorgten provisorischen Regierungen in der Toskana, der Emilia, in Modena, Parma und in der Romagna, dem ehemals nördlichen Teil des Kirchenstaates, Plebiszite ab. Zur Wahl stand die Vereinigung (*Unione*) der Gebiete mit der konstitutionellen Monarchie unter Viktor Emanuel II. oder die Zugehörigkeit zu einem eigenen Königreich, wobei aber nichts darüber festgehalten wurde, wie das aussehen sollte. Abstimmen durften alle Männer über 21 Jahren, die das Bürgerrecht besaßen. Mit einer überwältigenden Mehrheit sprachen sie sich für die Union mit Piemont aus. Einen Monat später wurde in Savoyen und in Nizza über die Vereinigung mit Frankreich votiert, hier war das offizielle Ergebnis sogar einstimmig für Napoleon III. Im Turiner Parlament gingen dieser Volksbefragung heftige Diskussionen voraus. Garibaldi, der ausgerechnet als Vertreter seiner Heimatstadt Nizza in der Abgeordnetenkammer saß, wurde nicht müde, diesen nationalen Verrat öffentlich und emotional zu geißeln. Er legte dann konsequent sein Mandat nieder und zog sich verbittert nach Caprera zurück. Als Realpolitiker berief sich Cavour nüchtern auf die politischen Notwendigkeiten, um diesen Schritt zu begründen.

Im Zentrum der Politik hätte nun eigentlich die Konsolidierung des Erreichten stehen müssen. Viktor Emanuel II. regierte ein großes ober- und mittelitalienisches Königreich, ausgeschlossen blieben noch Venetien, große Teile des Kirchenstaates und das Königreich beider Sizilien. Genau von dort aus wurde die weitere Entwicklung für ein geeintes Italien, wenn auch ungewollt, angetrieben. Erneut erhob sich die große Insel im Süden, deren politische Eliten, oft breit unterstützt durch die Massen, immer wieder um die Autonomie gekämpft hatten. Der Feind der Sizilianer residierte im königlichen Palast Neapels, es war der erst 23-jährige Franz II., der letzte Bourbone auf dem Thron, der sich mit erzkonservativen Ratgebern umgab. Sein Kriegsminister war der neunzigjährige General Francesco Antonio Winspeare. Wenig jünger waren dessen kommandierende Generäle. Am 4. April 1860 kam es in Palermo abermals zu einer Erhebung von Handwerkern, angeführt von Francesco Riso. Von der Hauptstadt aus verbreitete sie sich rasch in weitere Städte und auf dem Land. Es tobte ein vierwöchiger Guerilakrieg, den die drückend überlegenen bourbonischen Truppen nur mit Mühe eindämmen konnten. Die Steuerlast, die ungerechte Landverteilung

7.2 Der zweite Unabhängigkeitskrieg

sowie Probleme mit den Bewässerungssystemen motivierten die bäuerliche Bevölkerung, sich zu beteiligen. Auch diese Misere blieb der Weltöffentlichkeit nicht verborgen. Karl Marx, der im Londoner Exil seinen Lebensunterhalt als Korrespondent der *New York Daily Tribune* verdiente, berichtete am 17. Mai 1860: „Gegenwärtig lastet der politische, administrative und fiskalische Druck auf allen Klassen des Volkes, und diese Mißstände stehen im Vordergrund. Aber fast der ganze Boden ist noch in den Händen von verhältnismäßig wenigen Großbesitzern und Baronen."[8] Es schien das wiederholte Signal für eine Loslösung von Neapel zu sein, doch diesmal war es anders als zuvor. Die Sizilianer agierten nicht isoliert, denn mit Hilfe des Netzwerkes der *Società Nazionale Italiana* gelang es ihnen, Hilfe vom Festland zu bekommen.

Zwei ihrer Vertreter, Francesco Crispi und Nino Bixio, fuhren nach Genua, wo sie sich mit ihrer Bitte um Unterstützung an Garibaldi wandten. Auch diese beiden Anhänger der Nationalstaatsbewegung kämpften schon seit Jahren für ihre politischen Ziele. Crispi hatte sich 1848 in Palermo auf Seiten der Linksliberalen beteiligt. Danach lebte er in Marseille und Turin, wo er ausgewiesen wurde, woraufhin er sich im Londoner Exil Mazzini anschloss. In den späten 1880er und 1890er Jahren sollte er Italiens Politik mehrfach als Innenminister und Ministerpräsident lenken. Bixio wiederum hatte 1848 an den Revolutionen in Mailand und Rom teilgenommen und wurde im zweiten Unabhängigkeitskrieg einer der wichtigsten Generäle Garibaldis. Es war darum nachvollziehbar, dass sie sich an Garibaldi als einen der wenigen, von dem sie sich eine erfolgreiche bewaffnete Aktion auf Sizilien erwarteten, mit der Bitte um Hilfe wandten. Der Volksheld zögerte, weil er der *Società Nazionale Italiana* und ihren Vertretern vorwarf, nur Propaganda zu machen und nicht aktiv zu kämpfen. Außerdem plante er, Nizza wieder zu „befreien". Doch er ließ sich von den sizilianischen Patrioten umstimmen und verhandelte mit dem König um Waffen und Geld. Dieser sympathisierte mit Garibaldi, weil er in ihm ein Gegengewicht zum starken Cavour sah. Er wäre also durchaus bereit gewesen, Garibaldis Forderungen zu erfüllen, doch Cavour verhinderte eine Zusage. Lange wurde angenommen, dass Cavour der Drahtzieher von Garibaldis Expedition nach Sizilien gewesen sei. Diese These ist aber nicht haltbar, denn er nannte das Ganze ein Wahnsinnsunternehmen und versuchte sogar noch vergeblich, Garibaldi auf der Fahrt nach Sizilien im Hafen von Cagliari verhaften zu lassen. Der Ministerpräsident befürchtete ein Eingreifen der europäischen Mächte. Als deren Reaktion ausblieb und Garibaldi erste Erfolge erzielte, musste er sich öffentlich hinter ihn stellen, weil er sonst einen erheblichen Prestigeverlust erlitten hätte.

In Genua versammelten sich Garibaldis Anhänger. Es wurden zwei Dampfschiffe, die *Piemonte* und die *Lombardo*, nach der Legende handstreichartig, tatsächlich jedoch nach Absprachen, organisiert. Rund 1000 Freiwillige gingen an Bord, viele von ihnen jünger als zwanzig, viele Studenten aus Pisa, mehrheitlich aber erfahrene Kämpfer der 1848er Revolution, die in Mailand, Rom oder Venedig für die Unabhängigkeit ihr Leben riskiert hatten. Unter den berühmten *Mille* (Tausend) befanden sich auch der Sohn des kurz zuvor verstorbenen Daniele Manin, Giorgio, und einer der Söhne

Garibaldis, Menotti. Mit diesen schlecht bewaffneten Kämpfern erreichte Garibaldi nach fünf Tagen am 11. Mai 1860 Marsala auf Sizilien. Er hatte nicht zuletzt die wenig gesicherte Westküste für die Landung ausgewählt, weil hier die Aufständischen am stärksten waren. Die Weltpresse wurde laufend über seine Aktionen informiert, da sich Schriftsteller und Journalisten in der Truppe befanden, zu denen Garibaldi sehr guten Kontakt hielt. Vor allem die britische Presse bot ihren Lesern romantische Berichte von seinen Abenteuern, die die Sympathien für ihn noch steigerten. Im Prinzip war Garibaldi mit seinen rund 1000 Männern chancenlos gegen die bourbonischen Truppen, die allein die Stadt Palermo mit 20.000 Mann schützten. Aber taktisches Geschick, Kampfeswillen und der Zulauf weiterer Freiwilliger, deren Gesamtzahl auf Sizilien aber nie die 3000 überstieg, machten das scheinbar Unmögliche möglich: die Bourbonen zu schlagen.

Drei Tage nach der Landung rief sich Garibaldi etwas vermessen zum Diktator von Sizilien aus und erließ fortan Dekrete. Auf dem Marsch von Marsala nach Palermo stürzten sich die 1400 Garibaldiner in der ersten gewaltsamen Auseinandersetzung bei Calatafimi in einen todesmutigen, chaotischen Kampf Mann gegen Mann mit den besser bewaffneten 1800 bourbonischen Soldaten und siegten. Militärisch war dieses Gefecht bedeutungslos, es erzielte aber eine große psychologische Wirkung auf die ohnehin schon gute Kampfmoral der Freiwilligen. Am 27. Mai eroberten sie in einem erbitterten Straßenkampf Palermo. Die Bourbonen zogen sich auf den befestigten Hügel des königlichen Palastes zurück und bombardierten von dort aus die Stadt. So fanden etwa 600 Zivilisten den Tod. Der befehlende General Francesco Lanza bat – in völliger Überschätzung der Kräfte Garibaldis – um einen Waffenstillstand, obwohl er noch 18.000 Mann befehligte. Sie verließen kurz darauf ohne weitere Kampfhandlungen die Insel.

Nun galt es, eine funktionierende provisorische Regierung und eine Verwaltung aufzubauen. Garibaldi als Statthalter Viktor Emanuels und Diktator von Sizilien war mit diesen Aufgaben schlicht überfordert. Er hatte ein überragendes Talent, Freischärler zu werben, patriotische Reden zu halten und Soldaten zu motivieren, aber er war kein Politiker und hatte keine programmatischen Vorstellungen, wie nun zu regieren sei. Zu seinem Staatssekretär ernannte er Francesco Crispi, dann setzte er die Gemeinderäte, die Nationalgarden und Bürgermeister wieder ein, die 1848 vorübergehend die Insel regiert hatten. Die sozialen und politischen Probleme der Insel waren ihm fremd. Gut kannte er nur die Exilsizilianer, die denselben gesellschaftlichen Kreisen entstammten wie er. Er stützte sich bei der Verwaltung, die ihn nicht sonderlich interessierte, auf die alten Eliten. Sein oberstes Ziel, dem er alles andere rigoros unterordnete, war die militärische Befreiung von der Fremdherrschaft.

Garibaldi träumte von einem Heer des Südens und eines der ersten Dekrete zielte auf eine *levée en masse* ab. Aber der legendäre Aufbruch, den es in Frankreich während der großen Revolution 1792 gegeben hatte, fand auf Sizilien nicht statt. Eine Wehrpflicht hatte es auf der Insel nie gegeben. Und für die zahllosen armen Familien

7.2 Der zweite Unabhängigkeitskrieg

Abb. 17: Gerolamo Induno, Garibaldi in Marsala (11. Mai 1860), 1861.

bedeutete es eine enorme Belastung, wenn junge, kräftige Männer bei der bäuerlichen Arbeit ausfielen. Sie waren bei den ohnehin schon schwierigen Lebensumständen in ihrer Existenz bedroht. Zu Beginn der Aufstände hatten die Bauern Garibaldi mit vereinzelten gewaltsamen Aktionen gegen das bourbonische Heer und die Polizei unterstützt. Es war aber etwas anderes, die Heimat als Soldat zu verlassen. Im Zweifel kehrten sie schnell auf ihre Felder zurück. Garibaldi verkündete eine Aufteilung von Gemeindeland und Grundstücken, die die Großgrundbesitzer zu Unrecht in ihren Besitz gebracht hatten, an jene, die gegen die Bourbonen gekämpft hatten. Darüber hinaus wurden einige drückende direkte Steuern abgeschafft. Diese Maßnahmen erzielten aber nicht die gewünschte Wirkung, die Sizilianer pochten auf das bisher geltende Recht und entzogen sich der Wehrpflicht. Es ereigneten sich lokale Unruhen, die von den Nationalgarden skrupellos niedergeschlagen wurden. Zu einem der schlimmsten Exzesse kam es in diesem Zusammenhang in Bronte am Ätna. Nino Bixio bestrafte die aufständischen Deserteure mit exemplarischer Härte. Fünf Anführer ließ er standrechtlich erschießen, 37 wurden später von einem Gericht zu lebenslanger Zuchthausstrafe abgeurteilt. Garibaldi billigte das brutale Vorgehen Bixios, die Bauern und ihre soziale Not waren für ihn zweitrangig; diese wiederum hatten kein Interesse daran, für eine nationale Einigung zu kämpfen, die völlig außerhalb ihres Vorstellungshorizonts lag. Für die ländliche Bevölkerung war Garibaldi kein gefeierter Befreier mehr, sondern allenfalls ein neuer Eroberer.

Cavour sah derweil den Erfolgen Garibaldis mit großem Argwohn zu. Er befürchtete, dass Sizilien eine Republik werden würde und betrieb deshalb eine rasche Angliederung an Piemont. Er schickte nun 15.000 Mann, Waffen und Munition nach Sizilien sowie weitere liberale Vertreter der *Società Nazionale Italiana*, unter anderem La Farina, um Garibaldi zu kontrollieren, doch verwies ihn Garibaldi aufgrund seiner politischen Einmischungsversuche von der Insel. Er bestand auf der Eigenständigkeit Siziliens, denn er befürchtete nicht grundlos, dass Napoleon III. und Cavour seine Eroberungen für ihre politischen Ziele instrumentalisierten. Nach der Einnahme der gesamten Insel setzte er auf das Festland über, um sein Werk zu vollenden. Hier wiederholten sich die Szenen von Palermo: Das wenig motivierte Heer der Bourbonen bot keinen ernsthaften Widerstand. Zunächst eroberte Garibaldi mühelos Reggio Calabria, was ihm die dringend benötigten Waffen, Munition und Verpflegung brachte. Auf dem Weg nach Neapel ergab sich eine Festung nach der anderen. In Kalabrien schlossen sich tatsächlich Freiwillige in größerer Zahl den Garibaldinern an. Die Demoralisierung des königlichen Heers bewies sich abermals in Soveria Mannelli, wo 10.000 Mann die zwischen Catanzaro und Cosenza gelegene Festung widerstandslos räumten. Garibaldi konnte es sich nun leisten, seine Truppen zu verlassen und mit der Kutsche, schließlich sogar mit der Eisenbahn nach Neapel zu eilen. Dort wurde ihm ein triumphaler Empfang bereitet, vielleicht der größte seines Lebens, auf jeden Fall aber sein letzter.

Sein Hauptgegner in diesen Monaten war Cavour. Dieser befürchtete die zu große Selbstständigkeit des Diktators und dass er seine demokratischen Vorstellungen im Süden verwirklichte. Doch bei der Kraftprobe zwischen den Liberalen, die geschlossen hinter Cavour standen und zentrale Ämter auf Sizilien einnahmen, und den Demokraten setzten sich erstere durch, weil die Anhänger Mazzinis und Garibaldis heillos zerstritten waren. Außerdem stand Garibaldi ohnehin loyal zu Viktor Emanuel II. Er führte am 3. August auf Sizilien die piemontesisch-italienische Verfassung ein und befahl den Beamten den Treueschwur auf den König. Derweil hatte in Neapel Franz II. versucht, in letzter Minute sein Königreich zu retten. Er folgte dem Rat Napoleons III. und erließ eine Verfassung. Trotzdem implodierte das Königreich beider Sizilien förmlich. Mitte Juli berichtete der österreichische Gesandte an Außenminister Graf Rechberg in Wien: „Konfusion im Palast, Auflösung der Administration, und in den Straßen Anarchie, das ist das traurige Resümee der Situation."[9] Am 5. September, nur zwei Tage vor dem glorreichen Einzug Garibaldis, verließ der König die Hauptstadt und zog sich nach Gaeta zurück, jener Festungsstadt an der Nordgrenze seines Staates, in die 1848 schon der Papst und der Großherzog der Toskana geflohen waren. Um weiteren Erfolgen Garibaldis zuvorzukommen, schickte Cavour nun Truppen in den Kirchenstaat und in die Abruzzen. Dort war es wieder zu Unruhen gekommen, die von den päpstlichen Truppen erneut mit aller Härte bekämpft wurden. Dieser Aufstand verschaffte ihm den Anlass zum Einmarsch, der mit Napoleon III. abgesprochen war, denn nur er konnte im Ernstfall das militärische Eingreifen der Habsburgermonarchie verhindern. Allmählich wurden auch die Proteste der konservativen Regierungen Europas laut, die sich gegen die Entmachtung des Königs von Neapel erhoben. Die benachbarten Großmächte beließen es aber dabei, ihre Gesandten aus Turin abzuberufen. Preußen tat nicht einmal das, es beschränkte sich auf eine formale Protestnote.

Nun drängte der Kaiser der Franzosen auf die Eindämmung der revolutionären Bewegung, aber die war längst außer Kontrolle geraten. Um wieder Ruhe und Ordnung herzustellen, beschlossen er, Cavour und Viktor Emanuel II., dass auch die Marken und Umbrien nach Plebisziten mit dem italienischen Königreich vereinigt werden sollten. Napoleon III. stellte sich gleichzeitig weiter hinter den Papst, weil er in Frankreich auf den Konsens mit den Katholiken angewiesen war. Es wurde das verwirklicht, was schon in der Druckschrift *Le Pape et le Congrès* ventiliert worden war: die erhebliche territoriale Verkleinerung des Kirchenstaates auf das Patrimonium Petri, Latium und Rom. Selbst gegen Garibaldi mit seinen bei Rom stehenden Truppen zu kämpfen, wäre für Napoleon nicht in Frage gekommen, er hätte sich damit bei den Liberalen endgültig diskreditiert. Cavours Politik wurde aber nicht nur von französischer, sondern auch von britischer Seite unterstützt. London hatte großes Interesse an stabilen italienischen Machtverhältnissen, weil es sich davon eine Stärkung des europäischen Gleichgewichts versprach. Weitere Gebietsabtretungen an Frankreich sollten unterbleiben und auf keinen Fall ein neuer militärischer Konflikt mit Österreich entfacht werden.

Unter Kriegsminister Fanti marschierten die piemontesischen Truppen in den Kirchenstaat ein. Die päpstliche Armee, angeführt von dem französischen General Juchault de Lamoricière, verlor trotz ihrer zahlreichen Freiwilligen aus ganz Europa die einzig nennenswerte Schlacht bei Castelfidardo in der Provinz Ancona. Nun wurden ebenfalls provisorische Regierungen in Umbrien und in den Marken eingesetzt. Das neue Ziel hieß nun Neapel und Viktor Emanuel II. übernahm formell den Oberbefehl; die faktische Leitung der Truppen oblag jedoch Fanti, einem entschiedenen Gegner Garibaldis. Aus dem revolutionären Aufstand hatte sich ein Krieg für einen Nationalstaat mit der regulären königlichen Armee entwickelt. Die liberale Presse warb für diesen Krieg mit der Behauptung, nur so könnten ein Zusammenstoß mit Frankreich und weitere radikale Revolutionen in Italien verhindert werden. Cavour bereitete derweil im Parlament die territoriale Ausdehnung des Königreichs vor. Eine große Mehrheit votierte für ein Gesetz, das die Regierung ermächtigte, weitere Gebiete ohne Veränderungen in den staatlichen Strukturen oder der Verfassung in den italienischen Staat aufzunehmen. Diesmal war die Entscheidung des Parlaments den Plebisziten vorgezogen worden, sodass diesen nur noch die Funktion der Bestätigung zukam.

Der Konflikt zwischen Garibaldi und Cavour trieb im Spätsommer auf einen neuen Höhepunkt zu. Der Diktator schrieb dem König, dass er seinen Ministerpräsidenten entlassen solle, und forderte auch öffentlich dessen Absetzung. Doch Viktor Emanuel II. hielt an Cavour fest. Mittlerweile waren die Demokraten Giuseppe Mazzini, Giuseppe Ferrari und Carlo Cattaneo in Neapel angekommen. Sie bedrängten Garibaldi, eine verfassungsgebende Versammlung einzusetzen. Dieser wiederum versuchte, die provisorischen Regierungen in Palermo und Neapel von den Plänen der Demokraten zu überzeugen. Es kam zu Demonstrationen für die Konstituante und zu Gegendemonstrationen. All dies schürte bei den Liberalen die Angst vor einem Bürgerkrieg und weiteren revolutionären Aktionen. Ihr Misstrauen gegenüber Garibaldi wuchs. Es galt, ihn zu entmachten. Ende Oktober folgte der Einmarsch des königlichen Heers in Süditalien. Am 21. Oktober wurden die Plebiszite auf Sizilien und auf dem Festland über die Vereinigung mit dem italienischen Königreich abgehalten. Die Zustimmung war überwältigend, aber diese nicht geheimen Abstimmungen fanden unter erheblichem öffentlichem Druck statt. Politisch war Garibaldis Scheitern somit besiegelt. Am 26. Oktober 1860 traf er sich mit dem König in Teano, rund zwanzig Kilometer nordöstlich von Capua. Dieses Treffen wurde zum Motiv von zahllosen emotionalen Darstellungen einer herzlichen Begrüßung auf Augenhöhe. Ein besonders schönes Beispiel bietet das Bild auf dem Cover dieses Buches von Carlo Ademollo. Nach dem Handschlag war man der Legende zufolge gemeinsam weitergeritten. Das war Stoff für zahllose Ausschmückungen der Szene in Bildern, Graphiken, sogar für großformatige Fresken im Rathaussaal von Siena sowie für Erzählungen in Schul- und Geschichtsbüchern. Tatsächlich brachten diese Begegnung und die darauffolgenden Verhandlungen mit dem König für Garibaldi aber nichts als Enttäuschungen. Von den mittlerweile rund 20.000 Männern seiner Freiwilligenarmee wurden nur ausgewählte Personen in das königliche Heer übernommen, unter ihnen Nino Bixio als Generalleutnant. Garibaldi hatte gehofft, dass alle seine Soldaten als Lohn für ihr Engagement aufgenommen werden würden. Der König entsprach auch nicht seinem Wunsch, ihn als Gouverneur von Neapel einzusetzen. Die großzügig angebotenen Geldgeschenke des Königs lehnte er stolz ab und zog sich abermals frustriert auf sein Landgut in Caprera zurück. Das große Ziel, auch Rom und Venedig zu befreien, hatte Garibaldi nicht erreichen können.

Im Februar 1861 eröffnete Viktor Emanuel II. in Turin die erste Parlamentssitzung mit Abgeordneten aus fast allen Teilen Italiens. Sie wählten ihn zum König. Obwohl er der erste Monarch des Nationalstaats war, hielt er an der Tradition der Zählung des Hauses Savoyen fest und nannte sich, entsprechend dem Geblütsrecht, der Zweite. Im Zweifelsfall entschied sich der König immer für die Dynastie und gegen die Nation. Auch die Bezeichnung „König von Italien" und eben nicht König der Italiener belegt seine konservative Haltung. Die ganze Formel „durch Gottes Gnade und den Willen des Volkes" enthält nur ein halbherziges Zugeständnis an das Prinzip der Volkssouveränität. Am 17. März erfolgte die Proklamation des Königs und damit die offizielle Gründung des italienischen Königreichs.

Nur wenige Tage später verabschiedete das Parlament einen weiteren wichtigen Beschluss. Nach zwei brillanten Reden Cavours am 23. und 27. März stimmte es mit überwältigender Mehrheit für den folgenden Tagesordnungspunkt: „Die Kammer beschließt, nachdem sie die Erklärungen des Ministeriums angehört hat, sowie im Vertrauen darauf, dass die Würde, die Ehre und die Unabhängigkeit des Pontifex und die vollständige Freiheit der Kirche gesichert ist, dass im Einklang mit Frankreich das Prinzip der Nichtintervention gelte, und dass Rom, als die durch die Meinung der Nation akklamierte Hauptstadt, Italien angeschlossen werde."[10] Damit war die weitere Zielrichtung vorgegeben: Allein Rom konnte die Hauptstadt Italiens sein, aber nur in Einklang mit der französischen Diplomatie und unter Anerkennung der geistlichen Macht des Papstes.

Am 6. Juni 1861 starb Cavour überraschend an einem Malariaanfall im Alter von nur 50 Jahren. Einen Ministerpräsidenten von seinem Format sollte es in den nächsten Jahrzehnten nicht mehr geben. Das Problem der Zukunft des Kirchenstaates scheint ihn noch in seinen letzten Stunden beschäftigt zu haben. Folgt man den Berichten von Cavours Nichte, der Marchesa Alfieri, dann habe er zu Luigi Carlo Farini gesagt: „Ich will, dass das Volk von Turin erfahre, dass ich als guter Christ aus dem Leben gehe." Seine letzten Worte seien während der Erteilung der Sterbesakramente zu Padre Giacomo gewesen: „Frate, frate, libera Chiesa in libero Stato."[11] Bis zuletzt hielt er an diesem Prinzip „freie Kirche in einem freien Staat" fest und hoffte vergebens auf ein friedliches Einvernehmen zwischen Kirche und Staat. Während man in weiten Teilen Italiens, Frankreichs und Großbritanniens bestürzt auf den Tod Cavours reagierte, fand er in den deutschen Staaten deutlich weniger Resonanz. In Otto von Bismarcks Werkausgaben sucht man vergeblich nach aussagekräftigen Einträgen zu Cavour. Er galt vielen Konservativen in Preußen ohnehin als Kreatur von Napoleon III. Erst vier Jahre nach seinem Tod kam der renommierte nationalliberale Heinrich von Treitschke auf die Idee, Cavours Handeln als Vorbild für die deutsche Nationalstaatsgründung zu betrachten. In einem Brief räsonierte er: „Das Nützlichste, was ich jetzt schreiben könnte, wäre unzweifelhaft ein Essay über Cavour, nicht allzu lang, aber sachkundig und wirksam. Wir besitzen in deutscher Sprache nichts einigermaßen Würdiges über den gewaltigen Mann […]. Eine Darstellung dieses Mannes könne wirksamer als jede allgemeine Erörterung unserem Publikum zeigen, was geniale Realpolitik ist."[12] 1869 lag dieser Essay vor, der sich aber keineswegs auf die Person Cavours beschränkte, sondern gleichzeitig eine Geschichte Italiens seit dem Wiener Kongress bot. Cavours politisches Handeln wird darin als Modell für Preußens Weg zum Einheitsstaat beschrieben. Über Viktor Emanuel II. erfährt man wenig, Mazzini wird als rätselhafter Demagoge und Garibaldi als beherzter Kämpfer und politischer Tor dargestellt.[13] Nicht zimperlich ging Treitschke auch mit all jenen um, die sich Cavours großem Werk entgegenstellten. Bourbonen und Habsburger werden als folternde und die Italiener demütigende Rechtsbrecher präsentiert, die ihre Gewaltherrschaft mit allen Mitteln verteidigen, Mitglieder des Hofstaates in Neapel mit Ratten verglichen, die Ratgeber des Papstes als heimatlose Landsknechte und plumpe Eiferer beschrieben, und den Ordensoberen attestiert er plebejische Rohheit im Auftreten. Gegenüber diesem Nachtgemälde strahlt die Lichtgestalt Cavours umso heller. Treitschke sieht ihn als Machtpolitiker mit glasklarem Verstand und Meister der scharfen politischen Berechnung: „Wie viel Geduld, wie viel Hingebung forderte diese stille Arbeit von dem klugen Manne, der in seiner Verborgenheit alle Fäden in der Einheitsbewegung in Händen hielt!" Cavours früher Tod hinterließ für Treitschke eine schier ungeheure Lücke.[14]

Mit Cavours Tod fehlte tatsächlich eine Persönlichkeit an der Spitze des Staates, die mit weitsichtiger Konsequenz handelte und substanziellen Einfluss auf den König hatte. Nun folgten häufige Regierungswechsel, alle zukünftigen Ministerpräsidenten waren ehemalige Mitarbeiter Cavours und führten seine Politik im Prinzip fort. Die gemäßigten Liberalen blieben bis 1876 an der Macht und wurden später als die „Historische Rechte" beschrieben (*Destra storica*), bis sie von den Linksliberalen an der Regierung abgelöst wurden. Hatte Cavour es verstanden, den König zu lenken, erreichten seine Nachfolger nie eine vergleichbar starke Position. Zudem sollte sich der Einfluss von Militärs und Höflingen auf die politischen Entscheidungsprozesse fortan noch verstärken. Während der Regierungszeit Viktor Emanuels II. stellten sie durchschnittlich 30–40 Prozent aller Minister, dabei bekleideten sie bevorzugt das Außen-, Kriegs- und Marineministerium. Generäle wie La Marmora ernannte Viktor Emanuel II. gleich dreimal zum Ministerpräsidenten. Mit ihm hatte er gemeinsam die Befreiungskriege geführt. Einem seiner persönlichen Adjutanten, Conte Luigi Federico Menabrea, übertrug er ebenfalls dreimal das Amt des Ministerpräsidenten. Seinen Hofmeister, also einen der ersten Höflinge, Conte Luigi Guglielmo Cambray-Digny, machte der König mehrmals zum Minister für Finanzen und Landwirtschaft, Handel und Industrie. Im selben Kabinett saß der oberste Jagdmeister des Königs jeweils als Kriegsminister. Erwähnt sei noch, dass Außenminister wie Giacomo Durando dem König zuvor am Hof als Adjutanten gedient hatten und in einem engen Vertrauensverhältnis zum König standen. Darüber hinaus vergrößerte der König mit den Jahren

7.2 Der zweite Unabhängigkeitskrieg

in seinem Hofstaat auffallend jene Positionen, die der *Casa militare*, das heißt dem Militärkabinett angehörten. Auch jüngere Studien zur Monarchie gehen davon aus, dass eine sogenannte Hofpartei erheblichen Druck auf den König ausüben konnte und mit Intrigen Ministerpräsidenten stürzte, Viktor Emanuel II. sich umgekehrt ebenfalls ihrer bediente, um Politik zu machen.[15]

Auf der Agenda standen als nächstes die Eingliederung des Kirchenstaates und Venetiens, um die Nationalstaatsgründung zu vollenden. Wie in den Jahren zuvor spielte sich das Geschehen auf zwei Ebenen ab: Demokraten, Republikaner und Linksliberale versuchten durch Schriften, Proteste und bewaffnete Aktionen das Ziel zu erreichen, während der König und seine Minister über diplomatische Kanäle agierten und Krieg führten. Viel hing von der Haltung Napoleons III. ab. Doch dieser war keineswegs bereit, sich abermals für die italienische Sache einzusetzen. Die Anhänger von Garibaldi und Mazzini agitierten unentwegt weiter. Nach 1861 formierten sich Vereine von Kriegsveteranen aus den Truppen jener Garibaldiner, die Viktor Emanuel II. nicht in die reguläre Armee eingliedern wollte. Es handelte sich meist um Republikaner. Daneben trommelte Garibaldi für die Gründung von Schützenvereinen, um es den Italienern zu erlauben, zu exerzieren und den Gebrauch von Gewehren zu erlernen. Zwischen 1862 und 1865 entstanden fast zweihundert dieser Gesellschaften unter der Patronage des nationalen Schützenkomitees *Tiro a segno nazionale*, gemeinsam geleitet von Garibaldi und Kronprinz Umberto. Große nationale Schießwettbewerbe wurden unter anderem in Turin, Mailand und Florenz veranstaltet, und alle Wettkämpfe, auch die lokalen, boten die Möglichkeit, Patriotismus für die besetzten Provinzen zu demonstrieren. Garibaldi konnte auf das so gebildete Reservoir von Kampfeswilligen im Bedarfsfall zurückgreifen. 1862 wurde der Freiheitsheld von der Regierung auf eine Rundreise durch Oberitalien eingeladen und vom König und vom Ministerpräsidenten Urbano Rattazzi offiziell empfangen. Auf der sich anschließenden Rundreise durch die Lombardei empfingen vielerorts Bürgermeister und Präfekten Garibaldi. Er hielt Reden vor emotional aufgewühltem Publikum, das immer wieder *Roma e Venezia* skandierte. Mit seinen Veteranenvereinen hielt Garibaldi paramilitärische Übungen ab. Und all dies geschah anscheinend im Einvernehmen mit dem Monarchen. Als Freischärler jedoch in Richtung Venetien aufbrachen, wurden sie verhaftet und Garibaldi, der sich „zufällig" in der Nähe in einem Thermalbad aufhielt, in Gewahrsam genommen. Bei Demonstrationen für die Freilassung der Gefangenen kam es zu Tumulten und das Militär schoss in die Menge, vier Menschen wurden getötet, zahlreiche verletzt. Garibaldis Aktionen waren so erst einmal gestoppt, aber es folgte keine offizielle Verurteilung seiner Eigenmächtigkeit; dazu war er in weiten Teilen der Bevölkerung viel zu beliebt. Ministerpräsident Rattazzi und der König versuchten 1862, Cavours Taktik fortzuführen. Zuerst sollten die Revolutionäre Gebiete erobern, dann würde man nach dem Schaffen von Fakten mittels der Diplomatie die territorialen Gewinne sanktionieren lassen. Doch das Doppelspiel funktionierte diesmal nicht.

Garibaldi ließ sich aber nicht entmutigen und verfolgte halsstarrig seine Mission. Er unternahm nach seiner Freilassung im Juni 1862 eine Sizilienrundreise, sammelte wieder Waffen und Freiwillige. Bei einem Auftritt in Marsala rief er *O Roma o morte* in die Menge, und dieser Slogan „Rom oder der Tod" sollte fortan seine Truppen anfeuern. Viktor Emanuel II. verkündete unterdessen, dass nur ihm weitere Entscheidungen über mögliche Schritte zur Vollendung des Nationalstaates zustünden. Wer dem zuwider handle, begehe Hochverrat. Garibaldi glaubte jedoch, noch immer im Sinne des Königs zu agieren, und dass diese offizielle Verlautbarung nur an die Adresse Napoleons III. gerichtet war, um ihn zu beschwichtigen. Es gelang ihm, geschätzt 3000 Freischärler zu gewinnen, mit denen er auf das Festland übersetzte, ohne dass er von offiziellen Truppen daran gehindert worden wäre. Mit der sogenannten Römischen Legion zog er in Richtung des Papststaates. Aber anders als zwei Jahre zuvor schlossen sich den Rothemden in Kalabrien keine weiteren Freiwilligen an. Die Besatzung der Festung von Reggio Calabria blieb linientreu und hielt die Tore geschlossen. Napoleon III. drohte derweil mit einer massiven militärischen Intervention. Die Regierung entschied sich daraufhin, General Enrico Cialdini gegen die Freischärler einzusetzen, der sich ohnehin im Süden im Kriegseinsatz gegen die Briganten befand. Da die Bauern sich und ihr Vieh verbargen, litten Garibaldis Truppen unter Versorgungsnöten, die Reihen lichteten sich und die Verbliebenen zogen sich in die Berge zurück. Dort, auf dem Bergmassiv des Aspromonte, griffen am 29. August 1862 die drückend überlegenen königlichen Truppen die Garibaldiner an. Das ganze Gefecht dauerte nur eine Viertelstunde, es gab zwölf Tote und auch Garibaldi wurde angeschossen, was zu einer äußerst schmerzhaften und langwierigen Beinverletzung führte. Garibaldi und seine Freischärler wurden festgenommen und nach La Spezia in Festungshaft verbracht. In der internationalen Presse und auf den italienischen Plätzen rief seine Verletzung Empörung hervor. Die offizielle Version über den Hergang der Ereignisse, die von heftigem Widerstand der Garibaldiner berichtete, den man nur mit Waffengewalt habe brechen können, wurde angezweifelt. Die demokratische Presse prangerte immer wieder die unwürdigen Haftbedingungen und großen Schmerzen Garibaldis an, was wiederum Protestkundgebungen in La Spezia und anderen Städten nach sich zog. Diese öffentlichen Demonstrationen verdammten eine Regierung, die den Papst schützte und auf die eigenen Veteranen schießen ließ. Das widersprüchliche Bild von „zwei Risorgimento", jenes des zu Opfern bereiten Volkes auf der einen Seite und jenes der Politiker und des Königs wurde so noch verstärkt. Die Regierung Rattazzi musste zurücktreten und auf die gemäß der Verlautbarung des Königs anstehenden Hochverratsprozesse gegen die Gefangenen wurde verzichtet; stattdessen wurde eine Amnestie erlassen. Im Dezember kehrte Garibaldi auf seine Insel Caprera zurück.

Nach einem kurzen Zwischenspiel des Kabinetts Farini versuchte Ministerpräsident Marco Minghetti, der von März 1863 bis September 1864 regierte, erneut, auf dem diplomatischen Weg in der römischen Frage Fortschritte zu erzielen. Mit Napoleon III. und seinem Außenminister Édouard Drouyn de Lhuys handelte er eine Konvention aus, die im September 1864 unterzeichnet wurde. Darin verpflichtete sich Frankreich, binnen zwei Jahren seine Truppen aus dem Kirchenstaat abzuziehen. Die italienische Regierung sagte ihrerseits zu, selbst den Schutz des Kirchenstaates zu garantieren und eventuelle Angriffe auf ihn abzuwehren. Italien sollte weiterhin den Aufbau einer päpstlichen Armee akzeptieren, für die der Papst internationale Freiwillige rekrutieren durfte. Darüber hinaus legte sie fest, den Regierungssitz aus dem peripheren Piemont in das zentral gelegene Florenz zu verlagern. Weder in Frankreich noch in Italien rief diese Septemberkonvention große Begeisterung hervor, im Gegenteil. Die Katholiken in Frankreich warfen Napoleon III. vor, Pius IX. im Stich zu lassen. Sowohl linke Anhänger der Nationalstaatsidee als auch konservative Anhänger der Casa Savoia bezeichneten die Septemberkonvention als Verrat. Sie reagierten geradezu schockiert auf den vereinbarten Umzug, hatten sie sich doch einen starken piemontesischen Staat gewünscht, der sich über große Teile Italiens ausdehnen und unbedingt von ihrer Hauptstadt Turin aus – dem Stammsitz der Monarchie – regiert werden sollte. Aus Protest boykottierten die traditionellen piemontesischen Eliten am folgenden Neujahrstag das königliche Theater. Der Hauptstadtstatus von Florenz wurde von vielen ohnehin als provisorisch eingestuft.

Auf den Straßen und Plätzen Turins löste die Septemberkonvention Aufstände aus, in denen sich gleichzeitig der Frust der Piemontesen über den Verlust der Hauptstadt und die Empörung entlud, auf das Projekt Cavours *Roma capitale* (Rom als Hauptstadt) verzichten zu müssen, wofür die Kammer 1861 gestimmt hatte. Die Niederschlagung der tagelangen Manifestationen forderte mehr als dreißig Todesopfer. Im Parlament sorgte der Beschluss im gemäßigteren Flügel der Linken, die zu einer starken oppositionellen Kraft herangewachsen waren, noch viele Wochen für Aufregung. Minghetti ereilte dasselbe Schicksal wie Rattazzi nach Aspromonte: Der König ließ ihn fallen, der Ministerpräsident musste zurücktreten.

Im Dezember desselben Jahres fachte der Papst die ohnehin schon aufgeheizte Debatte weiter an. Der ideologische Kampf zwischen Liberalismus und Ultramontanismus spitzte sich zu. Pius IX. veröffentlichte die Enzyklika *Quanta Cura* (Mit welcher Sorge), in der er die Religionsfreiheit und die Trennung von Kirche und Staat verurteilte. In einem Anhang von achtzig Punkten, dem *Syllabus errorum* (Verzeichnis der Irrtümer), wurden die Irrtümer der Moderne verurteilt: der Pantheismus, der Rationalismus, der Sozialismus, der Kommunismus, liberale Forderungen nach staatlicher Schulhoheit, die rechtliche Gleichstellung nichtkatholischer Konfessionen und vieles andere mehr. Napoleon III., der den Papst immer wieder ermahnt hatte, Reformen einzuleiten, tobte vor Wut, als er von der Enzyklika erfuhr und verbot es, den Inhalt in den französischen Kirchen zu verbreiten. Unter den besonnenen Katholiken in Italien verbreitete sich allmählich die Einsicht, dass der Verlust des Kirchenstaates der Kirche nicht schaden würde.

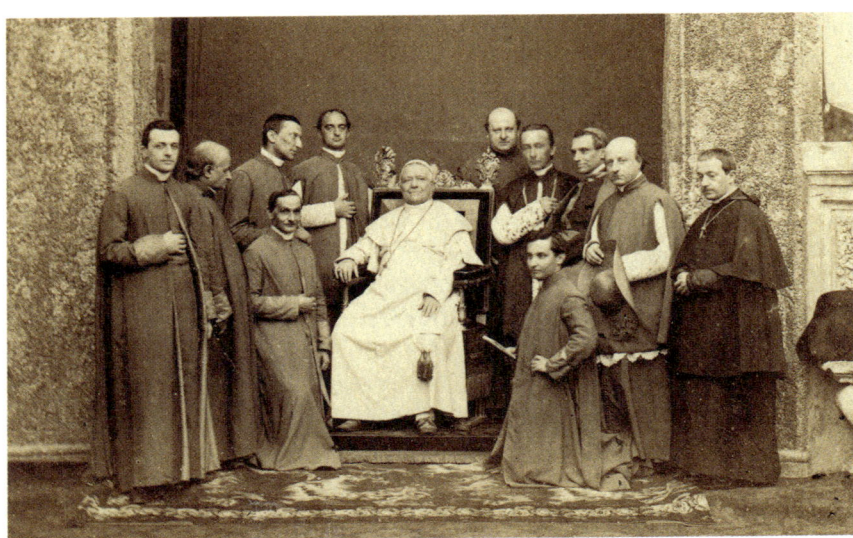

Abb. 18: Giovanni Maria Mastaï Ferretti, Papst Pius IX. (1792–1878), italienischer Papst von 1846 bis 1878 und seine Entourage im Vatikan, um 1865.

Seitdem das junge Königreich ausgerufen worden war, sahen zunächst Ministerpräsident Cavour, dann sein Nachfolger Marchese Alfonso Ferrero La Marmora, der Minghetti im September 1864 folgte, es als klug an, sich Preußen beziehungsweise Bismarck anzunähern, um gegen Österreich agieren zu können. Voraussetzung war die Zustimmung Napoleons. Für die Regierung La Marmora stand nach der Septemberkonvention der Gewinn Venedigs im Vordergrund. Um dieses Ziel zu erreichen, konnte sich Italien entweder mit Wien auf dem Verhandlungsweg verständigen oder versuchen, von Veränderungen und Konflikten im europäischen Mächtesystem zu profitieren. Im Herbst 1864 lehnte Wien den Vorschlag einer friedlichen Ablösung durch Entschädigung, das heißt faktisch den Verkauf Venetiens, ab. Vielmehr verdoppelte man die Anstrengungen, die Kontrolle über das Gebiet zu sichern, vor allem, indem Wien die Germanisierung der Verwaltung und des Justizwesens vorantrieb. Für die Venezianer wurde dies immer unerträglicher und der innere Widerstand organisierte sich gemeinsam mit der nationalen Bewegung im Königreich Italien. Die Notabeln leisteten passiven Widerstand, indem sie sich weigerten, ihre Repräsentanten für österreichische Gremien zu wählen. Hinzu kam aktiver Widerstand mit kleinen Aufstandsbewegungen in den nördlichen Bergen. Die öffentliche Stimmung wurde immer aufrührerischer und antiösterreichischer – vor allem in den Städten, weniger auf dem Land.

7.3 Der dritte Unabhängigkeitskrieg und die Eroberung Venetiens und Roms (1866 und 1870)

La Marmora beobachtete aufmerksam die Spannungen im Deutschen Bund. Der Führungskonflikt zwischen Preußen und Österreich verschärfte sich nach der 1848er Revolution bald wieder, obwohl man gemeinsam um Schleswig-Holstein gekämpft hatte. Im Januar 1865 bot La Marmora Preußen für den Fall eines Krieges mit der Habsburgermonarchie militärische Hilfe an. Dieser Schritt war mit Napoleon III. abgesprochen, der sich im Konfliktfall als Schiedsrichter sah und auf territorialen Zugewinn in Belgien und am Rhein hoffte. Der seit 1862 amtierende Ministerpräsident Otto von Bismarck hatte ebenfalls schon das Königreich Italien als Bündnispartner in sein Kalkül einbezogen, jedoch vorerst auf friedliche Lösungen gesetzt und die diplomatischen Beziehungen zu Österreich denjenigen zu Italien übergeordnet. Eine erste Annäherung erfolgte aufgrund der Unterzeichnung eines preußisch-italienischen Handelsvertrags und der Zustimmung zum Tunnelbauprojekt für die Gotthardbahn, um den Reiseweg zwischen den deutschen Ländern und Italien zu verkürzen. Im Sommer 1865 schien Bismarck zu einem baldigen Krieg bereit zu sein. Für Italien überraschend, einigten sich die beiden deutschen Großmächte im August in Bad Gastein dann doch bezüglich ihrer gemeinsamen Herrschaft über die „Elbherzogtümer" Schleswig, Holstein und Lauenburg. Diese Konvention von Gastein frustrierte La Marmora zutiefst. Ein gegenseitiges Misstrauen überlagerte fortan die diplomatischen Verhandlungen zwischen Italien und Preußen, wo man überzeugt war, dass Italien ohnehin von Frankreich abhängig sei. In Florenz wiederum argwöhnte die Regierung, dass Bismarck Italien im Konfliktfall nur als Drohkulisse brauche. Im Herbst 1865 schlug La Marmora in Wien erneut einen Kauf Venetiens vor, dort aber glaubte man sich aufgrund der Konvention von Gastein vor weiterer preußischer Aggression geschützt und lehnte ab. Damit war die letzte Chance vertan, Venetien auf friedlichem Weg abzutreten und einen eventuellen Zweifrontenkrieg zu vermeiden.

Um die Jahreswende fasste Bismarck den Entschluss, Krieg gegen Österreich zu führen, eine Auseinandersetzung, die sein Generalfeldmarschall Helmuth von Moltke umsichtig vorbereitete. Nun kam Italien als Bündnispartner wieder ins Spiel. Ende März 1866 wurde General Giuseppe Govone nach Berlin gesandt, um einen Geheimvertrag zwischen Italien und Preußen auszuhandeln. Dessen Klauseln legten fest, dass Italien Österreich den Krieg erklärt, wenn es zu einem bewaffneten Konflikt zwischen Preußen und Österreich kommt, und er sah im Gegenzug vor, dass im Falle eines Sieges der Verbündeten Venetien an das junge Königreich Italien abgetreten werden sollte. Die gewünschte Annexion des Trentino lehnte Bismarck hingegen ab, da es Teil des Deutschen Bundes war. Die Führung im Bündnis übernahm Preußen. Italien versprach sich nicht nur den Gewinn Venetiens, sondern auch wachsendes Prestige aufgrund der zu erwartenden militärischen Triumphe an der Seite des militärisch starken Preußens. Govone irrte sich, als er seinem König aus Berlin schrieb, dass Preußen aber noch weit davon entfernt sei, einen Krieg zu beginnen.[16] Bismarck suchte nur noch nach einem Anlass loszuschlagen. Wieder schlug London einen internationalen Kongress vor, um über das Schicksal Venetiens zu entscheiden. Berlin stellte derweil an die österreichische Regierung immer weitreichendere Forderungen nach einer Bundesreform, deren Erfüllung im Prinzip nur eine preußische Vormachtstellung bedeutet hätte. Da Wien sich weigerte, den Forderungen nachzukommen, warf Bismarck ihm den Bruch der Bundesverträge vor und erklärte Österreich am 17. Juni 1866 den Krieg.

Italien folgte drei Tage später. Es mobilisierte 200.000 Mann Linientruppen und wieder griff Garibaldi in das Kriegsgeschehen mit 35.000 Freiwilligen ein, diesmal in offizieller Mission. Wien konnte hingegen nur 75.000 Soldaten an die Südfront abkommandieren, da das Gros der Truppen gegen Preußen eingesetzt wurde. In der Adria kam die technisch gut gerüstete italienische Flotte zum Einsatz, die der österreichischen zumindest ebenbürtig war. Alles in allem schienen die Bedingungen für Italien bei Kriegsbeginn sehr günstig. Erneut übernahm Viktor Emanuel II. das Oberkommando. Bereits am 24. Juni erkämpfte die österreichische Südarmee unter dem Befehl des Erzherzogs Albrecht dann aber einen glänzenden Sieg ausgerechnet bei Custoza, wo Radetzky schon im Sommer 1848 die Italiener vernichtend geschlagen hatte. Die numerisch überlegenen italienischen Truppen waren schlecht vorbereitet, zudem machten die Generäle Alfonso Ferrero La Marmora und Enrico Cialdini schwere taktische Fehler. Es gab im Juni nicht einmal einen Aufmarschplan. Nach dieser unerwarteten Niederlage war die italienische Regierung uneinig und wie gelähmt, wie der Krieg fortzuführen sei. Auch im Seekrieg blieben die erhofften Triumphe aus. Als es nach einem Monat am 20. Juli endlich zur entscheidenden Schlacht unweit der Adriainsel Lissa kam, musste Italien aufgrund der Fahrlässigkeit des kommandierenden Admirals Conte Carlo di Persano die nächste Aufsehen erregende Niederlage gegen die österreichische Flotte hinnehmen. Auf diese beiden schmählichen Niederlagen reagierte die Öffentlichkeit mit lautstarken Forderungen nach weiteren kriegerischen Aktionen. Und die lieferte erneut Garibaldi. Er drang mit seinen Freiwilligen in das Trentino vor und siegte bei einem Gefecht am 21. Juli in Bezzecca. Alles in allem hatte sich seine Guerillataktik jedoch abgenutzt. Die Österreicher kopierten sie jetzt und wichen einer entscheidenden Schlacht aus.

Ohnehin war der Krieg nach dem Sieg der Preußen am 3. Juli 1866 bei Königgrätz längst entschieden. Dieser Ortsname stand fortan für eine epochale Katastrophe, eine Niederlage ungeheuren Ausmaßes. Die österreichische Armee wurde von der preußischen regelrecht deklassiert. Ein Desaster, dessen Folgen von der österreichischen Armee und der Habsburgermonarchie bis zu ihrem Ende nie ganz überwunden wurden. Die Niederlage der Nordarmee kam für die österreichische Öffentlichkeit völlig unerwartet. Die unmittelbaren Reaktionen auf die schlechten Nachrichten vom böhmischen Kriegsschauplatz oszillierten zwischen Fassungslosigkeit und Aufbegehren. Ein Rückzug war trotz des Sieges der Südarmee in Italien unausweichlich. Nach Königgrätz wandte sich Kaiser Franz Joseph an Napoleon III., er möge bei Verhandlungen als

7.3 Der dritte Unabhängigkeitskrieg

Vermittler auftreten. Nun war Wien bereit, Venetien abzutreten. Kardinal Antonelli, die rechte Hand von Pius IX., soll pathetisch ausgerufen haben „Casca il mondo" (Die Welt bricht zusammen), was zumindest für die Welt des Papststaats seine Berechtigung gehabt haben mag. Wenn Wien als konservative Ordnungsmacht künftig ausfiel, war der Untergang des Kirchenstaats absehbar.

Bismarck war nach Königgrätz sehr an einem schnellen Friedensschluss gelegen, um innerhalb des Deutschen Bundes Fakten zu schaffen und eventuellen territorialen Ansprüchen im Linksrheinischen seitens Napoleons zuvorzukommen. Bereits am 25. Juli wurde im südmährischen Nikolsburg der Vorfriedensvertrag unterzeichnet. Die Abtretung Venetiens war nun beschlossene Sache, weitere territoriale Verluste wurden Österreich aber erspart. Preußen bedrängte die italienische Regierung daraufhin massiv, ebenfalls einen Friedensvertrag mit Österreich auszuhandeln, und vor allem sollte Garibaldi die von ihm eroberten Gebiete im Trentino wieder räumen. Im Friedensvertrag vom 3. Oktober erkannte Kaiser Franz Joseph offiziell die Existenz des Königreichs Italien an, und der preußische Vertreter erklärte sich einverstanden, dass Österreich Venetien an Frankreich abtrat, mit dem Auftrag, es an Italien weiterzugeben. Italien erhielt Venetien folglich nur als Folge des Sieges Preußens. Nach der Euphorie bei Kriegsbeginn wurde der dritte Einigungskrieg in Italien als weitere Schmach empfunden. Die Übergabe Venetiens an Napoleon als Folge des preußischen Sieges, der es dann an Italien weiterreichte wie 1860 die Lombardei, bedeutete eine erneute Demütigung. Heftige Auseinandersetzungen über die Schuld an den Niederlagen im Parlament und in der Publizistik vertieften diese Eindrücke noch. In seinem Aufsehen erregenden Bändchen „Wer ist schuld?" resümierte der Universitätsprofessor und konservative Politiker Pasquale Villari: „Der Krieg ist beendet und wir haben Venetien erhalten. Das Ziel, auf das wir uns seit sechs Jahren vorbereiten, ist mit weniger Opfern erreicht worden, als wir bereit waren zu bringen. Aber keiner von uns ist zufrieden. Das Selbstbild, das wir von uns hatten, ist nicht länger aufrecht zu erhalten."[17]

Am 21. Oktober sanktionierte, wie in den anderen Provinzen, ein Plebiszit mit massiver Zustimmung die Vereinigung Venetiens mit dem italienischen Königreich. Wenige Wochen später bereiteten die Bürger der ehemaligen Seerepublik ihrem neuem König einen begeisterten Empfang. Nun fehlten nur noch Rom und Latium, damit Viktor Emanuel II. der König aller Italiener war. Noch mehr feierten diese jedoch Garibaldi als ihren einzig siegreichen General. Dieser wiederum agitierte in der Öffentlichkeit weiter für die Befreiung des Kirchenstaates und des Trentino. Abermals ließ ihn die Regierung festsetzen. Gemeinsam mit einigen hundert Freiwilligen wurde er in der piemontesischen Festung Alessandria eingesperrt. Erneut fanden Manifestationen für die Befreiung Garibaldis und des Patrimonium Petri statt. Die Regierung erlaubte es Garibaldi, sich nach Caprera zurückzuziehen. Seine Kontaktpersonen und seine Aktivitäten standen fortan unter verschärfter staatlicher Beobachtung.

Nachdem nun Venetien zum Königreich Italien gehörte, blieb allein die römische Frage übrig. Papst Pius IX. dachte nicht daran, auf seine weltliche Herrschaft zu verzichten. Aber die öffentlichen Proteste nahmen kein Ende. Auch das Jahr 1867 war gekennzeichnet von neuen Agitationswellen sowohl innerhalb als auch außerhalb des Kirchenstaates. In Rom bereiteten die Anhänger des italienischen Nationalstaates einen Aufstand gegen die Regierung und die päpstliche Armee vor, doch der Versuch, im Oktober das Kapitol und die Serristori-Kaserne zu stürmen, schlug fehl. Garibaldi aber blieb fest entschlossen, sein Lebenswerk zu vollenden. Im September 1867 entzog er sich seinen Bewachern und floh nach Sardinien, von dort aus setzte er auf das Festland über. Erneut schritt die Regierung zunächst nicht ein und schaute zu, wie er sich in der Hauptstadt Florenz bei seinen Reden, in denen er zum Marsch auf Rom trommelte, bejubeln ließ. Nochmals zog Garibaldi mit Freiwilligen in Richtung des Kirchenstaates, doch gelang es ihm nicht mehr, wie 1860 eine wirklich gefährliche Streitmacht aufzubauen. Die Zahl seiner Anhänger blieb zu klein, denn die Massen ließen sich eben nicht mobilisieren. Die ländliche Bevölkerung stand loyal zum Papst. Unweit der Grenze des Kirchenstaates in der Provinz Siena wurde er festgenommen und erst aufgrund massiven öffentlichen Drucks wieder freigelassen. Sofort führte er wieder eine bewaffnete Aktion durch, um jene Römer zu unterstützen, die vor den Toren der Stadt versuchten, Militärbasen aufzubauen. Nach einem ersten kleineren Sieg gegen die päpstlichen Truppen in Monterotondo 28 Kilometer nördlich von Rom wurden die Garibaldiner von französischen Truppen unter General Pierre de Failly bei Mentana an der Via Nomentana am 3. November geschlagen. Die beiden französischen Bataillone setzten dabei eine neue Waffe ein: das Chassepotgewehr, ein Repetiergewehr, mit dem man zwölf Kugeln pro Minute abfeuern konnte. Die Taktik des Kampfes mit dem Bajonett, Mann gegen Mann, mit der die Freiwilligen bisher so erfolgreich gekämpft hatten, machte diese neue Technik obsolet. Mühelos wurden die vorrückenden Freiwilligen von den französischen Gewehrsalven getötet. Die Überlebenden konnten sich aus dem Kirchenstaat zurückziehen, wurden abermals festgenommen, Garibaldi nochmals in Festungshaft bei La Spezia gebracht. Diesmal fanden kaum noch Demonstrationen für seine Freilassung statt. Seine Strafe bestand abermals in Hausarrest auf Caprera, wo er sich von seinen Anhängern verlassen und verraten fühlte, verbittert und unfähig, eine rationale Analyse seines Scheiterns vorzunehmen.

Die Intervention der französischen Truppen, die Napoleon III. im Hafen von Civitavecchia hatte ausschiffen lassen, um die päpstlichen Zuaven zu unterstützen, hatte schwerwiegende Konsequenzen. Damit war de facto die Septemberkonvention hinfällig, standen nun doch wieder französische Truppen im Land, um den Papst zu schützen. Die Folgen waren starke Wellen der Entrüstung und eine bislang unbekannte Gallophobie. Mazzini veröffentlichte einen Aufruf, in dem er die Italiener beschwor, Rom von den französischen und päpstlichen Truppen zu befreien. Nach dem, was bei Mentana vorgefallen sei, könne man von der eigenen Monarchie nichts anderes erwarten als „Schaden, Schmach und Bösartigkeit". Aber darauf beschränkte er sich nicht. Er schrieb Bismarck einen Brief, ob er nicht finanzielle Mittel und einige tausend Gewehre liefern könne, um eine eventuelle italienisch-französische Allianz gegen Preußen zu verhindern. Bismarck staunte nicht schlecht über dieses Schreiben.[18]

Letztendlich waren es nicht die Republikaner, die den Untergang des Kirchenstaats herbeiführten, sondern ein weiterer militärischer Sieg der wenig geliebten Preußen. Bismarck provozierte Napoleon III. zu einem Krieg, um die deutsche Nationalstaatsbildung zu vollenden. Dieser ließ sich nur zu gerne auf den Konflikt ein, hoffte er doch, so innenpolitisches Prestige gewinnen zu können. Seit Mitte der 1860er Jahre hatten sozialpolitische Auseinandersetzungen, Proteste und widerständische Aktionen zugenommen. Von diesen wollte der Kaiser ablenken. Bismarck versuchte, Italien erneut als Bündnispartner zu gewinnen, doch die Regierung in Florenz entzog sich seinem Werben, da sie in Frankreich den natürlichen Verbündeten sah, dem man viel im bisherigen Staatsbildungsprozess verdankte. Als der Krieg im Juli 1870 begann, musste Napoleon III. seine Schutztruppen aus dem Kirchenstaat abziehen. Der Kaiser ersuchte dringend um militärische Unterstützung seitens Italien, doch diese wurde nicht gewährt. Es verhielt sich aus mehreren Gründen neutral: Der Staat steckte in einer schwerwiegenden Finanzkrise, nach den Erfahrungen von 1866 herrschte Kriegsmüdigkeit und zudem drohten Demokraten und Linksliberale mit weiteren Aufständen, wenn Italien in den Krieg eintreten würde. Darüber hinaus besiegelte die Schlacht bei Sedan schon am 2. September das Schicksal des französischen Kaiserreichs. Napoleon III. musste kapitulieren und geriet in Gefangenschaft. Die in Paris ausgerufene Dritte Republik kämpfte verzweifelt weiter, da sie die Friedensbedingungen, vor allem die Abtretung Elsass-Lothringens, zunächst nicht akzeptieren und somit von vornherein politisches Kapital verspielen wollte. Ohnehin durfte der Papst von den französischen Republikanern keine Hilfe erwarten. Die italienische Regierung mit Ministerpräsident Giovanni Lanza war entschlossen, die neue europäische Mächtekonstellation für die Lösung der römischen Frage zu nutzen. Vor allem galt es auf jeden Fall, neue militärische Aktionen der Demokraten und Republikaner zu verhindern. Sie rüsteten bereits wieder für eigene Aktionen.

In Rom fand derweil ein von Pius IX. einberufenes erstes Vatikanisches Konzil statt. Es sollte den Kampf gegen Liberalismus, Bürgerrechte, Gewaltenteilung, Toleranz und Naturwissenschaften fortführen, und dazu ließ es sich auch instrumentalisieren. Seit Dezember 1869 tagten rund 700 Prälaten, mehrheitlich Italiener, Franzosen, Deutsche und Österreicher, im Vatikan. Von Anfang an bestimmte die Debatte über die päpstliche Unfehlbarkeit das Konzil. Eine liberale Minderheit, die sich vor allem aus deutschen und österreichischen Bischöfen zusammensetzte, blieb von den wichtigsten Beratungen ausgeschlossen. Einer ihrer stärksten Wortführer, der Münchner Ignaz von Döllinger, versuchte durch provozierende Artikel in der *Augsburger Allgemeinen Zeitung* vergeblich, die Proklamation der Unfehlbarkeit abzuwenden. Am 18. Juli 1870 wurde mit großer Mehrheit das Dogma angenommen und noch am selben Tag die Unfehlbarkeit feierlich im Petersdom verkündet. Damit manövrierte sich die katholische Kirche endgültig ins politische Abseits, wovor selbst viele Theologen gewarnt hatten. War schon der *Syllabus errorum* als Angriff auf die Werte der modernen Kultur und Politik begriffen worden, so führte das Unfehlbarkeitsdogma den Antagonismus zwischen Liberalismus und Ultramontanismus auf seinen Höhepunkt und heizte den ohnehin schon schwelenden Kulturkampf kräftig an. Sogar Wien distanzierte sich von Pius IX., indem es demonstrativ das Konkordat von 1855 aussetzte. Einen Tag später erklärte Napoleon III. Preußen den Krieg, der von Anfang an die Existenz des Kirchenstaates bedrohte.

Die italienische Regierung, nach außen immer auf Legalität bedacht, unternahm einen letzten diplomatischen Versuch, sich mit dem Papst zu einigen. Dieser lehnte es aber ab, gegen die Garantie seiner geistlichen Unabhängigkeit und Autorität der Besetzung des Kirchenstaates zuzustimmen. Zeitgleich informierte Florenz die europäischen Regierungen von der Absicht, Truppen in den Kirchenstaat zu schicken, um Aufstände von Revolutionären zu verhindern. Ernstzunehmender Widerstand kam von keiner Seite. Ab Mitte September rückten die königlichen Truppen dann unter General Raffaele Cadorna in das Territorium des Papstes ein. Dieser war nur noch zu symbolischem Widerstand in der Lage, kampflos aufgeben wollte er aber nicht. Am 20. September standen die über die Via Nomentana anrückenden Truppen vor der Stadtmauer, die Rom noch immer komplett umgab, und schossen die berühmte Bresche bei der Porta Pia. Dabei handelte es sich um reine Symbolpolitik, da es keine ernsthaften Kampfhandlungen gab. Trotzdem wurde diese Bresche an der Porta Pia zum Motiv ungezählter Fotografien und Historiengemälde. Der Papst schlug Asylangebote seitens Österreichs aus und blieb im Vatikan, wo er sich als Gefangener inszenierte und alles in seiner Macht Stehende tat, um den jungen italienischen Nationalstaat zu desavouieren. Er exkommunizierte alle, die sich an der Eroberung des Kirchenstaates beteiligt hatten.

Nichtsdestotrotz versuchte die italienische Regierung, einen Ausgleich mit dem Papst auszuhandeln. Mit dem sogenannten Garantiegesetz vom Mai des folgenden Jahres bot sie ihm die freie Ausübung der Regierung und seine Stellung als Souverän im exterritorialen Vatikan als Kirchenstaat mit Gesandtschaftsrecht an. Neben dem Vatikan sollten der Lateran und seine Villa in Castel Gandolfo als Sommersitz am Albaner See ebenfalls zu seinem exterritorialen Besitz gehören. Zudem wurde ihm eine Dotation in Höhe seiner bisherigen Einnahmen angeboten. Der Papst lehnte alles ab. Es war für ihn unerträglich, seine Souveränität und seine Einkünfte vom italienischen Nationalstaat anzunehmen. Stattdessen finanzierte er sich fortan aus Spenden der europäischen Katholiken, dem sogenannten Peterspfennig, und übte im Vatikan die Kirchenregierung aus. Der König bezog, wenn er in Rom weilte, den Quirinal, einen Stadtpalast, der ehemals dem Papst gehört hatte, als Residenz. Als die Hauptstadt nach einigem Zögern im Sommer 1871 nach Rom verlegt wurde, fanden die Ministerien aus Raumnot partiell in säkularisierten Klostergebäuden Platz.

Die aggressive Ablehnung des Königreich Italiens seitens Pius IX. führte zu einer tiefgehenden Spaltung des Landes. Er blieb sich treu und kämpfte weiter gegen den „Räuberstaat". Mit seiner Bulle *Non expedit* (Es ist nicht angebracht) verbot er 1874

7.3 Der dritte Unabhängigkeitskrieg

Abb. 19: Rom, 20. September 1870. Porta Pia und die von der italienischen Artillerie geschlagene Bresche. Zeitgenössische Fotografie.

den Katholiken die aktive und passive Beteiligung an Wahlen und damit praktisch die Teilnahme am politischen Leben. Ein politisch einflussreicher Katholizismus, wie ihn die Zentrumspartei im Deutschen Reich verkörperte, konnte sich in Italien erst nach dem Zweiten Weltkrieg mit der *Democrazia Cristiana* entwickeln. Und zu einem Ausgleich zwischen Staat und Kirche kam es erst unter den Faschisten, als Benito Mussolini 1929 mit Papst Pius XI. die Lateranverträge abschloss, die im Prinzip dem Garantiegesetz von 1871 entsprachen. Im Wesentlichen erkannte der Papst die Stadt Rom als Regierungssitz an, während der italienische Staat die territoriale und politische Souveränität des Vatikans garantierte. Dem Heiligen Stuhl wurde darüber hinaus eine Entschädigungssumme in Höhe von 1,75 Milliarden Lire gewährt.

Die Staatsbildung war somit weitgehend abgeschlossen. Das Trentino erhielt das italienische Königreich erst nach dem Ersten Weltkrieg als erneut wenig erfolgreicher militärischer Verbündeter der Alliierten. Im südlichen Teil des Gebiets leben mehrheitlich Italiener, in Südtirol eine deutschsprachige Bevölkerung, die diesen Akt als Annexion betrachtete und teilweise bis heute nicht akzeptiert.

Im neuen italienischen Königreich galt es nun, ein funktionierendes Staatswesen aufzubauen. Das folgende Kapitel befasst sich mit diesem Thema von der Gründung des Königreichs bis zur Bresche an der Porta Pia. In diesem Jahrzehnt wurden die wichtigsten Grundlagen gelegt und es kam zu einem furchtbaren Bürgerkrieg im Süden Italiens, wo die Menschen gegen die Zumutungen des modernen, effektiven, piemontesischen Verwaltungsstaats kämpften.

Anmerkungen

1 Telesforo Sarti, I rappresentanti del Piemonte e d'Italia nelle tredici prime legislature del regno, Rom 1880, S. 16 f.
2 Adriano Viarengo, Vittorio Emanuele II, Rom 2017, S. 126.
3 Maurice Paléologue, Cavour. Ein großer Realist, Berlin 1920, S. 60.
4 Cavour, Discorsi parlamentari, Bd. 2, S. 408–434, Rede vom 21.1.1851.
5 Cavour, Epistolario, Bd. 9, S. 307.
6 Luigi Chiala (Hg.), Camillo Cavour's gedruckte und ungedruckte Briefe. Übersetzung von M. Bernardi, 4 Bde., Leipzig 1884–1886, Bd. 2. S. 301–303.
7 Le Pape et le Congrès, Paris 1859, S. 11.
8 Karl Marx, Friedrich Engels, Werke, Bd. 15, Berlin 1961, S. 45.
9 Le relazioni diplomatiche fra Austria e il regno delle Due Sicilie, Serie III, Bd. 2, Rom 1964, S. 181; Bericht Szechényis an den Außenminister Graf Rechberg vom 16. Juli 1860. Original in Französisch.
10 Armando Saitta (Hg.), C. Benso di Cavour. Discorsi parlamentari, Bd. 15 (1859-1861), Florenz 1973, S. 502.
11 Franx Xaver Kraus, Cavour, 1901, S. 79 f.
12 Heinrich von Treitschke in einem Brief an Salomon Hirzel am 28.11.1865, in: Heinrich von Treitschke, Briefe, hrsg. von Max Cornicelius, Leipzig 1913, Bd. II, S. 437 f.
13 Heinrich von Treitschke, Cavour, in: ders., Historische und politische Aufsätze, 2. Bd.: Die Einheitsbestrebungen zertheilter Völker, Leipzig ⁷1913, S. 243–402.
14 Ebd., S. 354 u. 400.
15 Hier ist vor allem Filippo Mazzonis zu nennen, der sich mit innovativen Fragestellungen dem Thema der Monarchie zuwandte und deren Stellenwert im politischen System des jungen Nationalstaates analysierte; Filippo Mazzonis, La Monarchia e il Risorgimento, Bologna 2003.
16 Lettere di Vittorio Emanuele, Bd. I, S. 784.
17 Pasquale Villari, Di chi è la colpa (1968), 1. Aufl. Mailand 1866, S. 385–422, hier S. 385.
18 Jasper Ridley, Garibaldi, Mailand 1975, S. 672.

8. Durchstaatlichung und Widerstand

8.1 Zentralismus versus Föderalismus

Am 17. März 1861 wurde das Königreich Italien feierlich ausgerufen. Seit dieser Geburtsstunde begleiten juristische, politische und gesellschaftliche Probleme den neuen Staat. Cavour unterstrich in seinen Reden die entscheidende Rolle des Königshauses für die Formierung Italiens und enttäuschte so alle Erwartungen bezüglich einer verfassungsgebenden Versammlung, auf die viele Anhänger des Risorgimento gehofft hatten. Der König regierte von Gottes Gnaden und mit dem Willen der Nation. Er behielt die alte fortlaufende Nummerierung der Savoyer Dynastie bei und blieb Viktor Emanuel II. Auch die Nummerierung der Legislaturperioden wurde einfach fortgeführt, es war die achte. 1848 hatte der Monarch einer Verfassung zugestimmt, gemäß der die Verantwortung für die Politik theoretisch zwischen Parlament und Exekutive geteilt werden sollte. Aber es gab nur eine einzige Gelegenheit der Kommunikation zwischen dem König und dem Parlament, und zwar jeweils dann, wenn Viktor Emanuel II. zu Beginn des Jahres die Parlamentssitzungen mit einer Rede eröffnete, die ihm seine Minister geschrieben hatten und die er vor den beiden versammelten Kammern verlas.

Welche Gestalt sollte das Königreich nun annehmen? Würde das zentralistische Modell des benachbarten Frankreichs adaptiert werden oder wäre ein föderalistisches Modell nach schweizerischem oder amerikanischem Vorbild nicht die bessere Lösung, um die äußerst heterogenen Regionen zu regieren und behutsam zusammenzuführen? Für den Zentralismus plädierten in erster Linie piemontesische Politiker, für den Föderalismus eher jene aus anderen Landesteilen, weil sie sich davon mehr Autonomie und größere Gestaltungsspielräume versprachen.

Entschiedener Gegner eines administrativen Zentralismus war Marco Minghetti aus der Emilia, 1818 geboren als Sohn eines Großgrundbesitzers. Nach einem Studium der Geschichte und politischen Ökonomie unternahm der Liberale zahlreiche Reisen in die Schweiz, nach Belgien, Frankreich und Großbritannien und formte in diesen politischen Lehrjahren sein Weltbild. Noch im Kirchenstaat gehörte er in seiner Heimatstadt Bologna der *Società Nazionale Italiana* an. Im jungen Königreich übernahm er verschiedene Ressorts als Minister, 1863–1864 war Minghetti sogar Ministerpräsident. Gemäß seinen Vorstellungen sollten zumindest für den Übergang mit autonomeren Provinzen neue und größere Verwaltungseinheiten geschaffen werden. Zudem propagierte er eine Dezentralisierung von Zuständigkeiten einzelner Ministerien auf lokale Verwaltungsbeamte sowie die Zuweisung von Aufgaben an gewählte örtliche Gremien. Seine Pläne, die Anforderungen des Staates mit jenen der lokalen Vielfalt zu versöhnen, bedeuteten für ihn den Versuch, ein Gleichgewicht zu schaffen zwischen dem französischen Zentralismus und der administrativen Unabhängigkeit der sich stark unterscheidenden Landesteile, wie sie in den USA und der Schweiz bestand. Doch vergeblich: Über Minghettis Pläne wurde im Parlament nicht einmal abgestimmt. Der Widerstand der Mehrheit der Deputierten und allen voran derjenige Cavours waren zu groß. Während Letzterer die Exzesse einer Lokalpolitik befürchtete, die sich seiner Meinung nach den Anforderungen einer modernen Gesellschaft entgegenstellen würde, wollte die kleine Gruppe der Regierenden den Liberalismus und die gerade errungene nationale Einheit unbedingt bewahren. Sie fürchteten zum einen die polarisierenden, rückschrittlichen Kräfte bourbonischer Prägung, die von Rom aus agitierten, und zum anderen die nicht minder gefährlichen demokratischen Kräfte, die mit dem Ergebnis der Nationalstaatsgründung völlig unzufrieden waren. Diese wurden beschuldigt, die Unzufriedenheit der Massen zu schüren, um so den institutionellen Rahmen umzuformen.

In den schwierigen Monaten, die auf die Einigung folgten, übernahm man schließlich den in Piemont bestehenden Zentralismus als die weniger aufwendige und risikoreiche Variante. Vorbild war die Form der Staatsorganisation, die Napoleon I. entwickelt hatte. Im Oktober 1861 dehnte die Regierung Ricasoli die seit zwei Jahren bestehende Verwaltungsordnung auf ganz Italien aus. In der Peripherie repräsentierte – wie in Frankreich – der Präfekt die Exekutive, was zuvor der Gouverneur oder der Generalintendant übernommen hatte. Er stand an der Spitze der Provinzen, der einzigen territorialen Untergliederung zwischen den Kommunen und dem Zentralstaat. Mit der *Legge comunale e provinciale* vom 23. Oktober 1859, die damals die Verhältnisse in der eben angeschlossenen Lombardei regeln sollte und sukzessive auf die gesamte Halbinsel ausgedehnt wurde, wurde jede Autonomie der Provinzen, vor allem aber der selbstbewussten Kommunen negiert oder gar unterdrückt. Argumentiert wurde mit den bestehenden geographischen und historischen Unterschieden, die eine verpflichtende Vereinigung aller Kräfte nötig mache, um die wirtschaftlichen und intellektuellen Kräfte zu bündeln. Nur so könne man einen modernen Staat schaffen. Allein die Toskana behielt ihre bestehenden Verwaltungsstrukturen noch bis 1865 bei, zur großen Verärgerung der Politiker in der Lombardei und der Emilia.

Mit dem überarbeiteten Gesetz vom 20. März 1865 sollte dann aber überall einheitlich verwaltet und regiert werden. Verschiedene Anlagen bestätigten oder erweiterten die bestehenden Gesetze. Zunächst wurden die zentralistischen und hierarchischen Strukturen bestätigt. Die Bürgermeister wurden weiterhin vom König ernannt, sie waren allein der Regierung gegenüber verantwortlich. Das politische Leben vor Ort kontrollierte das Innenministerium über die Präfekten, die die politischen Maximen der Regierung vermitteln sollten. Sie waren als die zentralen Akteure verantwortlich für die Durchstaatlichung bis auf die Gemeindeebene. Der Präfekt stand auch der Deputation (*deputazione*) der Provinzen vor, dem Exekutivorgan des Provinzrates, der alle kommunalen Verwaltungen beaufsichtigte.

Des Weiteren wurden die seit 1859 in Kraft befindlichen Gesetze bezüglich der öffentlichen Sicherheit bestätigt beziehungsweise sogar verschärft, vor allem im Bereich der sozialen Kontrolle. So waren Hausarrest, Verwarnungen und Geldstrafen für „Faule" möglich. Weitere Anlagen betrafen das Gesundheitswesen, die Formierung eines Staatsrates sowie die Infrastruktur. Bedeutend war die Anlage, mit der die Sondergerichte abgeschafft wurden, die zuvor während der Bekämpfung von Räuberbanden im Süden zahlreiche Todesurteile verhängt hatten. Damit beschritt man einen Weg hin zu mehr Rechtstaatlichkeit. Die Maßnahme zeigt aber auch, dass die größten Probleme mit den Briganten im Süden behoben waren.

Seit August 1862 existierte ein oberster Rechnungshof, der die staatlichen Finanzen kontrollierte. Im Januar 1866 traten überall das Bürgerliche Gesetzbuch, das Handelsgesetzbuch und das der Handelsmarine in Kraft. Ersteres orientierte sich offensichtlich am napoleonischen *Code civil* und etablierte ein juristisches System, das sich auf den Schutz des Privateigentums und der Familie konzentrierte und somit einen Sieg der „bürgerlichen Revolution" vollendete, die es sich zum Ziel gesetzt hatte, alle Überreste des Feudalismus des Ancien Régime endgültig zu beseitigen. Versuche, das Strafrecht anzugleichen, scheiterten. In der Toskana blieb es bei der Abschaffung der Todesstrafe aus dem Jahr 1786, zu der es erst 1889 in ganz Italien kam. Die Richter waren faktisch nicht unabhängig von der Regierung, da diese in ihre Karrieren mit Versetzungen und Beförderungen eingriff.

Landesweit leiteten die verantwortlichen Politiker tiefgreifende institutionelle Veränderungen ein. Sie waren überzeugte Anhänger jener liberalen europäischen Kultur, deren Glaube in das Institut des Parlaments direkt gekoppelt war an ihr Vertrauen in die Überzeugungskraft, die der individuellen Freiheit, Vernunft und Gleichheit vor dem Gesetz innewohnt. Diese moderat liberalen Politiker reagierten jedoch äußerst illiberal im Falle politischer oder militärischer Ausnahmezustände, was im dritten Teil dieses Kapitels ausgeführt wird. Nach der Einigung wurde jede soziale Agitation von den liberalen Kräften als Bedrohung gesehen, die Institutionen zu destabilisieren. Alles in allem war die Bildung des italienischen Nationalstaats ein wichtiger Schritt innerhalb des europäischen Entwicklungsprozesses des Liberalismus. Doch ist offenkundig, dass traditionelle Faktoren noch schwer wogen, allen voran die dynastische Politik der Savoyer, die erhebliche autoritäre Optionen bot.

8.2 Die politische Klasse: Gewinner und Verlierer

Vor dem 17. März 1861 agitierten Sozialisten, Demokraten, Republikaner, Liberale, Monarchisten, Anhänger eines Zentralstaates, Föderalisten, Laizisten, Katholiken, Legitimisten, Konservative sowie Reaktionäre, deren politische Positionen partiell Schnittmengen boten oder völlig unvereinbar waren. Bei Weitem nicht alle wollten einen italienischen Nationalstaat, viele hofften auf die Unabhängigkeit und Liberalisierung der Einzelstaaten. Es verwundert also nicht, dass sich die Reihen der Unzufriedenen nach 1861 rasch füllten. Parallel existierte ein grollendes Italien, ein Land mit vielen Facetten und Dimensionen. Unzufrieden blieben die Befürworter eines sozialistischen, republikanischen, lokalpatriotischen, katholischen, reaktionären oder legitimistischen Italien.

Die Einigung blieb umstritten wegen des politisch-kulturellen Denkens der Eliten und der sozialen Schranken des liberalen politischen Systems, was sich nicht zuletzt in einem extrem hohen Zensus und im Wahlsystem niederschlug. Von den 22 Millionen Einwohnern durften knapp zwei Prozent wählen, von denen sich 1861 aber nur rund 240.000 – etwa die Hälfte – zu den Urnen begaben, um die 443 Deputierten zu wählen. 300 der Abgeordneten standen treu zu Cavour. Die Zahl der Senatoren wurde erhöht, von 161 auf 212, um mehr Vertreter der neuen Gebiete berücksichtigen zu können. Sie wurden auf Lebenszeit vom König ernannt, mussten mindestens 40 Jahre alt sein und zu einer der Kategorien gehören, die im *Statuto* 1848 festgelegt worden waren: Bischöfe, Minister, Diplomaten, Offiziere, aber auch Präfekten und Universitätsrektoren. Hinzu kamen die Prinzen der königlichen Familie.

In das neue Parlament wurden in erster Linie Großgrundbesitzer und Juristen gewählt. Dabei fällt die große Kontinuität in den ersten dreißig Jahren auf. Nach 1861 behielten über 50 Prozent ihr Mandat während drei oder vier Legislaturperioden, nicht wenige (17 Prozent) während fünf oder sechs. Erst 1882 kam es zu einer Senkung des Zensus, nun durften sieben Prozent der Bevölkerung wählen, ein allgemeines Männerwahlrecht wurde kurz vor dem Ersten Weltkrieg eingeführt. Parteien gab es 1861 nicht, gewählt wurden die Abgeordneten aufgrund von dichten Netzwerkbeziehungen beziehungsweise von Klientelismus. Da das Mehrheitswahlrecht galt, war im engen Bezirk der Wahlkreise eine parteipolitische Organisation überflüssig. Der Kontakt zwischen Kandidaten und Wählern war eng und der Gesichtspunkt der Prominenz entscheidend. Die Chance, sich durchzusetzen, war für jene Personen hoch, die über eine starke soziale Autorität verfügten. Politisches Gewicht und soziales Prestige waren abhängig von individuellen Netzwerken, von Kontakten zu Einzelnen und zu Gruppen. Es bestanden dichte Patronagebeziehungen, deren Ziel es war, zwischen der politischen Macht und der Zivilgesellschaft zu vermitteln, um die nötige Sichtbarkeit der Anliegen der Wähler zu garantieren. Sie reichten von materiellen Hilfsleistungen über Empfehlungen bis hin zum Druck, um die Unterstützung bei der nächsten Wahl zu sichern. So wurden Präfekten, Richter und Beamte aufgrund ihrer politischen Meriten ernannt und befördert; diese versäumten es wiederum nicht, dem Kandidaten der Regierung ihre entschiedene Unterstützung zu verbürgen.

Einblicke in derartige Netzwerke erlaubt die Korrespondenz von Silvio Spaventa, geboren in Chieti, einer Kleinstadt in den Abruzzen, der seine Gegnerschaft gegen das Regime der Bourbonen nach 1849 mit zehn Jahren Kerkerhaft bezahlt hatte. 1868 schrieb ein Richter an den Abgeordneten der *Destra storica* aus Neapel: „Ich weiß nicht, wie ich Dir helfen kann für Deine Wiederwahl […]. Sag mir, was ich tun könnte. Ich könnte dem Generalstaatsanwalt von L'Aquila und dem Staatsanwalt Re Troise schreiben, er ist aus Chieti und hat Heiratsbeziehungen mit der dortigen Familie Cocco." Spaventa konstatierte generell: „[…] die Wahlen sind bei uns keine politischen Fragen, aber Fragen der Mittel, des Einflusses und des Drucks. Es ist ein Kampf Mann gegen Mann. Augusto Vecchi aus Florenz hat geschrieben und lässt schreiben. Ich schreibe heute an Salomone und Nicotera, meine Freunde. Die Gruppe um Avitabile [Redakteur der Zeitschrift *Il Dovere*] unterstützt mich, von hier [Neapel] aus wurde Serracapriola angeschrieben. Selbst Caprara hat für mich geschrieben."[1]

Dieses politische System begünstigte den elitäreren Charakter des Risorgimento und führte nicht nur zu einem geringen Legitimationsgrad und einer schwachen Integrationsfähigkeit, sondern auch zu schwer überwindbaren Konflikten zwischen einem zentralistischen Staatsapparat und der Peripherie. Diese entluden sich mit aller Macht während und nach der Gründung des Nationalstaates in einem blutigen Bandenkrieg im untergegangenen Königreich beider Sizilien.

8.3 Il grande brigantaggio: Bürgerkrieg oder Bandenkriminalität?

Räuberbanden sind ein europäisches Phänomen von langer Dauer. Schon seit dem Mittelalter ist es nicht nur für den Süden Italiens bekannt. Während der napoleonischen Zeit wurden ernsthafte Versuche unternommen, ihnen im Empire mittels Gendarmerie und Militär systematisch das Handwerk zu legen. Vergeblich. Die Ursachen für die Bandenkriminalität waren tief verwurzelt. Es bestand ein reziproker Kausalzusammenhang zwischen ökonomischen sowie sozialen, politischen, kulturellen und institutionellen Motiven. Gesellschaftliche und wirtschaftliche Rückständigkeit bildeten einen Teufelskreis, und es ist müßig zu untersuchen, was am Anfang stand und was die Folge war. Ermöglicht wurden gewaltsame und illegale Praktiken vor 1861 durch einen schwachen Staat, das Königreich beider Sizilien. Ferner trug die weitverbreitete Armut erheblich dazu bei, dass sich die Unterschichten leicht für Banden gewinnen ließen, Banden, die große Angst verbreiteten. Als äußerst problematisch erwies sich im Süden ferner die ungleiche Verteilung des Landes. Riesige Latifundien dominierten, und das Verhältnis von Besitzern und Bauern war von einseitigen Abhängigkeiten geprägt. Vor allem aber führte das Gebaren der Domänenverwalter gegenüber den Tagelöhnern zu Verletzungen und Demütigungen im sozialen Raum. Hinzu gesellte sich eine traditionell hohe Gewaltbereitschaft im Süden: Konflikte im Dorf, Fehden zwischen den Notabeln, die gewaltsam ausgetragen wurden, waren keine Seltenheit.

Schon im September und Oktober 1860, noch bevor Garibaldi seine Truppen an den König übergab, kam es zu bewaffneten Aktionen von bourbonischen Soldaten in den Abruzzen, unterstützt von der ländlichen Bevölkerung. In Kampanien brachten sie liberale Anhänger des Nationalstaates in Ariano Irpino (Provinz Avellino) um. Ohnehin war deren Zahl im ländlichen Süden deutlich geringer als in Nord- oder

Mittelitalien. In Rom saß derweil Franz II. mit seinem Hofstaat im Exil und stachelte mit Worten und Waffen zum Widerstand gegen „die" Piemontesen an. In einer Allianz mit dem Vatikan, den reaktionären europäischen Mächten, in dynastischer Solidarität mit Spanien hoffte das bourbonische Establishment auf eine erneute Intervention der großen Mächte und unterstützte Truppen, die als Freiwillige aus dem Kirchenstaat in die Abruzzen und nach Kampanien zogen. Ihnen schlossen sich lokale Gruppen an. Vor Ort organisierten legitimistische Komitees für die bewaffneten Formationen in der Basilikata und in Apulien Geld, Lebensmittel und Waffen. Es beteiligten sich an den Kämpfen, wie an allen Konflikten seit der Französischen Revolution, Freiwillige aus Europa für ihre „gute" Sache, in diesem Fall für die Wiederherstellung des bourbonischen Königreichs. Zu ihnen zählte etwa der in Preußen geborene Konvertit Theodor Friedrich Klitsche de La Grange, ein ehemaliger päpstlicher Offizier und konservativ-religiöser Schriftsteller. Von Franz II. zum Brigadegeneral ernannt, führte er heldenmütig den bourbonischen Aufstand als „Garibaldi der Reaktion" in den Abruzzen an, unterstützt durch regen Zulauf der Landbevölkerung.

Die ohnehin schon bestehenden Banden wurden zudem vergrößert von heimkehrenden, entlassenen bourbonischen Soldaten und Unteroffizieren, sowie von jenen, die sich der neuen allgemeinen Wehrpflicht widersetzten, also Bauern und Tagelöhnern. Die Aktionen nahmen Formen eines Guerillakrieges an, die Liberalen in Turin nannten das Phänomen Räuberwesen. Man sprach vom *grande brigantaggio*, der großen Räuberei, womit Gruppen von mehreren hundert Personen gemeint waren, die Raubzüge entweder zu Fuß oder zu Pferd unternahmen und die sich nicht scheuten, bewohnte Ortschaften anzugreifen, unterstützt von lokalen Anhängern der Bourbonen und von Bauern des Umlandes. Am heftigsten waren die Kämpfe vom Herbst 1860 bis zum Herbst des darauffolgenden Jahres.

Anfang Juli 1861 erhoben sich tausende „Reaktionäre" und Bauern in rund dreißig Ortschaften Irpiniens, einer Hügel- und Gebirgslandschaft östlich von Avellino in Kampanien. Nationalgardisten und Soldaten der Linientruppen wurden getötet. Die militärische Repression war daraufhin äußerst hart. Das Dorf Montefalcione wurde in Brand gesteckt und mehr als hundert Aufständische wurden standrechtlich hingerichtet. Anfang August kam es zu Erhebungen im bergigen Matese. In Ponteladolfo riefen die Legitimisten die Restauration der bourbonischen Herrschaft aus. Hier wurde eine Heereseinheit überwältigt, zwei Soldaten fielen im Kampf, weitere 40, die man gefangen genommen hatte, schossen die Aufständischen auf der Piazza in Casalduni mit Gewehrsalven nieder. Die Reaktion des Militärs war wieder von äußerster Brutalität gekennzeichnet, die Truppen plünderten und brannten die beiden Dörfer nieder. In Ponteladolfo wurden wahllos 400 Menschen getötet, Männer, Frauen und Kinder. Sowohl die Briganten und Freischärler als auch die Nationalgarden und Linientruppen gingen mit schonungsloser Gewalt gegen den Gegner vor.

8.3 Il grande brigantaggio: Bürgerkrieg oder Bandenkriminalität? 223

Abb. 20: Räuberbande aus der Basilikata, ca. 1860.

Die Basilikata wurde zur Aktionszone des berühmtesten Bandenchefs – Carmine Donatelli, genannt Crocco. Nach einem Streifzug durch mehrere Dörfer im April 1861 kam er schließlich bis Melfi, wo die lokalen Notabeln die Restauration des alten Regimes ausgerufen hatten. Die italienischen Truppen und die örtlichen Nationalgarden setzten Crocco derart unter Druck, dass er sich in die nahe gelegenen Berge zurückzog. Dort schloss sich ihm ein spanischer Freiwilligenverband an, der zuvor in Kalabrien an Land gegangen war, wo er aber nichts hatte ausrichten können und deshalb weiter in die Basilikata gezogen war. Ihr Kopf war José Borjes, ein spanischer General, der vergeblich versuchte, die Bandenkriminalität in die Dimensionen eines politischen Aufstands zu überführen. In seinem Tagebuch beschrieb er seinen Kampf für die „richtige Sache" aus ideologischer Hingabe, nicht um des eigenen Vorteils willen.[2] Borjes reflektierte nicht, warum der erste Teil seines Streifzuges in Kalabrien scheiterte, warum die Banditen nicht an seiner Seite kämpften, warum sich in den Dörfern Nationalgarden bildeten, um ihn zu verfolgen, warum die „guten" Bauern, die er antraf, sich ihm nicht anschlossen, aber sein Geld nahmen und ihn danach auch noch anzeigten. Rasch kam es zu einem Machtkampf zwischen Crocco und Borjes, der es nicht schaffte, das Kommando an sich zu reißen, obwohl er mit einem Patent von Franz II. ausgestattet war. Allerdings leisteten auch einige Dörfer Crocco lebhaften Widerstand; im Herbst 1861 entschied er sich, sein „Heer" von rund 2000 Mann aufzulösen.

Bei den Unterschichten des Südens gab es keinen einmütigen Willen, für Thron und Altar zu kämpfen noch für den Nationalstaat. Da halfen auch die Flugschriften wenig, die während der Hochphase des Brigantentums im Süden kursierten und die piemontesische Herrschaft völlig diskreditierten. Die Bürger von Monopoli in der Provinz Bari unterzeichneten ein Schreiben, in dem die Situation wie folgt beschrieben wurde: Die treuen Untertanen seiner Majestät seien nun müde angesichts der Tyrannei, des schamlosen Raubs, der Plünderungen und Verschwendung, der unfairen Steuern, der grausamen staatlichen Gesetze, Skandale und Korruption. Es werde ein teuflischer Krieg gegen die Religion der Väter, die heilige katholische und apostolische Kirche in Rom, den großartigen Papst Pius IX., den Stellvertreter Christi auf Erden, die Kardinäle, Bischöfe und alle guten Priester geführt, die unbarmherzig ins Gefängnis oder ins Exil geschickt würden. Ferner würden Klöster geplündert und die Aristokratie aus dem Land vertrieben. Als wäre das nicht genug: Hinzu kämen die Gefährdung der öffentlichen Sicherheit, willkürliche Verhaftungen nur auf Verdachtsbasis, und tausende Bürger siechten in miserablen Umständen in Gefängnissen ohne Gerichtsverfahren. Alle seien Opfer der verabscheuungswürdigen Revolution, die vom widerlichen Piemont importiert worden sei. „Wohin wir auch blicken, sehen wir nur Elend und Leiden und blutige Spuren eines erbitterten Bürgerkrieges."[3] Für die Anhänger der Bourbonen stand die neue Regierung, die sie nie als italienische, sondern stets als piemontesische bezeichneten, für Revolution, Steuerdruck, Krieg gegen die Religion, Massenverhaftungen und Standgerichte. Und auch auf internationaler Bühne wurden entsprechende Bilder verbreitet. Die bourbonische Regierung im Exil appellierte an die internationale Öffentlichkeit für die Unterstützung im Kampf gegen das Italien der Sekten (womit auf die Freimaurerei angespielt wurde) und der Revolution, das das gute neapolitanische Volk unter seinen Militärstiefeln zerquetsche. Für Furore sorgte unter anderem der 1863 in Paris veröffentliche Reisebericht des glühenden Royalisten Vicomte Oscar de Poli, in dem er die schauderhaften Schandtaten der Piemontesen in Süditalien emotional und agitatorisch beschrieb.[4]

Es erwies sich als äußerst problematisch, dass nach dem Untergang des südlichen Königreichs nicht nur frustrierte Rothemden aus Garibaldis Truppen orientierungslos durch das Land zogen, sondern auch die viel größere Zahl entlassener bourbonischer Soldaten. Während die Offiziere, vor allem jene, die murattianischen Traditionen anhingen, der liberalen Nationalstaatsbewegung zuneigten, hielten die Unteroffiziere und

8.3 Il grande brigantaggio: Bürgerkrieg oder Bandenkriminalität?

einfachen Soldaten der alten Dynastie die Treue. Eine Berufsarmee, die ihre Truppen aus den untersten sozialen Schichten rekrutierte und ihnen teilweise einen sozialen Aufstieg ermöglichte, war das solideste Produkt der bourbonischen Verwaltungsreformen in der ersten Hälfte des 19. Jahrhunderts. Die entlassenen Soldaten kehrten nach dem Untergang ihrer Dynastie ohne finanzielle Mittel nach Hause zurück, trauerten den guten alten Zeiten nach, trugen ostentativ ihre alten Uniformen in der Öffentlichkeit und wurden dabei von ihren liberalen politischen Gegnern verachtet und von der Polizei verfolgt. Sie waren es, die die Bauern aufstachelten. Eine weitere Gruppe, die die Reaktion aktiv unterstützen wollte, bestand aus den städtischen Hauptleuten und den Kommandanten der Bürgermilizen der bourbonischen Zeit. Da viele von ihnen vor 1860 einen beträchtlichen Status erworben und ihn mit der Niederlage der Bourbonen wieder verloren hatten, kämpften sie zunächst als Freischärler, dann als Banditen.

Als ein Beispiel für tausende derartiger Schicksale sei das gut dokumentierte Leben des Pasquale Romano angeführt, Sohn eines Schäfers aus Gioia del Colle in Apulien. In der bourbonischen Armee brachte er es bis zum Feldwebel, lernte lesen und schreiben und versah seinen Dienst mit Würde. Nach der Niederlage kehrte er – voller Hochmut, noch immer in Uniform – zurück in seine alte Heimat. Romano konnte sich nicht mehr an das alte Leben anpassen. In Gioia del Colle gründete sich ein geheimes bourbonisches Komitee, dem er sich anschloss und dessen militärischer Delegierter er wurde. Es war eines dieser vielen Komitees, in denen sich Bürgerliche und Männer aus den Unterschichten zusammenschlossen, um etwa im Auftrag des bourbonischen Generals Tommaso Clary zu agieren. Jener hatte 1847 den Aufstand in Messina niedergeschlagen und sich zunächst mit Franz II. nach Rom ins Exil zurückgezogen. Nun war er im königlichen Auftrag zurückgekehrt als Führer von Freiwilligen und Briganten. Die Anhänger des Komitees schworen, Franz II. wieder auf den Thron zu bringen, „[…] den König von Gottes Gnaden, Verteidiger der Religion und geliebter Sohn unseres Heiligen Vaters Pius IX. […] und zu töten den höllischen Luzifer Viktor Emanuele und seine Anhänger".[5] Es mehrten sich die Gerüchte. Falsche Nachrichten wurden gestreut, um die Anspannung am Leben zu halten: von Landungen russischer Truppen und der Rückkehr des Königs an der Spitze einer österreichischen Armee. Der Tod Cavours am 6. Juni 1861 wurde als Zeichen der göttlichen Vorsehung und als Signal für die Wiedereroberung gesehen. Am 19. Juni ließ der Präfekt die Mitglieder des Komitees verhaften. Romano gelang es, zu fliehen und einen Aufstand anzuzetteln. Er verfolgte mit seiner Truppe Ex-Garibaldiner und Liberale. Die gegen ihn anrückenden regulären Truppen reagierten mit exzessiver Gewalt. Die Zahl der Opfer bleibt abermals unsicher: Waren es fünfzig, hundert oder hundertfünfzig? Auf jeden Fall waren viele darunter, die sich nicht an den gewalttätigen Aktionen beteiligt hatten. Romano floh und wurde Führer einer neuen Bande, die er auf den König und die Kirche schwören ließ. Dabei unterstrich er, wann immer möglich, dass sein Handeln legitim sei. Er blieb lange frei und gefährlich, unterstützt von einer immer kleiner werdenden Anhängerzahl. Romano kämpfte an einem Ort couragiert, plünderte anderswo einen

Bauernhof und ermordete die Bewohner. 1863 fiel er im Kampf und wurde von den Legitimisten fortan als einer gefeiert, der lieber sein Leben aufgab, als das Vaterland und die Ehre zu verraten. Sein Leben und Tod boten viel Stoff für Schauermärchen, Legenden und Mythen.

Die Freischärler unterstützten die Briganten, solange sie konnten und umgekehrt, aber nach dem Spätsommer 1861 griffen sie keine städtischen Zentren mehr an. Als die Aussicht auf die Rückkehr des Königs abnahm, die Unterstützungsgelder vom Hof im Exil ausblieben, die Präsenz des italienischen Heeres zunahm und die bourbonischen Komitees von der Polizei festgenommen wurden, wichen die Freischärler auf die Praktiken des traditionellen Bandenkrieges aus. Mit neuer Kraft gingen sie dazu über, Guerillaktionen auf dem Land und vor allem in den Bergen durchzuführen. „Früher wurden sie Franceschini genannt (Anhänger von Franz II.), jetzt bezeichnet man sie einfach als Briganten."[6]

Fragen wir uns nun, wie die neuen Machthaber mit den Problemen einer überbordenden Kriminalität, mit Unruhen, Aufständen und Devianz im Süden umgingen. Es deutet sich aus dem bisher Ausgeführten bereits an: mit harter, nicht immer zu rechtfertigender Gewalt. In Süditalien wurden mehrheitlich erfahrene Beamte und Militärs der savoyischen Dynastie eingesetzt, um Ruhe und Ordnung herzustellen. Verwaltet wurde nicht wie in den Provinzen Nord- und Mittelitalien über Präfekten, sondern über Statthalter, die mit dem Instrument des Ausnahmezustandes regieren konnten. In den ersten beiden Jahren der 1860er Jahre zeigte sich die Regierung fast ausschließlich von ihrer wenig liberalen Seite, indem sie häufig den Belagerungszustand ausrief, der die Bevölkerung demoralisierte. Wiederholt musste sie Zensur und Einschränkungen bei der Versammlungsfreiheit hinnehmen. In Neapel übernahm ein Militär, General Enrico Cialdini, die Aufgabe des Statthalters. Als Chef der Zivilverwaltung war er der von der Regierung eingesetzte wichtigste Politiker vor Ort. Ausgezeichnet hatte er sich bisher als effektiver Offizier in den Einigungskriegen gegen österreichische und päpstliche Truppen. Nun ging er mit massiver militärischer Präsenz gegen die Banden und Aufständischen vor. Auf dem Höhepunkt der Auseinandersetzungen standen 120.000 Mann des italienischen Heers im Süden, die Zahl der Briganten schätzt man auf 80.000, die der Opfer insgesamt auf 15.000, wobei davon 10.000 auf die Briganten und Zivilisten und 5000 auf das italienische Heer entfielen.

Im Dezember 1862 wurde in Turin eine Regierungskommission eingerichtet, die sich ein halbes Jahr mit dem Bandenwesen beschäftigte. Im darauffolgenden August verabschiedete das Parlament auf Grundlage der Kommissionsberichte ein Ausnahmegesetz, das den Namen Pica, nach dem Abgeordneten Giuseppe Pica aus den Abruzzen, erhielt. Pica hatte als Experte für die Verhältnisse im Süden maßgeblich an dessen Ausarbeitung mitgewirkt. Es war als ein außergewöhnliches und vorübergehendes Instrument gegen das Banditentum konzipiert und wurde in Abweichung von den Artikeln 24 und 71 des *Statuto Albertino* erlassen, die die Gleichheit aller Untertanen vor dem Gesetz und ordentliche Gerichtsverfahren garantierten. Mit der *Legge Pica*

8.3 Il grande brigantaggio: Bürgerkrieg oder Bandenkriminalität? 227

führte das Parlament das Verbrechen der Bandenkriminalität ein, womit Täter fortan von außerordentlichen Militärgerichten abgeurteilt werden konnten. Es war zugleich das erste Gesetz des Einheitsstaates, das gleichzeitig das Verbrechen des *camorrismo*, also die Angehörigkeit zur Mafia als krimineller Vereinigung, klar benannte. Die Maßnahmen bei Zuwiderhandlungen reichten von jahrelanger Haft, über lebenslange Zwangsarbeit bis zur standrechtlichen Erschießung. Mildernde Umstände durften diejenigen erhoffen, die sich selbst stellten oder mit der Justiz kooperierten. Das Gesetz war zeitlich begrenzt und galt nur für die als „infiziert" bezeichneten Provinzen im Süden. Ende Dezember 1865 verweigerten die Parlamentarier eine abermalige Verlängerung. Zu diesem Zeitpunkt hatte man das Brigantenwesen erfolgreich zurückgedrängt und sich mit der Mafia arrangiert.

Die Debatten rund um die *Legge Pica* sowie die zahlreichen Briefe und Memoiren der Offiziere und hochrangigen Beamten, die aus dem Norden kamen, um den Süden zu reformieren, zeigen, dass zumindest die Hardliner wenig Verständnis für die ökonomischen, gesellschaftlichen und politischen Zustände im Mezzogiorno hatten. Immer wieder wurde eine zivilisatorische Überlegenheit und eine daraus resultierende erforderliche Zivilisationsmission behauptet. Berühmt berüchtigt sind die Worte von Luigi Carlo Farini, dem Vorgänger Cialdinis als Statthalter in Neapel. Er ist uns bereits als Revolutionär in der Romagna (1831), Exilant und enger Vertrauter Cavours im Vorfeld der Nationalstaatsgründung begegnet. Farini begleitete König Viktor Emanuel II. im Oktober 1860 auf seinem Weg nach Neapel und berichtete noch von Teano aus, nach der Machtübergabe von Garibaldi an den König, Cavour über seine Eindrücke vom Süden, den jener nie bereist hatte. „Aber, mein lieber Freund, was sind das hier für Länder, Molise und Terra di Lavoro. Welche Barbarei! Anders als Italien! Das ist Afrika, die Beduinen sind im Vergleich zu diesen Rüpeln die Blüte der bürgerlichen Tugend."[7] In dieselbe Kerbe schlug der konservative Politiker und Parlamentsabgeordnete Giuseppe Massari, der die Verhältnisse im Süden jedoch seit seiner Kindheit kannte. Geboren in Taranto, verkehrte er nach 1830 als Exilant in den Pariser Salons von Cristina Trivulzio di Belgiojoso und Costanza Trotti Bentivoglio. Nach 1848 wirkte er in Turin als Journalist und freundete sich ebenfalls mit Cavour an. Aufgrund seiner Herkunft wirkte er in der parlamentarischen Untersuchungskommission über das Bandenwesen mit. In dem von ihm verfassten Bericht interpretierte Massari das Räuberwesen als einen Kampf zwischen Barbarei und Zivilisation, es sei Raub und Mord, die sich steigern würden zur Rebellion gegen die Gesellschaft.[8]

Noch weiter ging der piemontesische Generalstabsoffizier Graf Alessandro Bianco di Saint-Jorioz, der 1863 ein Buch über das Bandenwesen an den Grenzen des Kirchenstaats veröffentlichte: „Die Briganten töten und plündern wie Bestien nach Blut und Beute dürstend, sie sind keine Kreaturen, die nach Gottes Ebenbild geschaffen wurden."[9] Es kursierte eine ethnozentrische Metaphorik: Die Räuber waren schwarz, animalisch, primitiv, hinterlistig und böse. Diese Stereotypen platzierten ein manichäisches Denken jenseits von rationalen Erklärungen in ein farbiges und emotional aufgeladenes Reich von

Monstrosität. Nun ist es wenig originell, dem Feind die Menschlichkeit abzusprechen und ihn mit wilden Tieren zu vergleichen, dafür gibt es in Jahrhunderten zuvor und auch nach 1900 zahlreiche Parallelen. Es galt aber 1860–1865, die öffentliche Meinung mittels Publizistik für das äußerst harte Vorgehen in diesen Bandenkriegen zu gewinnen und zugleich die Truppen vor Ort zu motivieren. Diese wurden aus allen nördlichen und mittelitalienischen Landesteilen zur Bekämpfung der Räuberbanden geschickt. Sie bestanden, genauso wie diejenigen, deren illegale und verbrecherische Tätigkeit sie bekämpfen mussten, ebenfalls aus meist ungebildeten Bauern. Diese wehrpflichtigen Rekruten waren ohnehin eher darum bemüht, ihre eigene Haut zu retten, als sich als Bannerträger einer überlegenen zivilisatorischen Mission aufzuführen. – Anders die Offiziere, die die Truppen führten: Sie glaubten an die zentrale Rolle des Militärs für den Staatsaufbau. So war Bianco di Saint-Jorioz überzeugt, dass es nur eine versittlichende Kraft in den südlichen Provinzen gebe: die Armee.[10] Gemäß General Giovanni Lanza sollte die Einheit „mit der Armee und in der Armee" bewahrt werden.[11] So entwickelte sich die italienische Armee zum Instrument der staatlichen Einheit und als Bollwerk gegen Aufruhr und Reaktion. Zugleich wurde sie von den staatstragenden Eliten als Symbol einer erwachenden Nation und als Instrument gesehen, um aus den Italienern loyale Staatsbürger zu machen.

Sowohl die Anhänger der Bourbonen als auch die liberalen Vertreter des jungen italienischen Königreichs zogen alle Register, um den Feind in der publizistischen und internationalen Öffentlichkeit als amoralisch, gefährlich und illegitim anzuprangern. Beide Seiten kämpften für ihre höchsten Werte und ihr politisches System. Die Verbreitung von Stereotypen im Kolonialstil seitens der Liberalen rechtfertigte den Gebrauch von Gewalt als einziger Lösungsmöglichkeit, um die zivilisatorische Mission im Süden zu vollziehen. Alles in allem hatten die Regierungseliten des Nordens wenig Verständnis für die Lebensverhältnisse und die Mentalitäten der Süditaliener. In der Mitte der 1860er Jahre drängte die Regierung die Bandenkriminalität weitgehend zurück. Sie hatte nie den ganzen Süden ergriffen und tobte hauptsächlich im Inneren des ehemaligen bourbonischen Königreichs, den ärmsten und isoliertesten Regionen. Von wenigen Ausnahmen abgesehen, waren die Städte und die reicheren Küstenregionen mit besserer Infrastruktur nicht betroffen. Die bewaffneten Banden verursachten Armut und behinderten die Märkte, aber sie entstanden ebenfalls aufgrund von Armut und der Ferne der Märkte. Während des *Grande Brigantaggio* kämpften die Menschen nach der Nationalstaatsgründung gegen dessen Institutionen in einer gewissen Kontinuität mit einer traditionell verbreiteten Praxis der Illegalität, die im Süden tiefe historische Wurzeln hat. Ob es sich dabei um einen Bürgerkrieg oder um Bandenkriminalität handelte, hing und hängt vom Standpunkt des Betrachters ab. Frühere und heutige Anhänger der Bourbonen interpretieren das Geschehen als heldenhaften Befreiungskrieg. Linksliberale Historiker verstehen ihn als zu rechtfertigende Reaktionen der Unterschichten auf einen autoritären, repressiven Staat. Die damaligen Anhänger des

8.3 Il grande brigantaggio: Bürgerkrieg oder Bandenkriminalität?

liberalen Nationalstaats sahen in ihrem Kampf eine staatliche Aufgabe und auf lange Sicht eine zivilisatorische Leistung.

Konnte sich die junge Regierung mit massivem Militäreinsatz gegen die Räuberbanden im Süden weitgehend durchsetzen, so kapitulierte sie trotz anfänglichen Eifers letztendlich gegenüber den Machenschaften der Camorra und der Mafia. Mit deren kriminellen Systemen mussten sich die neuen Machthaber erstmals während des politischen Umbruchs 1860 auseinandersetzen. Allerdings kursierten über dieses Phänomen schon zuvor unsichere Informationen und Gerüchte. Begeben wir uns auf der Suche nach den Ursprüngen der Camorra noch einmal in die 1850er Jahre des Königreichs beider Sizilien. Hier nutzten die Bourbonen einerseits kriminelle Banden, um Ruhe in den völlig überfüllten Armenvierteln von Neapel herzustellen, und ließen sie andererseits in den Gefängnissen gewähren, jeweils in Absprache mit der Polizei und dem Wachpersonal, wobei die Übergänge zwischen diesen beiden Gruppen und den *camorristi* fließend waren. Da nach der Revolution von 1848 nicht wenige prominente liberale Notabeln als politische Häftlinge in den Kerkern von Neapel und auf den Inseln unter erbärmlichen Bedingungen einsaßen, besitzen wir wertvolle Augenzeugenberichte. Gewiss müssen derartige Egodokumente wie immer mit einer gewissen Vorsicht gelesen werden, aber die grundsätzlichen Merkmale, die hier beschrieben werden, scheinen plausibel.

Besonders eindrücklich sind die ausführlichen Schilderungen über die Situation in den bourbonischen Haftanstalten von Sigismondo Castromediano, Fürst von Morciano und Graf von Cavalino, geboren 1811. Vor der 1848er-Revolution lebte er in Lecce als Historiker und Privatgelehrter mit einer gemäßigt antibourbonischen Haltung. Nach der von Ferdinand II. im Februar oktroyierten Verfassung schloss er sich Ende Juni 1848 dem patriotischen Zirkel von Lecce an. Castromediano war einer der vier Sekretäre der Gesellschaft. Nach der autoritären Wende im Frühherbst wurde er inhaftiert und wegen Verschwörung zu dreißig Jahren Kerkerhaft in Ketten verurteilt, von denen er acht in verschiedenen Haftanstalten vor seiner Begnadigung und Exilierung im Mai 1858 verbüßte. In allen Anstalten, die der Herzog durchlief, ob in Neapel, auf Procida oder in Gefängnissen in Benevent oder Avellino, herrschte die Camorra. In seinem Buch „Politische Gefängnisse und Kerker" beschreibt er minutiös, wie deren Mitglieder als Gefängnisinsassen und Wächter die Mithäftlinge kontrollierten, schikanierten und auspressten: Zunächst musste jeder Häftling für die Lichter am Marienaltar im Gefängnis spenden, die nie brannten. Dann galt es in den überfüllten Anstalten einen Mietzins für ein wenig Raum in der Zelle, also für einen Schlafplatz, zu zahlen. Diese Summe hieß im Gefängnisjargon *pizzo*, noch heute bezeichnet man in Italien Schutzgelder so, die an die Mafia zu bezahlen sind. Die Camorra verwandelte Bedürfnisse wie Essen und Schlafen in Gefälligkeiten, für die Gefangene zu zahlen hatten. Es entstand ein Machtsystem, diese Gefälligkeiten zu gewähren oder als Strafe zu entziehen. Bestach man die Wächter mit entsprechenden Summen, gab es auch im Kerker geschützte Einzelzellen, Kleidung anstatt der demütigenden Häftlingswäsche, bessere Lebensmittel,

Wein und Bücher. Die Mitglieder der Camorra waren strikt hierarchisch organisiert. Sie schworen Gefolgschaft, erfüllt von einem Wertekodex, der Ehre und Verschwiegenheit absolut stellte. Gewaltbereit schützten sie ihre Gefährten jederzeit um jeden Preis. Messerstechereien waren an der Tagesordnung, ein von der Camorra angeordneter Mord war im Kerker möglich.[12] Auch dem konservativen britischen Politiker William Ewart Gladstone, der sich 1851 in Neapel aufhielt, waren Berichte über die menschenverachtende Behandlung der politischen oppositionellen Elite in den bourbonischen Gefängnissen zugetragen worden. Er informierte Lord Aberdeen in zwei Briefen über diese Zustände, die in Großbritannien in einer neunzigseitige Broschüre veröffentlicht wurde, die rasch mehrere Auflagen erfuhr.[13] Natürlich bezeichnete der Hof in Neapel diese Schilderungen als böswillige Propaganda. Aber 1857 erschien ein weiteres Pamphlet des neapolitanischen Ökonomen Antonio Scialoja, in dem er aus dem piemontesischen Exil die Missstände und Machenschaften der Camorra anprangert.[14]

Doch der Einfluss der Camorra beschränkte sich keineswegs auf das Gefängnissystem. Die Gendarmerie war in Neapel mit Kriminellen durchsetzt, um die Gesellschaft in den ärmeren Vierteln zu kontrollieren. Dort übte sie eine regelrechte Territorialherrschaft aus. Marc Monnier, ein Schweizer Hotelier, beschrieb nach seiner Rückkehr in die Heimat ein System von Schutzgeldzahlungen, die Pförtner, Kutscher, Krämer und Metzger zu zahlen hatten. Darüber hinaus schmuggelte die Camorra im großen Stil Waren im Hafen.[15] In politischen Krisensituationen nutzten die Bourbonen die ärmere Bevölkerung mit Hilfe der Camorra für ihre Zwecke aus. Agitatoren wurden mit Geld überhäuft, um das Volk gegen den politischen Gegner aufzuhetzen. Und genau diese Gefahr bestand auch wieder in der Umbruchssituation im Sommer 1860. Sowohl die Bourbonen als auch Politiker aus dem Norden versuchten im Vorfeld von Garibaldis Einzug in Neapel, die Camorra mit Geld auf ihre Seite zu ziehen. Diese stellte sich auf die Seite letzterer. Als Garibaldi in Neapel eintraf, begleiteten ihn ranghohe Camorristi bei seinem Einzug in die Stadt, geschmückt mit Kokarden des Nationalstaats. Die Bevölkerung verstand dieses Zeichen. Ruhe und Ordnung blieben gewahrt.

Nach der Übernahme der Regierung versuchten die eingesetzten Statthalter und ihre Beamten, die Kriminalität mit allen Mitteln zu bekämpfen: zunächst Statthalter Farini und sein Polizeiminister Silvio Spaventa, den man als ausgewiesenen Kenner der Szene bezeichnen darf. Wie Castromediano und zahlreiche andere liberale Oppositionelle hatte er nach der 1848er Revolution ein Jahrzehnt in den Kerkern der Bourbonen verbracht. Mit hohen moralischen Grundsätzen ausgestattet und überzeugt vom piemontesischen Verwaltungshandeln, war es sein erklärtes Ziel, die Bandenkriminalität zu beseitigen. Bereits Mitte November veranlasste er Massenverhaftungen und zog Unmengen von Waffen und Polizeiuniformen ein, die dazu benutzt wurden, Schutzgeld zu erpressen. Es gelang ihm, Salvatore de Crescenzo festzusetzen, einen der Camorra-Bosse, der den Schmuggel auf See steuerte. Für das neue Jahr beschloss Spaventa Säuberungsaktionen innerhalb der Polizei und die Entlassung vieler korrupter Gefängniswärter. Gleichzeitig fertigte er einen ausführlichen Bericht über die Organisation der Bandenkriminalität

8.3 Il grande brigantaggio: Bürgerkrieg oder Bandenkriminalität?

für die Regierung an. Der Ursprung der Camorra liege in den Gefängnissen. Für jedes der zwölf Stadtviertel von Neapel gebe es eine eigene Camorra, die Mitglieder führten sich wie in einer Sekte auf. Die Hierarchien beruhten auf einem einzigen Ausbeutungssystem, die Haupteinnahmequellen bildeten Erpressung, Schmuggel und Prostitution.

Spaventas harte Hand kam nicht gut an in der Stadt am Golf, die kritischen Stimmen mehrten sich, er sei doch selbst ein Süditaliener, handele aber wie ein Piemontese. Im Januar 1861 fanden auf den Straßen erste Demonstrationen gegen ihn statt. All dies spielte sich ab vor dem Hintergrund einer die Bevölkerung belastenden Wirtschaftskrise. Der Verlust des bourbonischen Hofstaates bedingte den Wegfall tausender Arbeitsplätze, den Ausfall von Verdienstmöglichkeiten und einen Einbruch des Konsums. Doch Statthalter Farini wollte nicht einmal den Verlust des Hauptstadtstatus von Neapel als einen solchen sehen. In einem Brief an seinen politischen Mitstreiter Minghetti wertete er die ehemalige Bourbonenresidenz mit folgenden Worten ab: „Neapel ist die Hauptstadt des Müßiggangs und der Prostitution aller Geschlechter und aller Klassen."[16] Im April 1861 stürmten Anhänger der Camorra das Polizeipräsidium und brachen in das Haus Spaventas ein, um ihn zu lynchen, was jedoch scheiterte. Im Juni ereignete sich ein weiterer Skandal. Spaventa ließ sich von zwei Brüdern der Familia Mata als Leibgarde schützen, einer der beiden verletzte am helllichten Tag einen ranghohen Polizeibeamten mit dem Messer. Es gingen Gerüchte um, dass Spaventa die Brüder und ihre Bande dazu benutzte, Regimegegner einzuschüchtern. Auf jeden Fall hatte sich Spaventa kompromittiert, resigniert gab er seinen Posten auf und ging zurück nach Turin. Was nun folgte, war triste Routine: Immer wieder versuchte die Polizei mit Repression, Massenverhaftungen und öffentlichen Ankündigungen, die Camorra zu entmachten, doch es dauerte nie lang, bis die Bosse die Unterstadt wieder zurückerobert hatten.

Auf Sizilien stellte sich mit der Mafia ein ähnliches Problem. Dort kontrollierte sie zwar nicht die Gefängnisse, übte aber auf dem Land ihre Territorialherrschaft aus. Hier „beschützte" sie vor allem die zahlreichen großen und kleinen Produzenten von Zitronen, mit denen im 19. Jahrhundert sehr viel Geld zu verdienen war. Neben den Polizisten gab es kleine Privatarmeen, Banditenhaufen und bewaffnete Familienbanden. Nicht nur die Straßenräuberei auf dem Land stellte ein großes Problem dar, hinzu kamen massive Auseinandersetzungen mit der Bevölkerung, die sich immer wieder der Wehrpflicht zu entziehen suchte. Die moderat-liberalen Politiker regierten hart mit dem Mittel des Ausnahmezustands, was unweigerlich Hass provozierte. Kein hoher Beamter des neuen Regierungssystems begab sich ohne bewaffnete Eskorte in das Umland der Städte.

Als eine Hochburg der Mafia galt das Hinterland von Palermo mit der Kathedralstadt Monreale. Von ihrer Anhöhe aus konnte man auf eine weite Bucht mit Zitrus- und Orangenhainen blicken. Hier sammelten sich am 16. September 1866 Truppen von Unzufriedenen, um die Stadt zu stürmen. Unter ihnen befanden sich mit den berühmten Rothemden Garibaldis bekleidete Männer, die „Viva la Repubblica" skandierten. Es kam zu einem offenen, politisch diffusen Aufstand. Die Mafia nutzte die Revolte, angeführt von ihren Bossen wie Turi Miceli, um in Gefängnisse einzudringen, Strafregister zu zerstören und Polizisten und ihre Spitzel zu töten. Offizielle Gebäude und Bürger wurden ausgeraubt. Den Banden aus dem Umland schlossen sich in der Stadt vor allem Handwerker an. Barrikaden wurden errichtet. Das Militär brauchte siebeneinhalb Tage, um den Aufstand niederzukämpfen. Die Forschung bietet zu diesem letzten großen Aufstand unseres Untersuchungszeitraums keine überzeugende Interpretation. Wieder bestimmt der politische Standort der Autoren die Sicht der Dinge und jeder findet angesichts des diffusen Geschehens und der Heterogenität der Akteursgruppen gute Argumente für seine Auslegung. 1866 versammelten sich in Palermo und den Städten der Provinz die Regimekritiker aller Lager.

Der Zeitpunkt für die Erhebung war günstig, stand doch die Mehrzahl der italienischen Truppen im Norden, um im dritten Einigungskrieg gegen Österreich zu kämpfen. In Palermo versuchten von den liberalen Maximen überzeugte Männer, für Recht und Ordnung zu sorgen. Zum einen der Sizilianer Graf Antonio Starabba di Rudinì als Bürgermeister, zum anderen der frisch eingesetzte Präfekt Luigi Torelli, ein Lombarde. Während der *Cinque Giornate* hatte dieser 1848 selbst an den antiösterreichischen Barrikadenkämpfen in Mailand teilgenommen. Nun stand Torelli auf der Seite der Regierung. Seit April 1866 im Amt, hatte er sich in seinen amtlichen Berichten schon mehrfach besorgt über die Sicherheitslage geäußert. Dabei hob er einerseits auf die hohe Kriminalitätsrate ab und verwies andererseits darauf, dass der Aufbau eines modernen, laizistischen Staates in Opposition zur katholischen Kirche einen weiteren Krisenherd verursachte. Anfang Juli erfolgte die Abschaffung der religiösen Orden und allein in Palermo standen damit plötzlich 1500 der 5000 entlassenen Ordensbrüder und -schwestern auf der Straße. Massive wirtschaftliche Probleme kamen aufgrund einer extremen Trockenheit, die die Landwirtschaft bedrohte, hinzu. Darüber hinaus grassierte die Cholera in der Stadt. Alles in allem sah sich Torelli schon vor dem Ausbruch der Revolte in einer äußerst brenzligen Lage.

Neben den Mafiosi beteiligten sich Mitte September 1866 die unter der wirtschaftlichen Krise leidende Stadtbevölkerung sowie elitäre Autonomisten und Sozialisten am Aufstand. Allein die Zusammensetzung des revolutionären Komitees spricht Bände. An seiner Spitze stand der Fürst Bonanno Principe Di Linguaglossa, mit ihm agierten Baron Pignatelli, Baron Giovanni Riso del Castello di Colobria, Fürst von Ramacca, und weitere einflussreiche Adlige. Als Sekretär des Komitees fungierte ein erklärter Mazzinianer. Die Akteure der Revolte waren bezüglich ihrer politischen Ziele völlig zerstritten. Hier finden wir Autonomisten, Konservative, Liberale, Demokraten und Frühsozialisten. Die Unterschichten einte allein der soziale Protest. Die Unruhen hatten also keine präzise politische Stoßrichtung, Einigkeit bestand aber durchaus in der Gegnerschaft gegenüber den politischen Maximen der Regierung in Florenz, vorangetrieben durch eine existenzielle Krise. Die Revolte richtete sich gegen die Verwaltungsmaßnahmen, gegen die Durchstaatlichung. Nach der gewaltsamen militärischen

Niederschlagung des Aufstandes ereigneten sich keine spektakulären Revolten mehr. Das politische System konsolidierte sich allmählich, nur die Mafia blieb.

Bourbonen, Politiker der *Destra storica* und, nach deren Ablösung, die eher linksliberal ausgerichteten Parlamentarier: Keiner bekam die Probleme mit der Mafia oder der Camorra langfristig in den Griff. Selbst Mussolini, der mit äußerst harter Repression gegen das organisierte Verbrechen vorging und sich rühmte, die Mafia ausgelöscht zu haben, kämpfte vergeblich gegen diese Hydra. Mehren sich auch in den letzten Jahren die Zeichen für zunehmenden Widerstand seitens der Bevölkerung gegen die verschiedenen mafiösen Banden in Italien, so muss doch konzediert werden, dass ihr auf Ehre, Raub und Rache basierendes System, das im 19. Jahrhundert etabliert wurde, weiterhin funktioniert, nur die Waffen und die Waren haben sich geändert.

Anmerkungen

1 Luigi Musella, Individui, amici, clienti. Relazioni personali e circuiti politici in Italia meridionale tra Otto e Novecento, Bologna 1994, S. 37 und 59–60.
2 Sein Tagebuch wurde publiziert von Marc Monnier, Notizie storiche documentate sul brigantaggio nelle provincie napoletane dai tempi di Fra Diavolo sino ai giorni nostri, Neapel 1862.
3 Marco Meriggi, Dopo l'Unità. Forme e ambivalenze del legittimismo borbonico, in: Passato e Presente 83 (2011), S. 37–56, hier S. 40.
4 Oscar de Poli, Voyage au royaume de Naples en 1862, Paris 1863.
5 Antonio Lucarelli, Il brigantaggio politico delle Puglie dopo l'Unità. Il Sergente Romano, Bari 1922, S. 59.
6 Andrea Sangiovanni, "Evviva Francesco morendo gridiam": aspetti politici del brigantaggio in Abruzzo, in: Trimestre 2, 2001, S. 223–295, hier S. 255.
7 Camillo Benso di Cavour, La liberazione del Mezzogiorno. Carteggi di Camillo Cavour, Bd. 3: Ottobre-novembre 1860, Bologna 1960, S. 208. Terra di Lavoro war eine Provinz des Königreich Neapels. Sie liegt mit ihrer Hauptstadt Caserta nördlich von Neapel.
8 Giuseppe Massari, Relazione della commissione d'inchiesta del deputato Massari letta alla camera nella tornata segreta del 3 maggio 1863, in: Tommaso Pedìo, Inchiesta sul brigantaggio, Manduria 1983, S. 105–229, hier S. 208.
9 Alessandro Bianco di Saint Jorioz, Il brigantaggio alla frontiera pontificia, 1860–63, Mailand 1864, S. 36.
10 Ebd., S. 27.
11 Francesco Molfese, Storia del brigantaggio dopo l'unità, Mailand 1964, S. 190.
12 Der Herzog publizierte seine Memoiren erst kurz vor seinem Tod: Sigismondo Castromediano, Carceri e galere politiche, Lecce 1895.
13 William Ewart Gladstone, Two Letters to the Earl of Aberdeen on the State Persecutions of the Neapolitan Gouvernement, London 1851.
14 Antonio Scialoja, I bilanci del Regno di Napoli e degli Stati Sardi con note e confronti, Turin 1857, S. 106–111.
15 Marc Monnier, La camorra. Notizie storiche raccolte e documentate, Florenz 1862.
16 Camillo Benso di Cavour, La liberazione del Mezzogiorno. Carteggi di Camillo Cavour, Bd. 3: Ottobre-novembre 1860, Bologna 1960, Brief vom 14.11.1860, S. 329.

Schlussbetrachtungen

Das vorliegende Buch bietet eine Geschichte Italiens für den Zeitraum von 1770 bis 1870. Ein derartiger Überblick fehlte bislang nicht nur für den universitären Unterricht, sondern auch für vergleichende europäische Forschungen, da die zurzeit vorliegenden Bücher entweder veraltet sind oder sich zu einseitig auf Fragen der politischen Kulturgeschichte konzentrieren. Für die italienische Historiographie ist nicht zu übersehen, dass Wirtschafts- und Sozialgeschichte im Zeichen einer kulturalistischen Wende der Geisteswissenschaften zu stark in den Hintergrund getreten sind. Es wurde versucht, eine ausgewogenere Darstellung zu bieten. Die Mehrzahl der vorhandenen Überblickswerke beginnt mit der napoleonischen Zeit, ein derartiger Einstieg greift aber zu kurz. Vielmehr sollte das in Italien kaum rezipierte Konzept der Sattelzeit (1750–1850) von Reinhart Koselleck zukünftig für die Geschichte dieses Landes auf seinen Mehrwert hin systematisch geprüft werden. Denn die Neuerungen der liberalen französischen Gesetzgebung sind besser einzuschätzen, wenn man ein fundiertes Wissen über den Zustand der italienischen Staaten vor 1789 hat. Darüber hinaus wirkten wichtige Impulse der Reformära auch nach dem Wiener Kongress weiter. So muss die Validität des Restaurationsbegriffs kritisch im Hinblick auf die italienische Staatenwelt hinterfragt werden.

Die Autorin hofft, mit eigenen Schwerpunktsetzungen und Interpretationen neue Akzente zu setzen. So sind zunächst Korrekturen hinsichtlich der bisherigen Überbetonung der Rolle des Bürgertums angebracht. Seit den 1990er Jahren hat die italienische Gesellschaftsgeschichte die Paradigmen der von der Bielefelder Schule geprägten Bürgertumsforschung auf Italien übertragen. Problematisch ist jedoch, dass hier das Bürgertum allein schon zahlenmäßig deutlich schwächer aufgestellt war als in den deutschen Ländern. Darüber hinaus war der italienische Adel sowohl gesellschaftlich als auch politisch und wirtschaftlich in den vielen Städten präsent, nicht zuletzt in Salons, Logen, im Assoziationswesen und den zahlreichen Akademien. Deshalb kann die Rolle des italienischen Bürgertums kaum so dominant gewesen sein wie behauptet. Auch für die Forschung zu den deutschen Staaten sind hier noch dringend Korrekturen angebracht. Ohnehin blieb trotz der zahlreich erschienenen Studien der historische Gegenstand „Bürgertum" diesseits und jenseits der Alpen merkwürdig unscharf. Da das Bürgertum durch die analytische Kategorie Klasse sowie als Rechtsfigur nicht hinreichend zu definieren war, richtete sich der Blick auf die Kultur. So weisen zahlreiche Untersuchungen bürgerlichen Wertehaltungen, Lebensstilen und Verhaltensweisen einen zentralen Stellenwert zu. Dabei wurde in deutschen und italienischen Arbeiten lange übersehen, dass Adlige und Bürgerliche gemeinsam Politik, Kultur und Wirtschaft prägten. Sie bewegten sich dabei selten als Gegner, sondern kooperierten in einer adligbürgerlichen Hybridkultur. Was uns die Forschung mehrheitlich für das 19. Jahrhundert präsentiert, ist keine bürgerliche, sondern eine Notabeln- und Honoratiorengesellschaft. Die französische Forschung arbeitet seit langem sehr erfolgreich mit dem Begriff der Notabeln. Mit ihm fasst sie adlige und bürgerliche Gruppen zusammen, die aufgrund ihres Besitzes, ihrer Ausbildung, ihrer Karrieren und ihrer Familie die politischen, gesellschaftlichen und wirtschaftlichen Führungspositionen besetzten. Er wäre auch für die italienische Gesellschaftsgeschichte sicher der passendere Begriff.

Ein weiteres Ziel der Monographie besteht darin, die kulturgeschichtlichen Arbeiten einer kritischen Prüfung zu unterziehen. Zahllose Publikationen der letzten zwanzig Jahre behaupten, dass Literatur, Geschichtsschreibung, Opern und Historienmalerei die Italiener massenhaft für die Durchsetzung eines Nationalstaats mobilisiert hätten. Ältere Thesen, dass der Nationalstaat ein Projekt der intellektuellen und herrschenden Eliten gewesen sei, versucht man so zu widerlegen. Dabei argumentieren die Kollegen und Kolleginnen in hermeneutischen Zirkelschlüssen. Sie analysieren Texte der „Höhenkammliteratur" und behaupten ihre mobilisierende Wirkung, ohne auch nur den Versuch zu unternehmen, die Rezeption nachzuweisen. Paolo Macry hat zu Recht davor gewarnt, ohne weitere Prüfung der Quellen von einer massenhaften Mobilisierung für die Nationalstaatsbewegung auszugehen.[1] Die Handlungslogiken der Akteure, die sich beispielsweise in Sizilien von Garibaldi rekrutieren ließen, folgten anderen Mustern. Sie rebellierten gegen die Herrschaft der Bourbonen in Neapel und kämpften weniger für einen wie auch immer gearteten Nationalstaat. Überhaupt galt sowohl für das italienische wie für das preußische Königreich: Eine Beteiligung der Massen war weder im politischen noch im militärischen Bereich erwünscht, jedenfalls nicht als Freiwilligenverbände, die ohne Kontrolle durch königliche Offiziere agierten.

Ferner wurde versucht, verstärkt transnationale Diskurse in die Darstellung einzubeziehen. Nach den Revolutionen und Aufständen von 1821 und 1830 lebten tausende adlige und bürgerliche Offiziere, Intellektuelle, aber auch Großgrundbesitzer und Rentiers jahrzehntelang in Europa außerhalb der Apenninenhalbinsel, im Orient sowie in Süd- oder Nordamerika im Exil und versuchten von dort aus, den Prozess der Politisierung in ihrer Heimat zu beeinflussen. 1848 kehrten sie zurück, um in das revolutionäre Geschehen einzugreifen. Nach dem Scheitern mussten viele erneut fliehen. Relevant ist in diesem Zusammenhang, dass Exilanten nach der Nationalstaatsgründung ihre politischen Erfahrungen in den Aufbau des jungen Königreichs einbrachten. Doch nicht nur Oppositionelle, sondern auch Wirtschaftsliberale unternahmen lange Reisen nach Westeuropa, um dort Impulse für die Modernisierung der italienischen Gesellschaft, Wirtschaft und Politik zu gewinnen. Natürlich agierten auch alle involvierten Regenten in europäischen Bündnis- und Machtkonstellationen.

Schließlich soll das Buch Voraussetzungen dafür schaffen, die für 2021 zu erwartende Verstärkung der Forschung über die deutsche Reichsgründung international zu erweitern. „Italia docet" gilt nicht nur für die Faschismusforschung. Bismarcks, Napoleons III. und Cavours diplomatische Schachzüge und Kriege verquickten die italienische und deutsche Nationalstaatsgründung auf das Engste miteinander. Es war vor allem der Historiker Heinrich von Treitschke, der die Deutung einer geschichtslogisch angelegten Parallelität der beiden Nationalstaatswerdungen kanonisierte. Dabei gibt es gute Gründe, die eine komparatistische Perspektive schon auf die Zeit davor nahelegen. Beide Länder mussten während der Zeit der Französischen Revolution und als Teil des napoleonischen Empires grundlegende Modernisierungs- und Transformationsprozesse vollziehen. Die Auseinandersetzung um dieses revolutionäre Erbe sollte nach 1815 die politische Szene südlich und nördlich der Alpen bestimmen. Konservative Kräfte versuchten alles, um wieder vorrevolutionäre Zustände herzustellen, ihre Gegner kämpften für die Grundsätze der Revolution. Lange wurde Italien mit Geringschätzung beurteilt, wozu proösterreichische oder großdeutsche Perspektiven viel beitrugen. Ein chronisch unterschätztes Italien ging aber 1861 in der Nationalstaatsbildung voran.

Darüber hinaus übergehen die Autoren derzeit vorherrschender diskursanalytischer Arbeiten gerne die Frage, was denn überhaupt unter einer Nation oder einem Nationalstaat verstanden wurde. Sollte er wirklich den ganzen italienischen Stiefel umfassen oder träumten die Menschen auf Sizilien, in der Toskana, im Piemont, in der Lombardei oder in Venetien nicht von viel kleineren Nationalstaaten? Die Entstehung des italienischen Nationalstaates ist aber letztendlich Cavour, den liberalen Eliten und einem Viktor Emanuel II. zu verdanken, der vor allem sein Königreich vergrößern wollte – und nicht den romantischen Schwärmern eines wie auch immer gearteten Nationalstaats sowie der Verschiebung der Machtverhältnisse nach dem Wiener Kongress. Die Unterstützung Großbritanniens und Frankreichs, die sich von den politischen Grundsätzen der Heiligen Allianz abwandten, sowie schließlich auch Preußens Großmachtpolitik verhalfen Italien direkt und indirekt zur Nationalstaatsgründung. Aus eigener Kraft war es dazu militärisch zu schwach. Die Bildung des italienischen Nationalstaats stellte einen weiteren wichtigen Schritt der globalen Entwicklung des Liberalismus dar. Begleitet wurde dieser Prozess von einer großen Sympathiewelle fortschrittlicher Europäer, die die jeweiligen Regierungen beeinflusste.[2]

Gegen Ende des 19. Jahrhunderts waren viele Fortschritte erreicht oder auf einem guten Weg: in der Industrialisierung, bezüglich der Alphabetisierung, und auch die Nationalisierung der Massen schritt allmählich voran. Die Bevölkerung, der Wohlstand und die Städte wuchsen. Auch diese Prozesse sind natürlich in europäische und globale Kontexte eingebettet.

Anmerkungen

1 Paolo Macry, Masse, rivoluzione e Risorgimento. Appunti critici su alcune tendenze storiografiche, in: Contemporanea. Rivista di storia dell'800 e del'900, XVII, 4 (2014), S. 673–691.
2 Marco Meriggi, Die Konstruktion von Staat und Nation: Der Fall Italien, in: Gabriele B. Clemens, Jens Späth (Hg.), 150 Jahre Risorgimento – geeintes Italien?, Trier 2014, S. 19–35.

Regententabellen der italienischen Staatenwelt 1770–1870

Republik Genua (bis 1797)

Dogen	Amtszeit
Giovanni Battista Negrone	1769–1771
Giovanni Battista Cambiaso	1771–1773
Ferdinando Spinola	1773–1773
Pier Franco Grimaldi	1773–1775
Brizio Giustiniani	1775–1777
Giuseppe Lomellini	1777–1779
Giacomo Maria Brignole	1779–1781
Marco Antonio Gentile	1781–1783
Giovanni Battista Airoli	1783–1785
Gian Carlo Pallavicino	1785–1787
Raffaele De Ferrari	1787–1789
Alerame Maria Pallavicini	1789–1791
Michelangelo Cambiaso	1791–1793
Giuseppe Maria Doria	1793–1795
Giacomo Maria Brignole	1796–1797

Königreich Italien (ab 1861)

	Könige	Regentschaftszeitraum
Haus Savoyen	Viktor Emanuel II. (geb. 1820)	1861–1878

Kirchenstaat

Päpste	Amtszeit
Clemens XIV.	1769–1774
Pius VI.	1775–1799
Pius VII.	1800–1823
Leo XII.	1823–1829

Pius VIII.	1829–1830
Gregor XVI.	1831–1846
Pius IX.	1846–1878

Herzogtum Modena und Reggio (bis 1860)

	Herzöge	Regentschaftszeitraum
Haus Este	Franz III. (geb. 1698)	1737–1780
	Herkules III. (1727–1803)	1780–1796
	Franz IV. (geb. 1779)	1814–1846
	Franz V. (1819–1875)	1846–1860

Königreiche Neapel und Sizilien, ab 1816 Königreich beider Sizilien (bis 1861)

	Könige	Regentschaftszeitraum
Haus Bourbon (span.)	Ferdinand I. (geb. 1751)	1759–1825 (1798–1799 und 1805–1814 auf Sizilien beschränkt)
	Franz I. (geb. 1777)	1825–1830
	Ferdinand II. (geb. 1810)	1830–1859
	Franz II. (1836–1894)	1859–1861

Herzogtum Parma und Piacenza (bis 1860)

	Regenten/Herzöge und Herzoginnen	Regentschaftszeitraum
Haus Bourbon(-Parma)	Ferdinand I. (1741–1802)	1765–1801
Haus Habsburg-Lothringen	Marie Luise (geb. 1791)	1814–1847
Haus Bourbon(-Parma)	Karl II. (1799–1883)	1847–1849
	Karl III. (geb. 1823)	1849–1854
	Luisa Maria/Robert I. (1848–1907)	1854–1859

Königreich Sardinien-Piemont (bis 1861)

	Könige	Regentschaftszeitraum
Haus Savoyen	Karl Emanuel III. (geb. 1701)	1730–1773
	Viktor Amadeus III. (geb. 1726)	1773–1796
	Karl Emanuel IV. (1751–1819)	1796–1802 (seit 1796 auf Sardinien beschränkt)
	Viktor Emanuel I. (1759–1824)	1802–1821 (bis 1814 auf Sardinien beschränkt)
	Karl Felix (geb. 1765)	1821–1831
Linie Savoyen-Carignan	Karl Albert (geb. 1798)	1831–1849
	Viktor Emanuel II. (geb. 1820)	1849–1861 (seitdem König von Italien)

Großherzogtum Toskana (bis 1860)

	Herzöge	Regentschaftszeitraum
Haus Habsburg-Lothringen	(Peter) Leopold I. (geb. 1747)	1765–1790
	Ferdinand III. (geb. 1769)	1790–1801 und 1814–1824 (1801–1814 napoleonisch)
	Leopold II. (1797–1870)	1824–1859
	Ferdinand IV. (1835–1908)	1859/60

Republik Venedig (bis 1797)

Dogen	Amtszeit
Aloise Mocenigo IV.	1763–1778
Paolo Renier	1779–1789
Luigi Manin	1789–1797

Auswahlbibliographie

Kapitel 1: Ancien Régime

Campbell, Angus, Sicily and the Enlightenment. The World of Domenico Caracciolo, Thinker and Reformer, London 2016.
Cantarutti, Giulia, Fra Italia e Germania: studi sul transfert culturale italo-tedesco nell'età dei Lumi, Bologna 2013.
Capra, Carlo, La Lombardia austriaca nell'età delle riforme (1706–1796), Turin 1987.
Cazzaniga, Gian Mario (Hg.), La Massoneria. Storia d'Italia, Annali 21, Turin 2006.
Cusatelli, Giorgio et al. (Hg.), Gelehrsamkeit in Deutschland und Italien im 18. Jahrhundert, Berlin 1999.
Delpiano, Patrizia, Church and Censorship in Eighteenth-Century Italy, New York/London 2018.
Dipper, Christof, Politischer Reformismus und begrifflicher Wandel. Eine Untersuchung des historisch-politischen Wortschatzes der Mailänder Aufklärung (1764–1796), Tübingen 1976.
Ders., Aufklärung und Revolution in Italien. Ein Forschungsbericht, in: Archiv für Sozialgeschichte 23, 1983, S. 378–438.
Ders., Naturrecht und politische Reformen in Italien 1750–1850, in: Diethelm Klippel, Barbara Müller-Luckner (Hg.), Naturrecht und Staat. Politische Funktionen des europäischen Naturrechts (17.–19. Jahrhundert), Berlin/Boston 2006, S. 171–198.
Donati, Alberto, Giambattista Vico. Filosofo dell'illuminismo, Ariccia 2016.
Ferri, Sabrina. Ruin's Past. Modernity in Italy, 1744–1836, Oxford 2015.
Ferrone, Vincenzo, The Politics of Enlightenment. Republicanism, Constitutionalism and the Rights of Man in Gaetano Filangieri, London 2012.
Galasso, Giuseppe, Il regno di Napoli. Il Mezzogiorno borbonico e napoleonico (1734–1815), Turin 2007.
Hausmann, Friederike, Herrscherin im Paradies der Teufel. Maria Carolina – Königin von Neapel, München 2014.
Imbruglia, Girolamo, Venturi, Franco, Cantimori, Delio, Illuminismo e storicismo nella storiografia italiana, Neapel 2003.
Jacobs, Helmut C., Weiand, Christof (Hg.), Die Zeitschrift „Il Caffè". Vernunftprinzip und Stimmenvielfalt in der italienischen Aufklärung, Frankfurt a. M. et al. 2003.
Jung, Frank, Kroll, Thomas (Hg.), Italien in Europa. Die Zirkulation der Ideen im Zeitalter der Aufklärung, Paderborn 2014.
Paolucci, Gianluca (Hg.), Illuminatismo tra Germania e Italia nel tardo Settecento, Rom 2019.

Ricuperati, Giuseppe, Zeitschriften und Gesellschaft im Italien der Reformen: Enzyklopädie und Aufklärung in den Zeitschriften der zweiten Hälfte des 18. Jahrhunderts, in: Friedrich Engel-Janosi et al. (Hg.), Formen der europäischen Aufklärung, München 1976, S. 191–223.

Ders., Lo stato sabaudo nel Settecento. Dal trionfo delle burocrazie alla crisi d'antico regime, Turin 2001.

Tazzara, Corey, Findlen, Paula, Soll, Jacob (Hg.), Florence after the Medici. Tuscan Enlightenment, 1737–1790, New York/London 2020.

Trampus, Antonio, Storia del costituzionalismo italiano nell'età dei lumi, Rom 2010.

Traversier, Mélanie, Le journal d'une reine. Marie Caroline de Naples dans l'Italie des lumières, Ceyzérieu 2017.

Venturi, Franco, Italy and the Enlightenment. Studies in a Cosmopolitan Century, London 1972.

Zelle, Carsten (Hg.), Illuminismo – jenseits von Aufklärung und Gegenaufklärung, in: Das achtzehnte Jahrhundert 38, 2014, S. 1–160.

Kapitel 2: Französische Revolution und napoleonische Zeit

Ambrosini, Filippo, L'albero della libertà. Le repubbliche giacobine in Italia, 1796–99, Turin 2013.

Boudard, René, Expériences françaises de l'Italie napoléonienne. Rome dans le système universitaire napoléonien et l'organisation des académies et universités de Pise, Parme et Turin (1806–1814), Rom 1988.

Braun, Guido, Clemens, Gabriele B., Klinkhammer, Lutz, Koller, Alexander (Hg.), Napoleonische Expansionspolitik. Okkupation oder Integration?, Berlin 2013.

Broers, Michael (Hg.), The Napoleonic Empire and the New European Political Culture, Basingstoke 2012.

Capra, Carlo, L'età rivoluzionaria e napoleonica in Italia 1796–1815, Turin 1978.

Carmigniani, Juan-Carlos, Boué, Gilles, Napoleon in Italy: 1805–1815, Paris 2016.

Connelly, Owen, The Wars of the French Revolution and Napoleon, 1792–1815, Hoboken 2012.

Cuccia, Philipp R., Napoleon in Italy. The Sieges of Mantua, 1796–1799, Norman 2014.

De Francesco, Antonino, Rivoluzione e costituzioni. Saggi sul democratismo politico nell'Italia napoleonica, 1796–1821, Neapel 1996.

Ders., L'Italia di Bonaparte. Politica, statualità e nazione nella penisola tra due rivoluzioni, 1796–1821, Turin 2011.

Donato, Maria Pia et al. (Hg.), Atlante storico dell'Italia rivoluzionaria e napoleonica, Rom 2013.

Gregory, Desmond, Napoleon's Italy, Madison 2001.

Pillepich, Alain, Napoléon et les Italiens. République italienne et Royaume d'Italie (1802–1814), Paris 2003.
Ders., Milan, capitale napoléonienne. 1800–1814, préface de Jean Tulard, Paris 2011.
Planert, Ute (Hg.), Napoleon's Empire. European Politics in Global Perspective, London/New York 2016.
Reden-Dohna, Armgard von (Hg.), Deutschland und Italien im Zeitalter Napoleons, Wiesbaden 1979.
Reinalter, Helmut (Hg.), Die Französische Revolution, Mitteleuropa und Italien, Frankfurt a. M. 1992.
Schneid, Frederick C., Soldiers of Napoleon's Kingdom of Italy. Army, State and Society, 1800–1815, Boulder, Coll. 1995.
Ders., Napoleon's Italian Campaigns: 1805–1815, Westport, Conn. 2002.
Stramaccioni, Alberto, La rivoluzione francese e le repubbliche d'Italia, 1789–1799. Lo Stato della Chiesa, Perugia e i Giacobini, 1798–1799, Perugia 2011.
Turi, Gabriele, Guerre civili in Italia 1796–1799, Rom 2019.
Villani, Pasquale, Rivoluzione e diplomazia. Agenti francesi in Italia, 1792–1798, Neapel 2002.

Kapitel 3: Restauration

Bistarelli, Agostino, Gli esuli del Risorgimento, Bologna 2011.
Brice, Cathérine, Diaz, Delphine (Hg.), Mobilités, savoir-faire et innovations, in: Revue d'histoire du XIXe siècle 53, 2016/2.
Bruch, Anne, Italien auf dem Weg zum Nationalstaat. Giuseppe Ferraris Vorstellungen einer föderal-demokratischen Ordnung, Hamburg 2005.
Caron, Jean-Claude, Luis, Jean-Philippe (Hg.), Rien appris, rien oublié? Les restaurations dans l'Europe postnapoléonienne (1814–1830), Rennes 2015.
Caruso, Amerigo, Nationalstaat als Telos? Der konservative Diskurs in Preußen und Sardinien-Piemont 1840–1870, Berlin/Boston 2017.
Daum, Werner, Oszillationen des Gemeingeistes: Öffentlichkeit, Buchhandel und Kommunikation in der Revolution des Königreichs beider Sizilien 1820–21, Köln 2005.
Ders./Späth, Jens (Hg.), Un primo liberalismo transnazionale? Verso il bicentenario delle rivoluzioni mediterranee del 1820–23, in: Rivista Storica Italiana CXXX, fasc. II, 2018.
Delpu, Pierre-Marie, Un autre Risorgimento. La formation du monde libéral dans le Royaume des Deux-Siciles (1815–1856), Rom 2019.
Diaz, Furio, L'incomprensione italiana della Rivoluzione francese. Dagli inizi ai primi del Novecento, Turin 1989.
Isabella, Maurizio, Risorgimento in Exile. Italian Émigrés and the Liberal International in the Post-Napoleonic Era, Oxford/New York 2009.

Jarrett, Mark, The Congress of Vienna and its Legacy: War and Great Power Diplomacy after Napoleon, London 2013.
Laven, David, Venice and Venetia under the Habsburgs: 1815–1835, Oxford 22010.
Lentz, Thiery, Le congrès de Vienne. Une refondation de l'Europe 1814–1815, Paris 2013.
Mascilli Migliorini, Luigi, Metternich. L'artefice dell'Europa nata dal Congresso di Vienna, Rom 2014.
Mazohl, Brigitte, Österreichischer Verwaltungsstaat und administrative Eliten im Königreich Lombardo-Venetien 1815–1859, Mainz 1993.
Dies., Schneider, Karin, Werner, Eva-Maria (Hg.), Am Rande der großen Politik: Italien und der Alpenraum beim Wiener Kongress, Innsbruck 2017.
Meriggi, Marco, Gli stati italiani prima dell'Unità. Una storia istituzionale, 2. aktualisierte Aufl., Bologna 2011.
Rörig, Karoline, Cristina Trivulzio di Belgiojoso (1808–1871). Geschichtsschreibung und Politik im Risorgimento, Bonn 2013.
Siemann, Wolfram, Metternich. Stratege und Visionär. Eine Biographie, München 2016.
Späth, Jens, Revolution in Europa 1820–23. Verfassung und Verfassungskultur in den Königreichen Spanien, beider Sizilien und Sardinien-Piemont, Köln 2012.
Stauber, Reinhard, Der Wiener Kongress, Paderborn et al. 2014.
Vick, Brian E., The Congress of Vienna. Power and Politics after Napoleon, Cambridge/London 2014.

Kapitel 4: Wirtschaft

Achatz, Martin, Das Haus Rothschild 1848. Krise und Transformation eines europäischen Bankennetzwerks, Wiesbaden 2019.
Augel, Johannes, Italienische Einwanderung und Wirtschaftstätigkeit in rheinischen Städten des 17. und 18. Jahrhunderts, Bonn 1971.
Bevilaqua, Piero, De Clementi, Andreina, Franzina, Emilio (Hg.) Storia dell'emigrazione italiana, Bd. 1: Partenze, Bd. 2: Arrivi, Rom 2001.
Caglioti, Daniela Luigia, Vite parallele. Una minoranza protestante nell'Italia dell'Ottocento, Bologna 2006.
Dies., (Hg.), Special Issue: Elite Migrations in Modern Italy: Patterns of Settlement, Integration and Identity Negotiation, in: Journal of Modern Italian Studies, 13 (2) 2008, S. 141–258.
Clemens, Gabriele B., Flexibel und innovativ – der italienische Adel als Unternehmer im langen 19. Jahrhundert, in: Manfred Rasch, Peter K. Weber (Hg): Europäischer Adel als Unternehmer im Industriezeitalter, Essen 2017, S. 233–255.
Cohen, Jon S., Federico, Giovanni, The Growth of the Italian Economy, 1820–1960, Cambridge 2001.

Corni, Gustavo, Dipper, Christof (Hg.), Italiener in Deutschland im 19. und 20. Jahrhundert. Kontakte, Wahrnehmungen, Einflüsse, Berlin 2012.
Davis, John A., Gramsci and Italy's Passive Revolution, Hoboken 2014.
Del Fabbro, René, Transalpini. Italienische Arbeitswanderung nach Süddeutschland im Kaiserreich 1870–1918, Osnabrück 1996.
De Simone, Ennio, Alle origini del sistema bancario italiano, 1815–1840, Neapel 1993.
Felisini, Daniela, "Quel capitalista per ricchezza principalissimo". Alessandro Torlonia principe, banchiere, imprenditore nell'Ottocento romano, Soveria Mannelli 2004.
Hearder, Harry, Cavour, Hoboken 2014.
LoRomer, David G., Merchants and Reform in Livorno, 1814–1868, Berkeley 1987.
Maggi, Stefano, Le ferrovie, Bologna 2003.
Moroni, Andrea, Antica gente e subiti guadagni. Patrimoni aristocratici fiorentini nel'800, Florenz 1997.
Petrusewicz, Marta, Latifundium. Moral Economy and Material Life in a European Periphery, Ann Arbor 1996.
Pichler, Rupert, Die Wirtschaft der Lombardei als Teil Österreichs. Wirtschaftspolitik, Außenhandel und industrielle Interessen 1815–1859, Berlin 1996.
Poettinger, Monika, Deutsche Unternehmer im Mailand des neunzehnten Jahrhunderts. Netzwerke, soziales Kapital und Industrialisierung, Mailand 2012.
Dies., Roggi, Piero (Hg.), Florence. Capital of the Kingdom of Italy, 1865–71, London et al. 2018.
Romeo, Rosario, Cavour e il suo tempo, 3 Bde., Neuauflage Rom 2012.
Sabelberg, Elmar, Der Zerfall der Mezzadria in der Toskana urbana. Entstehung, Bedeutung und gegenwärtige Auflösung eines agraren Betriebssystems in Mittelitalien, Köln 1975.
Schram, Albert, Railways and the Formation of the Italian State in the Nineteenth Century, Cambridge 1997.
Soliani, Riccardo (Hg.), Economic Thought and Institutional Change in France and Italy, 1789–1914. A Comparative Study, Cham 2017.
Tomasi di Lampedusa, Giuseppe, Der Leopard. Roman, Neuübersetzung München 2019.
Walz, Markus, Region – Profession – Migration. Italienische Zinngießer in Rheinland-Westfalen 1700–1900, Osnabrück 2003.

Kapitel 5: Gesellschaft und Kultur

Bansbach, Margit, Nationale und aristokratische Symbolik und Denkmalpolitik im 19. Jahrhundert. Ein deutsch-italienischer Vergleich, Frankfurt a. M. 2014.
Banti, Alberto Mario, The Nation of the Risorgimento. Kinship, Sanctity, and Honour in the Origins of Unified Italy, London 2020 (ital. Erstausgabe: La nazione del Risorgimento. Parentela, santità e onore alle origini dell'Italia unita, Turin 2000).

Behrenbeck, Sabine (Hg.), Inszenierungen des Nationalstaats. Politische Feiern in Italien und Deutschland seit 1860/71, Köln 2000.
Borutta, Manuel, Antikatholizismus. Deutschland und Italien im Zeitalter der Kulturkämpfe, Göttingen 2010.
Bouwers, Eveline G., Public Pantheons in Revolutionary Europe. Comparing Cultures of Remembrance, c. 1790–1840, Basingstoke 2012.
Broers, Michael, The Politics of Religion in Napoleonic Italy. The War against God, 1801–1814, London/New York 2002.
Caglioti, Daniela Luigia, Associazionismo e sociabilità d'élite a Napoli nel XIX secolo, Neapel 1996.
Cardia, Claudio, Risorgimento e religione, Turin 2011.
Cardoza, Anthony L., Aristocrats in Bourgeois Italy. The Piedmontese Nobility, 1861–1930, Cambridge 1997.
Cavicchioli, Silvia, Famiglia, memoria, mito. Il Ferrero della Marmora, Turin 2004.
Dies., Anita. Storia e mito di Anita Garibaldi, Turin 2017.
Clemens, Gabriele B., Sanctus Amor Patriae. Eine vergleichende Studie zu deutschen und italienischen Geschichtsvereinen im 19. Jahrhundert, Tübingen 2004.
Dies., Hochkultur als Herrschaftselement. Italienischer und deutscher Adel im langen 19. Jahrhundert, Berlin/Boston 2011 (in Zusammenarbeit mit Malte König und Marco Meriggi).
Dies., Francesco Hayez – die nationale Ikone risorgimentaler Historienmalerei, in: Gabriele B. Clemens, Jens Späth (Hg.), 150 Jahre Risorgimento, Trier 2014, S. 147–166.
Dies., Die Kunstverkäufe des römischen Adels. Eine Basis neuer europäischer Sammlungen, in: Hannelore Putz, Andrea Fronhöfer (Hg.), Kunstmarkt und Kunstbetrieb in Rom (1750–1850). Akteure und Handlungsorte, Berlin 2019, S. 49–69.
Della Peruta, Franco, Società e classi popolari nell'Italia dell'800, Mailand 2005.
Formigoni, Guido, L'Italia dei cattolici. Dal Risorgimento a oggi, Bologna ²2010.
Ferraresi, Alessandra, Signori, Elisa (Hg.), Le università e l'unità d'Italia (1848–1870), Bologna 2012.
Gerhard, Anselm, Verdi-Handbuch, Stuttgart ²2013.
Hundt, Michael, Neuer Glanz in alten Mauern. Stefano Torelli (1704–1784) in Lübeck und Umgebung, Petersberg 2020.
Izzo, Francesco, Laughter between Two Revolutions. Opera Buffa in Italy, 1831–1848, Rochester, N.Y. 2013.
Körner, Axel, Oper, Politik und nationale Bewegung. Mythen um das Werk Giuseppe Verdis, in: Thomas Höpel, Hannes Siegrist (Hg.), Kunst, Politik und Gesellschaft in Europa seit dem 19. Jahrhundert, Stuttgart 2017, S. 101–110.
Ders., Beyond *Nationaloper*. For a Critique of Methodological Nationalism in Reading Nineteenth-Century Italian and German Opera, in: Journal of Modern Italian Studies 25/4, 2020, S. 402–419.
Levra, Umberto, Fare gli italiani. Memoria e celebrazione del Risorgimento, Turin 1992.

Liermann, Christiane, Rosminis politische Philosophie der zivilen Gesellschaft, Paderborn 2004.
Macry, Paolo (Hg.), Borghesie urbane dell'Ottocento, in: Quaderni storici 56/2, 1984.
Ders., Ottocento. Famiglia, élites e patrimoni a Napoli, Bologna 2002.
Mazzocca, Fernando, Sisi, Carlo (Hg.), 1861. I pittori del Risorgimento [Roma, Scuderie del Quirinale 6 ottobre 2010–16 gennaio 2011], Mailand 2010.
Meriggi, Marco, Milano borghese. Circoli d'élites nell'Ottocento, Venedig 1992.
Marin, Francesco, Die „deutsche Minerva" in Italien. Die Rezeption eines Universitäts- und Wissenschaftsmodells 1861–1923, Köln 2010.
Neusius, Mirjam, Herrschaftslegitimation und Kulturtransfer in der habsburgischen Lombardei. Die Zeitschrift *Biblioteca Italiana* und die deutsche Kultur (1815–1830), Frankfurt a. M. 2017.
Patriarca, Silvana (Hg.), The Risorgimento Revisited: Nationalism and Culture in Nineteenth-Century Italy, Basingstoke/New York 2012.
Pollard, John Francis, Catholicism in Modern Italy. Religion, Society, and Politics since 1861, London 2014.
Porciani, Ilaria, La festa della nazione. Rappresentazione dello stato e spazi sociali nell'Italia unita, Bologna 1997.
Romani, Gabriella, The Formation of a National Audience in Italy, 1750–1890. Readers and Spectators of Italian Culture, Madison 2017.
Sarracino, Vincenzo, Corbi, Enricomaria, Storia della scuola e delle istituzioni educative (1830–1999). La cultura della formazione, Neapel 1999.
Schächter, Elizabeth, The Jews of Italy, 1848–1915. Between Tradition and Transformation, London 2011.
Schumacher, Felix, Der preußische Diplomat und Historiker Alfred von Reumont (1808–1887). Ein Katholik in Diensten Preußens und der deutsch-italienischen Kulturbeziehungen, Berlin 2017.
Signorelli, Alfio, Catania borghese nell'età del Risorgimento. A teatro, al circolo, alle urne, Mailand 2015.
Skokan, Isabel, Germania und Italia. Nationale Mythen und Heldengestalten in Gemälden des 19. Jahrhunderts, Berlin 2009.
Smart, Mary Ann, Waiting for Verdi: Opera and Political Opinion in Nineteenth Century Italy, 1815–1848, Berkeley 2018.
Sorba, Carlotta, Teatri. L'Italia del melodramma nell'età del Risorgimento, Bologna 2001.
Dies., Il melodramma della nazione. Politica e sentimenti nell'età del Risorgimento, Rom 2015.
Toelle, Jutta, Bühne der Stadt. Mailand und das Teatro alla Scala zwischen Risorgimento und Fin de Siècle, Köln/Weimar/Wien 2009.
Villari, Anna, "Poter dire sono italiano". La pittura di storia dalla rivoluzione del 1848 al primo decennio dell'Italia unita, Mailand 2007.

Whrigley, Richard, Roman Fever. Influence, Infection, and the Image of Rome, 1700–1870, New Haven 2013.
Wolf, Hubert, Der Unfehlbare. Pius IX. und die Erfindung des Katholizismus im 19. Jahrhundert, München 2020.

Kapitel 6: Revolution 1847–1849

Boyer, Ferdinand, La Seconde République, Charles-Albert et l'Italie du Nord en 1848, Paris 1967.
Couzin, Thierry, Originalité en politique, le cas du Piémont dans la naissance de l'Italie (1831–1848). Gouverner le Royaume de Sardaigne à l'époque de Charles-Albert, Zürich 2001.
Embree, Michael, Radetzky's Marches. The Campaigns of 1848 and 1849 in Upper Italy, Solihull 2011.
Forßmann, Jan-Pieter, Presse und Revolution in der Toskana 1847–49: Entstehung, Inhalte und Wandel einer politischen Öffentlichkeit, Köln/Weimar/Wien 2017.
Frontoni, Giulia, Vernetzt! Kontaktnetze von Frauen um 1848 in den deutschen und italienischen Staaten, Diss. masch., Universität Göttingen 2013.
Kroll, Thomas, Die Revolte des Patriziats. Der toskanische Adelsliberalismus im Risorgimento, Tübingen 1999.
Monsagrati, Giuseppe, Roma senza il Papa. La Repubblica romana del 1849, Rom 2014.
Rapport, Mike, 1848 – Revolution in Europa, Stuttgart 2011.
Singer, Kerstin, Konstitutionalismus auf Italienisch. Italiens politische und soziale Führungsschichten und die oktroyierten Verfassungen von 1848, Tübingen 2008.
Soldani, Simonetta, Annäherung an Europa im Namen der Nation. Die italienische Revolution 1846–1849, in: Dieter Dowe (Hg.), Europa 1848. Revolution und Reform, Bonn 1998, S. 125–166.
Späth, Jens, Der 17. März 2011 und die Römische Republik von 1849. Eine historische Spurensuche auf dem Gianicolo, in: Gabriele B. Clemens, Jens Späth (Hg.), 150 Jahre Risorgimento, Trier 2014, S. 187–220.

Kapitel 7: Der Weg zum Nationalstaat

Bremm, Klaus-Jürgen, 1866. Bismarcks Krieg gegen die Habsburger, Darmstadt 2016.
Cafagna, Luciano, Cavour, Bologna 1999.
Case, Lynn M., Franco-Italian Relations, 1860–1865. The Roman Question and the Convention of September, Philadelphia 2016.
Coppa, Frank J., The Origins of the Italian Wars of Independence, London 1992.
Dell'Arti, Giorgio, Cavour. Vita dell'uomo che fece l'Italia, Venedig 2011.

Di Fiore, Laura, Gli Invisibili. Polizia politica e agenti segreti nell'Ottocento borbonico, Neapel 2018.

Esposito, Gabriele, Armies of the Italian Wars of Unification 1848–1870, 2 Bde., Oxford 2017/2018.

Gellert, Mark, Die „Società Nazionale Italiana" und der „Deutsche Nationalverein". Ein Vergleich der Organisationen und ihrer Rolle in nationaler Bewegung und Einigung, Aachen 1999.

Gentile, Pierangelo, L'ombra del re. Vittorio Emanuele II e le politiche di corte, Turin 2011.

Hausmann, Friederike, Garibaldi. Die Geschichte eines Abenteurers, der Italien zur Einheit verhalf, 2. erweiterte Aufl., München 2005.

Hearder, Harry, Cavour, London 1994.

Heyriès, Hubert, Italia 1866. Storia di una guerra perduta e vinta, Bologna 2016.

Isnenghi, Mario, L'Italia in piazza. I luoghi della vita pubblica dal 1848 ai giorni nostri, Bologna 2004.

Jaeger, Pier Giusto, Le mura di Sebastopoli. Gli Italiani in Crimea 1855–56, Mailand 1991.

Levra, Umberto (Hg.), Cavour, l'Italia e l'Europa, Bologna 2011.

Macry, Paolo, Unità a Mezzogiorno. Come l'Italia ha messo assieme i pezzi, Bologna 2012.

Mazzonis, Filippo, La Monarchia e il Risorgimento, Bologna 2003.

Moos, Carlo, Das ‚andere' Risorgimento. Der Mailänder Demokrat Carlo Cattaneo im Schweizer Exil 1848–1869, Zürich 2020.

Poettiner, Monika, Roggi, Piero (Hg.), Florence. Capital of the Kingdom of Italy, 1865–71, London 2020.

Riall, Lucy, Garibaldi. Invention of a Hero, New Haven 2007.

Romeo, Rosario, Vita di Cavour, Rom 1998.

Rusconi, Gian Enrico, Cavour und Bismarck. Zwei Staatsmänner im Spannungsfeld von Liberalismus und Cäsarismus, München 2013.

Schächter, Elizabeth, The Jews of Italy, 1848–1915. Between Tradition and Transformation, London 2011.

Seibt, Gustav, Rom oder Tod. Der Kampf um die italienische Hauptstadt, Berlin 2001.

Severini, Marco (Hg.), La terza guerra d'indipendenza. Tra centro e periferia, Fermo 2016.

Stadler, Peter, Cavour. Italiens liberaler Staatsgründer, München 2001.

Talamo, Giuseppe, Cavour, Rom 2010.

Viarengo, Adriano, Cavour, Rom 2010.

Ders., Adriano, Vittorio Emanuele II, Rom 2017.

Kapitel 8: Durchstaatlichung und Widerstand

Armino, Pino Ippolito, Brigantaggio politico nelle Due Sicilie. Condizioni socio-economiche del regno di Napoli e storia dei movimenti reazionari contro l'unità italiana, Reggio Calabria 2015.
Biondi, Rocco, Storiografia del brigantaggio postunitario. Dal 1860 ai giorni nostri, Mailand 2018.
Cammerano, Fulvio, Storia politica dell'Italia liberale 1861–1901, Rom 1999.
Capaldo, Nunziante, Carmine Crocco Donatelli. Il protagonista controverso della rivoluzione lucana del 1861, Lecce 2008.
Ciconte, Enzo, La grande mattanza. Storia della guerra al brigantaggio, Bari 2018.
Daum, Werner (Hg.), Handbuch der europäischen Verfassungsgeschichte im 19. Jahrhundert. Institutionen und Rechtspraxis im gesellschaftlichen Wandel. Bd. 3: 1848–1870, Bonn 2020.
Daniele, Vittorio, Malanima, Paolo, Il divario nord-sud in Italia 1861–2011, Soveria Mannelli 2011.
Del Bianco, Nino, Marco Minghetti. La difficile unità italiana da Cavour a Crispi, Mailand 2008.
Dickie, John, Omertà. Die ganze Geschichte der Mafia. Camorra, Cosa Nostra und 'Ndrangheta, Frankfurt a. M. 2013.
Fiore, Antonio, Camorra e polizia nella Napoli borbonica (1840–1860), Neapel 2019.
Ghisalberti, Carlo, Silvio Spaventa. Tra Risorgimento e stato unitario, Neapel 2003.
Grasse, Alexander, Italiens langer Weg in den Regionalstaat. Die Entstehung einer Staatsform im Spannungsfeld von Zentralismus und Föderalismus, Opladen 2000.
Janz, Oliver, Schiera, Pierangelo, Siegrist, Hannes (Hg.), Zentralismus und Föderalismus im 19. und 20. Jahrhundert. Deutschland und Italien im Vergleich, Berlin 2000.
Macry, Paolo, Unità a Mezzogiorno. Come l'Italia ha messo assieme i pezzi, Bologna 2012.
Malfèr, Stefan, Österreich – Italien. Beiträge zur Geschichte einer europäischen Nachbarschaft im 19. und 20. Jahrhundert, Köln/Weimar/Wien 2020.
Moe, Nelson, The View of Vesuvius. Italian Culture and the Southern Question, Berkeley 2002.
Monnier, Marc, Histoire de brigandage dans l'Italie méridionale, Paris 2015.
Paolini, Gabriele (Hg.), La prima emergenza dell'Italia unita. Brigantaggio e questione meridionale nel dibattito interno e internazionale nell'età della Destra storica, Florenz 2014.
Perrone, Nico, L'agente segreto di Cavour. Giuseppe Massari e mistero del diario mutilato, Bari 2011.
Pinto, Carmine, La guerra per il Mezzogiorno. Italiani, borbonici e briganti, 1860–1870, Bari 2019.
Richter, Dieter, Briganten am Wege. Deutsche Reisende und das Abenteuer Italien, Frankfurt a. M./Leipzig 2002.

Rogari, Sandro (Hg.), Luigi Carlo Farini. Statista liberale, Ravenna 2018.
Romano, Valentino, Dalle Calabrie agli Abruzzi. Il generale José Borges tra i briganti di re Francesco II, Nocera Superiore 2018.
Sarlin, Simon, Le légitimisme en armes. Histoire d'une mobilisation internationale contre l'unité italienne, Rom 2013.
Satto, Christian, "Un leone alla catena corta". Bettino Ricasoli politico nell'Italia unita (1861–1880), Florenz 2019.
Sonetti, Silvia, La guerra per l'indipendenza. Francesco II e le Due Sicilie nel 1860, Soveria Mannelli 2020.
Vaccari, Roberto, Enrico Cialdini. Il generale di ferro, Modena 2017.
Vigna, Marco, Brigantaggio italiano. Considerazioni e studi nell'Italia unita, Novara 2020.
Wawro, Geoffrey, Austria's War with Prussia and Italy in 1866, Cambridge 1996.

Abbildungsverzeichnis

Abb. 1: © KHM-Museumsverband Wien GG 2346.
Abb. 2: © Workshop of Titian active about 1506; died 1576 Venus and Adonis © The National Gallery, London.
Abb. 3: © Museo Civico di Reggio Emilia.
Abb. 4: © Roma, Galleria Nazionale d'Arte Moderna e Contemporanea. Su concessione del Ministero per i Beni Culturali e Ambientali e del Turismo.
Abb. 5: © Foto di Mauro Ranzani, 2011 © FAI - Fondo Ambiente Italiano.
Abb. 6: © Pinacoteca di Brera, Milano.
Abb. 7: © gemeinfrei (Nationalmuseum Stockholm Inv. Nr. NMK 33/1920).
Abb. 8: © Stadtmuseum Simeonstift Trier, Inv.-Nr.: III 2236, Aufnahme: Stadtmuseum Simeonstift Trier.
Abb. 9: © Biella, Palazzo La Marmora, Centro Studi Generazioni e Luoghi – Archivi Alberti La Marmora.
Abb. 10: © bpk Berlin / RMN – Grand Palais.
Abb. 11: © Roma, Galleria Nazionale d'Arte Moderna e Contemporanea. Su concessione del Ministero per i Beni Culturali e Ambientali e del Turismo.
Abb. 12: © Comune di Milano – all rights reserved – Milano, Palazzo Moriggia, Museo del Risorgimento.
Abb. 13: © Galleria D'Arte Moderna di Palazzo Pitti, Firenze, per concessione del Ministero per i Beni et le Attività Culturali e per il Turismo.
Abb. 14: © Torino, Gam – Galleria Civica d'Arte Moderna e Contemporanea, Ferruccio Rampazzi 1992, su concessione della Fondazione Torino Musei.
Abb. 15: © Museo Nazionale del Risorgimento Italiano di Torino. Proprietà: Città di Torino – Galleria Civica d'Arte Moderna e Contemporanea.
Abb. 16: © Gallerie degli Uffizi, Firenze, per concessione del Ministero per i Beni e le Attività Culturali e per il Turismo.
Abb. 17: © Museo Nazionale del Risorgimento Italiano di Torino.
Abb. 18: © ullstein bild – adoc-photos / Fratelli d'Alessandri.
Abb. 19: https://it.wikipedia.org/wiki/Presa_di_Roma#/media/File:BrecciaPortaPia.jpg (gemeinfrei)
Abb. 20: © FLHC 82 / Alamy Stock Foto.

Kartenverzeichnis

Italien 1789 21
Italien 1810 34
Italien 1815 58
Italien 1861 192

Register

Ortsregister

Aachen 11, 12, 75, 107
Abruzzen 112, 201, 220, 221, 222, 226
Afrika 80, 111, 227
Ägypten 24, 28, 31
Alessandria 31, 76, 84, 211
Alpen 11, 31, 56, 88, 96, 98, 101, 102, 112, 121, 124, 125, 140, 153, 161, 185, 190, 234, 236
Amerika 8, 33, 67, 80, 86, 114, 177, 235
Amsterdam 46
Ancona 56, 81, 98, 117, 151, 202
Aosta 98, 104
Apennin 13, 26, 31, 39, 41, 56, 61, 89, 94, 98, 102, 109, 112, 136, 152, 235
Apulien 96, 222, 225
Arcole 23
Arezzo 29
Argentinien 115
Ariano Irpino 221
Arpino 103
Asti 76, 107
Australien 115
Avellino 38, 73, 221, 222, 229
Bad Gastein 209
Bagno a Ripoli 127
Balkan 19, 187
Bari 38, 110, 224
Basilikata 14, 117, 222, 223
Bayern 23
Belgien 28, 80, 101, 111, 115, 184, 209, 217
Benevent 73, 229
Bergamo 27, 104, 110, 111, 133, 145, 171
Berlin 17, 131, 148, 209
Bern 85
Biella 100, 101, 102, 192
Bologna 12, 16, 22, 24, 27, 28, 44, 59, 81, 82, 102, 117, 126, 131, 136, 147, 148, 149, 151, 153, 193, 217

Bonn 88, 107
Bourges 84
Brasilien 86, 115
Brescia 104, 119, 174
Bronte 200
Brüssel 83, 87
Buenos Aires 115
Busseto 134
Cádiz 73
Cagliari 148, 197
Camerino 149
Campagna 108
Capodimonte 18, 47, 100
Caprera 189, 196, 203, 206, 211, 212
Carrara 60
Casale 76
Caserta 100
Catania 74, 110, 134, 148
Catanzaro 38, 200
Cevennen 110
Chambéry 121
Chiavenna 117
Chieti 220
China 98
Cisalpinische Republik 24, 26, 30, 32, 33, 35, 40, 44, 49
Cispadanische Republik 24, 27
Civitavecchia 212
Codogna 107
Como 121
Cosenza 103, 200
Cremona 119
Cuneo 115
Curtatone 170
Custoza 210
Dalmatien 11, 24, 50
Dauphiné 19

Deutschland 17, 31, 63, 85, 96, 136, 168
Doccia 98
Dongo 104
Dresden 131, 136
Düsseldorf 139
Elba 56, 98, 104
Emilia Romagna 23, 40, 159, 193
Etrurien 32, 60, 143
Etsch 170
Fabriano 98, 99
Ferrara 16, 24, 56, 59, 80, 126, 149, 151, 161
Florenz 16, 17, 29, 46, 60, 61, 67, 68, 97, 98, 102, 106, 122, 124, 126, 127, 130, 135, 136, 138, 140, 141, 142, 148, 150, 160, 162, 167, 169, 174, 177, 193, 205, 207, 209, 212, 213, 214, 221, 232
Follonica 104, 106
Forlì 81
Franken 23
Frankfurt am Main 107, 108, 167, 169, 177, 189
Frankreich 11, 12, 15, 17, 20, 22, 24, 25, 26, 27, 30, 32, 33, 36, 38, 39, 40, 42, 45, 49, 52, 53, 55, 57, 59, 60, 63, 65, 68, 69, 75, 76, 77, 78, 80, 81, 83, 84, 86, 88, 90, 91, 93, 96, 98, 100, 111, 115, 128, 135, 137, 143, 151, 159, 161, 168, 169, 178, 179, 184, 187, 188, 191, 192, 196, 198, 201, 203, 207, 209, 211, 213, 217, 218, 236
Gaeta 12, 153, 172, 201
Gavorrano 119
Genf 83
Genua 11, 13, 17, 24, 27, 30, 53, 54, 55, 58, 59, 62, 64, 67, 77, 83, 91, 103, 104, 110, 114, 119, 120, 121, 124, 148, 151, 156, 160, 176, 181, 184, 187, 189, 197
Gioia del Colle 225
Graubünden 110
Griechenland 19, 73, 143, 179
Großbritannien 17, 23, 24, 30, 31, 32, 54, 57, 60, 75, 83, 84, 88, 90, 93, 96, 97, 101, 105, 128, 136, 142, 153, 161, 169, 179, 181, 184, 187, 188, 191, 196, 203, 217, 230, 236
Grosseto 119
Hamburg 31
Herculaneum 17, 105
Holland 32, 38
Holstein Siehe Schleswig-Holstein
Hunsrück 107
Imola 81
Ionische Inseln 11
Irno 103
Irpinien 222
Isola del Liri 102
Istrien 24, 50
Ivrea 76
Kalabrien 29, 38, 56, 96, 104, 188, 200, 206, 223, 224
Kampanien 29, 96, 221, 222
Kassel 46
Kirchenstaat Siehe Vatikan
Koblenz 107
Köln 106, 107
Königgrätz 210
Konstantinopel 187
Kopenhagen 139
Korfu 11, 144
Korsika 11, 22, 56
Krim 187
Laibach 75
Lampedusa 12
Languedoc 100
L'Aquila 221
La Spezia 212
Latium 94, 96, 102, 201, 211
Lauenburg 209
Leagro-Tal 102
Legnano 67, 170
Levante 53, 91
Ligurien 85, 103, 104, 105, 110, 115, 177
Ligurische Republik 24, 26, 64
Litauen 151

Livorno 13, 17, 53, 61, 151, 162, 172, 174
Ljubljana 38, 75
Lodi 23
Lombardei 12, 13, 23, 30, 31, 40, 49, 54, 55, 59, 62, 63, 72, 80, 83, 85, 86, 93, 96, 102, 103, 104, 105, 110, 115, 117, 118, 120, 123, 145, 146, 151, 159, 163, 164, 169, 170, 171, 172, 173, 178, 189, 190, 193, 205, 211, 218, 236
London 15, 17, 31, 42, 66, 82, 83, 85, 91, 102, 106, 108, 109, 114, 133, 134, 135, 143, 162, 171, 177, 180, 186, 189, 190, 191, 193, 197, 201, 210
Lübeck 136
Lucca 27, 33, 52, 55, 59, 60, 117, 138, 162
Lunéville 31, 32, 34
Luxemburg 28
Lyon 34, 35, 43, 96, 109, 138
Macerata 149
Madrid 12, 31, 73
Magenta 141, 193
Mailand 13, 16, 17, 24, 27, 34, 35, 37, 38, 40, 42, 44, 45, 46, 47, 48, 54, 55, 59, 62, 67, 72, 77, 78, 80, 82, 86, 88, 91, 102, 103, 104, 106, 110, 111, 119, 121, 124, 126, 127, 130, 131, 132, 133, 134, 137, 138, 139, 140, 144, 145, 146, 147, 163, 164, 165, 167, 170, 171, 172, 177, 179, 181, 186, 189, 197, 205, 232
Mainz 107
Malmaison 35, 42
Malta 162
Mantua 12, 16, 23, 121, 170, 193
Marengo 31, 33, 35, 143
Marken 50, 52, 56, 81, 94, 98, 118, 123, 131, 157, 193, 201
Marsala 97, 198, 206
Massa 60
Matese 222
Meißen 98
Menaggio 107
Mentana 212

Messina 74, 110, 148, 162, 225
Mincio 170, 193
Modena 12, 13, 23, 51, 54, 56, 60, 62, 80, 81, 115, 148, 161, 164, 165, 169, 172, 175, 176, 188, 189, 190, 193, 196
Moldau 187
Molise 227
Moncalieri 181
Monopoli 224
Monreale 231
Montanara 170
Montefalcione 222
Monterotondo 212
Monza 46, 48, 63, 121, 145
München 131
Neapel 14, 15, 16, 17, 19, 20, 22, 25, 27, 29, 30, 32, 33, 38, 40, 45, 46, 47, 49, 51, 53, 55, 56, 60, 61, 73, 74, 75, 76, 77, 78, 80, 91, 100, 101, 103, 105, 108, 109, 110, 111, 115, 117, 119, 120, 121, 122, 126, 128, 131, 132, 133, 136, 137, 138, 140, 142, 146, 147, 148, 154, 155, 156, 157, 162, 166, 167, 170, 172, 175, 177, 179, 180, 187, 188, 196, 200, 201, 202, 203, 204, 220, 226, 227, 229, 230, 235
Neapel-Sizilien 12, 13
Nerviano 48
New York 116, 134
Niederlande 184
Nikolsburg 211
Nizza 23, 59, 85, 171, 191, 196, 197
Nola 73, 75
Novara 76, 93, 121, 150, 175
Olona 40
Oneglia 22
Orbetello 118
Osmanisches Reich 30, 68, 83, 84, 179, 187
Österreich 12, 23, 30, 31, 32, 39, 49, 54, 55, 56, 57, 59, 60, 61, 63, 75, 78, 81, 85, 135, 138, 144, 164, 167, 169, 170, 175, 176, 177, 181, 184, 186, 187, 189, 190, 191, 193, 196, 201, 208, 209, 210, 211, 214, 232

Ortsregister

Otranto 96
Padua 16, 148
Palermo 15, 16, 17, 22, 29, 55, 60, 74, 79, 91, 104, 110, 126, 148, 163, 196, 197, 198, 200, 202, 231, 232
Parga 144
Paris 15, 17, 18, 20, 22, 24, 25, 26, 27, 28, 31, 34, 35, 38, 39, 43, 44, 47, 55, 77, 80, 82, 83, 84, 86, 89, 91, 101, 106, 108, 109, 114, 127, 133, 134, 136, 137, 138, 139, 140, 142, 146, 164, 166, 167, 173, 177, 186, 188, 189, 190, 191, 213, 224
Parma 12, 20, 32, 46, 48, 81, 121, 134, 146, 164, 165, 169, 172, 176, 189, 190, 193, 196
Parma-Piacenza 13, 23, 60, 131
Patrimonium Petri siehe Vatikan
Pavia 47, 48, 51, 121, 148, 163
Perugia 48, 149, 193
Peschiera 170
Piacenza 12, 146, 172
Piemont 13, 15, 20, 22, 25, 29, 33, 40, 41, 55, 59, 60, 71, 72, 76, 84, 85, 86, 93, 96, 97, 98, 100, 102, 103, 104, 105, 110, 115, 124, 144, 149, 159, 162, 166, 168, 172, 176, 177, 181, 187, 188, 189, 191, 193, 196, 200, 207, 218, 224, 236
Pisa 21, 48, 102, 126, 127, 148, 151, 170, 172, 174, 197
Pizzo 56
Plombières 190
Po-Ebene 93
Polen 49, 50, 80, 85, 151
Pontecorvo 73
Ponteladolfo 222
Ponza 189
Portici 47, 105
Porto Real 116
Portugal 30, 73, 78, 151
Prag 136, 186
Prato 100, 101, 102, 174
Pressburg 32

Preußen 12, 23, 49, 54, 57, 75, 138, 193, 201, 203, 204, 208, 209, 210, 211, 213, 214, 222, 236
Procida 229
Quercy 39
Reggio 81
Reggio Calabria 31, 162, 200, 206
Reggio Emilia 24, 81, 152
Rheinland 28, 112
Rhonetal 47
Rimini 160
Rio de Janeiro 116
Rom 7, 16, 17, 22, 24, 29, 30, 31, 33, 45, 46, 47, 48, 51, 53, 59, 60, 81, 91, 107, 118, 124, 126, 128, 131, 133, 136, 138, 139, 140, 141, 142, 151, 152, 153, 154, 157, 160, 161, 162, 166, 169, 172, 173, 175, 177, 180, 183, 190, 195, 197, 201, 203, 206, 207, 211, 212, 213, 214, 218, 222, 224, 225
Romagna 50, 59, 85, 94, 160, 173, 189, 196, 227
Roncole 134
Rovereto 168
Ruhrgebiet 98
Russland 30, 31, 49, 54, 57, 75, 96, 187, 188, 190
Saarbecken 98
Salerno 73, 103, 110
Salzburg 32
Sampierdarena 104
San Fermo 193
Sankt Petersburg 17, 134, 193
San Leucio 100
San Marino 60
San Martino 193
São Paolo 116
Sapri 189
Sardinien 12, 22, 25, 61, 76, 94, 98, 189, 212
Sardinien-Piemont 8, 12, 15, 20, 49, 59, 61, 62, 68, 73, 75, 83, 84, 88, 89, 119, 121, 129, 146, 147, 148, 152, 153, 160, 161, 164, 166,

169, 170, 171, 175, 176, 179, 180, 181, 184,
    188, 193
Sarno 103
Sassari 148, 184
Savona 32, 65
Savoyen 12, 16, 23, 49, 59, 64, 67, 69, 76, 77,
    130, 153, 175, 191, 196, 203
Schio 102
Schlesien 98
Schleswig-Holstein 209
Schönbrunn 32
Schottland 98
Schweiz 31, 35, 50, 67, 82, 84, 85, 88, 109,
    110, 115, 143, 150, 153, 171, 173, 177, 179,
    184, 217, 218
Sedan 213
Seraing 101
Sewastopol 187, 188
Siena 16, 29, 48, 148, 202, 212
Sinope 187
Sizilien 22, 25, 56, 60, 61, 72, 73, 74, 75, 78,
    79, 83, 86, 94, 95, 103, 121, 129, 148, 151,
    158, 159, 162, 163, 170, 179, 188, 189, 190,
    196, 197, 198, 201, 202, 206, 221, 229, 231,
    235, 236
Skandinavien 142
Solferino 193
Sora 103
Spanien 19, 32, 39, 53, 73, 78, 83, 89, 151, 222
Spielberg 78, 189
Stockholm 17
Stuttgart 131
Südamerika 83, 86, 115, 134, 171
Taranto 227
Terra di Bari Siehe Bari
Terra di Lavoro 227
Tessin 161, 186
Tirol 167, 215
Tolentino 24, 42, 56
Toskana 12, 13, 14, 19, 21, 23, 25, 29, 32, 33,
    40, 45, 60, 65, 72, 76, 80, 81, 85, 93, 94,
    96, 97, 98, 100, 101, 102, 104, 106, 118,
    119, 123, 129, 138, 141, 146, 148, 151, 160,
    161, 162, 163, 166, 167, 169, 170, 172, 173,
    174, 178, 180, 189, 190, 193, 196, 201, 218,
    219, 236
Trafalgar 31
Trastevere 51
Trentino 7, 177, 209, 210, 211, 215
Trento 23, 168
Trier 107
Triest 7, 97, 126, 167, 177
Troppau 75
Turin 7, 12, 15, 16, 17, 18, 20, 22, 30, 46, 47,
    48, 61, 67, 76, 77, 78, 80, 88, 96, 101, 103,
    104, 105, 110, 111, 121, 122, 123, 124, 126,
    127, 128, 130, 131, 142, 148, 162, 166, 171,
    175, 181, 184, 188, 189, 191, 192, 195, 196,
    197, 201, 203, 205, 207, 222, 226, 227, 231
Türkei 187
Udine 117, 165
Umbrien 29, 81, 93, 123, 193, 201
Urbino 149
Uruguay 86, 115
USA Siehe Amerika
Valdagno 102
Varese 192
Vatikan 12, 13, 15, 23, 25, 29, 30, 31, 32, 33, 38,
    40, 51, 52, 59, 60, 61, 62, 68, 75, 81, 94, 96,
    98, 99, 102, 105, 108, 109, 123, 128, 131, 138,
    142, 146, 148, 151, 152, 153, 155, 156, 157,
    160, 161, 162, 163, 166, 172, 180, 181, 187,
    188, 190, 193, 195, 196, 201, 203, 205, 207,
    211, 212, 213, 214, 217, 222, 227
Velletri 51
Venedig 11, 12, 13, 16, 17, 19, 23, 25, 28, 30, 32,
    53, 55, 59, 78, 91, 131, 132, 133, 136, 139, 145,
    151, 160, 164, 165, 169, 172, 174, 175, 177,
    181, 197, 203, 208
Venetien 40, 52, 54, 59, 68, 72, 123, 142, 159,
    161, 163, 170, 178, 180, 190, 193, 194, 196,
    205, 208, 209, 211, 236

Veneto 94, 96, 102, 105, 120, 121, 129, 148, 164, 169
Vercelli 98
Verona 16, 28, 75, 164, 168, 170
Vicenza 102, 119
Vigevano 121
Villafranca 193, 195
Viterbo 51
Vogesen 190
Walachei 187
Wales 98
Wallis 47
Warschau 31, 35, 136
Westphalen 32, 190
Wien 12, 19, 31, 45, 56, 57, 59, 60, 62, 68, 78, 81, 89, 98, 133, 134, 135, 136, 140, 159, 161, 164, 166, 168, 169, 175, 176, 180, 181, 186, 187, 190, 193, 195, 201, 208, 209, 211, 214
Yorkshire 98
Zürich 83, 110, 195, 196

Personenregister

Aberdeen, George Hamilton-Gordon, Earl of 230
Acton, John Francis Edward, Lord 14, 25
Ademollo, Carlo 141, 142, 202
Albrecht von Österreich-Teschen, Erzherzog 210
Alexander I., Zar von Russland 54
Alfieri d'Asti, Vittorio, Graf 84, 88, 142, 143
Alfieri, Giuseppina, Marchese 203
Alighieri, Dante 46, 88, 145
Ali Pascha von Janina, auch Tepedelenli Ali Pascha 144
Andres, Stephan 117
Ansaldo, Giovanni 104
Antonelli, Giacomo 180, 211
Appiani, Andrea 46, 137
Arconati Visconti, Costanza 87
Arconati Visconti, Giuseppe, Marchese 78, 88
Arese, Francesco, Graf 78, 79
Armellini, Carlo 173
Auguste von Bayern 33
Baciocchi, Felix, Fürst von Lucca und Piombino 33
Balbo, Catherine 128
Balbo, Cesare, Graf 38, 68, 90, 160, 167, 171
Balbo, Prospero, Graf 130
Balzac, Honoré de 86, 127
Barezzi, Antonio 134
Bartolommei, Teresa 127
Beauharnais, Eugène de 33, 37, 42, 45, 46, 54, 58, 137, 148
Beauharnais, Hortense de 33
Beccaria, Cesare 13, 35
Belgiojoso, Familie 46
Belgiojoso, Cristina Trivulzio di 46, 86, 87, 89, 170, 227
Belgiojoso, Emilio 130
Belli, Giuseppe Giacomo 108
Bellini, Vincenzo 133, 134, 135
Bellotto, Bernardo 136
Bentinck, Lord 55
Benvenuti, Pietro 138
Berchet, Giovanni 78, 87, 144
Berthier, Louis-Alexandre 24
Bianco di Saint-Jorioz, Carlo Angelo di, Graf 89, 228
Bismarck, Otto von 178, 203, 208, 209, 210, 211, 213, 235
Bixio, Nino 161, 197, 200, 202
Blanqui, Louis Auguste 127
Boccapaduli, Margherita, Marchese 128
Bogino, Giambattista Lorenzo 18
Boito, Arrigo 134

Bonanno Di Linguaglossa, Michele, Fürst 232
Bonaparte, Caroline, Königin von Neapel 33
Bonaparte, Charles-Louis-Napoleon, Napoleon III., Kaiser der Franzosen 64, 81, 180, 186, 187, 190, 191, 193, 194, 195, 196, 200, 201, 203, 206, 207, 209, 210, 212, 213, 214
Bonaparte, Elisa, Fürstin von Lucca und Piombino und Großherzogin der Toskana 33, 138
Bonaparte, Jérôme, Jérôme Napoleon, König von Westphalen 32, 190
Bonaparte, Joseph I., König von Spanien 32, 33, 38, 45, 46, 51, 101
Bonaparte, Louis, Lodewijk Napoleon, König von Holland 32, 33
Bonaparte, Lucien 33
Bonaparte, Napoleon Franz, Napoleon II., König von Rom 60
Bonaparte, Napoleon, Napoleon I. Kaiser der Franzosen 23, 24, 25, 26, 28, 31, 32, 33, 35, 36, 42, 47, 49, 51, 138, 218
Bonaparte, Pauline, Herzogin von Guastalla 33, 46
Borghese, Familie 105
Borghese, Camillo, Herzog von Guastalla 33, 46
Borghese, Caterina 77
Borghese, Paolina, Fürstin 138
Borjes, José 223, 224
Bouffier, Giuseppe Adolfo 104
Brentano, Clemens 107
Brignole-Sale, Antonio 58
Buol-Schauenstein, Karl Fedinand, Graf 188
Buonarroti, Filippo 21, 22, 80, 89
Buonarroti, Michelangelo 21
Burkes, Edward 69
Cadorna, Raffaele 214
Caetani, Familie 105
Caetani Lovatelli, Ersilia, Gräfin 128

Cagnola, Luigi 47
Cambray Digny, Luigi Guglielmo di, Graf 97, 204
Cammarano, Michele 142
Camuccini, Jean-Auguste-Vincenzo 137
Canal, Giovanni Antonio 136
Canonica, Luigi 46
Canosa, eigt. Antonio Luigi Raffaele Capece Minutolo, Fürst von Canosa 61
Canova, Antonio 44, 46, 136, 138
Cantù, Cesare 144
Capponi, Gino, Marchese 67, 130, 150, 167, 172
Capponi, Pier Roberto, Marchese 150
Caracciolo dei Duchi di San Teodoro, Domenico 15, 29
Caraffa, Ettore 30
Carducci, Giosuè 12
Carlo III., König von Spanien 18
Carnot, Lazare 23
Carracci, Annibale 42
Casagrande, Giuseppe 118
Casati, Gabrio, Graf 147, 167
Castlereagh, Robert Stewart, Viscount 55
Castromediano, Sigismondo, Graf 229, 230
Cattaneo, Carlo 67, 82, 159, 164, 202
Cavour, Camillo Benso di, Graf 8, 86, 90, 93, 97, 98, 104, 108, 130, 134, 152, 160, 169, 178, 182, 184, 186, 187, 188, 189, 190, 191, 193, 195, 196, 197, 200, 201, 202, 203, 204, 205, 207, 208, 217, 218, 220, 225, 227, 235
Championnet, Jean-Étienne 25
Cholex, Roger de 101
Chopin, Frédéric 86
Cialdini, Enrico 206, 210, 226, 227
Cibrario, Luigi, Graf 130
Cisterna, Emanuele dal Pozzo della 77
Clarendon, George William, Earl of 188
Clary, Tommaso 225
Clemens XIII., geb. Carlo Rezzonico, Papst 136

Personenregister

Clemens XIV., geb. Giovanni Vincenzo
   Antonio Ganganelli, Papst 15
Colbert, Juliette 128
Colletta, Pietro 29
Confalonieri, Familie 46
Confalonieri, Federico, Graf 55, 77, 78, 129
Consalvi, Ercole 31, 59, 61, 82, 139
Corot, Camille 141
Correnti, Cesare 167
Corsini, Familie 105
Corsini, Neri 61, 105
Costa, Nino 141
Costabili Containi, Giovanni Battista 43
Confalonieri, Familie 46
Craven, Pauline 128
Crescenzo, Salvatore de 230
Crispi, Francesco 197, 198
Cuneo, Giovanni Battista 116
Dąbrowski, Jan Hendryk 49
D'Adda, Leopoldo 104
D'Alembert, Jean Baptiste 13, 15
David, Jacques-Louis 31, 136, 137
De la Feld, Contessa 128
Delaroche, Paul 139
De La Rüe, Émile 93
Diavolo, Fra 29
Diderot, Denis 13, 133
Donatelli, Carmine „Crocco" 223, 224
Donizetti, Gaetano 133, 134
Drouyn de Lhuys, Édouard 206
Dunant, Henri 193
Duphot, Léonard 24
Durando, Giacomo 89, 204
Elisabeth von Österreich, Kaiserin von
   Österreich 181
Failly, Pierre de 212
Falck, Georges Henry 104
Falletti di Barolo, Giulia, Marchese 128
Fanti, Manfredo 196, 201, 202
Farini, Luigi Carlo 160, 193, 203, 206, 227,
   230, 231

Farnese, Elisabeth, Königin von Spanien 12
Fattori, Giovanni 141
Ferdinand I., Kaiser von Österreich 72, 75,
   129, 134
Ferdinand III., Erzherzog von Österreich-
   Toskana 14, 32, 60, 61, 102
Ferdinand I., König beider Sizilien 12, 29,
   32, 47, 56, 60, 75, 108, 146
Ferdinand II., König beider Sizilien 80, 105,
   162, 170, 172, 179, 187, 229
Ferdinand IV., König von Neapel (später
   Ferdinand I.) 18, 25, 46, 56, 60, 100, 138
Ferdinand Maximilian von Österreich,
   Erzherzog, später Maximilian I., Kaiser
   von Mexiko 181
Ferdinand von Bourbon, Herzog von Parma,
   Piacenza und Guastalla 12, 32
Ferrari, Giuseppe 159, 202
Fesch, Josef 42, 43, 138
Filangieri, Carlo 179
Filangieri, Gaetano 14, 15, 18
Foscolo, Ugo 34, 82, 83, 84, 88, 143
Fossombroni, Vittorio 61
Fouché, Joseph 143
Franklin, Benjamin 15
Franz I., Francesco I. Gennaro, König beider
   Sizilien 73
Franz II., Kaiser des Heiligen Römischen
   Reiches 24
Franz II., König beider Sizilien 180, 196, 201,
   222, 224, 225, 226
Franz I. Stephan, Kaiser des Heiligen
   Römischen Reiches 55, 60, 129
Franz Joseph I., Kaiser von Österreich 181,
   192, 195, 210
Franz V., Herzog von Modena 161, 165, 175
Friedrich I., Barbarossa, Kaiser des Römisch-
   Deutschen Reiches 67
Friedrich II., König von Preußen 61
Gagern, Heinrich von 168
Garelli, Giacomo 76

Garibaldi, Anita 174
Garibaldi, Giuseppe 29, 71, 81, 84, 85, 86, 89, 116, 141, 161, 171, 173, 189, 191, 196, 197, 198, 200, 201, 202, 204, 205, 206, 210, 211, 212, 221, 222, 224, 227, 230, 231, 235
Garibaldi, Menotti 198
Garofalo, Benvenuto Tisi 42
Gigante, Giacinto 141
Ginori, Gino, Marchese 98
Ginori Lisci, Lorenzo, Marchese 127
Ginori Lisci, Marianna, Marchesa 127
Gioberti, Vincenzo 67, 68, 87, 157, 167, 170, 175
Giorgione, eigtl. Giorgio da Castelfranco 42
Gladstone, William 180, 230
Goethe, Johann Wolfgang von, 15, 138, 140, 143, 144
Goia, Melchiorre 133
Govone, Giuseppe 209
Gravina di Ramacca, Ottavio Giuseppe Giovanni, Fürst 232
Gregorovius, Ferdinand 151
Gregor XVI., geb. Bartolomeo Alberto Cappellari, Papst 82, 105, 108, 160
Gros, Antoine 23
Guaita, Georg Friedrich von 107
Guardi, Francesco 136
Guercino, eigtl. Giovanni Francesco Barbieri 42
Guéronnière, Arthur de la, Vicomte 195
Guerrazzi, Francesco Domenico 172, 174
Guizot, François 162
Gyulai, Franz von, Graf 192
Haller, Karl Ludwig von 69
Hayez, Francesco 72, 78, 79, 127, 135, 139, 141, 144, 146
Heine, Heinrich 86
Hugo, Victor 134
Induno, Girolamo 141, 142
Ingres, Jean-Auguste-Dominique 137
Isnardi, Felice 120

Jacini, Stefano 196
Jelacic von Buzim, Joseph 186
Joseph II., Kaiser des Heiligen Römischen Reiches 12, 13, 39, 151
Josephine de Beauharnais, später Kaiserin der Franzosen 42, 138
Karl I., König von Sizilien 79
Karl III., König von Spanien 100
Karl Maria von Bourbon 60
Karl Albert, König von Sardinien-Piemont 76, 77, 80, 84, 88, 105, 122, 130, 160, 161, 163, 164, 165, 168, 169, 170, 171, 172, 175
Karl Emanuel III., König von Sardinien-Piemont 15, 18
Karl Emanuel IV., König von Sardinien 40
Karl Felix, König von Sardinien-Piemont 76
Karl X., König von Frankreich 133
Katharina von Württemberg, Königin von Westphalen 33
Kauffmann, Angelika 138
Klitsche de la Grange, Theodor Friedrich 222
Kossuth, Lajos 195
Labrador, Gómez de 58
La Farina, Giuseppe 189, 200
Lafayette, Marie-Joseph 86
La Marmora, Alfonso 174, 177, 195, 204, 208, 209, 210
Lamartine, Alphonse de 127, 169
Lambertenghi, Luigi Porro, Graf 46, 55, 77, 78
Lamennais, Félicité de 69
Lamoricière, Juchault de 201
Lampedusa, Giuseppe Tomasi di 95
Laneri, Battista 76
Lanza, Francesco 213, 228
Lazzaroni, Giuseppina 164
Leo XII., geb. Annibale Francesco Clemente della Genga, Papst 61
Leopardi, Giacomo, Graf 143, 146

Leopold I., Großherzog der Toskana 14, 146
Leopold II., Kaiser des Heiligen Römischen Reiches 160, 167, 172, 174, 178, 180
Lessing, Gotthold Ephraim 133
Levi, Carlo 117
Liszt, Franz 86
Louise de Mérode, Gräfin 77
Louis Philippe I., König von Frankreich 80, 81
Ludovico de Breme, Marchese 62
Ludwig Ferdinand, Prinz von Spanien 32
Ludwig I., König von Bayern 108
Ludwig XV., König von Frankreich 15, 39
Ludwig XVI., König von Frankreich 15, 46
Ludwig XVIII., König von Frankreich 83
Mac Mahon, Patrice de, Graf 193
Maffai, Clara, Gräfin 127
Maistre, Joseph de 62, 69
Malavesi, Adelina 115
Mameli, Goffredo 161
Mamiani, Terenzio 86, 172, 173
Manin, Daniele 163, 164, 165, 174, 189, 197
Manin, Giorgio 197
Manin, Ludovico 23
Mansi, Ascanio 59
Mantegna, Andrea 28, 42
Manzoni, Alessandro, Graf 127, 139, 143, 144, 145, 146
Marescalchi, Ferdinando 43, 44
Maria Amalia von Österreich 12, 20
Maria Karolina von Österreich, Königin beider Sizilien 12, 14, 18, 20, 25, 29, 32
Maria Luise von Bourbon-Parma, Königin von Spanien 60
Maria Luise von Österreich, Kaiserin der Franzosen 60
Maria Theresia von Österreich, Erzherzogin von Österreich und Königin von Ungarn und Böhmen 12, 13, 33, 59, 146
Marie Antoinette von Österreich-Lothringen, Königin von Frankreich 20

Marie Clothilde von Savoyen 190, 191
Marx, Karl 197
Marzotti, Gaetano 102
Marzotti, Luigi 102
Massari, Giuseppe 227
Masséna, André 30
Massimo d'Azeglio 61, 70, 143, 160, 161, 176, 181, 185
Mazzini, Giuseppe 9, 64, 65, 67, 68, 84, 85, 88, 89, 114, 135, 159, 162, 170, 171, 173, 175, 177, 181, 186, 188, 191, 197, 201, 202, 204, 205, 212
Mazzoni, Giuseppe 174
Mazzoni, Govanni Battista 102
Medici, Luigi de' 61
Mellerio, Giacomo 59
Melzi d'Eril, Francesco 35, 36, 43, 44, 54, 138
Menabrea, Luigi Federico, Graf 204
Menotti, Celeste 81
Menotti, Ciro 81
Merzario, Giuseppe 147
Metternich, Klemens Wenzel Lothar von 56, 58, 60, 61, 63, 73, 75, 140, 161, 162, 164, 178
Miceli, Turi 232
Mignet, François 86
Milani, Pietro 99
Minghetti, Marco 193, 206, 207, 208, 217, 218, 231
Minto, William, Lord 162
Mittermaier, Karl 167
Moltke, Helmuth von 209
Monnier, Marc 230
Montanelli, Giuseppe 172, 174
Montesquieu, Charles de Secondat de 13
Monti, Vincenzo 46
Moreau, Jean-Victor 31
Morelli, Giovanni 168
Morelli, Michele 73, 75
Morisi, Anna 152
Morozzo, Conte di 84

Mortara, Edgardo 152
Murat, Joachim, Joachim I., König von Neapel 32, 33, 39, 41, 45, 46, 47, 51, 53, 54, 55, 56, 60, 61, 64, 73, 74, 101, 137, 138, 147
Mussolini, Benito 215, 233
Necker, Jacques 15
Negroni, Carlo 150
Nelson, Horatio 29
Neri, Pompeo 14
Nikolaus I., Zar von Russland 188
Odescalchi, Familie 105
Orsini, Felice, Graf 190
Oscar de Poli, Vicomte 224
Overbeck, Johann Friedrich 140
Pagano, Mario 26
Palladio, Andrea 142
Pallavicino-Trivulzio, Giorgio, Graf 78, 189
Palma, Isidore 84
Palmerston, Henry, Viscount 162
Paul I., Zar von Russland 31
Pecchio, Giuseppe 89
Pellico, Silvio 62, 78
Pepe, Florestano 74, 75
Pepe, Guglielmo 73, 172
Perciers, Charles 47
Perrone di San Martino, Ettore, Baron 77
Persano, Carlo di, Graf 210
Peruzzi de' Medici, Emilia 127
Peruzzi, Ubaldino 97, 127
Peter II., Kaiser von Brasilien 115
Pforr, Franz 140
Pica, Giuseppe 226
Pigli, Carlo 174
Pignatelli di Belmonte, Francesca, Prinzessin von Belmonte 128
Pignatelli, Vincenzo, Baron 232
Pimentel, Eleonora 30
Pisacane, Carlo 189
Pitloo, Anton Sminck van 140
Pius V., geb. Antonio Michele Ghislieri, Papst 151

Pius VI., geb. Giovanni Angelo Braschi, Papst 15, 24
Pius VII., geb. Luigi Barnaba Niccolò Maria Chiaramonti, Papst 25, 30, 32, 36, 52, 59, 61, 139, 151
Pius IX., geb. Giovanni Maria Mastai Ferretti, Papst 68, 105, 152, 157, 160, 161, 162, 170, 172, 173, 175, 177, 180, 207, 211, 213, 214, 224, 225
Podesti, Francesco 135
Poli, Oscar de, Vicomte 224
Porcia, Alfonso, Graf 59
Porro, Alessandro, Graf 167
Porro Lamberthenghi, Familie 46
Porro Lamberthenghi, Luigi, Graf 55, 78
Prandi, Fortunato 104
Prié, Marquis de 84
Prina, Francesco 54
Provana di Collegno, Giacinto 84, 88
Provana di Collegno, Margherita 87
Radetzky von Radetz, Josef Wenzel 72, 140, 141, 164, 170, 171, 175, 180, 181, 186, 210
Raffael, geb. Raffaello Sanzio da Urbino 28, 42, 135, 140
Rainer von Österreich, Vizekönig von Lombardei-Venetien und Erzherzog von Österreich 63
Rattazzi, Urbano 185, 186, 195, 205, 206, 207
Reni, Guido 28, 42
Rethel, Alfred 139
Reumont, Alfred von 167, 177
Ricasoli, Bettino, Baron 90, 97, 108, 180, 193, 218
Ricotti, Ercole 150
Ridolfi, Cosimo, Marchese 130, 160, 167
Riso del Castello di Colobria, Giovanni, Baron 232
Riso, Francesco 196
Romano, Pasquale 225
Rosmini, Antonio 157
Rossi, Alessandro 102

Personenregister

Rossini, Gioachino 133, 135
Rossi, Pellegrino 172
Rothschild, Alphonse de 109
Rothschild, James de 108, 109
Rothschild, Karl Mayer von 108
Rothschild, Mayer Amschel 108
Rousseau, Jean-Jacques 13, 21, 84, 143
Ruffo di Baranello, Fabrizio 29
Saffi, Aurelio 173
Saint-Julien, Franz Xaver de 63
Salvati, Giuseppe 73, 75
Sammartino, Herzog von 134
Sanfelice, Luisa 30
Santa Rosa, Pietro di 184
Santarosa, Santorre di 84, 88
Sassi Battistotti, Luigia 164
Schiller, Friedrich 134, 135
Schlegel 104
Scialoja, Antonio 230
Scopoli, Govanni 148
Scrofani, Saverio 120
Sella, Pietro 101
Sella, Quintino 101
Serristori, Luigi 174
Settembrini, Luigi 162
Shakespeare, William 134
Siccardi, Giuseppe, Graf 182
Sieyes, Emmanuel Joseph 33
Signorini, Telemaco 141
Sismondi, Jean Charles Simonde de 66
Solaro della Margarita, Clemente, Graf 161
Sommariva, Giovanni Battista 43, 44
Spaventa, Silvio 220, 230, 231
Staël-Holstein, Anne-Louise-Germaine 132
Starabba di Rudinì, Antonio, Graf 232
Stendhal, eigtl. Marie-Henri Beyle 108, 126, 132
Suworow, Alexander 30
Talleyrand-Périgord, Charles-Maurice de 54, 57
Tannucci, Bernardo, Marchese 18

Taparelli d'Azeglio, Cesare 18, 128
Taylor, Philip 104
Teresa Maria Cristina von Bourbon 115
Thiers, Adolphe 86, 127
Thorvaldsen, Bertel 139
Tiepolo, Giambattista 136
Tizian, eigtl. Tiziano Vecellio 42
Tocqueville, Alexis de 127
Tommaseo, Niccolò 86, 163, 164, 175, 177
Torelli, Luigi 232
Torelli, Stefano 136
Torlonia, Alessandro 108, 109
Torlonia, Giovanni 108
Torlonia, Leopoldo 123
Treitschke, Heinrich von 203, 236
Trivulzio, Familie 46
Trotti Bentivoglio Arconti, Costanza 89, 227
Troya, Carlo 131, 167
Turchi, Marino 121
Turinetti di Priero, Demetrio, Marchese 77
Umberto I., König von Italien 205
Valadier, Giuseppe 47
Vallemani, Antonio, Graf 99
Verdi, Giuseppe 72, 127, 134, 135, 142, 146, 189
Verri, Alessandro 13
Verri, Carlo 55
Verri, Pietro 13, 35
Vieusseux, Gian Pietro 150, 167, 177
Viktor Amadeus II., König von Sizilien, später König von Sardinien 146
Viktor Amadeus III., König von Sardinien-Piemont 18, 23
Viktor Emanuel I., König von Sardinien 61, 76
Viktor Emanuel II., König von Sardinien-Piemont, später König von Italien 168, 175, 176, 181, 182, 184, 186, 190, 191, 193, 195, 196, 201, 202, 203, 204, 205, 206, 210, 211, 217, 227, 236
Villari, Pasquale 147, 211

Vincini, Giovanni 81
Visconti d'Aragona, Alessandro,
    Marchese 79, 86
Visconti d'Aragona, Vittoria, Marchesa 79,
    139
Voltaire, eigtl. François-Marie Arouet 13
Wellington, Arthur Wellesley 53, 108
Wilczek, Josef 18
Wilhelm I., König von Preußen, später
    Deutscher Kaiser 193
Winckelmann, Johann Joachim 136, 138
Windisch-Grätz, Alfred 186
Winspeare, Francesco Antonio 196
Zambeccari, Livio, Graf 116